连云港统计年鉴

LIAN YUNGANG STATISTICAL YEARBOOK

2017

连 云 港 市 统 计 局
国家统计局连云港调查队

图书在版编目(CIP)数据

连云港统计年鉴. 2017 / 连云港市统计局,国家统计局连云港调查队编. — 北京 : 中国统计出版社, 2017.8

ISBN 978-7-5037-8183-4

Ⅰ. ①连… Ⅱ. ①连… ②国… Ⅲ. ①统计资料—连云港市—2017—年鉴 Ⅳ. ①C832.533-54

中国版本图书馆 CIP 数据核字(2017)第 158579 号

连云港统计年鉴-2017

作　　者 / 连云港市统计局　国家统计局连云港调查队
责任编辑 / 陈越月　高媛媛
装帧设计 / 孙静文
出版发行 / 中国统计出版社
地　　址 / 北京市丰台区西三环南路甲 6 号
邮政编码 / 100073
电　　话 / 邮购(010)63376909　书店(010)68783171
网　　址 / http://csp.stats.gov.cn
印　　刷 / 连云港淮盐印刷有限公司
经　　销 / 新华书店
开　　本 / 890mm×1240mm　1/16
字　　数 / 1890 千字
印　　张 / 65
版　　别 / 2017 年 8 月第 1 版
版　　次 / 2017 年 8 月第 1 次印刷
定　　价 / 350 元

如有印装差错,由本社发行部调换。

《连云港统计年鉴——2017》
编委会和编辑人员

编 者 说 明

一、《连云港统计年鉴-2017》是一本信息密集的资料工具书。本书通过大量统计数据真实的记录了2016年连云港市经济、科技、社会各方面的发展进程变化，是各级领导、理论研究工作者和国内外企业家、投资者必备的工具书，是社会各界人士了解、认识连云港的重要窗口。本年鉴在往年年鉴的基础上作了进一步调整和改进，版本在编辑、内容结构、指标数据等方面与前几年保持了连贯性。

二、本年鉴的内容包括：(1)文稿部分：连云港市2016年国民经济和社会发展统计公报；(2)统计资料部分：1.综合，2.人口、就业和工资，3.人民生活、价格指数，4.固定资产投资，5.财政、金融，6.对外经济贸易，7.农业，8.工业、能源，9.建筑业，10.交通运输、邮电和服务业，11.批发零售、住宿餐饮，12.科技、教育、文化、卫生，13.民政、司法、城建、环保，14.江苏市县社会经济，15.区域经济(淮海经济区、沿海开放城市)。

三、本年鉴辑入的统计数字以2016年为主，为方便读者使用，主要指标还列有1978年党的十一届三中全会以来主要年份的统计数据。读者在使用以往历史资料时，凡与本年鉴有出入的，均以本年鉴为准。

四、在《年鉴》编辑过程中，得到了有关部门和人员的大力支持。对此，深表谢意。由于水平有限，时间仓促，难免有不足之处，欢迎读者批评指正，以便进一步改进统计年鉴的编辑工作。

目　　录

三、人民生活、价格指数

八、工业、能源

九、建筑业

十四、江苏市县社会经济

十五、区域经济

2016年连云港市国民经济和社会发展统计公报

连云港市统计局　　国家统计局连云港调查队

2016年，连云港紧紧抓住国家“一带一路”建设、沿海发展等重大战略机遇，牢固树立和贯彻落实创新、协调、绿色、开放、共享五大发展理念，以改革创新为引领，以扩大开放求突破，坚持稳中求进主基调，着力加快转型升级，全市经济运行稳中有进，综合实力日益增强，产业发展、城乡面貌、人民生活发生显著变化。

一、综　合

*经济总量不断扩大。*全年实现GDP 2405.16亿元，增长7.8%。其中，第一产业增加值301.56亿元，增长1.6%；第二产业增加值1074.19亿元，增长7.8%；第三产业增加值1029.41亿元，增长9.8%。第二、第三产业增加值双双跨上千亿台阶。人均GDP首超50000元，达到53626元。

*产业结构逐步调优调高。*全市三次产业结构调整为12.5:44.7:42.8。工业化进程逐步提高，工业在全市经济中的主体地位逐步提升，工业化率为36.4%，比上年提高了0.2个百分点。服务业快速发展。第三产业增加值占GDP的比重达42.8%，比上年提高0.3个百分点。

*就业形势保持平稳。*全年新增城镇就业5.4万人，城镇登记失业率1.95%。年末高校毕业生整体就业率稳定在92%以上，转移农村劳动力2.65万人，帮扶就业困难人员再就业0.53万人，开发公益性岗位2000个，“双零”家庭实现动态清零。在100家规模以上企业建立劳动争议调解委员会，完善87个乡镇劳动人事争议专业性调解组织。

*市场活力进一步释放。*随着互联网、开源技术平台等对大众创业者的开放普及，众筹、众包、众创的融资模式和生产方式使得个体能够成为产业资源的组织配置者，去中心化的自组织生产开始出现，智力资源、产业资源、社会资本更加自由流动，市场活力进一步释放。全年新增私营企业1.01万户，增长17.5%，年末全市注册私营企业达到6.77万户；新增个体工商户3.62万户，增长24.0%，年末全市个体工商户达到18.69万户。

*物价温和上涨。*全年居民消费价格上涨2.1%，八大类商品和服务项目价格指数均有所上涨。除医疗保健类上涨12.9%涨幅较大外，其他涨幅均在3%以下，依次为食品烟酒类、其他用品和服务、居住、衣着、交通和通信、生活用品及服务、教育文化和娱乐，涨幅分别为2.9%、1.0%、0.8%、0.6%、0.3%、0.3%、0.1%。工业生产者价格有所回升。全年工业生产者出厂价格上涨0.2%，其中生产资料上涨0.1%，生活资料上涨0.4%；工业生产者购进价格下降0.2%。

表 1:连云港 CPI 八大类指数情况

项　目　名　称	2016年同比指数
居民消费价格总指数	102.1
一、食品烟酒	102.9
二、衣着	100.6
三、居住	100.8
四、生活用品及服务	100.3
五、交通和通信	100.3
六、教育文化和娱乐	100.1
七、医疗保健	112.9
八、其他用品和服务	101.0

全市经济社会发展仍存在一些不足,主要表现在:经济总量仍然不大,产业短板依然突出;港口核心战略资源作用需要进一步发挥,港产城融合发展需要加强;创业创新氛围不浓,人才短缺仍然是制约发展的瓶颈;民生社会事业发展与群众期望还有一定差距等。

二、农林牧渔业

粮食种植丰产丰收。全年粮食播种面积 752.3 万亩,比上年减少 1.6 万亩;亩产 479.6 公斤,比上年减少 0.7 公斤;总产 360.8 万吨,比上年减少 1.4 万吨。其中,夏粮播种面积 363.2 万亩,比上年减少 1 万亩;亩产 393.7 公斤,比上年增加 0.2 公斤;总产 143 万吨,比上年减少 0.3 万吨。秋粮播种面积 389.1 万亩,比上年减少 0.6 万亩;亩产 559.8 公斤,比上年减少 1.7 公斤;总产 217.8 万吨,比上年减少 1 万吨。

农业产业化水平不断提升。积极培育农业龙头企业,年末国家级农业产业化龙头企业达到 2 家,省级 48 家,市级 180 家,省级以上农业龙头企业实现销售收入 250 亿元,规模以上农产品加工企业产值 1150 亿元,与农业总产值之比达 1.96。

高效设施农业扩面增效。积极推进高效农业产业集聚区建设,重点抓好东海西甜瓜、灌云设施蔬菜、灌南食用菌、赣榆水果等 8 个千亩连片高效设施农业基地建设。全市新增高效设施农业面积 7 万亩,建成 7 个省级万亩“菜篮子”工程蔬菜生产基地,面积达 8.2 万亩;东海县桃林镇北芹村获批全国“一村一品”示范村镇。

外向型农业全省领先。农业国际合作示范区全面推进,国家地理标志保护产品达 10 个。农业“走出去”迈出坚实步伐,江苏海德益食品有限公司在柬埔寨投资 5000 万元建设热带作物种植农场,江苏雅仕保鲜投资 1000 万元在南非建设雪橙基地,连云港驰神科技有限公司每年向韩国出口食用菌菌棒 100 余万株,并投资 300 多万元在韩国成立公司组织食用菌种植生产。

休闲观光农业快速发展。全年新增全国休闲农业与乡村旅游星级企业 4 家,其中五星级 1 家,四星级 1 家,三星级 2 家,累计分别为 1 家、2 家、7 家。新建省级休闲观光农业示范村 2 个,累计为 9 个。新建市级休闲观光农业示范村20个，累计为50个。各类休闲观光农业经营主体达200多个。

三、工业和建筑业

工业生产总体平稳。全市1694家规模以上工业企业实现总产值6225.87亿元，增长12.2%。其中，轻工业总产值1984.07亿元，增长17.3%，快于全市5.1个百分点；重工业总产值4241.80亿元，增长10.0%。

企业亏损面下降。规模以上工业企业实现产品销售收入6051.58亿元，增长12.4%。实现利润总额465.17亿元，增长10.0%，利润率为7.7%。亏损企业114家，比上年减少31家，下降21.4%；亏损企业亏损额10.05亿元，增长15.7%。

小微企业经营向好。全市1552家企业规模以上小微企业实现总产值2790.57亿元，增长19.1%，高于全市平均水平6.9个百分点，对全市工业生产增长的贡献率为66.2%，拉动全市工业生产增长8.1个百分点。142家大中型企业总产值增长7.1%，对全市工业生产增长的贡献率为33.8%，拉动全市工业生产增长4.1个百分点。

建筑业平稳发展。全年完成建筑业总产值648.73亿元，增长3.0%。其中，房屋建筑工程总产值600.74亿元，增长2.2%；安装工程总产值47.99亿元，增长17.4%。资质以上建筑业企业房屋施工面积5309.1万平方米，与上年基本持平；房屋竣工面积2306.1万平方米，增长10.6%。

四、固定资产投资

投资总量不断扩大。全年完成固定资产投资2385.16亿元，增长14.8%。其中，工业投资1487.34亿元，增长17.5%；服务业投资850.35亿元，增长8.2%；房地产开发投资235.41亿元，增长14.6%。

工业投资居主导地位。全年完成工业投资1487.34亿元，增长17.5%，对全市投资增长贡献率达72.0%。其中，化学原料和化学制品制造业完成投资252.2亿元，非金属矿物制品业投资164.0亿元，电气机械和器材制造业投资99.0亿元，农副食品加工业投资82.2亿元，专用设备制造业投资68.5亿元，医药制造业投资59.4亿元，通用设备制造业投资52.1亿元。

民间投资保持增长。全年完成民间投资1622.7亿元，增长15.0%，占全市投资的比重为68.0%。民间投资主要投向制造业和房地产业，其中制造业1119.9亿元，占全市民间投资69.0%，房地产业241.6亿元，占全市民间投资14.9%。

重大项目增多。全年亿元以上在建重大项目644个，比上年增加115个，完成投资1502.8亿元，占全部投资额的63.0%。

五、国内贸易

消费品市场运行良好。全年实现社会消费品零售总额933.31亿元，增长12.4%。其中，批发业实现零售额83.92亿元，增长29.8%;零售业745.72亿元，增长8.3%；住宿业13.86亿元，增长42.8%；餐饮业89.80亿元，增长32.7%。限额以上单位中，粮油食品类实现零售额50.0亿元，增长44%；服装类21.23亿元，增长25.8%;金银珠宝类15.45亿元，增长17.6%；家用电器类19.41亿元，增长19.4%；中西药品类31.9亿元，增长14.9%；石油制品类90.0亿元，增长2.4%；汽车类70.0亿元，增长10.8%。

新型业态加快发展。连云港被认定为省跨境电子商务试点城市，东海县被评为省级电商示范县，全年电子商务网络零售额突破100亿元，增长25%。苏宁广场、万达广场、东海水晶城等商业综合体人气集聚，综合体建设取得突破。

六、开放型经济

东西双向开放不断深入。向东开放优势不断扩大，进一步加强与日韩、东南亚港航贸易合作。加快做好向西开放文章，强化与上合组织、欧洲等陆桥运输合作，不断深化与哈国铁、欧亚资源、立陶宛克莱佩达港、格鲁吉亚波季港等港航企业合作关系。全年实际到帐注册外资5.50亿美元，下降31.3%。进出口总额70.40亿美元，下降12.5%。其中出口总额36.84亿美元，下降9.3%。

两基地建设加快推进。中哈物流基地成效明显。连云港与哈方不断推进合作发展升级，采用"一园三区"方式共建中哈物流园。中哈物流合作基地项目一期建成启用，连云港口岸哈国过境小麦方案通过国家质检总局评审，中哈物流基地粮食仓库硬件设施建设基本完成。上合组织出海基地建设加快。规划建设上合组织成员国特色产品商贸物流园，形成上合组织成员国面向日韩和我国东中部区域的产品展示窗口和交易中心。

建成进口商品保税交易中心。全省第一家进口商品保税交易中心建成，跨境电子商务发展迅速，获批开展除网购保税进口模式以外的一般进口、一般出口、保税出口等各类跨境贸易电子商务试点。

七、交通、邮电和旅游

组合大港基本形成。30万吨级深水航道一期工程建成，赣榆、灌河、徐圩两翼港区开港运营，综合通过能力达到了1.6亿吨。东疏港、大港路中期改造工程、沈海高速赣榆柘汪互通、徐圩港区疏港公路建成启用，旗台作业区铁路专用线实现通车，疏港航道、盐河航道建成通航，公路港、内河港实现运营，千吨级船舶直通京杭大运河，集疏运体系日益完善。全年港口货物吞吐量2.21亿吨，增长5.0%。

铁路建设全面提速。连盐、连淮扬镇、连青铁路建设进展顺利。江苏"十三五"开工建设的第一个重大铁路项目——徐连高铁东接在建的连盐铁路和连淮扬镇铁路，西连在建的徐盐铁路，高效便捷、内联外通的高铁路网加快形成。连云港境内铁路货运呈现明显积极变化，全年铁路货运量达4528.11万吨，增长9.1%；境内铁路客运总量403.33万人次，下降12.5%。

交通运输平稳运行。全市地方公路客运量4654万人次，旅客周转量33.33亿人公里，分别下降1.0和1.3%；地方公路货运量8378万吨，货运周转量161.07亿吨公里，增长均为2.0 %。地方水路货运量1837万吨，增长0.6%，货运周转量144.36亿吨公里，增长7.1%。民航新开通了昆明、石家庄及南宁等3条航线，年末航线达到23条，民航机场飞机起降9322架次，增长19.5%；民航机场旅客吞吐量85.1万人次，增长20.0%。

邮政通讯业务较快增长。全年邮政通讯总收入42.27亿元，增长9.1%。其中，邮政速递业务收入11.18亿元，增长18.4%；通讯业务总收入31.09亿元，增长6.0%。年末，全市电话用户486.93万户，其中移动电话用户418.29万户。互联网用户404.33万户，增长12.9%，其中固定宽带接入用户119.07万户，增长7.6%。

旅游业较快发展。全年实现旅游总收入395.40亿元，增长15.5%。接待国内游客3011万人次，增长

12.2%；实现国内旅游收入 391.58 亿元，增长 15.6%。接待入境过夜旅游者 2.26 万人次，增长 11.2%；实现旅游外汇收入 2281 万美元，增长 10.5%。月牙岛、孔望山、桃花涧、后云台山等景区扩建改造快速实施，花果山景区成功创建 5A 级景区。

八、财政、金融

财政收入下降。受营改增等因素影响，全年实现一般公共预算收入 211.47 亿元，下降 27.5%。其中：实现税收收入 170.80 亿元,下降 28.1%。分地区看，市区、三县分别实现一般公共预算收入 144.91 亿元和 66.56 亿元，分别下降 16.1%和 44.1%。

民生支出比重较大。全年实现一般公共预算支出 374.78 亿元，比上年减少 55.00 亿元，下降 12.8%。用于民生支出达到七成，其中教育支出 71.41 亿元，社会保障和就业 36.83 亿元，医疗卫生 31.36 亿元，城乡社区事务 49.80 亿元。

金融信贷较快增长。年末金融机构存款余额 2555.48 亿元，比年初增加 391.56 亿元，同比增长 18.1%。其中，住户存款 1179.91 亿元，比年初增加 123.94 亿元，同比增长 11.7%。金融机构贷款余额 2093.9 亿元，比年初增加 266.22 亿元，同比增长 14.6%。

表 2：年末金融机构存贷款情况

指　　标	绝对数（亿元）	比年初增加（亿元）	比上年末增长（%）
各项存款余额	2555.48	391.56	18.1
# 住户存款	1179.91	123.94	11.7
非金融企业存款	866.31	169.52	24.3
各项贷款余额	2093.9	266.22	14.6
# 住户贷款	792.91	139.9	21.4
非金融企业及机关团体贷款	1253.88	126.17	11.2

保险市场快速发展。全年保险业务总收入 69.78 亿元，增长 20.8%。其中，寿险保费收入 41.58 亿元，增长 22.3%；财产险保费收入 20.97 亿元，增长 17.0%；健康险保费收入 5.87 亿元，增长 26.9%；意外险保费收入 1.36 亿元，增长 12.8%。保险业务总支出 23.20 亿元，增长 31.1%。

九、科学技术和教育

创新载体建设力度加大。全市不断加大创新载体建设力度，倾力打造发展新平台，加快建设区域创新高地。国家高新区、国家级农业科技园区快速推进，装备制造、高性能纤维及复合材料、硅材料、新医药等 4 个国家级特色产业基地加快建设，13 个省级以上科技企业孵化器、8 个科技产业园投入运营。恒瑞、豪森、康缘、正大天晴四大药企入选中国医药工业企业 50 强、研发企业 20 强。

高新产业规模扩大。全社会研发投入占 GDP 比重提高到 1.78%，科技进步贡献率提高到 53%。高新技术企业增至 226 家，实现工业总产值 2432.08 亿元，增长 12.0%，对全市工业生产增长的贡献率为 38.5%，拉动全市生产增长 4.7 个百分点。其中，“三新”产业实现总产值 2214.68 亿元，新材料制造业、新能源制造业、生物医药制造业分别为 1397.50 亿元、241.78 亿元、575.40 亿元。

着力实施教育强基工程。坚持育人为本，着力打造教育公共服务平台，形成学历教育和非学历教育协调发展、职业教育和普通教育相互沟通、职前教育和职后教育有效衔接的终身教育体系，教育事业实现了全面协调可持续发展。全年全市新建中小学 2 所，改造中小学校舍 31.4 万平方米，安排进城务工人员子女入学 3978 人。在苏北率先实现教育基本现代化，教育强市步伐不断加快。

教育教学质量稳步提升。全市所有县区全部通过义务教育发展基本均衡县（区）国家级督导认定，新海实验中学代表队获得“中国汉字听写大会”全国总冠军。九年义务教育巩固率 99.9%，比上年提高了 0.2 个百分点；高中阶段教育毛入学率达到 97.4%，比上年提高 0.2 个百分点。

十、文化、卫生和体育

文化服务水平提升。全年首批建设基层综合文化服务中心 325 家，新增公共文化场馆 39 个，新建市图书馆分馆 12 个。现代淮海戏《辣妈犟爸》参加第三届江苏文化艺术节并获优秀剧目奖，《白雪公主与七个小矮人》填补了本土儿童剧空白，《决战花果山》网页游戏成功上线，实现了游戏研发零的突破。制作发放 5 万张农家书屋借阅证，200 家“一卡通”农家书屋与县图书馆实现通借通还。全年组织举办广场文化活动、“港城一家亲”社区文化节等各类文化活动 2 万余场次，送戏下乡 1328 场。市图书馆入选国家第三批公共服务综合标准化试点项目，东海县入围省级书香城市示范县，灌南县成功创建省级公共文化服务体系示范区。

卫生服务能力不断增强。医疗卫生投入不断加大，第一人民医院新海院区项目竣工，市精神卫生中心建成投用。新建医养融合型养老机构 2 家，赣榆区人民医院养老护理院、市东方医院“东方康复养老中心”投入运营。生殖健康、妇幼保健、托幼等公共卫生服务能力进一步提升。分级诊疗制度加快构建，基层医疗机构首诊量达到 60%。赣榆区人民医院建成国家三级综合性医院。

积极推进健康连云港建设。发布《建设健康连云港行动计划（2016–2020）》，通过广场活动、市民健康学校、健康大讲堂、媒体专栏、健康教育讲师团巡讲等方式，大力普及健康知识；积极倡导健康运动，举办各类健身活动，学校体育设施免费向社会开放。全年新增居民健康卡 50 余万张，获评全国“居民健康卡普及应用先进单位”。

体育事业稳步发展。三名运动员入选第 31 届奥运会中国体育代表团，实现奥运会金牌零的突破。新成立市级体育协会 6 家，总数达到 52 家，组织比赛活动 45 项，举办社会体育指导员培训班 20 期。市、县区全面建成省公共体育服务体系示范区。

十一、城市建设、环境保护和节能减排

城市布局不断优化。全面落实“组团发展、功能互补、提升品质、彰显特色、快速联通”的城市发展布局，城市建成区面积扩大至 214 平方公里。全面加快“三轴一环三圈”建设，港城大道、花果山大道、海滨大道等城市发展主轴、环云台山大道和高铁、空港、海港三大特色商圈建设强势推进。开发区创智

绿园、赣榆火车站广场改造获批省级试点，综合管廊获批省级试点城市。

*环境综合整治深入推进。*秸秆综禁成效明显，化工园区整治力度加大，小钢铁、小化工等领域去产能成效明显。市区空气质量优良率为76.5%，PM2.5浓度值为46微克/立方米，全省排名第2位。22个省控考核断面中，达到或优于地表水Ⅲ类水比例为63.6%，劣Ⅴ类水比例为13.6%，15条入海河流劣Ⅴ类水比例为26.7%，均达到年度考核目标。在全国地级市中第一个开展战略环评试点，并通过环保部专家论证暨验收。东海县、赣榆区通过国家级生态县区验收，市开发区获批国家生态工业示范区，海州区、连云区通过省级生态区技术评估。

*人居环境显著提升。*城市快速公交、公共自行车等绿色出行网络不断完善，城市饮用水"双源双线"工程建成投用。市区新增绿地300公顷，建成区绿地率达37.6%，绿化覆盖率达40.2%，人均公园绿地面积达14.4□。公园绿地十分钟服务圈加快实施，扩建月牙岛湿地公园，新建创智绿园、香海湖公园、新丝路公园，修复郁洲公园景观；新改建庙岭游园、西盐河樱花园、和煦园等9个街头游园。重点中心镇和临海城镇完成验收，东海温泉、赣榆班庄获批省级重点及特色镇；连云区连岛街道西连岛村西连岛等11个美丽乡村示范项目完成建设，海州区浦南镇龙浦村大官庄等8个村庄获批省级康居村庄，连云区宿城街道大竹园村大竹园、赣榆区金山镇徐福村后徐福获批省级传统村落项目。创成全国绿化模范城市、国家园林城市和国家节水型城市，国家卫生城市创建圆满通过国家技术评估。

*民生工程持续推进。*改造背街小巷，完成东大新村、玉带新村、海宁小区、蔷薇小区等23个老旧小区309条53公里背街小巷改造。整治河道，整治生活污水排口105个，完成黑臭水体排查并实施综合治理。改造危旧房，改造农村危旧房1065户，完成渔民上岸安居工程327户。推进保障房建设，新增国开行、农发行等政策性贷款133亿元，新开工保障性安居工程11500套，基本建成11000套。加快实施公用事业，蔷薇湖输水泵站调试运行，海州水厂深度处理加快建设，大浦、墟沟污水处理厂提标改造快速实施；新建供水、污水、燃气等各类管网60公里，新增燃气10800户。城市供水普及率达100%，城市污水处理率达92%，燃气气化率达99.98%。

*节能减排扎实推进。*积极推进生产方式绿色化转型，加强重点领域节能减排，万元地区生产总值能耗降低率及化学需氧量、二氧化硫、氨氮、氮氧化物等四类主要污染物排放削减均完成目标任务。

十二、人口、人民生活和社会保障

*人口总量缓慢增长。*年末全市户籍人口533.99万人，比上年末增加3.43万人，增长0.6%。其中，市区222.69万人。常住人口449.64万人，比上年末增加2.27万人，增长0.5%。其中，城镇常住人口270.68万人，比上年增加8.07万人，增长3.07%。常住人口城镇化率达60.2%，比上年提高1.5个百分点。

*居民收入较快增长。*根据城乡一体化住户抽样调查，全年全市居民人均可支配收入为21230元，增长9.3%。城镇常住居民人均可支配收入27853元，增长8.3%。其中，工资性收入15195元，增长8.4%；经营净收入5458元，增长6.5%；财产性收入2316元，增长13.9%；转移性收入4884元，增长7.3%。城镇居民人均消费18344元，增长6.3%。农村常住居民人均可支配收入为13932元,增长9.0%。其中，工资性收入6462元，增长9.4%；家庭经营收入4854元，增长7.2%；财产性收入190元，增长15.8%；转移

性收入2425元，增长11.4%。农村居民人均消费支出10113元，增长11.7%。

保障水平稳步提升。出台《市实施〈工伤保险条例〉细则》和机关事业单位养老保险制度改革实施办法，完成全民参保登记工作，市区五险费征缴总收入增长7.0%。企业退休人员基本养老金12连调，城乡居保基础养老金实现5连调，最低标准由每人每月105元提高到115元。新农合参合率为99.7%，新增中药饮片18种、中药颗粒462种纳入新农合补偿范围。全市新农合政策补偿比为80%，实际补偿比为55.6%，实现参合患者省内联网医院住院费用即时结报。

注：1、公报中地区生产总值和各产业增加值绝对值按现行价格计算，增长速度按可比价格计算。

2、公报中部分数据为初步统计数，正式统计数据以《连云港统计年鉴》为准。

1 综　合

全 市 行 政 区 划

表 1-1

地　　区	乡人民政府	镇人民政府	街道办事处	村民委员会	居民委员会
全　市	**10**	**50**	**30**	**1432**	**251**
一、市　区	1	19	27	560	199
连 云 区	1		8	19	27
海 州 区		4	11	79	100
赣 榆 区		15		427	42
开 发 区			3	16	17
云台山风景区			1	9	2
徐圩新区			1	2	1
高 新 区			3	8	10
二、三　县	9	31	3	872	52
东 海 县	6	11	2	346	16
灌 云 县	2	10	1	302	22
灌 南 县	1	10		224	14

全 市 土 地 面 积 现 状

表 1-2　　(2016 年)　　单位:平方公里

地　　区	全　市	市　区	赣榆区	东海县	灌云县	灌南县
土地总面积	**7615.29**	**3011.89**	**1514.08**	**2036.66**	**1538.33**	**1028.41**
1.农用地	5156.72	1747.60	974.51	1576.84	1105.32	726.97
# 耕　地	3925.06	1195.64	700.24	1225.42	916.48	587.52
园　林	154.62	64.02	45.77	84.55	2.57	3.48
林　地	146.18	115.30	5.05	27.01	3.87	0.00
2. 建设用地	1765.64	921.73	371.67	376.06	297.76	170.10
# 居民及工矿用地	1411.81	762.44	300.95	236.60	251.49	161.28
交通运输用地	325.10	148.04	73.12	95.61	48.79	32.66
水利设施用地	1562.73	697.34	379.24	329.88	307.34	228.18
3.未利用地	692.93	342.57	167.90	83.76	135.26	131.35

全市乡、镇、街道办事处概况

表 1-3　　　　(2016 年)

地　　区	个数(个)	名　　称
连 云 区:街道办事处	8	墟沟、连云、云山、板桥、连岛、海州湾、宿城、高公岛
乡	1	前三岛
海 州 区:街道办事处	11	朐阳、新海、新浦、海州、幸福路、洪门、宁海、浦西、新东、新南、路南
镇	4	锦屏、新坝、板浦、浦南
赣 榆 区:镇	15	青口、柘汪、石桥、金山、黑林、厉庄、海头、塔山、赣马、班庄、城头、城西、宋庄、沙河、墩尚
市开发区:街道办事处	3	中云、猴嘴、朝阳
市高新区:街道办事处	3	花果山、南城、郁州
云台山风景区:街道办事处	1	云台
徐圩新区:街道办事处	1	徐圩
东 海 县:街道办事处	2	牛山、石榴
乡	6	驼峰、李埝、山左口、石湖、曲阳、张湾
镇	11	白塔埠、黄川、石梁河、青湖、温泉、双店、桃林、洪庄、安峰、房山、平明
灌 云 县:街道办事处	1	侍庄
乡	2	小伊、南岗
镇	10	伊山、杨集、燕尾港、同兴、四队、圩丰、龙苴、下车、图河、东王集
灌 南 县:乡	1	李集
镇	10	新安、堆沟港、田楼、北陈集、张店、三口、孟兴庄、汤沟、百禄、新集

国 民 经 济 主 要 指 标

表 1-4

指　　标	单 位	2005	2010	2011	2012	2013	2014	2015	2016
一、人　　口									
年末常住人口	万人	454.40	439.71	438.61	440.69	442.83	445.17	447.37	449.64
年末户籍人口	万人	472.18	497.73	505.18	510.99	520.18	526.52	530.56	533.99
二、从业人员数	**万人**	**227.60**	**302.08**	**308.18**	**249.20**	**250.2**	**251.10**	**250.30**	**250.50**
# 城镇非私营单位在岗职工人数	万人	31.90	30.61	33.09	33.48	43.84	44.47	43.86	43.71
三、地区生产总值(当年价)	**亿元**	**497.34**	**1201.79**	**1422.16**	**1618.75**	**1829.04**	**1987.19**	**2185.70**	**2405.16**
第一产业	亿元	101.31	182.60	204.11	232.40	245.26	261.98	282.69	301.56
第二产业	亿元	211.30	552.92	665.10	750.64	834.17	909.91	982.87	1077.43
# 工业	亿元	168.30	439.69	528.64	597.81	664.72	727.15	791.14	879.35
第 三产业	亿元	184.73	466.27	552.95	635.71	749.61	815.30	920.14	1026.17
四、农业总产值(当年价)	**亿元**	**174.02**	**322.80**	**376.53**	**426.24**	**474.24**	**507.39**	**549.03**	**589.42**
粮食产量	万吨	248.00	339.36	345.99	361.35	354.73	359.33	362.15	360.80
五、规模以上工业									
工业总产值(当年价)	亿元	342.87	1936.28	2630.52	3413.38	4101.08	4862.74	5433.14	5974.81
产品销售收入	亿元	327.16	1905.48	2601.68	3346.45	4083.66	4812.14	5356.08	5946.41
利润总额	亿元	34.26	252.91	300.03	423.96	509.36	612.90	684.76	496.53
六、能源消耗									
单位 GDP 能耗	吨标准煤/万元	0.94	0.83	0.82	1.33	0.864	0.837	0.836	0.6
单位 GDP 电耗	千瓦时/万元	894.80	870.11	769.34	763.45	794.82	842.21	804.03	713.02
单位工业增加值能耗	吨标准煤/万元	3.00	1.164	1.238	0.974	0.904	0.774	0.699	0.6945
全社会用电量	亿千瓦时	40.80	83.52	103.71	115.97	134.94	157.51	166.68	166.15
# 工业	亿千瓦时	27.43	53.99	69.84	75.91	88.73	110.44	116.57	110.00

表 1-4 续表 1

指　　标	单位	2005	2010	2011	2012	2013	2014	2015	2016
七、运输和邮电									
全社会客运量	万人	7936	13481	14428	15948	5419	5467		
全社会货运量	万吨	5628	13937	12901	14832	9169	10089	11230	10040
沿海港口货物吞吐量	万吨	6016	13506	16628	18528	20165	21008	21075	22135
集装箱运量	万标箱	100.5	387.1	485.2	502	548.77	500.54	500.92	470.33
邮电通讯业务收入	亿元	15.93	27.04	29.72	34.24	36.88	37.99	38.69	43.63
八、固定资产投资									
全社会固定资产投资总额	亿元	323.60	1234.25	1240.93	1519.94	1664.77	2090.36	2522.55	2852.54
# 规模以上投资	亿元	282.33	1093.93	1043.19	1280.88	1350.12	1716.57	2077.35	2385.16
房地产投资	亿元	35.36	132.36	164.65	162.23	174.07	189.28	205.42	235.41
九、内外贸易									
社会消费品零售总额	亿元	182.08	430.65	500.23	575.49	655.57	740.47	830.71	933.31
进出口总额	亿美元	20.39	50.76	69.00	80.04	66.41	80.30	80.35	70.40
# 出口总额	亿美元	9.32	26.01	37.36	36.03	37.84	43.55	40.56	36.84
实际利用外资金额	亿美元	2.75	11.01	6.10	7.34	8.70	9.54	8.01	5.50
十、财　　政									
财政总收入	亿元	56.28	352.58	462.41	564.74	595.65	579.86	539.36	431.07
# 公共财政预算收入	亿元	24.59	141.39	180.08	208.94	233.30	261.77	291.77	211.47
财政支出	亿元	59.00	352.03	468.38	600.06	673.03	596.67	585.97	506.91

表 1-4 续表 2

指　　标	单 位	2005	2010	2011	2012	2013	2014	2015	2016
十一、金　融									
年末金融机构存款余款	亿元	437.38	1243.81	1388.69	1503.66	1709.93	1887.31	2163.92	2555.48
年末金融机构贷款余款	亿元	311.00	946.26	1088.17	1196.58	1425.50	1607.42	1827.40	2093.90
保费收入	亿元	11.76	33.42	35.17	38.99	44.06	49.52	62.16	75.52
# 财产险	亿元	2.90	9.32	10.92	15.52	15.67	22.70	19.99	23.56
赔款支出	亿元	2.08	7.68	9.27	11.52	15.70	17.17	19.59	25.57
# 财产险	亿元	1.72	4.13	5.30	7.01	8.72	10.79	9.77	12.75
十二、物　价									
居民消费价格指数	上年=100	102.0	103.5	104.9	102.3	102.2	102.4	101.8	102.1
十三、教　育									
各类学校在校学生	万人	89.07	74.81	72.66	72.56	69.13	70.65	72.76	75.39
# 高等学校	万人	2.75	3.45	3.39	3.38	3.76	3.80	3.86	3.86
中等专业学校	万人	2.64	5.32	4.81	5.06	4.30	3.63	3.48	3.75
普通中学	万人	39.61	30.91	28.61	26.85	23.15	22.53	22.48	23.01
小　学	万人	41.14	32.71	33.60	35.00	35.52	38.42	41.08	43.20
十四、卫　生									
卫生机构数	个	923	831	2666	2619	2616	2702	2708	2726
床 位 数	张	9057	12249	12991	16504	17500	18061	19035	23281
卫生技术人员	万人	1.18	1.58	1.72	1.90	2.05	2.19	2.31	26152
十五、人民生活									
城镇非私营单位在岗职工平均工资	元	15043	33843	38817	44124	46250	50189	56154	61262
居民人均可支配收入	元						17798	19418	21230
居民人均消费性支出	元						12247	13260	14333
住户存款	亿元	250.13	538.24	629.42	732.79	850.95	953.41	1055.97	1179.91

国民经济主要比例(比重)关系

表 1-5　　　　单位:%

项　　　　目	2005	2010	2011	2012	2013	2014	2015	2016
一、从业人员中一、二、三产业比例								
第一产业	43.8	30.5	28.6	33.3	32.7	31.6	31.5	31.4
第二产业	26.1	31.7	32.7	31.2	31.3	32.2	32.2	32.2
第三产业	30.1	37.8	38.7	35.5	36.0	36.2	36.3	36.4
二、地区生产总值中一、二、三产业比例								
第一产业	20.5	15.3	14.5	14.5	13.7	13.3	13.1	12.5
第二产业	42.3	45.7	46.4	45.9	45.2	45.3	44.4	44.8
第三产业	37.2	39.0	39.1	39.6	41.1	41.4	42.5	42.7
三、固定资产投资与 GDP 之比	**71.0**	**103.4**	**88.0**	**94.8**	**93.2**	**106.3**	**116.7**	**118.6**
社会消费品零售总额与 GDP 之比	39.9	36.1	35.5	35.9	36.7	37.7	38.4	38.8
四、外贸依存度	**36.1**	**28.6**	**31.6**	**31.4**	**23.0**	**24.9**	**23.0**	**19.3**
出口依存度	16.5	14.7	17.1	14.1	13.1	13.5	11.6	10.1
五、财政收入占 GDP 比重	**12.3**	**29.5**	**32.8**	**35.2**	**33.4**	**29.5**	**25.0**	**17.9**
金融贷存比	71.1	76.1	78.4	79.6	83.4	85.2	84.4	81.9
六、工业增加值占 GDP 比重	**33.6**	**36.2**	**36.7**	**36.4**	**36.0**	**36.0**	**35.5**	**36.6**
七、全体居民恩格尔系数					32.9	32.4	32.8	32.4
城镇居民恩格尔系数	38.6	39.1	38.1	37.1	36.5	32.3	32.7	32.3
农村居民恩格尔系数	46.1	40.9	36.7	36.4	35.4	32.7	33.0	32.6
八、农林牧渔业总产值中农林牧渔业比例								
农　　业	48.9	50.0	48.0	47.5	48.0	47.3	47.5	46.8
林　　业	1.8	3.3	3.1	3.0	2.8	2.8	2.7	2.8
牧　　业	20.8	23.0	24.5	23.6	21.5	20.8	20.4	20.2
渔　　业	24.6	19.4	20.1	21.5	22.3	23.5	23.7	24.3
九、粮食与经济作物播种面积比例								
粮食作物	79.2	82.0	81.1	80.1	79.4	79.4	79.3	79.4
经济作物	20.7	18.0	18.8	19.9	20.6	20.6	20.6	20.6
其他作物	0.1	0.0	0.1	0.0	0.0	0.0	0.0	

连云港的一天

表 1-6

指　　标	单位	2005	2010	2011	2012	2013	2014	2015	2016
一、全市每天创造的财富									
地区生产总值(当年价)	万元	13626	32926	38963	44349	50111	54444	59882	65895
农业总产值(当年价)	万元	4768	8844	10316	11678	12993	13901	15042	16148
财政收入	万元	1542	9660	12669	15472	16319	15887	14777	11810
发电量	万度	1401	5512	5626	5756	7265	7348	7026	7705
原盐	吨	2096	1465	2198	2152	2402	2389	1759	1620
布	万米	1.32	4.61	4.31	16.99	23.28	18.96	21.94	20.55
磷矿石(折 30%)	吨	278	275	268	293	280	227	242	179
纯碱	吨	3771	3660	3904	3623	3478	3870	3815	3662
化肥(折纯)	吨	516	202	242	257	234	234	259	226
水泥	吨	2441	9553	8145	15702	24437	33236	23851	28351
啤酒	千升	222	216	197	196	189	201	203	219
二、每天其他经济活动									
全社会货运量	万吨	15.42	38.18	35.35	40.64	25.12	27.64	30.77	27.51
全社会客运量	万人	21.74	36.93	39.53	43.69	14.85	14.98		
固定资产投资额	万元	8865	33815	33998	41642	45610	57270	69111	78152
邮电通讯业务收入	万元	436.6	740.7	814.3	937.9	1010.4	1040.8		
社会消费品零售额	万元	4988	11799	13705	15767	17961	20287	22759	25570
三、每天人口变动和婚姻									
出生人数	人	172	188	183	263	299	267	220	169
死亡人数	人	66	120	42	99	51	78	60	41
结婚对数	对	82.6	161	174	184	182	168	146	134
离婚对数	对	8.2	17.8	20.7	23.1	27.2	30.1	33.0	37.1

社 会 经 济 主 要 指 标 年 人 均 水 平

表 1-7

指　　　　标	单 位	2005	2010	2011	2012	2013	2014	2015	2016
一、地区生产总值(当年价格)	**元**	10910	27179	32384	36819	41403	44757	48977	53626
二、农业总产值(当年价格)	**元**	3818	7300	8574	9695	10735	11428	12303	13142
三、财政收入	**元**	1235	7974	10529	12845	13484	13060	12086	9611
财政支出	元	1294	7961	10665	13648	15235	13439	13130	11302
四、粮食产量	**公斤**	544	767	788	822	803	809	812	804
五、社会消费品零售总额	**元**	3994	9739	11391	13090	14840	16677	18615	20809
六、每千人拥有固定电话机数	**部**	307.3	250.5	237.3	235.1	214.3	199.1	175.5	152.7
每千人拥有移动电话机数	部	163.8	697.5	837.7	869.6	935.4	973.7	952.3	948.1
七、教　　育									
每万人拥有各类专业技术人员	人	301.9	481.7	494.4	608.1	648.0	734.0	806.5	849.1
每万人拥有高校在校学生	人	60.4	78.5	77.2	76.8	84.9	85.5	86.3	86.0
八、卫　　生									
每万人拥有卫生机构床位数	张	18.2	24.6	28.6	35.6	38.7	39.7	41.5	50.4
每万人拥有医生	人	11.5	12.6	14.6	16.6	17.3	18.1	19.4	24.4
九、人民生活									
在岗职工平均工资	元	15043	33843	38817	44124	46250	50189	56154	61262
居民人均可支配收入	元						17798	19418	21230
#城镇居民人均可支配收入	元	10006	19020	21695	24342	26898	23595	25728	27853
农村居民人均可支配收入	元	3869	7039	8434	9589	10317	11698	12778	13932
居民人均消费性支出	元						12247	13260	14333
#城镇居民人均消费性支出	元	7213	12293	14110	15615	17172	16016	17259	18344
农村居民人均消费性支出	元	2574	4766	5498	6210	6932	8282	9052	10113
住户存款	元	5487	12172	14350	16628	19216	21417	23604	26241
居民人均现住房建筑面积	平方米						46.40	46.72	47.25
#城镇居民人均现住房建筑面积	平方米						45.26	45.63	46.10
农村居民人均现住房建筑面积	平方米						47.87	48.17	48.70
城乡居民人均日生活用电量	度	0.41	0.96	1.05	1.27	1.48	1.44	1.52	1.72

注：按常住人口计算。

按地区分社会经济主要指标

表 1-8　　　　　　　　　　　　　　　　(2016 年)

地　　区	全 市	市 区					东海县	灌云县	灌南县
			连云区	海州区	赣榆区	开发区			
一、人口及土地面积									
年末户籍人口(万人)	533.99	222.69	17.74	76.64	120.30	8.02	123.45	105.21	82.64
年末常住人口(万人)	449.64	208.78	19.35	84.58	96.60	8.25	96.84	80.51	63.51
从业人员(万人)	250.5	109.6	7.81	40.53	57.46	3.8	56.59	47.87	36.44
第一产业	78.6	26.39	0.37	7.28	18.54	0.2	18.63	18.49	15.09
第二产业	80.7	39.01	2.17	12.47	22.1	2.27	17.81	12.92	10.96
第三产业	91.2	44.2	5.27	20.78	16.82	1.33	20.15	16.46	10.39
土地面积(平方公里)	7615	3012	797	701	1514		2037	1538	1028
二、地区生产总值(当年价、亿元)	**2405.16**	**1336.27**	**126.81**	**310.73**	**519.21**	**296.04**	**433.43**	**328.66**	**306.8**
第一产业	301.56	118.67	5.53	17.43	76.55	0.54	67.28	64.1	51.51
第二产业	1074.19	599.72	47.39	87.38	245.56	244.84	186.57	143.12	144.78
# 工业	876.11	477.81	40.05	68.25	192.63	236.24	163.08	109.3	125.92
第三产业	1029.41	617.88	73.89	205.92	197.1	50.66	179.58	121.44	110.51
人均地区生产总值(元)	53626	64165	85222	39761	53885	388759	44871	40926	48429
三、固定资产投资									
全社会固定资产投资(亿元)	2852.54	1749.19	325.59	383.14	460.97	327.62	404.17	376.53	322.65
# 规模以上	2385.16	1564.32	303.88	329.82	372.00	309.75	330.59	272.19	218.06
房地产	235.41	165.87	16.30	75.39	25.46	9.50	19.77	27.26	22.51
四、财政、金融									
财政总收入(亿元)	431.07	285.24			50.26		34.39	69.23	42.21
# 公共财政预算收入	211.47	144.91	9.43	31.43	25.02	35.06	22.61	21.52	22.43
财政支出(亿元)	506.91	287.68	11.85	34.42	79.20	25.48	66.47	89.92	62.84
年末金融机构存款余款(亿元)	2555.48	1464.18			327.07		322.30	261.49	180.44
# 住户存款	1179.91	491.88			218.43		214.11	147.28	108.21
年末金融机构贷款余款(亿元)	2093.90	1266.28			261.02		248.71	183.80	134.09

表1-8续表1　　(2016年)

地　　区	全市	市区	连云区	海州区	赣榆区	开发区	东海县	灌云县	灌南县
五、规模以上工业									
工业总产值(当年价、亿元)	5974.81	3509.75	113.09	352.13	1584.09	1072.04	1085.75	762.14	617.18
利润总额(亿元)	496.53	330.38	3.11	56.15	107.19	117.17	74.33	44.99	46.83
六、农　　业									
农业总产值(当年价、亿元)	589.42	234.03	10.71	36.09	167.55	1.22	130.31	128.00	97.07
粮食总产量(万吨)	360.80	101.06			56.44		114.53	81.88	63.34
棉花总产量(吨)	549	549			450				
油料总产量(吨)	114043	63543			63407		48035	862	1603
七、邮电通信、电力									
邮政通讯业务收入(亿元)	43.63	26.32			7.31		7.70	5.50	4.11
固定电话用户(万户)	68.67	42.18			13.43		10.81	8.88	6.80
移动电话用户(万户)	426.30	231.40			85.53		82.21	62.84	49.85
全社会用电量(亿千瓦时)	166.15	63.68			34.93		23.22	12.83	31.48
#工业	110.00	41.30			24.09		13.69	6.05	24.87
八、批发零售贸易、外经									
社会消费品零售总额(亿元)	933.31	544.44	72.34	270.86	171.39	20.80	175.89	119.45	93.52
进出口总额(亿美元)	70.40	61.23	11.66	10.27	5.13	24.66	4.58	2.33	2.25
#出口总额	36.84	29.43	4.26	8.74	4.04	9.59	3.68	2.03	1.70
新签协议(合同)(个)	112	70			12		31	8	3
协议外资金额(万美元)	132072	107146			8008		15693	7358	1875
实际利用外资(万美元)	55044	42914			9605		9421	2426	283

表 1-8 续表 2　　　　　　　　　　　　　　　　　　　(2016 年)

地　　　区	全 市	市 区	连云区	海州区	赣榆区	开发区	东海县	灌云县	灌南县
九、教育、科技、卫生									
学校总数(个)	655	274	34	85	148	1	159	143	79
在校学生总数(人)	753919	357265	35069	151780	163553	1913	176260	115930	104464
专任教师总数(人)	49156	24545	2774	9517	11695	110	10847	6863	6901
初中毕业升学率(%)	97.46	97.69			97.69		97.56	97.08	97.19
各类专业技术人员数(人)	381788	277304	9242	42343	54530		56516	25938	22030
卫生机构数(个)	2726	1395	189	488	718		549	415	367
#医院、卫生院	171	82	8	35	39		30	31	28
卫生机构床位数(张)	23281	12611	1523	7011	4077		3902	3368	3400
#医院、卫生院	21446	10852	851	6004	3997		3902	3323	3369
卫生技术人员(人)	26152	15186	2021	8464	4701		4054	3350	3562
#执业(助理)医师	10979	6090	885	3180	2025		1883	1471	1535
注册护士	10947	6696	878	3970	1848		1520	1308	1423
十、人民生活									
城镇非私营单位在岗职工人数(人)	437115	285252			70280		47539	50488	53836
城镇非私营单位在岗职工平均工资(元)	61262	66973			52731		51884	50071	50461
居民人均可支配收入(元)	21230	24246			20217		20128	17565	17446
#城镇居民人均可支配收入(元)	27853	30120			27199		27391	22979	24494
农村居民人均可支配收入(元)	13932	14796			14731		14487	12969	12430
居民人均消费性支出(元)	14333	15549			13200		13779	11301	11701
#城镇居民人均消费性支出(元)	18344	18700			16567		18633	13980	15734
农村居民人均消费性支出(元)	10113	10694			10694		10194	9140	8978
十一、社会治安									
刑事案件立案数(件)	4033	1389			763		810	510	461
罪犯人数(人)	3790	1018			813		949	697	493
民事案件发案数(件)	46053	14109			10750		8913	5870	6411
交通事故(起)	399	190			89		77	71	61
火灾事故(起)	1362	591			217		323	172	276

全市主要年份地区生产总值

表 1-9　　　　（当年价格）　　　　单位：亿元

年份	地区生产总值	第一产业	第二产业	#工业	第三产业	人均地区生产总值（元）
1978	10.45	4.81	3.84	3.45	1.79	321
1980	12.56	6.04	4.35	3.86	2.17	381
1983	20.26	10.33	6.12	4.98	3.82	585
1985	29.64	13.78	8.74	6.97	7.12	833
1990	55.19	25.45	14.70	12.18	15.03	1391
1991	59.51	26.26	15.88	13.07	17.37	1456
1992	68.92	26.62	20.99	17.75	21.31	1660
1993	86.26	32.50	28.58	24.38	25.18	2058
1994	110.61	42.25	35.47	30.68	32.89	2620
1995	139.29	54.14	43.09	35.67	42.06	3240
1996	169.52	63.18	51.17	42.13	55.17	3939
1997	195.86	68.35	62.38	50.21	65.13	4501
1998	216.51	71.91	73.87	58.75	70.73	4916
1999	232.24	74.44	81.11	63.49	76.69	5209
2000	249.07	69.82	94.28	73.95	84.97	5512
2001	269.29	73.86	101.66	78.23	93.77	5884
2002	296.84	77.58	113.41	86.04	105.85	6427
2003	332.75	81.00	129.81	96.55	121.94	7141
2004	392.80	89.27	164.14	121.22	139.39	8579
2005	497.34	101.31	211.30	168.30	184.73	10910
2006	597.43	112.71	268.08	214.52	216.64	13204
2007	704.81	126.64	322.70	262.56	255.47	15706
2008	830.88	142.30	383.18	308.39	305.40	18618
2009	948.50	154.46	442.51	348.65	351.53	21310
2010	1201.79	182.60	552.92	439.69	466.27	27179
2011	1422.16	204.11	665.10	528.64	552.95	32384
2012	1618.75	232.40	750.64	597.81	635.71	36819
2013	1829.04	245.26	834.17	664.72	749.61	41403
2014	1987.19	261.98	909.91	727.15	815.30	44757
2015	2185.70	282.69	982.87	791.14	920.14	48977
2016	2405.16	301.56	1074.19	876.11	1029.41	53626

注：2016 年 R&D 支出纳入地区生产总值核算，历史数据调整至 2004 年，下同。

全市主要年份地区生产总值指数

表 1-10　　(按可比价格计算,1978 年=100)

年份	地区生产总值	第一产业	第二产业	#工业	第三产业	人均地区生产总值指数
1978	100.00	100.00	100.00	100.00	100.00	100.00
1980	118.00	122.30	112.00	111.10	112.90	116.60
1983	173.10	170.70	161.90	148.60	194.80	162.60
1985	219.10	181.60	224.80	201.90	323.30	200.50
1990	280.90	226.00	315.00	292.20	399.10	230.70
1991	300.20	242.60	328.70	305.00	434.00	239.00
1992	335.50	243.60	410.60	411.00	509.50	263.10
1993	362.68	252.61	473.83	472.24	543.64	281.85
1994	408.01	271.31	558.65	554.41	615.94	314.90
1995	453.71	290.03	642.45	630.92	691.70	347.31
1996	514.05	323.09	716.33	693.38	815.52	389.32
1997	584.47	345.38	855.29	817.49	937.03	437.64
1998	661.63	369.21	1046.02	998.16	1021.36	489.47
1999	722.50	393.95	1170.50	1107.96	1105.11	528.06
2000	785.35	390.80	1349.59	1281.90	1206.78	566.06
2001	845.04	413.86	1461.60	1367.79	1305.74	601.49
2002	911.80	432.48	1584.38	1466.27	1437.62	643.26
2003	1007.54	449.78	1814.11	1687.68	1594.32	704.37
2004	1147.58	485.31	2138.84	1999.90	1812.74	814.96
2005	1310.54	501.33	2566.61	2391.88	2082.84	934.76
2006	1509.74	542.44	3051.70	2891.79	2391.10	1084.32
2007	1742.24	585.29	3625.42	3458.58	2754.54	1261.06
2008	1972.22	619.24	4161.98	4022.32	3159.46	1435.09
2009	2244.38	644.01	4840.38	4641.76	3639.70	1637.44
2010	2549.62	676.85	5653.57	5458.71	4120.14	1873.23
2011	2883.62	703.92	6546.83	6413.99	4672.24	2131.74
2012	3252.72	744.05	7496.12	7414.57	5288.97	2402.47
2013	3636.55	761.16	8470.62	8445.19	5987.12	2673.95
2014	4007.47	786.28	9453.21	9534.62	6615.76	2933.32
2015	4448.30	814.59	10540.33	10755.05	7429.50	3238.38
2016	4799.71	827.62	11373.01	11690.74	8157.59	3474.79

全市主要年份地区生产总值构成

表 1-11　　（当年价格）　　单位：%

年份	地区生产总值	第一产业	第二产业	#工业	第三产业
1978	100	46.1	36.8	33.0	17.1
1980	100	48.1	34.6	22.8	17.3
1983	100	51.0	30.2	24.6	18.8
1985	100	46.5	29.5	23.5	24.0
1990	100	46.1	26.6	22.1	27.3
1991	100	44.1	26.7	22.0	29.2
1992	100	38.6	30.5	25.8	30.9
1993	100	37.7	33.1	28.3	29.2
1994	100	38.2	32.1	27.7	29.7
1995	100	38.9	30.9	25.6	30.2
1996	100	37.3	30.2	24.9	32.5
1997	100	34.9	31.8	25.6	33.3
1998	100	33.2	34.1	27.1	32.7
1999	100	32.1	34.9	27.3	33.0
2000	100	28.0	37.9	29.7	34.1
2001	100	27.4	37.8	29.1	34.8
2002	100	26.1	38.2	29.0	35.7
2003	100	24.3	39.0	29.0	36.7
2004	100	22.7	41.8	30.9	35.5
2005	100	20.4	42.5	33.8	37.1
2006	100	18.9	44.9	35.9	36.2
2007	100	18.0	45.8	37.3	36.2
2008	100	17.1	46.1	37.1	36.8
2009	100	16.3	46.6	36.8	37.1
2010	100	15.2	46.0	36.6	38.8
2011	100	14.3	46.8	37.2	38.9
2012	100	14.3	46.4	36.9	39.3
2013	100	13.4	45.6	36.3	41.0
2014	100	13.2	45.8	36.6	41.0
2015	100	12.9	45.0	36.2	42.1
2016	100	12.5	44.7	36.4	42.8

主要年份分地区生产总值

表 1-12　　　　(当年价格)　　　　单位:亿元

年　份	全　市	市　区	#赣榆区	东海县	灌云县	灌南县
1978	10.45	6.11	2.16	1.89	1.60	0.85
1980	12.56	7.12	2.72	2.50	1.90	1.04
1983	20.26	11.11	4.36	4.23	3.31	1.61
1985	29.64	16.82	6.13	6.40	4.31	2.11
1990	55.19	29.14	10.39	10.47	10.53	5.05
1991	59.51	32.07	10.93	10.96	10.72	5.76
1992	68.92	39.73	12.87	12.22	10.16	6.81
1993	86.26	49.67	16.33	17.15	10.46	8.98
1994	110.61	57.47	21.70	26.38	14.63	12.13
1995	139.29	70.52	28.82	34.94	20.69	13.14
1996	169.52	92.06	36.44	38.13	23.89	15.44
1997	195.86	107.99	40.54	42.33	27.29	18.25
1998	216.51	119.46	44.38	47.38	28.86	20.81
1999	232.24	129.07	46.99	49.40	31.04	22.73
2000	249.07	148.13	49.39	51.04	27.89	22.01
2001	269.29	158.26	54.21	55.42	31.72	23.89
2002	296.84	176.17	59.58	59.69	34.56	26.42
2003	332.75	208.45	60.66	58.28	36.92	29.10
2004	392.80	250.79	64.01	67.08	40.52	34.41
2005	497.34	332.99	74.80	77.82	46.48	40.05
2006	597.43	399.74	91.82	92.73	55.93	49.03
2007	704.81	458.24	113.34	114.06	69.98	62.53
2008	830.88	503.39	153.89	137.23	100.41	89.85
2009	948.50	559.35	182.44	162.69	119.36	107.10
2010	1201.79	711.44	223.07	200.14	150.13	140.08
2011	1422.16	801.94	283.07	245.67	192.22	182.33
2012	1618.75	910.69	331.36	277.3	220.29	210.47
2013	1829.04	1022.05	376.41	320.17	250.92	235.90
2014	1987.19	1093.64	426.87	359.32	274.98	259.25
2015	2185.70	1210.40	473.57	393.54	300.13	281.63
2016	2405.16	1336.27	519.21	433.43	328.66	306.80

全 市 居 民 消 费 水 平

表 1-13

项　　　目	2005	2006	2007	2008	2009	2010
一、当年价格居民消费水平(元)	**4679**	**5080**	**5621**	**6673**	**7867**	**9869**
农村居民	2892	3000	3367	3835	4757	6070
城镇居民	7598	8460	9037	10715	12035	14055
二、居民年平均人口(万人)	**455.84**	**452.46**	**448.75**	**446.27**	**445.11**	**442.18**
农村居民	282.72	280.12	270.38	262.19	254.94	231.80
城镇居民	173.12	172.34	178.37	184.08	190.17	210.38

表 1-13 续表

项　　　目	2011	2012	2013	2014	2015	2016
一、当年价格居民消费水平(元)	**11646**	**13128**	**14485**	**15882**	**17589**	**19322**
农村居民	7202	7999	9051	9213	10613	11975
城镇居民	15675	17541	18924	21031	22658	24332
二、居民年平均人口(万人)	**439.16**	**439.65**	**441.76**	**444.00**	**446.27**	**448.51**
农村居民	208.82	203.33	198.63	193.46	187.8	181.86
城镇居民	230.34	236.32	243.13	250.54	258.47	266.65

全市地区生产总值构成项目

表 1-14　(2016 年)　单位:亿元

行业	地区生产总值	劳动者报酬	生产税净额	固定资产折旧	营业盈余
地区生产总值	2405.16	1015.44	364.23	331.10	694.39
农、林、牧、渔业	321.08	258.14	0.40	20.20	42.34
农业	168.36	135.36	0.40	10.59	22.01
林业	8.74	7.03		0.55	1.16
牧业	50.82	40.86		3.20	6.76
渔业	73.64	59.20		4.63	9.80
农、林、牧、渔服务业	19.52	15.69		1.23	2.60
工业	876.11	157.65	204.59	138.15	375.72
采矿业	7.92	3.24	0.14	2.14	2.40
# 开采辅助活动					
制造业	814.50	145.14	198.71	119.85	350.80
# 金属制品、机械和设备修理业					
电力、热力、燃气及水的生产和供应业	53.69	9.27	5.74	16.16	22.52
建筑业	198.08	129.89	25.94	4.27	37.98
房屋建筑业	141.62	97.25	17.35	1.88	25.14
土木工程建筑业	38.35	21.87	5.83	1.96	8.69
建筑安装业	9.98	6.25	1.52	0.25	1.96
建筑装饰和其他建筑业	8.13	4.52	1.24	0.18	2.19
批发和零售业	231.59	92.45	47.70	12.66	78.78
批发业	142.01	56.69	29.25	7.76	48.31
零售业	89.58	35.76	18.45	4.90	30.47
交通运输、仓储和邮政业	102.76	62.95	13.41	23.52	2.88
铁路运输业	18.75	10.28	2.70	3.69	2.08
道路运输业	42.41	25.84	6.12	9.51	0.94
水上运输业	8.38	4.40	1.04	2.86	0.08
航空运输业	0.03	0.07	0.00	0.26	-0.30
管道运输业					
装卸搬运和运输代理业	27.18	18.63	3.43	5.32	-0.20
仓储业	3.05	1.23	0.05	1.21	0.56
邮政业	2.96	2.50	0.07	0.67	-0.28

表 1-14 续表　　(2016 年)　　单位:亿元

行　　业	地区生产总　值	劳动者报酬	生产税净额	固定资产折　旧	营业盈余
住宿和餐饮业	32.68	19.93	9.98	2.41	0.36
住宿业	7.23	4.17	2.09	0.90	0.07
餐饮业	25.45	15.76	7.89	1.51	0.29
信息传输、软件和信息技术服务业	34.92	5.87	2.64	14.25	12.16
电信、广播电视和卫星传输服务	31.90	3.97	2.21	14.15	11.57
互联网和相关服务	0.12	0.05	0.01	0.01	0.05
软件和信息技术服务业	2.90	1.85	0.42	0.09	0.54
金融业	106.71	32.11	14.39	4.42	55.79
货币金融服务	87.63	25.86	8.58	3.69	49.50
资本市场服务	10.06	0.69	4.89	0.26	4.22
保险业	8.55	5.44	0.83	0.37	1.91
其他金融业	0.47	0.12	0.09	0.10	0.16
房地产业	146.81	11.34	32.19	52.80	50.48
房地产开发经营业	90.94	7.41	31.58	2.01	49.94
物业管理业	3.30	2.44	0.36	0.20	0.30
房地产中介服务业	1.08	0.76	0.11	0.05	0.16
自有房地产经营活动	51.19			51.19	
其他房地产业	1.04	0.73	0.14	0.09	0.08
租赁和商务服务业	63.99	17.44	7.94	14.92	23.69
租赁业	3.57	2.08	0.74	0.38	0.37
商务服务业	60.42	15.36	7.20	14.54	23.32
科学研究和技术服务业	16.55	8.04	0.71	3.67	4.13
水利、环境和公共设施管理业	13.42	6.45	0.34	5.07	1.56
居民服务、修理和其他服务业	11.89	8.64	2.53	0.36	0.36
教育	93.06	80.71	0.23	10.12	2.00
卫生和社会工作	38.20	31.14	0.11	3.93	3.02
文化、体育和娱乐业	7.95	5.37	0.59	1.21	0.78
公共管理、社会保障和社会组织	108.62	87.32	0.54	18.40	2.36
第一产业	301.56	242.45	0.40	18.97	39.74
第二产业	1074.19	287.54	230.53	142.42	413.70
第三产业	1029.41	485.45	133.30	169.71	240.95

表 1-14 续表 2　　　　(2015 年)　　　　单位:亿元

行　　业	地区生产总值	劳动者报酬	生产税净额	固定资产折旧	营业盈余
地区生产总值	2185.70	934.79	335.40	293.40	622.11
农、林、牧、渔业	299.68	241.05	0.29	18.72	39.62
农业	159.66	128.41	0.29	9.97	20.99
林业	7.76	6.24		0.49	1.03
牧业	49.15	39.54		3.07	6.54
渔业	66.12	53.19		4.13	8.80
农、林、牧、渔服务业	16.99	13.67		1.06	2.26
工业	791.14	136.79	194.49	118.54	341.32
采矿业	7.32	2.69	0.56	1.86	2.21
# 开采辅助活动					
制造业	733.28	126.69	188.45	101.06	317.08
# 金属制品、机械和设备修理业					
电力、热力、燃气及水的生产和供应业	50.54	7.41	5.48	15.62	22.03
建筑业	191.73	126.38	24.88	3.95	36.52
房屋建筑业	144.88	99.49	17.74	1.92	25.73
土木工程建筑业	33.89	19.33	5.16	1.73	7.67
建筑安装业	5.06	3.17	0.77	0.13	0.99
建筑装饰和其他建筑业	7.90	4.39	1.21	0.17	2.13
批发和零售业	209.70	83.72	43.20	11.46	71.32
批发业	129.03	51.51	26.58	7.05	43.89
零售业	80.67	32.21	16.62	4.41	27.43
交通运输、仓储和邮政业	99.37	61.15	12.70	22.71	2.81
铁路运输业	18.13	9.94	2.61	3.57	2.01
道路运输业	41.21	25.42	5.64	9.24	0.91
水上运输业	8.1	4.27	1.01	2.76	0.06
航空运输业	0.03	0.06	0	0.23	−0.26
管道运输业					
装卸搬运和运输代理业	26.29	18.02	3.32	5.14	−0.19
仓储业	2.95	1.19	0.05	1.17	0.54
邮政业	2.66	2.25	0.07	0.6	−0.26

表 1-14 续表 3　　（2015 年）　　单位：亿元

行业	地区生产总值	劳动者报酬	生产税净额	固定资产折旧	营业盈余
住宿和餐饮业	28.54	17.67	8.85	1.69	0.33
住宿业	6.15	3.81	1.91	0.36	0.07
餐饮业	22.39	13.86	6.94	1.33	0.26
信息传输、软件和信息技术服务业	28.42	4.84	2.15	11.60	9.83
电信、广播电视和卫星传输服务	25.96	3.29	1.80	11.51	9.36
互联网和相关服务	0.09	0.04	0.01	0.01	0.03
软件和信息技术服务业	2.37	1.51	0.34	0.08	0.44
金融业	92.47	27.83	12.45	3.84	48.35
货币金融服务	75.93	22.41	7.43	3.20	42.89
资本市场服务	8.72	0.59	4.24	0.23	3.66
保险业	7.41	4.72	0.71	0.32	1.66
其他金融业	0.41	0.11	0.07	0.09	0.14
房地产业	125.51	9.08	25.60	50.70	40.13
房地产开发经营业	72.32	5.89	25.12	1.60	39.71
物业管理业	2.63	1.98	0.28	0.13	0.24
房地产中介服务业	0.86	0.61	0.09	0.04	0.12
自有房地产经营活动	48.88			48.88	
其他房地产业	0.82	0.60	0.11	0.05	0.06
租赁和商务服务业	52.09	14.84	6.46	12.15	18.64
租赁业	2.91	1.71	0.60	0.31	0.29
商务服务业	49.18	13.13	5.86	11.84	18.35
科学研究和技术服务业	15.16	7.53	0.66	3.08	3.89
水利、环境和公共设施管理业	12.57	6.05	0.31	4.75	1.46
居民服务、修理和其他服务业	9.67	7.02	2.06	0.29	0.3
教育	86.77	75.57	0.21	9.11	1.88
卫生和社会工作	35.65	29.15	0.1	3.54	2.86
文化、体育和娱乐业	6.47	4.37	0.48	0.98	0.64
公共管理、社会保障和社会组织	100.76	81.75	0.51	16.29	2.21
第一产业	282.69	227.38	0.29	17.66	37.36
第二产业	982.87	263.17	219.37	122.49	377.84
第三产业	920.14	444.24	115.74	153.25	206.91

按支出法计算的地区生产总值

表 1-15　　(当年价格)　　单位:亿元

指　　标	2016	2015
地区生产总值	**2405.16**	**2185.70**
一、最终消费支出	**1074.17**	**970.33**
(一)居民消费支出	866.59	784.96
1、城镇居民	648.82	585.64
食品烟酒	179.95	171.87
衣着	53.54	52.00
居住(含自有住房服务)	123.53	102.05
生活用品及服务	40.35	37.44
交通和通信	69.86	68.27
教育文化娱乐	82.12	65.59
医疗保健	37.85	33.82
银行中介服务	11.87	10.12
保险服务	24.29	21.12
其他商品和服务	25.46	23.36
2、农村居民	217.77	199.32
食品烟酒	60.88	56.14
衣着	11.99	10.73
居住(含自有住房服务)	58.69	53.26
生活用品及服务	11.45	10.75
交通和通信	17.99	16.77
教育文化娱乐	35.12	30.97
医疗保健	9.62	9.24
银行中介服务	3.33	3.15
保险服务	5.84	5.60
其他商品和服务	2.86	2.71
((二)政府消费支出	207.58	185.37
二、资本形成总额	**1338.54**	**1238.04**
固定资本形成总额	1315.27	1151.80
存货变动	23.27	86.24
三、货物和服务净流出	**-7.55**	**-22.67**

2

人口、就业和工资

主 要 年 份 人 口 数

表 2-1 单位:万人

年 份	年末人口(万人)						年平均人口(万人)
	全 市	市 区	# 赣榆区	东海县	灌云县	灌南县	
1978	323.20	113.29	77.38	79.74	77.80	52.37	321.35
1980	327.84	115.63	77.93	81.40	77.97	52.84	326.00
1983	347.84	126.26	81.02	85.88	79.85	55.85	344.38
1985	358.24	130.68	82.87	88.13	81.82	57.61	355.65
1986	363.89	133.16	84.07	89.39	82.72	58.62	361.07
1987	371.68	136.25	85.78	91.33	84.14	59.96	367.79
1988	378.86	139.39	87.52	92.84	85.50	61.13	375.27
1989	387.52	142.50	89.63	95.09	87.45	62.48	383.19
1990	405.05	149.36	95.10	100.20	90.72	64.77	396.29
1991	412.40	151.95	96.77	102.03	92.24	66.18	408.73
1992	417.54	154.29	97.27	103.67	92.66	66.92	414.97
1993	420.41	155.16	98.24	104.33	93.72	67.20	418.98
1994	423.72	157.08	99.04	104.72	94.43	67.49	422.07
1995	427.78	159.15	99.89	105.43	95.04	68.16	425.75
1996	432.96	161.21	100.89	107.07	96.30	68.39	430.37
1997	437.25	163.11	101.58	107.67	97.08	69.40	435.11
1998	443.53	165.26	102.56	109.18	99.13	69.96	440.39
1999	448.15	167.76	103.66	110.00	100.08	70.31	445.84
2000	455.61	169.88	104.88	112.69	101.77	71.26	451.88
2001	459.64	172.10	105.83	113.39	102.47	71.66	457.62
2002	464.03	174.22	106.83	113.97	103.61	72.23	461.83
2003	467.83	176.24	107.91	114.35	104.53	72.71	465.93
2004	468.81	176.35	107.09	114.43	104.61	73.42	468.32
2005	472.18	177.86	107.69	115.26	105.05	74.01	470.50
2006	479.42	179.14	108.18	117.34	107.50	75.45	475.80
2007	482.23	180.51	108.96	118.48	109.10	74.14	480.83
2008	488.25	190.83	109.95	111.79	110.35	75.28	485.24
2009	490.64	199.49	110.80	113.16	101.52	76.47	489.45
2010	497.73	206.21	112.62	115.10	100.26	76.16	494.19
2011	505.18	209.60	114.07	116.24	101.82	77.52	501.45
2012	510.99	212.23	115.58	118.02	102.01	78.73	508.09
2013	520.18	216.06	117.85	120.20	103.58	80.34	515.59
2014	526.52	219.07	119.27	121.95	104.06	81.44	523.35
2015	530.56	220.72	119.63	122.84	104.82	82.17	528.54
2016	533.99	222.69	120.30	123.45	105.21	82.64	532.28

注:本节除注明外均是户籍人口;2008 年,岗埠农场、浦南镇由东海县划归新浦区;2009 年,板浦镇由灌云县划归海州区;2014 年赣榆撤县并区。

主要年份人口构成

表 2-2

年份	年末总人口（万人）	男	女	出生人口(人)	死亡人口（人）	自然增长人口（人）
1978	323.20	163.43	159.77	34963	15746	19217
1980	327.84	165.78	162.06	50203	15583	34621
1983	347.84	176.86	170.98	52689	17839	34851
1985	358.24	183.53	174.71	55516	17640	37876
1986	363.89	186.62	177.27	56001	17295	38706
1987	371.68	190.93	180.75	57522	16881	40640
1988	378.86	194.85	184.01	76818	18576	58242
1989	387.52	199.55	187.97	77864	17627	60237
1990	405.05	207.90	197.15	84765	19378	65387
1991	412.40	212.15	200.25	88448	20109	68339
1992	417.54	214.86	202.68	56394	20002	36393
1993	420.41	216.43	203.98	55011	20488	34524
1994	423.72	218.12	205.60	53560	20344	33217
1995	427.78	220.21	207.57	56284	20138	36146
1996	432.96	222.97	209.99	56809	19324	37485
1997	437.25	224.52	212.73	55171	20319	34852
1998	443.53	229.23	214.30	60994	20258	40736
1999	448.15	231.89	216.26	55596	18948	36648
2000	455.61	235.69	219.92	77362	22504	54858
2001	459.64	237.27	222.37	52979	19705	33274
2002	464.03	239.19	224.83	54070	18993	35077
2003	467.83	241.56	226.27	49220	21064	28156
2004	468.81	243.53	225.28	74212	31953	42259
2005	472.18	244.70	227.48	62898	24156	38742
2006	479.42	248.34	231.08	57070	23852	33218
2007	482.23	250.25	231.98	65142	64637	505
2008	488.25	253.53	234.72	56906	31697	25209
2009	490.64	255.65	234.99	61557	37613	23944
2010	497.73	259.34	238.39	68558	43738	24820
2011	505.18	263.29	241.89	66820	15499	51321
2012	510.99	266.62	244.37	95884	35962	59922
2013	520.18	271.36	248.82	109189	18561	90628
2014	526.52	274.75	251.76	97562	28522	69040
2015	530.56	276.93	253.63	80296	21963	58333
2016	533.99	278.75	255.24	61852	15114	46738

市区主要年份年末人口情况

表 2-3

年　份	总户数 (万户)	总人口 (万人)	户均人数 (人)	人口密度 (人/平方公里)
1978	8.78	35.91	4.09	485.3
1980	9.83	37.70	3.84	509.5
1983	12.79	45.24	3.54	479.3
1985	14.12	47.81	3.39	506.6
1986	14.45	49.09	3.40	520.1
1987	15.08	50.47	3.35	534.7
1988	15.74	51.87	3.29	549.5
1989	16.97	52.87	3.12	560.2
1990	16.48	54.26	3.29	574.8
1991	16.98	55.18	3.25	584.6
1992	17.69	57.02	3.22	604.1
1993	17.64	56.92	3.23	603.0
1994	17.83	58.04	3.25	614.9
1995	18.08	59.26	3.28	627.9
1996	18.28	60.32	3.30	639.1
1997	18.83	61.53	3.27	651.9
1998	19.25	62.70	3.26	664.3
1999	19.57	64.10	3.27	679.2
2000	19.95	65.00	3.26	688.7
2001	20.42	66.27	3.25	702.2
2002	20.91	67.39	3.22	714.0
2003	21.20	68.33	3.22	723.9
2004	21.62	69.26	3.20	733.8
2005	22.00	70.17	3.19	743.4
2006	22.28	70.96	3.18	751.8
2007	22.54	71.56	3.18	758.1
2008	25.06	80.88	3.23	699.7
2009	27.29	88.69	3.25	767.3
2010	28.84	93.59	3.25	759.0
2011	29.40	95.53	3.25	796.1
2012	29.57	96.65	3.27	805.5
2013	29.09	98.21	3.38	818.5
2014	64.81	219.07	3.38	727.3
2015	65.22	220.72	3.38	732.8
2016	65.81	222.69	3.38	739.4

注:2014 年赣榆撤县设区。

年末总人口数及构成

表 2-4　　　　(2016 年)

地　区	年末总人口	男		女	
		人数(人)	比重(%)	人数(人)	比重(%)
全　市	**5339918**	**2787540**	**52.20**	**2552378**	**47.80**
市　区	2226945	1153816	51.81	1073129	48.19
连云区	177351	90409	50.98	86942	49.02
海州区	766365	388256	50.66	378109	49.34
赣榆区	1203036	634237	52.72	568799	47.28
开发区	80193	40914	51.02	39279	48.98
县小计	3112973	1633724	52.48	1479249	47.52
东海县	1234471	643270	52.11	591201	47.89
灌云县	1052128	553347	52.59	498781	47.41
灌南县	826374	437107	52.89	389267	47.11

总户数、平均人口及人口密度

表 2-5　　　　(2016 年)

地　区	年末总户数(户)	平均每户人数(人)	年平均人口(人)	人口密度(人/平方公里)
全　市	**1421032**	**3.76**	**5322759**	**701.24**
市　区	658145	3.38	2217082	739.36
连云区	57787	3.07	177116	222.52
海州区	231373	3.31	760294	1093.25
赣榆区	342341	3.51	1199657	794.61
开发区	26644	3.01	80016	
县小计	762887	4.08	3105677	676.29
东海县	290231	4.25	1231451	606.02
灌云县	263861	3.99	1050185	684.09
灌南县	208795	3.96	824042	803.87

人口自然变动情况

表 2-6

(2016年)

地　区	出生(含往年补报)		死　亡		自然增长	
	人数(人)	出生率(‰)	人数(人)	死亡率(‰)	人数(人)	自然增长率(‰)
全　市	**61852**	**11.58**	**15114**	**2.83**	**46738**	**8.75**
市　区	25457	11.43	5820	2.61	19637	8.82
连云区	1982	11.18	605	3.41	1377	7.76
海州区	8930	11.65	1891	2.47	7039	9.18
赣榆区	13625	11.33	3025	2.51	10600	8.81
开发区	920	11.47	299	3.73	621	7.74
县小计	36395	11.69	9294	2.99	27101	8.71
东海县	15623	12.66	6315	5.12	9308	7.54
灌云县	11233	10.68	1504	1.43	9729	9.25
灌南县	9539	11.54	1475	1.78	8064	9.76

人口机械变动情况

表 2-7

(2016年)

单位:人

地区	迁入人口	#省外迁入	迁出人口	#迁往省外	机械增长人口
全　市	**25283**	**6111**	**37362**	**9073**	**-12079**
市　区	15104	3159	14633	4942	471
连云区	1557	453	1308	364	249
海州区	9287	1322	4972	1707	4315
赣榆区	2721	1141	6575	2680	-3854
开发区	1539	243	1778	191	-239
县小计	10179	2952	22729	4131	-12550
东海县	5187	1259	8600	2035	-3413
灌云县	2209	735	7957	967	-5748
灌南县	2783	958	6172	1129	-3389

计 划 生 育 情 况

表 2-8　　(2016 年)　　单位:人

	计划生育率(%)	当年出生率(‰)	育龄妇女人数	已婚育龄妇女人数	现家庭有一孩的妇女人数	独生子女率(%)
全　市	**95.68**	**12.32**	**1388316**	**987328**	**597333**	**60.50**
市　区	97.20	12.74	574856	404591	273099	67.50
赣榆区	95.21	12.15	320123	223524	140597	62.90
海州区	97.85	12.61	177987	125790	91961	73.11
连云区	98.25	12.98	32102	23151	18717	80.85
开发区	98.00	12.90	16019	11858	8063	68.00
徐圩新区	97.01	13.02	9501	7012	3653	52.10
云台山景区	97.29	12.34	7512	6325	3554	56.19
县小计	98.01	12.23	11612	6931	6572	60.12
高 新 区	95.11	12.85	813460	582737	324234	55.64
东 海 县	95.01	13.01	318864	209155	125610	60.06
灌 云 县	95.14	12.94	282745	209989	116040	55.26
灌 南 县	95.24	12.01	211851	163593	82584	50.00

表 2-8 续表　　(2016 年)　　单位:人

地　区	有效领证人数	女性初婚人数	晚婚率(%)	应落实措施的人数	累计已采取各种节育措施人数	节育率(%)
全　市	**368925**	**40756**	**53.60**	**894187**	**886621**	**89.80**
市　区	161214	13499	60.26	365177	358063	88.50
赣榆区	94286	7925	58.90	203818	197908	88.54
海州区	50687	3985	61.80	111495	111543	88.67
连云区	4981	512	71.00	21050	20533	88.69
开发区	5569	305	65.00	10930	10711	90.33
徐圩新区	98	48	59.90	6324	6153	87.75
云台山景区	701	195	50.00	5712	5564	87.97
县 小 计	4892	529	62.00	5948	5651	88.29
高 新 区	207711	27257	48.60	529010	528558	90.70
东 海 县	48012	10102	53.20	189274	189112	90.42
灌 云 县	85464	9854	48.10	190345	190229	90.59
灌 南 县	74235	7301	45.30	149391	149217	91.21

分县区年末常住人口

表 2-9

单位：万人

	2005 年	2010年	2011年	2012年	2013年	2014年	2015年	2016年
连云港市	454.40	439.71	438.61	440.69	442.83	445.17	447.37	449.64
市　区	181.51	203.76	203.61	204.55	205.52	206.64	207.73	208.78
连云区		26.73	26.83	27.04	27.16	27.32	27.47	27.60
其中：开发区		7.92	7.95	8.03	8.06	8.14	8.22	8.25
其中：连云区		14.51	14.56	14.66	14.73	14.79	14.84	14.92
其中：徐圩区		4.3	4.32	4.35	4.37	4.39	4.41	4.43
海州区		23.12	23.23	23.41	23.52	83.64	84.15	84.58
赣榆区	101.80	95.13	94.56	94.81	95.24	95.68	96.11	96.60
东海县	108.49	95.35	94.76	94.96	95.36	95.87	96.35	96.84
灌云县	98.53	78.32	78.31	78.99	79.47	79.79	80.1	80.51
灌南县	65.87	62.28	61.93	62.19	62.48	62.87	63.19	63.51

主要年份城镇化水平

表 2-10

单位：%

年　份	连云港市	市　区	连云区	海州区	赣榆区	东海县	灌云县	灌南县
1990	17.42	100.00			3.78	3.49	6.26	4.72
2000	28.02	83.88			19.6	18.62	19.15	13.63
2003	34.50	87.45			32.27	23.03	24.51	22.79
2004	36.28	57.45			34.22	24.89	26.39	24.72
2005	37.18	52.65			31.24	28.34	26.26	25.46
2006	39.00	54.15			33.39	30.20	28.22	27.35
2007	40.50	55.36			35.00	31.75	29.78	28.93
2008	42.00	55.68			36.52	33.25	31.29	30.47
2009	43.45	54.94			38.22	34.95	33.89	33.87
2010	51.75	65.84	87.55	85.71	43.50	41.85	39.18	39.15
2011	53.15	66.97	88.06	87.32	45.09	43.43	40.80	40.75
2012	54.35	67.01	86.30	85.75	46.68	45.02	42.31	42.26
2013	55.72	68.01	86.73	84.80	48.33	46.67	44.02	43.97
2014	57.13	69.26	87.92	85.54	49.83	48.17	45.62	45.57
2015	58.7	70.80	88.92	86.54	51.83	49.76	47.20	47.15
2016	60.2	72.35	90.25	88.27	53.29	51.23	48.64	48.60

注：2005 年起使用最新城乡划分标准。

分县区常住人口出生率、死亡率和自然增长率

表 2-11　　　　单位:%

	出生率					死亡率				
	2012年	2013年	2014年	2015年	2016年	2012年	2013年	2014年	2015年	2016年
连云港市	11.49	11.36	11.76	11.92	12.32	6.76	6.70	6.93	6.99	7.26
市　区	10.95	10.85	11.26	11.44	11.82	6.58	6.56	6.78	6.84	7.05
连云区	9.79	9.65	9.99	10.12	10.29	6.01	5.99	6.23	6.29	6.35
其中:开发区			9.92	10.15	10.27			6.22	6.28	6.3
其中:连云区			9.90	10.06	10.26			6.11	6.15	6.28
其中:徐圩区			10.16	10.26	10.43			6.79	6.80	6.88
海州区	10.40	10.30	10.74	10.99	11.51	6.37	6.35	6.61	6.68	6.99
赣榆区	11.75	11.68	12.07	12.21	12.53	6.92	6.88	7.08	7.13	7.30
东海县	11.82	11.69	12.09	12.26	12.83	6.89	6.86	7.07	7.14	7.55
灌云县	11.97	11.85	12.23	12.34	12.74	6.88	6.80	7.05	7.09	7.41
灌南县	12.05	11.94	12.33	12.45	12.65	6.95	6.88	7.11	7.15	7.32

表 2-11 续表　　　　单位:%

	自然增长率				
	2012年	2013年	2014年	2015年	2016年
连云港市	4.73	4.66	4.83	4.93	5.06
市　区	4.37	4.29	4.48	4.60	4.77
连云区	3.78	3.66	3.76	3.83	3.94
其中:开发区			3.70	3.87	3.97
其中:连云区			3.79	3.91	3.98
其中:徐圩区			3.37	3.46	3.55
海州区	4.03	3.95	4.13	4.31	4.52
赣榆区	4.83	4.80	4.99	5.08	5.23
东海县	4.93	4.83	5.02	5.12	5.28
灌云县	5.09	5.05	5.18	5.25	5.33
灌南县	5.10	5.06	5.22	5.30	5.33

注:2005 年起使用最新城乡划分标准。

主 要 年 份 从 业 人 员 数

表 2-12

单位：万人

年份	从业人员合计	城镇非私营单位职工人数				城镇私营企业从业人员和个体劳动者	乡村劳动者	城镇非私营单位其他从业人员
			国有经济	集体经济	其他经济			
1978	142.03	28.31	19.38	8.93		0.08	113.64	
1980	146.02	30.34	20.23	10.11		0.16	115.52	
1983	159.56	33.18	22.88	10.30		0.88	125.50	
1985	174.75	36.32	23.96	12.33	0.03	1.82	136.61	
1986	182.00	37.75	25.25	12.46	0.04	1.48	142.77	
1987	189.07	39.56	26.92	12.50	0.14	1.74	147.77	
1988	194.17	40.40	27.99	12.23	0.18	1.95	151.82	
1989	199.96	41.01	28.21	12.45	0.35	1.84	157.11	
1990	205.54	42.02	28.71	12.93	0.38	1.94	161.58	
1991	214.31	43.28	29.65	13.12	0.51	1.82	169.21	
1992	216.92	43.63	30.54	12.52	0.57	2.32	170.97	
1993	221.23	45.48	32.19	12.40	0.89	6.15	169.41	0.19
1994	223.16	44.44	31.52	11.58	1.34	8.42	170.17	0.13
1995	222.92	44.84	32.42	10.99	1.61	10.04	167.95	0.09
1996	221.10	45.06	32.42	10.76	1.88	8.03	167.82	0.19
1997	218.94	44.76	32.74	10.20	1.82	7.26	166.73	0.19
1998	219.78	44.18	31.86	9.36	2.96	8.32	166.40	0.88
（新口径）	212.45	36.85	24.62	6.98	5.24	8.32	166.40	0.88
1999	209.61	34.72	23.69	5.95	5.08	6.91	166.88	1.10
2000	208.40	31.94	22.57	5.28	4.10	7.19	168.26	1.01
2001	208.03	29.64	21.22	4.12	4.30	8.34	169.14	0.91
2002	208.19	27.78	18.96	3.62	5.21	8.21	164.75	1.17
2003	209.19	26.84	17.47	3.27	6.1	9.18	165.32	1.32
2004	214.55	26.66	15.79	2.74	8.13	10.05	167.17	1.24
2005	227.60	27.97	15.75	2.43	9.79	13.28	168.24	0.78
2006	241.74	28.91	15.82	2.52	10.58	18.80	170.03	1.5
2007	272.91	29.84	15.91	2.56	11.37	25.34	170.54	1.81
2008	276.10	29.86	15.22	2.08	12.57	28.58	170.6	2.66
2009	290.26	30.19	16.11	1.98	15.21	33.21	170.71	3.11
2010	302.08	30.61	15.49	1.70	13.42	36.21	170.79	3.39
2011	308.18	33.09	15.81	1.64	15.64	39.18	170.90	2.07
2012	249.2	33.48	16.10	1.67	15.71	41.82	171.00	2.02
2013	250.20	43.84	15.38	2.31	26.15	39.28	171.20	3.31
2014	251.10	44.47	15.24	2.01	27.21	44.05	171.50	3.76
2015	250.30	43.86	14.97	1.91	26.98	66.09	172.10	3.81
2016	250.50	43.71	14.75	1.85	27.11	55.60	171.90	3.77

注：1998 年后数据中不含离开本单位仍保留劳动关系的职工。

主要年份分三次产业从业人员数

表 2-13　　　　单位:万人

年　份	第一产业	第二产业	工　业	建筑业	第三产业	交通仓储邮电通信业	批发零售贸易餐饮业
1978	111.72	13.29	11.67	1.62	17.02	2.91	4.16
1980	114.44	14.61	12.77	1.84	16.97	3.13	4.48
1983	120.74	20.53	17.04	3.49	18.29	3.85	5.84
1985	118.46	31.92	24.58	7.34	24.37	5.13	7.06
1986	121.31	35.25	36.30	8.95	25.43	5.77	7.59
1987	124.27	37.00	26.56	10.44	27.80	6.90	8.29
1988	126.99	38.10	27.39	10.79	29.00	7.06	8.82
1989	134.30	36.44	25.69	10.75	29.22	6.86	8.91
1990	138.01	37.14	26.12	11.02	30.39	7.02	9.32
1991	146.02	37.11	26.19	10.92	31.18	7.11	9.68
1992	144.44	38.95	26.85	12.10	33.53	7.38	10.68
1993	140.78	42.91	29.25	13.66	37.54	7.81	12.60
1994	137.42	43.38	30.09	13.29	42.36	8.27	14.46
1995	133.21	45.32	31.65	13.66	44.39	7.57	14.83
1996	132.13	46.38	32.35	14.03	42.59	7.82	13.80
1997	122.62	48.90	32.92	15.98	47.42	8.86	14.48
1998	122.35	48.78	31.97	16.81	48.65	9.05	14.89
(新口径)	122.07	43.98	27.48	16.50	46.40	8.60	13.26
1999	121.83	42.50	25.39	17.11	45.28	7.80	12.94
2000	121.38	42.49	23.99	18.50	45.54	8.06	12.36
2001	118.19	41.47	23.26	18.21	48.37	7.99	12.56
2002	111.11	43.58	25.01	18.57	53.50	8.24	15.01
2003	105.85	47.04	26.64	20.4	56.3	7.68	14.17
2004	103.15	50.32	28.99	21.33	61.08	8.07	13.65
2005	99.68	59.45	34.81	24.64	68.47	8.26	15.15
2006	95.24	71.70	41.97	29.73	74.80	8.87	18.71
2007	93.35	80.52	51.82	28.7	99.04	10.17	20.66
2008	92.81	82.58	54.08	28.5	100.71	10.70	21.56
2009	92.64	91.90	60.84	31.06	105.72	10.90	22.43
2010	92.02	95.85	63.12	32.73	114.21	11.10	23.20
2011	88.02	100.81	66.38	34.43	119.35	11.53	23.70
2012	83.00	77.70			88.50		
2013	81.80	78.30			90.10		
2014	79.40	80.90			90.98		
2015	78.90	80.50			90.90		
2016	78.60	80.70			91.20		

注:1998 年后数据中不含离开本单位仍保留劳动关系的职工。

主要年份城镇非私营单位职工人数

表 2-14　　　　单位:万人

年　份	全　市	市　区	#赣榆区	东海县	灌云县	灌南县
1978	30.73	16.06	2.42	3.84	6.25	2.16
1980	33.15	18.43	2.81	3.97	5.83	2.11
1983	36.25	20.66	3.07	4.04	6.00	2.48
1985	39.77	22.86	3.45	4.71	5.94	2.81
1986	41.26	23.70	3.52	4.89	6.30	2.85
1987	43.22	25.17	3.66	4.86	6.40	3.13
1988	44.26	25.91	3.86	4.89	6.32	3.28
1989	45.11	26.46	4.10	4.86	6.42	3.27
1990	46.33	27.01	4.31	5.06	6.50	3.45
1991	47.89	27.74	4.61	5.27	6.63	3.64
1992	48.27	27.81	4.64	5.44	6.68	3.70
1993	50.30	29.05	4.82	5.51	7.01	3.91
1994	49.21	28.03	4.77	5.48	7.00	3.93
1995	49.51	28.18	4.67	5.70	7.04	3.92
1996	50.08	28.38	5.02	5.72	6.93	4.03
1997	49.94	28.18	5.18	5.70	6.93	3.95
1998	49.25	27.91	5.07	5.66	6.84	3.77
1999	48.17	27.07	4.99	5.48	6.94	3.69
2000	45.66	24.90	4.95	5.31	6.73	3.77
2001	37.66	22.70	4.31	5.07	6.04	3.85
2002	34.75	21.21	3.83	4.26	5.49	3.79
2003	32.38	19.70	3.57	3.81	5.20	3.67
2004	31.22	19.19	3.58	3.82	4.92	3.29
2005	31.9	19.6	3.5	4.08	4.92	3.3
2006	31.53	19.4	3.72	4.35	4.98	2.78
2007	29.84	17.51	3.58	4.74	4.51	3.08
2008	29.86	18.63	3.46	3.7	4.35	3.18
2009	30.19	19.25	3.44	3.83	3.93	3.18
2010	30.61	19.53	3.55	3.94	3.82	3.32
2011	33.09	22.64	3.58	4.01	3.01	3.43
2012	33.48	23.07	3.74	3.89	3.07	3.45
2013	43.84	30.54	9.14	5.02	4.96	3.32
2014	44.47	31.02	9.31	5.18	4.86	3.41
2015	43.86	30.15	7.91	4.71	4.95	4.05
2016	47.71	28.53	7.03	4.75	5.05	5.38

注:1998 年后数据中不含离开本单位仍保留劳动关系的职工。

主要年份城镇非私营单位职工年平均工资

表 2-15 单位：元

年 份	合 计	国有单位	集体单位	其他单位
1978	487	522	415	
1980	610	666	496	
1983	696	738	599	
1985	1038	1120	974	1467
1986	1181	1277	984	1750
1987	1293	1403	1058	1583
1988	1536	1682	1207	1856
1989	1625	1783	1270	1558
1990	1838	2059	1357	1608
1991	1966	2168	1518	1863
1992	2255	2506	1667	1822
1993	2811	3075	2120	2896
1994	3891	4351	3663	3519
1995	4663	5114	3411	4313
1996	5175	5697	3740	4470
1997	5578	6144	3883	5100
1998	6547	7105	4694	6436
1999	7083	7556	5009	7367
2000	8006	8543	5382	8432
2001	8982	9522	5716	9587
2002	10075	10663	6389	10553
2003	11262	11719	7005	12257
2004	12713	13754	7367	12512
2005	15043	16512	9112	14161
2006	17760	19683	11700	16337
2007	21482	24066	14584	19353
2008	26596	29621	19024	24186
2009	29548	32497	22539	26990
2010	33843	37386	25286	30832
2011	38817	43526	30788	34861
2012	44124	49535	37499	39248
2013	46250	54063	38775	42263
2014	50189	57754	41561	49198
2015	56154	64023	45794	52436
2016	61262	71074	51031	56634

注：1.1998 年后数据中不含离开本单位仍保留劳动关系的职工。

城镇非私营单位从业人员数

表 2–16　　　　(2016 年)　　　　单位:人

指标	全市	市区	#赣榆区	东海县	灌云县	灌南县
总计	**474789**	**314429**	**77047**	**50467**	**53789**	**56104**
一、按企业、事业、机关分:						
企业	342795	238347	50727	27010	35890	41548
事业	97390	55697	19735	17333	12906	11454
机关	33786	19831	6280	6124	4993	2838
二、按国民经济行业分:						
1、农、林、牧、渔业	8019	5246	139	1621	1148	4
2、采矿业	6992	6437			555	
3、制造业	107949	71122	7973	11268	16573	8986
4、电力、热力、燃气及水的生产和供应业	6554	5525	56	406	438	185
5、建筑业	100792	60970	34856	3677	11571	24574
6、批发和零售业	18772	15683	860	1060	1054	975
7、交通运输、仓储和邮政业	31216	26473	761	1503	2069	1171
8、住宿和餐饮业	2472	2084	232	298	90	
9、信息传输、软件和信息技术服务业	5466	4338	361	608	187	333
10、金融业	23697	17266	2248	2112	1939	2380
11、房地产业	4631	3386	147	288	805	152
12、租赁和商务服务业	15270	11669	585	2597	566	438
13、科学研究和技术服务	7702	5957	1954	1368	137	240
14、水利、环境和公共设施管理业	9566	6646	945	1147	991	782
15、居民服务、修理和其他服务业	2723	1196	1001	840	71	616
16、教育	51900	27581	11369	11215	6937	6167
17、卫生和社会工作	25387	15117	4295	3689	3218	3363
18、文化、体育和娱乐业	2015	1671	325	108	55	181
19、公共管理、社会保障和社会组织	43666	26062	8940	6662	5385	5557

城镇非私营单位女性从业人员数

表 2-17　　(2016 年)　　单位:人

指标	全市	市区	#赣榆区	东海县	灌云县	灌南县
总计	**154675**	**101087**	**19329**	**20727**	**18366**	**14495**
一、按企业、事业、机关分:						
企业	97633	67811	8457	10416	11348	8058
事业	48167	27794	9285	8974	5956	5443
机关	8498	5255	1499	1337	1062	844
二、按国民经济行业分:						
1、农、林、牧、渔业	2771	2012	13	475	284	
2、采矿业	1675	1563			112	
3、制造业	42924	27666	4120	5011	6678	3569
4、电力、热力、燃气及水的生产和供应业	1441	1102	18	134	128	77
5、建筑业	6359	3497	1095	586	1540	736
6、批发和零售业	6312	4852	412	532	457	471
7、交通运输、仓储和邮政业	7485	6135	226	482	506	362
8、住宿和餐饮业	1723	1447	140	208	68	
9、信息传输、软件和信息技术服务业	2297	1982	96	166	58	91
10、金融业	12876	9215	1389	1270	1044	1347
11、房地产业	1939	1455	48	78	345	61
12、租赁和商务服务业	5078	3793	186	1018	218	49
13、科学研究和技术服务	2042	1551	652	402	29	60
14、水利、环境和公共设施管理业	3367	2298	292	254	339	476
15、居民服务、修理和其他服务业	417	151	103	186	13	67
16、教育	27783	15200	5909	6043	3343	3197
17、卫生和社会工作	16067	9598	2580	2317	1990	2162
18、文化、体育和娱乐业	914	733	102	47	21	113
19、公共管理、社会保障和社会组织	11205	6837	1948	1518	1193	1657

城镇非私营单位在岗职工人数

表 2-18　　(2016 年)　　单位:人

指标	全市	市区		东海县	灌云县	灌南县
			#赣榆区			
总计	**437115**	**285252**	**70280**	**47539**	**50488**	**53836**
一、按企业、事业、机关分:						
企业	311661	213892	46499	25457	32925	39387
事业	92593	51669	17365	16876	12657	11391
机关	32087	19181	6155	5206	4906	2794
二、按国民经济行业分:						
1、农、林、牧、渔业	7357	4585	139	1621	1147	4
2、采矿业	5820	5265	0	0	555	0
3、制造业	107184	70688	7905	11092	16541	8863
4、电力、热力、燃气及水的生产和供应业	6484	5459	53	406	438	181
5、建筑业	88180	50764	31929	3484	9643	24289
6、批发和零售业	18575	15550	788	1057	1027	941
7、交通运输、仓储和邮政业	30615	26035	735	1449	2014	1117
8、住宿和餐饮业	2433	2045	232	298	90	0
9、信息传输、软件和信息技术服务业	4123	2997	361	606	187	333
10、金融业	11946	9002	1308	1125	1043	776
11、房地产业	4549	3344	146	288	775	142
12、租赁和商务服务业	13876	10296	580	2576	566	438
13、科学研究和技术服务	7373	5684	1792	1316	137	236
14、水利、环境和公共设施管理业	9345	6465	877	1107	991	782
15、居民服务、修理和其他服务业	2651	1124	932	840	71	616
16、教育	50352	26268	10861	11043	6905	6136
17、卫生和社会工作	23843	14109	3703	3389	3008	3337
18、文化、体育和娱乐业	1976	1642	315	100	53	181
19、公共管理、社会保障和社会组织	40433	23930	7624	5742	5297	5464

城镇非私营单位从业人员平均工资

表 2-19　　（2016年）　　单位:元

指　　标	全　市	市　区	#赣榆区	东海县	灌云县	灌南县
总　　计	**59208**	**64112**	**50897**	**50727**	**48924**	**49782**
一、按企业、事业、机关分:						
企　　业	54704	59660	46188	44228	41185	45440
事　　业	69512	76159	61342	59787	61814	60633
机　　关	75499	83811	56834	53152	70495	74317
二、按国民经济行业分:						
1、农、林、牧、渔业	46697	32041	12612	57430	99746	38750
2、采矿业	50905	52667			30487	
3、制造业	53455	59792	52392	41464	38848	45148
4、电力、热力、燃气及水的生产和供应业	117149	131120	53375	48447	36154	51476
5、建筑业	45420	47028	41829	41993	39952	44545
6、批发和零售业	68696	75029	44866	35705	33392	42738
7、交通运输、仓储和邮政业	63277	65782	57730	55001	43239	52368
8、住宿和餐饮业	37767	40239	31843	24766	21911	
9、信息传输、软件和信息技术服务业	55329	58465	55698	46011	53691	32731
10、金融业	70752	75309	84499	59906	68900	45913
11、房地产业	54299	55327	55662	39339	54934	56209
12、租赁和商务服务业	48064	51203	46913	38345	40625	32609
13、科学研究和技术服务	79437	87593	43764	52437	58372	40366
14、水利、环境和公共设施管理业	48122	53255	46046	39324	41444	28900
15、居民服务、修理和其他服务业	61366	69072	72075	51014	72394	59029
16、教育	75400	83660	71091	62769	68887	68720
17、卫生和社会工作	65649	72012	58060	54130	57630	57310
18、文化、体育和娱乐业	63505	64790	37797	67907	60333	50243
19、公共管理、社会保障和社会组织	70014	77768	48998	53584	58620	64465

城镇非私营单位在岗职工平均工资

表 2-20　　　　　　　　　　　　(2016 年)　　　　　　　　　　　　单位:元

指　　标	全　市	市　区	#赣榆区	东海县	灌云县	灌南县
总　　计	**61262**	**66973**	**52731**	**51884**	**50071**	**50461**
一、按企业、事业、机关分:						
企　　业	56585	62269	46974	45024	42080	46145
事　　业	71568	79736	66685	60731	62401	60808
机　　关	77559	85367	57478	56171	71171	74964
二、按国民经济行业分:						
1、农、林、牧、渔业	49035	33617	12612	57430	99774	38750
2、采矿业	54971	57591			30487	
3、制造业	53561	59831	52399	41925	38842	45384
4、电力、热力、燃气及水的生产和供应业	118216	132503	54019	48447	36154	52011
5、建筑业	46223	48515	42744	39548	41141	44513
6、批发和零售业	69143	75480	47444	35752	33280	43097
7、交通运输、仓储和邮政业	63802	66272	58464	56162	43445	52636
8、住宿和餐饮业	37839	40382	31843	24766	21911	
9、信息传输、软件和信息技术服务业	63524	71147	55698	46092	53691	32731
10、金融业	105768	109632	105341	90190	107884	82389
11、房地产业	54307	55421	55721	39339	54985	54493
12、租赁和商务服务业	50426	54793	47079	38411	40625	32609
13、科学研究和技术服务	81142	89984	45371	52867	58372	40614
14、水利、环境和公共设施管理业	48483	53708	47386	40150	41444	28900
15、居民服务、修理和其他服务业	61612	70133	73540	51014	72394	59029
16、教育	76728	86088	73073	63472	69153	68992
17、卫生和社会工作	67292	73952	61532	56421	59243	57347
18、文化、体育和娱乐业	64190	65459	38527	70450	61692	50243
19、公共管理、社会保障和社会组织	73360	82520	55081	56392	59067	65076

城镇非私营其他单位从业人员、平均工资

表 2-21

(2016 年)

指　　标	全　市	市　区	#赣榆区	东海县	灌云县	灌南县
一、从业人员(人)	**294210**	**204603**	**42811**	**20609**	**29491**	**39507**
(一)内资	233817	160345	38974	10281	26856	36335
1、股份合作	2334	1900		414	20	
2、联营	253	240		13		
其中:国有联营	240	240				
集体联营						
3、有限责任公司	181655	120707	31289	6520	22865	31563
其中:国有独资	31451	28768	1196	1208	748	727
4、股份有限公司	44745	35170	6706	2690	3636	3249
5、其他	4830	2328	979	644	335	1523
其中;私营单位						
(二)港、澳、台商投资	22070	13768	1761	6169	766	1367
(三)外商投资	38323	30490	2076	4159	1869	1805
二、平均工资(元)	55041	60591	47614	41796	40033	45077
(一)内资	54387	59865	47626	41662	40412	44811
1、股份合作	77253	81743		59372	28000	
2、联营	67683	70410		20077		
其中:国有联营	70410	70410				
集体联营						
3、有限责任公司	53196	58574	45874	40462	40649	44968
其中:国有独资	60380	61987	38050	39327	36801	56183
4、股份有限公司	59060	64239	57352	43608	38067	36266
5、其他	47345	45328	38845	33812	51656	55104
其中;私营单位						
(二)港、澳、台商投资	46663	48991	42635	43049	37033	45509
(三)外商投资	63918	69587	51521	40167	35961	50561

城镇非私营单位分行业从业人员数和从业人员平均工资

表 2-22

(2016 年)

指　　标	从业人员数(人)				从业人员平均工资(元)			
	合计	国有单位	集体单位	其他单位	合计	国有单位	集体单位	其他单位
总　计	**474789**	**158039**	**22540**	**294210**	**59208**	**68422**	**48560**	**55041**
(一)农、林、牧、渔业	8019	7835	4	180	46697	47013	38750	32811
1、农业	7303	7123		180	47109	47461		32811
2、林业	555	555			40074	40074		
3、畜牧业	122	122			45631	45631		
4、渔业	14	10	4		64571	74900	38750	
5、农、林、牧、渔服务业	25	25			65040	65040		
(二)、采矿业	6992			6992	50905			50905
5、非金属矿采选业	6718			6718	51571			51571
6、开采辅助活动	274			274	34500			34500
7、其他采矿业								
(三)、制造业	107949	480	566	106903	53455	34625	39028	53618
1、农副食品加工业	4273	129		4144	48616	36477		48985
2、食品制造业	2345	14		2331	49954	28500		50084
3、酒、饮料和精制茶制造业	2060		75	1985	41497		38107	41625
5、纺织业	3196			3196	35163			35163
6、纺织服装、服饰业	4948			4948	35093			35093
7、皮革、毛皮、羽毛(绒)及其制品业	2035			2035	38683			38683
8、木材加工及木、竹、藤、棕、草制品业	1194			1194	35247			35247
9、家具制造业	307		16	291	36893		32750	37106
10、造纸及纸制品业	351			351	34543			34543
11、印刷业和记录媒介的复制	461	33	16	412	44884	37303	37500	45767
12、文教、工美、体育和娱乐用品制造业	3768		6	3762	39801		30000	39817
13、石油加工、炼焦及核燃料加工业	1966		30	1936	58861		21000	59447
14、化学原料及化学制品制造业	18872	163	41	18668	57409	41562	27683	57610
15、医药制造业	27264			27264	64074			64074
16、化学纤维制造业	657			657	47356			47356
17、橡胶和塑料制品业	1175	1	114	1060	38031	33500	30743	38819

表 2-22 续表 1　　　　　　　　　　　(2016 年)

指　　标	从业人员数(人)				从业人员平均工资(元)			
	合 计	国有单位	集体单位	其他单位	合 计	国有单位	集体单位	其他单位
18、非金属矿物制品业	7901	130	130	7641	45960	24346	55323	46166
19、黑色金属冶炼和压延加工业	294			294	32224			32224
20、有色金属冶炼和压延加工业	1303			1303	59865			59865
21、金属制品业	2645		80	2565	64261		44088	64896
22、通用设备制造业	4414		12	4402	58381		21833	58476
23、专用设备制造业	3633		23	3610	51005		47913	51025
24、汽车制造业	386			386	58959			58959
25、铁路、船舶、航空航天和其他运输设备制造业	1030			1030	54112			54112
26、电气机械及器材制造业	4519		6	4513	47274		33333	47292
27、计算机、通信和其他电子设备制造业	6069			6069	56841			56841
28、仪器仪表制造业	387	10		377	31624	33500		31576
29、其他制造业	19		17	2	21632		21588	22000
30、废弃资源综合利用业	477			477	67432			67432
(四)、电力、热力、燃气及水生产和供应业	6554	815	365	5374	117149	53324	74851	130102
1、电力、热力生产和供应业	4743	196	353	4194	141765	85949	76257	150258
2、燃气生产和供应业	312	85		227	54839	67094		50209
3、水的生产和供应业	1499	534	12	953	54104	39096	32917	62827
(五)、建筑业	100792	9626	8440	82726	45420	57120	38354	44774
1、房屋建筑业	69330	1158	4943	63229	44039	44485	39061	44403
2、土木工程建筑业	24912	7363	2940	14609	49014	62309	36364	44672
3、建筑安装业	2497			2497	51325			51325
4、建筑装饰和其他建筑业	4053	1105	557	2391	45433	37408	46855	49004
(六)、批发和零售业	18772	2903	292	15577	68696	54349	33374	72116
1、批发业	13225	2498	129	10598	80659	58240	41183	86609
2、零售业	5547	405	163	4979	40474	30156	27098	41760
(七)、交通运输、仓储和邮政业	31216	3104	2260	25852	63277	60219	49303	64831
2、道路运输业	7418	629	548	6241	50077	55870	50220	49482
3、水上运输业	13689	88		13601	68937	67629		68945

表 2-22 续表 2　　　　　　　　　　(2016 年)

指　标	从业人员数(人)				从业人员平均工资(元)			
	合计	国有单位	集体单位	其他单位	合计	国有单位	集体单位	其他单位
4、航空运输业	582	582			78183	78183		
6、装卸搬运和其他运输代理业	7469	115	1583	5771	66205	83009	47558	70876
7、仓储业	646	285	122	239	76075	76240	64945	81791
8、邮政业	1412	1405	7		49539	49371	83429	
(八)、住宿和餐饮业	2472	472	34	1966	37767	43469	31730	36547
1、住宿业	2102	427	24	1651	38794	44544	38889	37345
2、餐饮业	370	45	10	315	31893	33091	12400	32338
(九)、信息传输、软件和信息技术服务业	5466	739		4727	55329	40305		57682
1、电信、广播电视和卫星传输服务业	3915	739		3176	61039	40305		65852
2、互联网和相关服务	1397			1397	31024			31024
3、软件和信息技术服务业	154			154	133753			133753
(十)、金融业	23697	3358	1382	18957	70752	90857	97781	64588
1、货币金融服务业	9618	3230	1382	5006	110383	92157	97781	125520
2、资本市场服务业	119			119	122731			122731
3、保险业	13902	98		13804	38335	58786		38165
4、其他金融业	58	30		28	51390	58484		43536
(十一)、房地产业	4631	498	50	4083	54299	68127	17000	53039
其中:(1)房地产开发经营	2501	97		2404	64765	54742		65164
(2)物业管理	1768	108		1660	35843	48316		34986
(3)房地产中介服务	36	26		10	62361	48000		99700
(十二)、租赁和商务服务业	15270	3212	1829	10229	48064	40270	28481	54232
1、租赁业	393	321		72	49251	45545		66236
2、商务服务业	14877	2891	1829	10157	48032	39674	28481	54147
(十三)、科学研究、技术服务业	7702	4463	6	3233	79437	93508	20500	60134
1、研究和试验发展	1956	1950	6		134330	134683	20500	
2、专业技术服务业	3782	1825		1957	67123	59307		74378
3、科技推广和应用服务业	1964	688		1276	48842	68718		37908
(十四)、水利、环境和公共设施管理业	9566	7135	1711	720	48122	44219	63396	60883

表 2-22 续表 3　　　　　　　　　　　　　　　　(2016 年)

指　　标	从业人员数(人)				从业人员平均工资(元)			
	合计	国有单位	集体单位	其他单位	合计	国有单位	集体单位	其他单位
1、水利管理业	2415	2365		50	61656	60206		130000
2、生态保护和环境治理业	80	57		23	97200	71719		160348
3、公共设施管理业	7071	4713	1711	647	42599	35933	63396	51992
(十五)、居民服务、修理和其他服务业	2723	273	64	2386	61366	60293	46625	61880
1、居民服务业	1957	253	31	1673	64738	62176	67355	65077
2、机动车、电子产品和日用产品修理业	142	20	33	89	42479	36200	27152	49573
3、其他服务业	624			624	55016			55016
(十六)、教育	51900	49482	284	2134	75400	76548	42549	52937
其中:1、初等教育	20065	19752	71	242	70776	70951	73056	55992
2、中等教育	24153	23200		953	76091	77262		47647
3、高等教育	4553	4073		480	107940	112149		70410
(十七)、卫生和社会工作	25387	18372	5177	1838	65649	69449	56028	54987
1、卫生	25032	18023	5171	1838	65625	69481	56047	54987
2、社会工作	355	349	6		67315	67792	39833	
(十八)、文化、体育和娱乐业	2015	1611	76	328	63505	69085	45000	39960
1、新闻和出版业	289	289			67667	67667		
2、广播、电影、电视和影视录音制作业	807	775		32	71988	73145		43531
3、文化艺术业	686	410	69	207	58026	67807	45913	42438
4、体育	63	56	7		54302	56589	36000	
5、娱乐业	170	81		89	40673	49291		33022
(十九)、公共管理、社会保障和社会组织	43666	43661		5	70014	70017		44600
其中:(1)中国共产党机关	675	675			100224	100224		
(2)国家机构	42004	42004			69197	69197		
(3)人民政协、民主党派	196	196			125239	125239		
(4)社会保障	175	175			65223	65223		
(5)群众团体、社会团体和其他成员组织	616	611		5	75998	76256		44600

3

人民生活、价格指数

主要年份居民生活收支情况

表 3-1 单位:元

指标	2013	2014	2015	2016
全体居民人均年可支配收入	16103	17798	19418	21230
全体居民人均年消费性支出	11264	12247	13260	14333
全体居民恩格尔系数(%)	32.9	32.4	32.8	32.4
城镇居民人均年可支配收入	21461	23595	25728	27853
城镇居民人均年消费性支出	14885	16016	17259	18344
城镇居民恩格尔系数(%)	32.6	32.3	32.7	32.3
农村居民人均年可支配收入	10465	11698	12778	13932
农村居民人均年消费性支出	7454	8282	9052	10113
农村居民恩格尔系数(%)	33.6	32.7	33.0	32.6

注:因一体化住户调查改革,所有数据均为新口径数据。

表 3-1 续表　　　　单位:元

年　份	城市居民人均年可支配收入	城市居民人均年消费性支出	城市居民恩格尔系数(%)	农村居民人均年纯收入	农村居民人均年生活消费支出	农村居民恩格尔系数(%)
1984				462		
1985	815	668	51.05	495	439	57.18
1986	1016	871	46.61	530	470	57.23
1987	1084	906	50.99	567	503	57.26
1988	1325	1204	48.92	607	538	57.25
1989	1471	1181	53.34	650	576	57.29
1990	1501	1224	55.39	696	617	57.21
1991	1731	1445	55.09	745	661	57.34
1992	1997	1626	52.95	803	656	60.37
1993	2623	2214	47.74	941	757	64.60
1994	3881	3118	47.92	1375	1081	63.18
1995	4504	3726	47.67	2011	1415	59.22
1996	4993	3649	51.90	2396	1596	58.65
1997	5296	3668	50.19	2705	1538	57.93
1998	5458	3945	47.20	2938	1356	56.86
1999	5981	4091	44.93	3051	1317	54.97
2000	6457	4737	38.65	2597	1541	45.88
2001	6981	4908	38.51	2763	1627	46.47
2002	7630	5059	36.94	2991	1723	44.86
2002(新)	6953	5059	36.94			
2003	7782	5768	36.04	3139	1778	47.69
2004	8872	6218	38.81	3501	2048	49.85
2005	10006	7213	38.55	3869	2574	46.08
2006	11475	8324	34.65	4265	2797	45.26
2007	13254	8357	38.90	4828	3317	43.71
2008	15255	10598	38.57	5454	3746	42.18
2009	16958	11577	37.22	6111	4291	39.86
2010	19020	12293	39.07	7039	4766	40.85
2011	21695	14110	38.06	8434	5498	36.71
2012	24342	15615	37.06	9589	6210	36.37
2013	26898	17172	36.51	10745	6932	35.44

注:本页数据为老口径数据。

分地区全体居民基本情况

表 3-2　　(2016 年)

指　　标	单 位	连云港	市 区	赣 榆	东 海	灌 云	灌 南
一、调查样本住户数	**户**	**993**	**401**	**174**	**200**	**201**	**191**
(一)城镇住户	户	562	265	87	100	100	96
(二)农村住户	户	431	136	87	100	101	95
二、期内住户常住成员数	**人**	**3150**	**1243**	**545**	**634**	**676**	**598**
三、本季度从事主要行业	**人**	**1827**	**666**	**310**	**400**	**437**	**324**
(一)第一产业	人	605	146	108	129	192	138
(二)第二产业	人	520	227	109	119	73	101
1.采矿业	人	4	4				
2.制造业	人	242	111	54	58	26	48
3.电力、热力、燃气及水生产供应业	人	28	20	1	3	4	1
4.建筑业	人	245	92	54	58	43	52
(三)第三产业	人	702	293	93	152	172	85
1.批发和零售业	人	197	69	21	53	48	27
2.交通运输、仓储和邮政业	人	107	61	13	13	20	12
3.住宿和餐饮业	人	67	32	13	4	22	9
4.信息传输、软件业和信息技术服务业	人	14	4	2	1	9	
5.金融业	人	10	7	3	1	1	1
6.房地产业	人	5	3		1	1	
7.租赁和商务服务业	人	24	10	2	3	7	4
8.科学研究和技术服务业	人	3	2	2	1		
9.水利、环境和公共设施管理业	人	9	3		1	2	3
10.居民服务、修理和其他服务业	人	109	43	14	21	36	9
11.教育	人	40	14	7	17	7	2
12.卫生和社会工作	人	35	8	2	11	8	8
13.文化、体育和娱乐业	人	7	6	1	1		
14.公共管理、社会保障和社会组织	人	77	31	13	24	12	10
15.国际组织	人						

注:因一体化住户调查改革,所有数据均为新口径数据。

分地区全体居民平均每人收入情况

表 3-3 (2016 年)

指　　标	单 位	连云港	市 区	赣 榆	东 海	灌 云	灌 南
总收入(未扣除生产费用)	元	23932	32486	30063	27233	19847	23814
可支配收入	**元**	**21230**	**24246**	**20217**	**20128**	**17565**	**17446**
一、工资性收入	**元**	**11040**	**13700**	**10933**	**9819**	**8749**	**7980**
(一)工资	元	10703	13197	10723	9532	8687	7704
(二)实物福利	元	27	52	40	1		24
(三)其他	元	311	451	169	286	62	252
二、经营净收入	**元**	**5171**	**5196**	**5819**	**6361**	**5485**	**3763**
(一)第一产业经营净收入	元	2434	2370	3948	3355	2539	1718
(二)第二产业经营净收入	元	598	530	725	794	512	337
(三)第三产业经营净收入	元	2140	2296	1146	2212	2433	1708
三、财产净收入	**元**	**1305**	**1224**	**712**	**1434**	**1017**	**1179**
(一)利息净收入	元	106	124	16	250	-27	59
(二)红利收入	元	93	30	3	191	356	
(三)储蓄性保险净收益	元	2	2	2	5		
(四)转让承包土地经营权租金净收入	元	93	118	298	36	122	68
(五)出租房屋财产性收入	元	99	86		177	50	73
(六)出租机械、专利、版权等资产的收入	元	5	14				
(七)其他财产净收入	元	48	1	1	3	201	
(八)房屋虚拟租金	元	858	849	392	772	316	980
四、转移净收入	**元**	**3714**	**4126**	**2753**	**2515**	**2315**	**4524**
(一)转移性收入	元	4510	5286	3109	3052	2633	5319
1.养老金或离退休金	元	2261	3283	1261	968	1742	1456
2.社会救济和补助	元	71	99	17	23	21	104
3.政策性生活补贴	元	5	2		18	5	
4.报销医疗费	元	196	299	66	27	325	249
5.家庭外出从业人员寄回带回收入	元	1260	780	1236	1743	355	2668
6.赡养收入	元	464	424	77	215	137	722
7.其他经常转移收入	元	40	74	49	11	15	15
8.从政府和组织得到的实物产品和服务折价	元	2	3	1			2
9.现金政策性惠农补贴	元	211	323	402	47	33	102
(二)转移性支出	元	795	1160	356	537	318	795
1.个人所得税	元	54	123		14	10	2
2.社会保障支出	元	611	816	308	474	269	666
3.外来从业人员寄给家人的支出	元						
4.赡养支出	元	96	155	11	17	34	124
5.其他转移性支出	元	34	65	37	31	6	3

分地区全体居民平均每人支出情况

表 3-4　　(2016 年)

指　　标	单 位	连云港	市 区	赣 榆	东 海	灌 云	灌 南
总支出	元	21959	28064	25607	24447	15047	18176
消费支出	**元**	**14333**	**15549**	**13200**	**13779**	**11301**	**11701**
(一)食品烟酒	**元**	**4645**	**4465**	**4308**	**4782**	**3982**	**4198**
1.食品	元	3536	3354	3218	3223	3073	3552
2.烟酒	元	501	498	432	401	720	443
3.饮料	元	51	52	49	63	38	45
4.饮食服务	元	557	560	608	1095	152	158
(二)衣着	**元**	**1127**	**1331**	**1148**	**977**	**660**	**921**
1.衣类	元	852	1024	857	704	525	608
2.鞋类	元	274	307	291	273	135	314
(三)居住	**元**	**2741**	**3282**	**2488**	**2716**	**1862**	**1652**
1.租赁房房租	元	47	65	2		45	11
2.住房维修及管理	元	438	548	365	255	84	207
3.水电燃料及其他	元	577	680	518	340	548	410
4.自有住房折算租金	元	1678	1990	1604	2120	1185	1023
(四)生活用品及服务	**元**	**889**	**1181**	**945**	**789**	**724**	**607**
1.家具及室内装饰品	元	196	282	112	237	68	111
2.家用器具	元	232	269	273	160	333	148
3.家用纺织品	元	109	131	85	67	46	69
4.家庭日用杂品	元	207	265	291	194	139	172
5.个人用品	元	126	167	168	105	85	99
6.家庭服务	元	19	68	14	26	52	8
(五)交通通信	**元**	**1381**	**1586**	**1150**	**1288**	**1001**	**1012**
1.交通	元	745	846	568	641	519	457
2.通信	元	636	740	582	646	482	555
(六)教育文化娱乐	**元**	**2464**	**2200**	**2423**	**2497**	**2128**	**2198**
1.教育	元	1473	968	1733	1618	855	1790
2.文化娱乐	元	991	1233	690	879	1273	408
(七)医疗保健	**元**	**791**	**1103**	**604**	**486**	**561**	**880**
1.医疗器具及药品	元	226	363	275	218	213	217
2.医疗服务	元	566	740	329	268	348	663
(八)其他用品和服务	**元**	**296**	**401**	**135**	**244**	**384**	**233**
1.其他用品	元	174	232	64	160	245	140
2.其他服务	元	121	169	70	84	139	93

分地区全体居民居住情况

表 3-5　　(2016年)

指　　标	单位	连云港	市区	赣榆	东海	灌云	灌南
一、本住户居住类型	**户**	**993**	**401**	**174**	**200**	**201**	**191**
1.普通住宅	户	993	401	174	200	201	191
2.集体宿舍和工棚	户						
3.工作地住宿	户						
二、人均现住房建筑面积	**平方米**	**47**	**52**	**48**	**51**	**42**	**53**
1.10平方米以内	户						
2.10-20平方米	户						
3.20-30平方米	户	7	2			3	2
4.30-60平方米	户	76	39	14	6	19	12
5.60-90平方米	户	139	65	15	18	27	29
6.90-120平方米	户	218	70	32	58	60	29
7.120-200平方米	户	274	98	43	67	54	55
8.200平方米以上	户	280	127	70	51	37	64
三、住宅外道路路面情况	**户**	**993**	**401**	**174**	**200**	**201**	**191**
1.水泥或柏油路面	户	770	335	125	127	135	173
2.沙石或石板等硬质路面	户	181	63	48	64	46	8
3.其他	户	42	3	1	9	20	10
四、住宅有管道供水情况	**户**	**993**	**401**	**174**	**200**	**201**	**191**
1.管道供水入户	户	950	391	168	170	199	190
2.管道供水至公共取水点	户	3	1		2		
3.没有管道设施	户	40	9	6	28	2	1
五、主要炊用能源状况	**户**	**993**	**401**	**174**	**200**	**201**	**191**
1.柴草	户	26	19	10	1	6	
2.煤炭	户	7	7	6			
3.罐装液化石油气	户	531	199	105	149	92	91
4.管道液化石油气	户	6	3	2	3		
5.管道煤气	户	1	1				
6.管道天然气	户	140	89	2	32	18	1
7.电	户	281	82	48	15	85	99
8.燃料用油	户						
9.沼气	户	1	1	1			
10.其他	户						
11.无炊用行为	户						

分地区全体居民平均每百户耐用消费品拥有量

表 3-6　　(2016年)

指　　标	单位	连云港	市　区	赣　榆	东　海	灌　云	灌　南
1.家用汽车	辆	17	19	12	25	11	15
2.摩托车	辆	36	28	42	55	40	32
3.助力车	台	122	123	136	116	97	149
4.洗衣机	台	97	99	104	98	95	97
5.电冰箱(柜)	台	90	94	95	79	90	92
6.微波炉	台	49	58	56	52	35	42
7.彩色电视机	台	138	140	132	132	126	141
8.其中:接入有线电视	台	112	83	68	115	122	122
9.空调	台	121	140	106	103	98	124
10.热水器	台	91	95	93	94	86	86
11.其中:太阳能热水器	台	81	79	90	82	83	81
12.消毒碗柜	台	1	1		1		
13.洗碗机	台					1	
14.排油烟机	台	45	64	53	49	23	24
15.固定电话	线	57	53	70	77	79	22
16.移动电话	部	239	241	244	225	215	272
17.其中:接入互联网	部	101	124	91	66	67	124
18.计算机	台	65	73	75	78	51	50
19.其中:接入互联网	台	53	61	60	59	37	43
20.摄像机	台	3	2	1	4	2	1
21.照相机	台	15	18	10	20	5	7
22.中高档乐器	架	3	3	1	7	1	
23.健身器材	台	5	5	3	10	1	2
24.组合音响	套	5	4	2	10	4	5

分地区全体居民平均每百人主要消费品消费量

表 3-7 （2016 年）

指　　标	单 位	连云港	市 区	赣 榆	东 海	灌 云	灌 南
一、食品							
1.谷物	公斤	12347	12038	11995	14103	8437	10476
2.薯类	公斤	133	153	176	163	105	91
3.豆类	公斤	1256	1244	1132	800	1235	1771
4.油脂类	公斤	1449	992	793	1353	1427	1509
5.鲜菜	公斤	8779	10454	8599	7749	5857	10530
6.猪肉	公斤	1310	1350	1099	986	1175	1420
7.牛肉	公斤	146	116	133	321	161	2
8.羊肉	公斤	64	64	50	134	51	2
9.鸡	公斤	503	438	279	414	587	624
10.鸭	公斤	42	40	10	32	52	42
11.鹅	公斤	3	1	1	10	2	1
12.鱼类	公斤	1068	1180	804	811	1021	1149
13.虾、贝、蟹类	公斤	427	669	575	191	395	200
14.鲜蛋	公斤	1208	1325	1316	1402	875	1119
15.鲜奶	公斤	806	802	709	1240	542	647
16.酸奶	公斤	226	286	385	352	176	23
17.鲜瓜果	公斤	4498	5322	4957	5152	3456	3228
18.食糖	公斤	114	87	75	74	157	112
19.糖果	公斤	52	75	98	38	37	6
20.糕点	公斤	497	502	602	631	409	359
21.茶叶	公斤	8	13	23	10	5	1
22.白酒	公斤	447	357	401	357	878	312
23.啤酒	公斤	487	467	351	365	511	634
二、主要能源							
1.水	吨	2591	2969	2336	2556	2518	1924
2.天然气	立方米	1081	1933	239	989	449	99
3.液化石油气	公斤	1982	1946	2036	1686	2540	1737
4.汽油	升	2360	3574	2571	3483	1130	2705
5.电	度	63508	77783	64878	55460	62823	59123

分地区城镇居民基本情况

表 3-8　　(2016)年

指　　标	单 位	连云港	市　区	赣 榆	东 海	灌 云	灌 南
一、调查样本住户数	**户**	**562**	**265**	**87**	**100**	**100**	**96**
(一)城镇住户	户	562	265	87	100	100	96
(二)农村住户	户						
二、期内住户常住成员数	**人**	**1759**	**815**	**284**	**328**	**320**	**296**
三、本季度从事主要行业	**人**	**959**	**417**	**154**	**185**	**204**	**153**
(一)第一产业	人	179	42	38	29	58	50
(二)第二产业	人	242	135	45	35	31	41
1.采矿业	人	3	3				
2.制造业	人	119	68	20	16	13	22
3.电力、热力、燃气及水生产供应业	人	17	10		3	3	1
4.建筑业	人	103	54	25	16	15	18
(三)第三产业	人	538	240	71	121	115	62
1.批发和零售业	人	150	57	18	42	30	21
2.交通运输、仓储和邮政业	人	82	49	11	10	13	9
3.住宿和餐饮业	人	50	25	8	3	14	8
4.信息传输、软件业和信息技术服务业	人	11	4	2	1	6	
5.金融业	人	9	7	3	1		1
6.房地产业	人	5	3		1	1	
7.租赁和商务服务业	人	15	9	1	3		3
8.科学研究和技术服务业	人	3	2	2	1		
9.水利、环境和公共设施管理业	人	7	3		1	2	1
10.居民服务、修理和其他服务业	人	70	29	9	9	28	4
11.教育	人	33	12	5	14	5	2
12.卫生和社会工作	人	33	8	2	11	8	6
13.文化、体育和娱乐业	人	6	5		1		
14.公共管理、社会保障和社会组织	人	65	27	10	23	8	7
15.国际组织	人						

分地区城镇居民平均每人收入情况

表 3-9　　(2016)年

指　　标	单 位	连云港	市　区	赣 榆	东 海	灌 云	灌 南
总收入(未扣除生产费用)	元	33465	40129	42232	30414	25229	30945
可支配收入	**元**	**27853**	**30120**	**27199**	**27391**	**22979**	**24494**
一、工资性收入	**元**	**15194**	**18119**	**15815**	**14964**	**11460**	**11679**
(一)工资	元	14637	17388	15396	14311	11391	11191
(二)实物福利	元	41	76	92	1	1	13
(三)其他	元	517	654	327	651	68	474
二、经营净收入	**元**	**5458**	**5371**	**6881**	**6776**	**5973**	**3809**
(一)第一产业经营净收入	元	1559	1757	4284	1382	1997	732
(二)第二产业经营净收入	元	696	586	816	777	522	505
(三)第三产业经营净收入	元	3203	3028	1781	4617	3455	2572
三、财产净收入	**元**	**2316**	**1899**	**1398**	**2919**	**2037**	**2689**
(一)利息净收入	元	155	188	16	293	-20	103
(二)红利收入	元	163	46		436	769	
(三)储蓄性保险净收益	元	3	2		12		
(四)转让承包土地经营权租金净收入	元	84	125	491	20	54	77
(五)出租房屋财产性收入	元	182	140		384	108	152
(六)出租机械、专利、版权等资产的收入	元	10	22				
(七)其他财产净收入	元	81	1		7	438	
(八)房屋虚拟租金	元	1637	1376	891	1765	688	2357
四、转移净收入	**元**	**4884**	**4731**	**3105**	**2733**	**3509**	**6318**
(一)转移性收入	元	6103	6405	3620	3678	3970	7408
1.养老金或离退休金	元	3664	4865	2581	1363	3595	2783
2.社会救济和补助	元	70	77	1		45	107
3.政策性生活补贴	元	2	2			6	
4.报销医疗费	元	262	393	69		50	242
5.家庭外出从业人员寄回带回收入	元	1186	193	424	1882	141	3096
6.赡养收入	元	647	475	98	427	114	1052
7.其他经常转移收入	元	47	53	30		10	
8.从政府和组织得到的实物产品和服务折价	元	2	4				1
9.现金政策性惠农补贴	元	223	342	417	6	9	127
(二)转移性支出	元	1219	1674	514	945	461	1090
1.个人所得税	元	99	200		32		2
2.社会保障支出	元	924	1154	427	811	411	968
3.外来从业人员寄给家人的支出	元						
4.赡养支出	元	140	226	13	36	46	117
5.其他转移性支出	元	57	93	73	66	4	3

分地区城镇居民平均每人支出情况

表 3-10　　　　(2016 年)

指　　标	单 位	连云港	市　区	赣 榆	东 海	灌 云	灌 南
总支出	元	26792	34430	33819	25709	17482	21456
消费支出	**元**	**18344**	**18700**	**16567**	**18633**	**13980**	**15734**
(一)食品烟酒	**元**	**5924**	**5416**	**5354**	**6423**	**4902**	**5475**
1.食品	元	4485	4086	4001	3916	3673	4802
2.烟酒	元	499	420	531	496	944	451
3.饮料	元	105	158	56	103	59	45
4.饮食服务	元	835	751	766	1908	226	177
(二)衣着	**元**	**1612**	**1655**	**1558**	**1459**	**849**	**1410**
1.衣类	元	1240	1289	1176	1047	653	875
2.鞋类	元	372	366	382	412	197	534
(三)居住	**元**	**3450**	**3976**	**3182**	**4051**	**2325**	**2466**
1.租赁房房租	元	88	101	6		98	21
2.住房维修及管理	元	452	636	483	478	164	260
3.水电燃料及其他	元	709	786	597	635	665	626
4.自有住房折算租金	元	2202	2453	2096	2938	1398	1559
(四)生活用品及服务	**元**	**1124**	**1420**	**1082**	**830**	**985**	**836**
1.家具及室内装饰品	元	234	332	119	113	73	152
2.家用器具	元	267	282	311	179	439	140
3.家用纺织品	元	145	178	99	85	61	92
4.家庭日用杂品	元	269	300	334	255	197	275
5.个人用品	元	186	224	204	187	110	165
6.家庭服务	元	23	106	15	11	105	12
(五)交通通信	**元**	**1735**	**1968**	**1490**	**1588**	**1035**	**1177**
1.交通	元	925	1104	757	655	399	461
2.通信	元	811	864	733	933	636	716
(六)教育文化娱乐	**元**	**3042**	**2366**	**3067**	**3372**	**2566**	**3018**
1.教育	元	1738	1049	2165	1992	1128	2576
2.文化娱乐	元	1304	1317	902	1380	1438	442
(七)医疗保健	**元**	**1031**	**1359**	**618**	**483**	**746**	**935**
1.医疗器具及药品	元	301	386	298	284	349	217
2.医疗服务	元	731	973	321	198	397	717
(八)其他用品和服务	**元**	**425**	**539**	**215**	**428**	**571**	**418**
1.其他用品	元	264	293	106	317	420	311
2.其他服务	元	161	247	109	111	151	107

分地区城镇居民居住情况

表 3-11 （2016 年）

指标	单位	连云港	市区	赣榆	东海	灌云	灌南
一、本住户居住类型	**户**	**562**	**265**	**87**	**100**	**100**	**96**
1.普通住宅	户	562	265	87	100	100	96
2.集体宿舍和工棚	户						
3.工作地住宿	户						
二、人均现住房建筑面积	**平方米**	**46**	**50**	**50**	**46**	**42**	**52**
1.10 平方米以内	户						
2.10-20 平方米	户						
3.20-30 平方米	户	2				2	
4.30-60 平方米	户	48	28	6	4	11	5
5.60-90 平方米	户	85	43	2	6	14	22
6.90-120 平方米	户	138	54	20	38	33	12
7.120-200 平方米	户	156	68	22	34	25	29
8.200 平方米以上	户	134	72	37	18	15	29
三、住宅外道路路面情况	**户**	**562**	**265**	**87**	**100**	**100**	**96**
1.水泥或柏油路面	户	490	232	69	85	82	90
2.沙石或石板等硬质路面	户	48	30	17	9	8	1
3.其他	户	24	3	1	6	10	5
四、住宅有管道供水情况	**户**	**562**	**265**	**87**	**100**	**100**	**96**
1.管道供水入户	户	550	256	82	98	100	95
2.管道供水至公共取水点	户	1	1				
3.没有管道设施	户	11	8	5	2		1
五、主要炊用能源状况	**户**	**562**	**265**	**87**	**100**	**100**	**96**
1.柴草	户	2	2	1			
2.煤炭	户	2	2	1			
3.罐装液化石油气	户	272	106	40	63	42	61
4.管道液化石油气	户	6	3	2	3		
5.管道煤气	户	1	1				
6.管道天然气	户	140	89	2	32	18	1
7.电	户	139	62	41	2	40	35
8.燃料用油	户						
9.沼气	户						
10.其他	户						
11.无炊用行为	户						

分地区城镇居民平均每百户耐用消费品拥有量

表 3-12　　　　　　　　　　　　（2016 年）

指　　　　标	单 位	连云港	市 区	赣 榆	东 海	灌 云	灌 南
1.家用汽车	辆	21	23	16	33	10	17
2.摩托车	辆	27	20	30	43	29	25
3.助力车	台	126	129	155	130	96	143
4.洗衣机	台	101	100	108	103	99	103
5.电冰箱(柜)	台	93	95	94	87	92	93
6.微波炉	台	64	65	69	73	56	58
7.彩色电视机	台	139	143	144	141	127	139
8.其中：接入有线电视	台	117	123	76	113	124	128
9.空调	台	147	163	137	142	114	142
10.热水器	台	99	101	99	113	87	92
11.其中：太阳能热水器	台	83	79	95	93	85	83
12.消毒碗柜	台	1	2		1		
13.洗碗机	台					1	
14.排油烟机	台	67	80	75	77	48	42
15.固定电话	线	58	52	67	79	79	29
16.移动电话	部	242	241	240	250	218	264
17.其中：接入互联网	部	115	146	126	70	74	121
18.计算机	台	81	83	80	104	69	64
19.其中：接入互联网	台	68	72	67	89	47	59
20.摄像机	台	3	3	2	4	1	1
21.照相机	台	22	25	16	32	7	8
22.中高档乐器	架	4	4	2	9	1	
23.健身器材	台	8	8	8	16	1	4
24.组合音响	套	5	3	3	13	4	4

分地区城镇居民平均每百人主要消费品消费量

表 3-13　　　　　　　　　　　　　（2016 年）

指　　　标	单 位	连云港	市 区	赣 榆	东 海	灌 云	灌 南
一、食品							
1.谷物	公斤	12214	12282	12972	14401	9344	9300
2.薯类	公斤	155	174	232	152	149	112
3.豆类	公斤	1393	1356	1344	925	1481	1919
4.油脂类	公斤	1593	1104	1059	1496	1662	1624
5.鲜菜	公斤	10668	11844	10399	9158	9148	12293
6.猪肉	公斤	1467	1540	1344	1187	1463	1582
7.牛肉	公斤	180	122	176	457	210	2
8.羊肉	公斤	90	75	55	231	63	3
9.鸡	公斤	571	495	324	449	808	661
10.鸭	公斤	51	50	12	45	70	40
11.鹅	公斤	4	1	2	18	3	
12.鱼类	公斤	1224	1340	980	897	1222	1271
13.虾、贝、蟹类	公斤	576	788	673	292	612	270
14.鲜蛋	公斤	1374	1391	1460	1740	1105	1210
15.鲜奶	公斤	997	895	693	1989	596	609
16.酸奶	公斤	265	311	471	394	242	19
17.鲜瓜果	公斤	5102	5739	5222	5918	4180	3439
18.食糖	公斤	113	98	90	74	143	97
19.糖果	公斤	67	85	121	50	35	4
20.糕点	公斤	565	538	737	873	414	295
21.茶叶	公斤	10	14	27	12	9	
22.白酒	公斤	469	395	482	364	970	250
23.啤酒	公斤	430	443	287	309	479	475
二、主要能源							
1.水	吨	3169	3567	3024	3300	2572	2574
2.天然气	立方米	1903	2941	458	1902	849	184
3.液化石油气	公斤	2014	1942	2258	1454	2654	2141
4.汽油	升	3190	4523	3682	5393	1295	3522
5.电	度	76926	87726	74881	79437	77747	71357

分地区农村居民基本情况

表 3-14　　　　(2016 年)

指　　　标	单 位	连云港	市 区	赣 榆	东 海	灌 云	灌 南
一、调查样本住户数	**户**	**431**	**136**	**87**	**100**	**101**	**95**
(一)城镇住户	户						
(二)农村住户	户	431	136	87	100	101	95
二、期内住户常住成员数	**人**	**1392**	**428**	**261**	**306**	**356**	**303**
三、本季度从事主要行业	**人**	**868**	**249**	**156**	**215**	**233**	**171**
(一)第一产业	人	426	104	70	100	134	88
(二)第二产业	人	278	92	64	84	42	60
1.采矿业	人	1	1				
2.制造业	人	124	43	34	42	13	26
3.电力、热力、燃气及水生产供应业	人	11	10	1		1	
4.建筑业	人	142	38	29	42	28	34
(三)第三产业	人	164	53	22	31	57	23
1.批发和零售业	人	47	12	3	11	18	6
2.交通运输、仓储和邮政业	人	25	12	2	3	7	3
3.住宿和餐饮业	人	17	7	5	1	8	1
4.信息传输、软件业和信息技术服务业	人	3				3	
5.金融业	人	1				1	
6.房地产业	人						
7.租赁和商务服务业	人	9	1	1		7	1
8.科学研究和技术服务业	人						
9.水利、环境和公共设施管理业	人	2					2
10.居民服务、修理和其他服务业	人	39	14	5	12	8	5
11.教育	人	7	2	2	3	2	
12.卫生和社会工作	人	2					2
13.文化、体育和娱乐业	人	1	1	1			
14.公共管理、社会保障和社会组织	人	12	4	3	1	4	3
15.国际组织	人						

分地区农村居民平均每人收入情况

表 3-15　　　　　　　　　　　　　　(2016)年

指　　　　标	单 位	连云港	市　区	赣 榆	东 海	灌 云	灌 南
总收入(未扣除生产费用)	元	18658	17923	16808	23821	15278	16847
可支配收入	**元**	**13932**	**14796**	**14731**	**14487**	**12969**	**12430**
一、工资性收入	**元**	**6462**	**6591**	**7096**	**5822**	**6448**	**5347**
(一)工资	元	6367	6453	7052	5820	6391	5222
(二)实物福利	元	11	13				32
(三)其他	元	84	125	45	2	57	94
二、经营净收入	**元**	**4854**	**4915**	**4984**	**6039**	**5070**	**3730**
(一)第一产业经营净收入	元	3398	3356	3684	4887	3000	2421
(二)第二产业经营净收入	元	489	441	653	808	504	216
(三)第三产业经营净收入	元	968	1118	646	345	1566	1093
三、财产净收入	**元**	**190**	**137**	**174**	**280**	**151**	**105**
(一)利息净收入	元	51	22	16	216	−34	27
(二)红利收入	元	17	24	6		6	
(三)储蓄性保险净收益	元	1	2	3			
(四)转让承包土地经营权租金净收入	元	103	88	146	48	179	62
(五)出租房屋财产性收入	元	7			16		16
(六)出租机械、专利、版权等资产的收入	元						
(七)其他财产净收入	元	11	1	2			
(八)房屋虚拟租金	元						
四、转移净收入	**元**	**2425**	**3153**	**2477**	**2346**	**1300**	**3248**
(一)转移性收入	元	2753	3484	2708	2565	1498	3832
1.养老金或离退休金	元	715	737	224	661	169	511
2.社会救济和补助	元	73	135	29	41	1	101
3.政策性生活补贴	元	8			32	3	1
4.报销医疗费	元	123	147	63	47	558	255
5.家庭外出从业人员寄回带回收入	元	1341	1724	1874	1635	537	2364
6.赡养收入	元	262	341	61	50	157	487
7.其他经常转移收入	元	32	107	64	19	19	26
8.从政府和组织得到的实物产品和服务折价	元	1	1	2			3
9.现金政策性惠农补贴	元	199	291	390	79	54	85
(二)转移性支出	元	327	331	231	220	197	584
1.个人所得税	元	5				18	2
2.社会保障支出	元	266	271	214	213	148	450
3.外来从业人员寄给家人的支出	元						
4.赡养支出	元	47	40	9	2	23	129
5.其他转移性支出	元	10	20	8	4	8	3

分地区农村居民平均每人支出情况

表 3-16　　(2016 年)

指　　标	单位	连云港	市区	赣榆	东海	灌云	灌南
总支出	元	16874	15936	17363	23516	13083	17128
消费支出	**元**	**10113**	**10694**	**10694**	**10194**	**9140**	**8978**
(一)食品烟酒	**元**	**3299**	**2999**	**3529**	**3571**	**3240**	**3335**
1.食品	元	2538	2226	2635	2712	2588	2708
2.烟酒	元	440	434	358	331	539	438
3.饮料	元	56	73	44	34	20	45
4.饮食服务	元	265	266	491	494	92	144
(二)衣着	**元**	**616**	**832**	**843**	**622**	**507**	**592**
1.衣类	元	444	617	619	451	421	427
2.鞋类	元	171	215	223	170	86	165
(三)居住	**元**	**1995**	**2213**	**1971**	**1730**	**1488**	**1103**
1.租赁房房租	元	4	9			2	5
2.住房维修及管理	元	324	472	276	90.90	20	172
3.水电燃料及其他	元	439	516	458	123	453	264
4.自有住房折算租金	元	1228	1215	1237	1516	1014	661
(四)生活用品及服务	**元**	**642**	**813**	**842**	**759**	**512**	**452**
1.家具及室内装饰品	元	155	205	108	329	64	83
2.家用器具	元	196	250	245	147	248	153
3.家用纺织品	元	70	59	75	54	34	54
4.家庭日用杂品	元	143	211	259	148	92	103
5.个人用品	元	63	79	142	45	65	55
6.家庭服务	元	14	10	14	36	9	5
(五)交通通信	**元**	**1008**	**996**	**897**	**1066**	**974**	**901**
1.交通	元	555	448	427	631	616	455
2.通信	元	453	548	470	435	358	446
(六)教育文化娱乐	**元**	**1855**	**1944**	**1944**	**1851**	**1775**	**1645**
1.教育	元	1193	842	1412	1343	635	1259
2.文化娱乐	元	662	1102	533	508	1141	386
(七)医疗保健	**元**	**539**	**709**	**593**	**488**	**411**	**844**
1.医疗器具及药品	元	147	327	258	169	104	217
2.医疗服务	元	392	382	335	319	307	626
(八)其他用品和服务	**元**	**160**	**188**	**75**	**108**	**233**	**108**
1.其他用品	元	80	138	33	44	104	25
2.其他服务	元	80	50	42	63	129	83

分地区农村居民居住情况

表 3-17　　(2016 年)

指　　标	单位	连云港	市区	赣榆	东海	灌云	灌南
一、本住户居住类型	**户**	**431**	**136**	**87**	**100**	**101**	**95**
1.普通住宅	户	431	136	87	100	101	95
2.集体宿舍和工棚	户						
3.工作地住宿	户						
二、人均现住房建筑面积	**平方米**	**49**	**55**	**47**	**52**	**42**	**54**
1.10 平方米以内	户						
2.10-20 平方米	户						
3.20-30 平方米	户	5	2			1	2
4.30-60 平方米	户	28	11	8	2	8	7
5.60-90 平方米	户	54	22	13	12	13	7
6.90-120 平方米	户	80	16	12	20	27	17
7.120-200 平方米	户	118	30	21	33	29	26
8.200 平方米以上	户	147	55	33	33	22	36
三、住宅外道路路面情况	**户**	**431**	**136**	**87**	**100**	**101**	**95**
1.水泥或柏油路面	户	281	103	56	42	53	83
2.沙石或石板等硬质路面	户	133	33	31	55	38	7
3.其他	户	18			3	10	5
四、住宅有管道供水情况	**户**	**431**	**136**	**87**	**100**	**101**	**95**
1.管道供水入户	户	400	135	86	72	99	95
2.管道供水至公共取水点	户	2			2		
3.没有管道设施	户	29	1	1	26	2	
五、主要炊用能源状况	**户**	**431**	**136**	**87**	**100**	**101**	**95**
1.柴草	户	24	17	9	1	6	
2.煤炭	户	5	5	5			
3.罐装液化石油气	户	259	93	65	86	50	30
4.管道液化石油气	户						
5.管道煤气	户						
6.管道天然气	户						
7.电	户	142	20	7	13	45	65
8.燃料用油	户						
9.沼气	户	1	1	1			
10.其他	户						
11.无炊用行为	户						

分地区农村居民平均每百户耐用消费品拥有量

表 3-18 (2016 年)

指　　标	单 位	连云港	市 区	赣 榆	东 海	灌 云	灌 南
1.家用汽车	辆	12	10	9	16	11	13
2.摩托车	辆	49	45	49	66	49	39
3.助力车	台	116	113	122	102	99	157
4.洗衣机	台	93	96	100	92	92	90
5.电冰箱(柜)	台	86	93	94	71	88	90
6.微波炉	台	31	44	46	31	17	25
7.彩色电视机	台	136	134	123	122	125	143
8.其中：接入有线电视	台	105	64	62	116	120	115
9.空调	台	88	94	84	63	85	107
10.热水器	台	81	85	89	74	86	79
11.其中：太阳能热水器	台	78	79	85	71	81	79
12.消毒碗柜	台		1		1		
13.洗碗机	台					1	
14.排油烟机	台	17	34	37	21	2	5
15.固定电话	线	57	56	71	75	79	16
16.移动电话	部	234	241	244	200	213	280
17.其中：接入互联网	部	82	81	66	62	60	126
18.计算机	台	45	53	70	52	36	36
19.其中：接入互联网	台	32	40	54	28	29	27
20.摄像机	台	3	3		4	2	1
21.照相机	台	7	10	6	7	3	6
22.中高档乐器	架	1	1		4	1	
23.健身器材	台	1			4	1	
24.组合音响	套	5	4	1	7	4	5

分地区农村居民平均每百人主要消费品消费量

表 3-19 (2016年)

指　　　标	单 位	连云港	市 区	赣 榆	东 海	灌 云	灌 南
一、食品							
1.谷物	公斤	12515	11573	10931	13782	7705	11609
2.薯类	公斤	106	111	114	176	69	71
3.豆类	公斤	1081	1031	901	664	1037	1627
4.油脂类	公斤	1268	780	502	1200	1238	1397
5.鲜菜	公斤	6391	7806	6638	6238	3203	8807
6.猪肉	公斤	1048	986	832	910	943	1263
7.牛肉	公斤	102	104	87	175	121	1
8.羊肉	公斤	31	43	45	30	42	1
9.鸡	公斤	416	329	231	376	408	588
10.鸭	公斤	30	21	8	19	38	43
11.鹅	公斤	1	1			1	2
12.鱼类	公斤	870	875	612	718	858	1029
13.虾、贝、蟹类	公斤	239	443	468	82	220	131
14.鲜蛋	公斤	997	1200	1159	1040	690	1030
15.鲜奶	公斤	564	626	726	437	499	684
16.酸奶	公斤	178	238	291	308	122	27
17.鲜瓜果	公斤	3734	4527	4669	4329	2872	3022
18.食糖	公斤	114	68	59	73	169	126
19.糖果	公斤	34	55	72	25	38	8
20.糕点	公斤	410	433	456	372	404	422
21.茶叶	公斤	6	11	18	7	2	2
22.白酒	公斤	418	286	312	348	804	373
23.啤酒	公斤	559	513	421	425	536	789
二、主要能源							
1.水	吨	1861	1828	1588	1759	2475	1289
2.天然气	立方米	41	11		10	126	15
3.液化石油气	公斤	1942	1952	1794	1935	2448	1342
4.汽油	升	1312	1767	1362	1434	996	1907
5.电	度	48813	58838	53983	34680	50788	47168

历 年 物 价 指 数

表 3-20

年　份	商品零售价格指数	居民消费价格指数
	上年=100	上年=100
1978	100.7	100.7
1980	106.0	107.5
1983	100.8	100.8
1985	109.6	109.0
1986	105.8	105.6
1987	108.8	108.3
1988	123.7	123.4
1989	117.0	117.3
1990	102.7	103.6
1991	107.3	107.2
1992	106.9	108.2
1993	115.4	117.3
1994	122.5	125.9
1995	113.2	116.1
1996	107.5	111.5
1997	99.2	101.2
1998	98.1	99.6
1999	96.2	98.4
2000	98.4	101.2
2001	98.8	100.7
2002	97.5	98.9
2003	99.7	101.6
2004	101.3	102.9
2005	101.1	102.0
2006	100.6	101.4
2007	102.4	104.2
2008	104.6	104.8
2009	98.7	99.3
2010	102.6	103.5
2011	104.5	104.9
2012	102.0	102.3
2013	101.5	102.2
2014	101.9	102.4
2015	100.8	101.8
2016	100.8	102.1

居民消费价格总指数（一）

表 3–21

指　　标	以上年价格为 100										
	2005	2006	2007	2008	2009	2010	2011	2012	2013	2014	2015
居民消费价格总指数	**102.0**	**101.4**	**104.2**	**104.8**	**99.3**	**103.5**	**104.9**	**102.3**	**102.2**	**102.4**	**101.8**
服务项目价格指数	**101.6**	**103.4**	**106.1**	**103.7**	**100.3**	104.2	**103.0**	**101.1**	**101.7**	**102.3**	**102.3**
一、食　　品	105.4	102.1	109.3	111.8	99.1	106.9	109.6	105.2	104.4	103.9	102.4
#粮　　食	102.0	101.1	103.0	107.3	103.0	111.0	110.8	102.2	104.6	104.0	103.0
油　　脂	92.8	100.2	138.2	123.2	76.8	101.8	113.7	104.8	100.9	88.4	95.7
肉禽及其制品	107.1	97.4	129.4	118.2	89.2	102.8	121.8	101.3	106.0	99.3	104.0
蛋	104.2	94.2	126.0	104.6	99.8	109.9	117.6	97.5	102.9	112.5	90.9
水 产 品	107.7	93.2	86.2	101.5	102.4	105.7	108.6	105.5	103.2	104.2	102.9
鲜　　菜	124.9	108.7	96.3	102.9	111.5	124.5	94.5	114.9	105.1	95.3	109.6
液体乳及乳制品	99.4	100.9	101.4	133.8	102.9	103.6	108.4	103.7	104.0	118.6	101.9
干鲜瓜果	97.8	126.9	105.6	112.2	103.1	109.3	111.4	99.6	107.4	112.3	93.3
二、烟　　酒	99.5	99.9	100.7	103.9	101.8	101.2	104.2	105.4	99.0	98.2	103.1
三、衣　　着	98.0	99.4	99.2	96.6	101.4	99.3	104.1	102.0	102.9	104.5	103.4
#服　　装	99.3	98.5	98.2	96.4	100.3	99.9	105.6	101.6	102.4	103.4	104.4
衣着材料	101.8	101.5	98.1	103.3	109.9	108.8	106.2	100.4	104.3	101.0	101.3
四、家庭设备用品及维修服务	98.6	102.2	103.8	102.3	101.3	99.8	106.0	99.8	101.1	102.1	102.2
#耐用消费品	97.3	101.7	102.9	102.8	99.8	95.5	104.4	98.9	100.1	101.5	100.2
五、医疗保健和个人用品	99.3	103.6	101.2	101.1	99.2	101.0	101.2	100.6	100.0	101.1	103.6
六、交通和通讯	97.1	96.3	98.1	97.6	98.3	100.2	101.0	100.1	100.5	99.8	98.6
七、娱乐教育文化用品及服务	100.7	100.4	103.4	102.6	98.3	100.2	100.9	98.6	100.5	102.4	101.3
#教育服务	101.8	105.0	110.6	109.3	100.4	100.6	99.0	100.4	98.8	101.7	101.9
八、居　　住	105.6	104.4	103.0	104.2	99.5	106.9	104.5	102.5	102.2	101.7	101.0

注:本页价格指数为老口径数据。

居民消费价格总指数(二)

表 3-22

指　　标	以上年价格为 100
	2016
居民消费价格总指数	102.1
服务项目价格指数	103.2
一、食　　品	102.9
粮　　食	95.8
食 用 油	100.5
鲜　　菜	108.6
畜　　肉	111.0
水 产 品	105.6
蛋	96.0
鲜　　果	92.5
二、衣　　着	100.6
服　　装	100.3
服装材料	103.2
三、居住	100.8
四、生活用品及服务	100.3
五、交通和通信	100.3
交　　通	100.4
通　　讯	100.3
六、教育文化和娱乐	100.1
七、医疗保健	112.9
八、其他用品和服务	101.0

商品零售价格总指数

表 3-23

指标	以上年价格为100							
	2005	2010	2011	2012	2013	2014	2015	2016
商品零售价格总指数	**101.1**	**102.6**	**104.5**	**102.0**	**101.5**	**101.9**	**100.8**	**100.8**
一、食 品	105.4	107.2	109.7	105.2	104.3	104.4	102.2	103.1
#粮 食	101.4	111.5	110.5	102.2	104.6	104.0	103.0	96.0
食 用 油	92.5	101.8	113.7	104.8	100.9	88.4	95.7	100.5
肉禽及其制品	110.0	101.7	121.5	101.5	105.8	99.4	104.0	109.3
畜 肉 类								111.6
禽 肉 类								100.5
水 产 品	104.6	105.8	108.6	105.5	103.2	104.2	102.9	104.7
鲜 菜	124.9	124.5	93.9	114.9	105.1	95.3	109.6	108.6
鲜 果	96.3	108.8	111.0	98.9	107.4	114.3	91.8	92.5
二、饮料、烟酒	99.8	102.2	103.2	104.4	99.7	99.3	102.4	100.2
三、服装、鞋帽	97.8	99.2	103.8	102.0	102.7	104.4	103.3	100.7
四、纺织品	99.8	93.6	116.9	101.0	103.5	97.0	106.0	99.6
五、家用电器及音像器材	95.8	91.8	100.6	97.7	97.4	99.6	99.5	98.3
六、文化办公用品	97.6	96.8	98.5	91.4	100.6	100.5	100.9	98.1
七、日 用 品	99.1	99.6	101.9	99.3	101.5	99.9	101.3	101.6
八、体育娱乐用品	99.9	95.5	96.7	104.6	99.7	102.7	109.7	99.5
九、交通、通信用品	90.3	98.9	95.6	98.5	99.8	100.9	100.4	101.8
十、家 具	98.3	97.7	107.0	94.1	103.9	105.5	101.7	100.7
十一、化妆品	99.4	97.0	102.1	103.7	101.5	98.0	103.3	101.7
十二、金银珠宝	109.7	107.7	116.9	104.4	93.0	93.2	95.7	100.4
十三、中西药品及医疗保健用品	97.3	102.3	98.1	100.1	101.2	101.6	100.9	101.7
十四、书报杂志及电子出版物	102.1	99.7	99.7	100.0	100.1	108.5	102.6	101.0
十五、燃 料	112.7	116.4	109.4	102.1	99.5	101.2	87.8	95.7
十六、建筑材料及五金电料	101.2	102.4	105.6	101.2	100.4	100.4	98.7	100.4

注：食用油2015年（含）以前名称为油脂。

4

固定资产投资

全社会固定资产投资完成情况

表 4-1 单位:万元

	2016年	2015年	增减%
总　　计	**28525432**	**25225458**	**13.1**
#工业投资	16328537	14028894	16.4
一、规模以上投资	23851577	20773537	14.8
#工业投资	14873352	12656078	17.5
#项目投资	21497444	18719301	14.8
#房地产投资	2354133	2054236	14.6
二、规模以下投资	4673855	4451921	5.0
#工业投资	1455185	1372816	6.0

分县区全社会投资完成情况

表 4-2 (2016 年) 单位:万元

	全　市	三　县	东海县	灌云县	灌南县
总　　计	**28525432**	**11033491**	**4041700**	**3765327**	**3226464**
#工业投资	16328537	6640826	2761954	1978621	1900251
一、规模以上投资	23851577	8208345	3305878	2721861	2180606
#工业投资	14873352	5913710	2628684	1747927	1537099
#项目投资	21497444	7512870	3108130	2449238	1955502
#房地产投资	2354133	695475	197748	272623	225104
二、规模以下投资	4673855	2825146	735822	1043466	1045858
#工业投资	1455185	727116	133270	230694	363152

表 4-2 续表 (2016 年) 单位:万元

	市　区	连云区	海州区	赣榆区	开发区
总　　计	**17491941**	**3255855**	**3831401**	**4609702**	**3276170**
#工业投资	9714836	1683841	1541706	3072392	2233357
一、规模以上投资	15643232	3038765	3298155	3719960	3097539
#工业投资	8959642	1556175	1359714	2779925	2135413
#项目投资	13984574	2875745	2544226	3465349	3002515
#房地产投资	1658658	163020	753929	254611	95024
二、规模以下投资	1848709	217090	533246	889742	178631
#工业投资	728069	127666	181992	292467	97944

注：规模以上投资指城镇计划总投资或实际需要总投资在 500 万元以上的项目或单位及农村计划总投资或实际需要总投资在 500 万元以上的项目或单位及全部房地产投资。其余为规模以下投资。

主要年份全社会固定资产投资完成额

表 4-3 单位:万元

年　份	全　市	市　区	# 赣榆区	东海县	灌云县	灌南县
1978	9326	7703	481	476	549	598
1980	13347	11303	972	1106	549	389
1983	23888	21524	1415	965	1044	355
1985	53275	46211	1905	3229	2826	1009
1990	106764	83709	11947	10517	5041	7497
1991	102070	69532	14106	16653	7062	8823
1992	180282	132504	22604	25260	13193	9325
1993	356145	282140	76833	40823	12537	20645
1994	421577	303802	97130	71587	27947	18241
1995	607286	444003	145373	91891	49459	21933
1996	596143	409012	120500	92733	65635	28763
1997	655189	420689	97484	76434	112837	45229
1998	838307	556498	107848	101222	101366	79221
1999	1088270	745452	139176	121657	135102	86059
2000	1278297	869259	165218	163487	141682	103869
2001	1518275	1097536	176793	175180	140184	105375
2002	1805422	1341277	192875	186262	160826	117057
2003	2123858	1525930	244380	228195	222538	147195
2004	2463014	1620335	327407	321898	291989	228792
2005	3235953	1974802	501304	484647	418828	357676
2006	4238887	2514934	701722	630586	568297	525070
2007	5846184	3266259	1065641	918735	879421	781769
2008	7776820	4241730	1385318	1117484	1235656	1181950
2009	11789819	5163101	1788839	1584112	1679156	1574611
2010 老口径	12342481	6292783	2203860	1916424	2066637	2066637
2010 新口径	9943569	5286538	1760573	1595012	1523003	1539016
2011 新口径	12409297	6932650	2063816	1880279	1795300	1801068
2012 老口径	15199404	8592699	2484834	2269497	2168722	2168486
2012 新口径	13531937	7968747	2145993	1929279	1820509	1813403
2013	16647714	9831774	2625126	2347571	2234810	2233559
2014	20903558	12417449	3246596	2912777	2803585	2769747
2015	25225458	15632281	3903464	3420321	3226171	2946684
2016	28525432	17491941	4609702	4041700	3765327	3226464

全市规模以上投资增减情况

表 4-4

指标名称	2016年	2015年	增长(%)
一、计划总投资(万元)			
1、建设项目计划总投资	44872802	34965192	28.3
其中:本年新开工项目	16176127	13921461	16.2
2、自开始建设至本年底累计完成投资	30417916	27405996	11.0
二、自年初累计完成投资(万元)	**21497444**	**18719301**	**14.8**
其中:本月完成投资	2070457	1989274	4.1
其中:本年新开工	11991463	3649141	228.6
其中:国有经济控股	6658863	6339867	5.0
其中:住宅	95135	11643	717.1
其中:基础设施投资	4778735	4951942	-3.5
其中:民间投资	13873320	12057569	15.1
其中:技改投资	5803323	5996375	-3.2
其中:高新投资	3547716	3293146	7.7
其中:高耗能投资	4933726	4091305	20.6
其中:城建投资	1528246	1997866	-23.5
其中:服务业投资	6149359	5806877	5.9
1、按构成分			
建筑工程	10276222	10165191	1.1
安装工程	2187927	1204991	81.6
设备工器具购置	6905508	6410405	7.7
其他费用	2127787	938714	126.7
其中:建设用地费	483434	331985	45.6
2、按建设性质分			
其中:(1)新建	13577492	11543762	17.6
其中:(2)扩建	2931452	1297929	125.9
其中:(3)改建	4857416	5799089	-16.2
其中:(7)单纯购置	43669	78521	-44.4

表 4-4 续表 1

指　标　名　称	2016年	2015年	增长(%)
3、按登记注册类型分			
内资企业	20197354	18283185	10.5
国有企业	2387478	4866808	-50.9
集体企业	127075	130696	-2.8
股份合作企业	7186		
联营企业	14574		
有限责任公司	6121962	1857279	229.6
国有独资公司	1231653	1335890	-7.8
其他有限责任公司	4890309	521389	837.9
股份有限公司	419454	253547	65.4
私营企业	10970197	11137939	-1.5
私营独资企业	1249820	3046247	-59.0
私营合伙企业	11700	42713	-72.6
私营有限责任公司	9554723	8000545	19.4
私营股份有限公司	153954	48434	217.9
其他企业	149428	36916	304.8
港、澳、台商投资企业	683999	141985	381.7
合资经营企业(港或澳、台资)	321545	41960	666.3
港、澳、台商独资经营企业	337315	62583	439.0
港、澳、台商投资股份有限公司	25139	37442	-32.9
外商投资企业	605573	279631	116.6
中外合资经营企业	283592	150869	88.0
外资企业	268875	128762	108.8
外商投资股份有限公司	53106		
个体经营	10518	14500	-27.5
个体户	9370	7000	33.9
个人合伙	1148	7500	-84.7

表 4–4 续表 2

指　标　名　称	2016年	2015年	增长(%)
4、按产业分			
①第一产业	425822	241080	76.6
②第二产业	14922263	12671374	17.8
工业	14873352	12656078	17.5
能源工业	2343136	1662490	40.9
原材料工业	4819050	4136514	16.5
机电工业	3220270	2867600	12.3
轻纺工业	4887609	4345288	12.5
③第三产业	6149359	5806847	5.9
5、按国民经济行业分			
农、林、牧、渔业	475414	254495	86.8
农业	227688	108768	109.3
林业	3100	11788	–73.7
畜牧业	106287	52949	100.7
渔业	88747	67575	31.3
农、林、牧、渔服务业	49592	13415	269.7
采矿业	7500	43310	–82.7
非金属矿采选业	7500	43310	–82.7
制造业	12535652	10939380	14.6
农副食品加工业	821824	481411	70.7
食品制造业	295913	268183	10.3
酒、饮料和精制茶制造业	150976	386807	–61.0
纺织业	313346	384879	–18.6
纺织服装、服饰业	418183	397646	5.2
皮革、毛皮、羽毛及其制品和制鞋业	174459	97022	79.8

表 4-4 续表 3

指　标　名　称	2016年	2015年	增长(%)
木材加工和木、竹、藤、棕、草制品业	350841	444986	-21.2
家具制造业	170604	155941	9.4
造纸和纸制品业	82201	69774	17.8
印刷和记录媒介复制业	184880	78057	136.9
文教、工美、体育和娱乐用品制造业	198743	146955	35.2
石油加工、炼焦和核燃料加工业	135022	122935	9.8
化学原料和化学制品制造业	2522113	2151500	17.2
医药制造业	594062	333364	78.2
化学纤维制造业	17322	71776	-75.9
橡胶和塑料制品业	344650	332385	3.7
非金属矿物制品业	1639780	1243097	31.9
黑色金属冶炼和压延加工业	359449	306051	17.4
有色金属冶炼和压延加工业	146076	249814	-41.5
金属制品业	458040	369093	24.1
通用设备制造业	520794	464863	12.0
专用设备制造业	684737	830059	-17.5
汽车制造业	203997	109408	86.5
铁路、船舶、航空航天和其他运输设备制造业	73444	164893	-55.5
电气机械和器材制造业	990420	711586	39.2
计算机、通信和其他电子设备制造业	180979	152554	18.6
仪器仪表制造业	107859	65144	65.6
其他制造业	198910	120770	64.7
废弃资源综合利用业	151632	186052	-18.5
金属制品、机械和设备修理业	44396	42375	4.8
电力、热力、燃气及水生产和供应业	2374596	1715763	38.4
电力、热力生产和供应业	2187392	1477595	48.0

表 4-4 续表 4

指　标　名　称	2016 年	2015年	增长(%)
燃气生产和供应业	20722	61960	-66.6
水的生产和供应业	166482	176208	-5.5
建筑业	48911	15296	219.8
房屋建筑业	6366		
土木工程建筑业	32323	14296	126.1
建筑安装业	3622	1000	262.2
建筑装饰和其他建筑业	6600		
批发和零售业	187343	406412	-53.9
批发业	74150	45397	63.3
零售业	113193	361015	-68.6
交通运输、仓储和邮政业	831139	1257733	-33.9
铁路运输业		155745	
道路运输业	347701	204037	70.4
水上运输业	250841	653621	-61.6
装卸搬运和运输代理业	37360	81602	-54.2
仓储业	195237	162728	20.0
住宿和餐饮业	24410	151968	-83.9
住宿业	19490	5070	284.4
餐饮业	4920	146898	-96.7
信息传输、软件和信息技术服务业	224114	122461	83.0
电信、广播电视和卫星传输服务	49798	40720	22.3
互联网和相关服务	49840	200	24820.0
软件和信息技术服务业	124476	81541	52.7

表 4-4 续表 5

指　标　名　称	2016年	2015年	增长(%)
金融业	19970	9000	121.9
资本市场服务	3500	9000	-61.1
其他金融业	16470		
房地产业	543051	205388	164.4
房地产业	543051	205388	164.4
租赁和商务服务业	1800812	588527	206.0
租赁业	4812		
商务服务业	1796000	588527	205.2
科学研究和技术服务业	116881	169930	-31.2
研究和试验发展	28465	118815	-76.0
专业技术服务业	18093	35253	-48.7
科技推广和应用服务业	70323	15862	343.3
水利、环境和公共设施管理业	1668599	2100254	-20.6
水利管理业	397528	379997	4.6
生态保护和环境治理业	58458	18791	211.1
公共设施管理业	1212613	1701466	-28.7
居民服务、修理和其他服务业	21827	103470	-78.9
居民服务业	2016	97348	-97.9
机动车、电子产品和日用产品修理业	9840	6122	60.7
其他服务业	9971		
教育	161492	161758	-0.2
教育	161492	161758	-0.2
卫生和社会工作	46132	333523	-86.2
卫生	22781	235981	-90.3

表 4-4 续表 6

指　标　名　称	2016年	2015年	增长(%)
社会工作	23351	97542	-76.1
文化、体育和娱乐业	36657	118855	-69.2
新闻和出版业			
广播、电视、电影和影视录音制作业	10475	20083	-47.8
文化艺术业	12532	98572	-87.3
体育	4650		
娱乐业	9000	200	4400.0
公共管理、社会保障和社会组织	372944	21778	1612.5
国家机构	365280	21778	1577.3
基层群众自治组织	7664		
三、本年新增固定资产(万元)	**14415907**	**14823339**	**-2.7**
四、项目个数(个)			
1、施工项目个数	2001	1615	23.9
其中:本年新开工	1530	1244	23.0
2、本年投产项目个数	1427	1278	11.7
五、房屋建筑面积(平方米)			
1、本年施工房屋面积	17358859	12823490	35.4
其中:住宅	321797	132016	143.8
2、本年竣工房屋面积	6884865	6699770	2.8
其中:住宅	226004	64396	251.0

表 4-4 续表 7

指　标　名　称	2016年	2015年	增长(%)
六、本年资金来源合计	**21133022**	**18787122**	**12.5**
1.上年末结余资金	876208	20000	4281.0
2.本年资金来源小计	20256814	18767122	7.9
(1)国家预算资金	274002	159843	71.4
其中:中央预算资金	8100		
(2)国内贷款	2400515	1890000	27.0
(3)债券	51201		
(4)利用外资	129121	98499	31.1
其中:外商直接投资	37697	40251	-6.3
(5)自筹资金	16954953	16536750	2.5
其中:企、事业单位自有资金	4002225	4171310	-4.1
其中:股东投入资金	850639	76025	1018.9
其中:借入资金	171700		
(6)其他资金来源	447022	82030	444.9
七、各项应付款合计	**1008799**	**456123**	**121.2**
其中:工程款	557508	292308	90.7

全市规模以上工业项目投资增减情况

表 4-5

指　标　名　称	2016年	2015年	增长(%)
一、计划总投资(万元)			
1、建设项目计划总投资			
其中:本年新开工项目	29279949	21035480	39.2
2、自开始建设至本年底累计完成投资	11730777	9511997	23.3
二、自年初累计完成投资(万元)	**20598494**	**16659378**	**23.6**
其中:本年新开工	14873352	12656078	17.5
1、按构成分	8967784	1876103	378.0
建筑工程			
安装工程	5390456	5021441	7.3
设备工器具购置	1782357	975303	82.7
其中:用于更新的设备	6253897	5941673	5.3
其他费用	1446642	717661	101.6
其中:建设用地费	252402	200207	26.1
2、按建设性质分			
(1)新建	7709721	5657455	36.3
(2)扩建	2565079	1207130	112.5
(3)改建	4546305	5729682	-20.7
(7)单纯购置	32269	3500	822.0
3、按登记注册类型分			
内资企业	13622205	12336663	10.4
国有企业	309232	500871	-38.3
集体企业	3925	7748	-49.3
股份合作企业	7186		
联营企业	3832		
有限责任公司	3348420	1411256	137.3
股份有限公司	412631	192613	114.2
私营企业	9512697	10220097	-6.9
其他企业	24282	4078	495.4
港、澳、台商投资企业	638267	122843	419.6
合资经营企业(港或澳、台资)	321545	41960	666.3

表 4-5 续表 1

指　标　名　称	2016年	2015年	增长(%)
港、澳、台商独资经营企业	291583	60933	378.5
港、澳、台商投资股份有限公司	25139	19950	26.0
外商投资企业	602362	189572	217.7
个体经营	10518	7000	50.3
4、按国民经济行业分			
工业	14873352	12656078	17.5
采矿业	7500		
农副食品加工业	821824	481411	70.7
食品制造业	295913	268183	10.3
酒、饮料和精制茶制造业	150976	386807	-61.0
纺织业	313346	384879	-18.6
纺织服装和服饰业	418183	397646	5.2
皮革、毛皮、羽毛(绒)及其制品业	174459	97022	79.8
木材加工及木、竹、藤、棕、草制	350841	444986	-21.2
家具制造业	170604	155941	9.4
造纸及纸制品业	82201	69774	17.8
印刷业和记录媒介的复制	184880	78057	136.9
文教体育用品制造业	198743	146955	35.2
石油加工、炼焦及核燃料加工业	135022	122935	9.8
化学原料及化学制品制造业	2522113	2151500	17.2
医药制造业	594062	333364	78.2
化学纤维制造业	17322	71776	-75.9
橡胶和塑料制品业	344650	332385	3.7
非金属矿制品业	1639780	1243097	31.9
黑色金属冶炼和压延加工业	359449	306051	17.4
有色金属冶炼和压延加工业	146076	249814	-41.5

表 4–5 续表 2

指　标　名　称	2016年	2015年	增长(%)
金属制品业	458040	369093	24.1
通用设备制造业	520794	464863	12.0
专用设备制造业	684737	830059	–17.5
汽车制造业	203997	109408	86.5
铁路、船舶、航空航天等制造业	73444	164893	–55.5
电气机械及器材制造业	990420	711586	39.2
废弃资源综合利用业	151632	186052	–18.5
三、本年新增固定资产(万元)	**10398484**	**10400485**	
四、项目个数(个)			
1、施工项目个数	1330	1165	14.2
其中:本年新开工	1061	965	9.9
2、本年投产项目个数	988	1020	–3.1
五、本年资金来源合计	**14552538**	**12544769**	**16.0**
1、上年末结余资金	291032	15000	1840.2
2、本年资金来源小计	14261506	12529769	13.8
(1)国家预算资金	104012	48530	114.3
(2)国内贷款	2045265	1621950	26.1
(3)债券	30005		
(4)利用外资	108929	51598	111.1
其中:外商直接投资	26192	12000	118.3
(5)自筹资金	11700428	10727136	9.1
其中:企、事业单位自有资金	2542297	2075539	22.5
其中:股东投入资金	667400	68025	881.1
其中:借入资金	39543		
(6)其他资金来源	272867	80555	238.7
六、各项应付款合计	**648872**	**399173**	**62.6**
其中:工程款	333881	246063	35.7

分地区规模以上固定

表 4-6

（不含房地产投资）

指　　标	全　市	市　区	连云区	海州区	赣榆区
一、计划总投资（万元）					
1、建设项目计划总投资	44872802	34447941	11060207	3590270	4938280
2、自开始建设至本年底累计完成投资	30417916	21970971	5909651	2977830	3771064
二、自年初累计完成投资（万元）	**21497444**	**13984574**	**2875745**	**2544226**	**3465349**
其中：本月完成投资	2070457	1048764	308850	149592	177282
其中：国有经济控股	6658863	5511685	2596097	482158	540351
其中：住宅	95135	33309	14232	208	18869
1、按构成分					
建筑工程	10276222	6810464	1415831	1465021	1551733
安装工程	2187927	1346086	202641	334745	579434
设备工器具购置	6905508	4043196	689226	623794	1090247
其他费用	2127787	1784828	568047	120666	243935
2、按建设性质分					
其中：(1)新建	13577492	9289245	1226005	1582404	2239870
其中：(2)扩建	2931452	2037000	1543419	301977	173912
其中：(3)改建	4857416	2591389	86456	634771	1051567
3、按产业分					
①第一产业	425822	166727	9855	22338	131434
②第二产业	14922263	8995677	1556175	1359714	2813538
工业	14873352	8959642	1556175	1359714	2779925
其中:能源工业	2343136	1972906	1442168	34264	304538
原材料工业	4819050	2294296	53007	194114	740617
机电工业	3220270	2180538	14194	799244	568527
轻纺工业	4887609	2773879	14865	622247	1143196
③第三产业	6149359	4822170	1309715	1162174	520377

资产投资完成情况

（2016年）　　　　单位：万元

开发区	高新区	徐圩新区	风景区	东海县	灌云县	灌南县
4202876	907949	9721397	26962	4087918	3651577	2685366
3114093	758798	5417588	21947	3635372	2465505	2346068
3002515	**257227**	**1817722**	**21790**	**3108130**	**2449238**	**1955502**
358355	4573	48802	1310	452737	334194	234762
923726	157352	790211	21790	340259	476164	330755
				25604	30353	5869
1420623	237592	703792	15872	1200830	1250606	1014322
116753	9029	97566	5918	470474	207686	163681
1130590	100	509239		1257042	887843	717427
334549	10506	507125		179784	103103	60072
2165127	257227	1796822	21790	1830743	1337516	1119988
7673				534182	259128	101142
807714				693261	843194	729572
			3100	78552	125116	55427
2138809	25490	1089491	12460	2628684	1760803	1537099
2138809	25490		11060	2628684	1747927	1537099
122676			1300	136542	169432	64256
301089				1050654	615356	858744
767583	25490			637178	256255	146299
993571				966781	734057	412892
863706	231737	728231	6230	400894	563319	362976

分地区规模以上固定

表4-6 续表1

(不含房地产投资)

指　　标	全　市	市　区	连云区	海州区	赣榆区
4、按国民经济行业分					
农、林、牧、渔业	475414	195097	38215	22338	131434
农业	227688	85962		18923	67039
林业	3100	3100			
畜牧业	106287	11265		3415	7850
渔业	88747	66400	9855		56545
农、林、牧、渔服务业	50267	28370	28360		
采矿业	7500	0			
非金属矿采选业	7500	0			
制造业	12535652	7134898	151073	1325450	2602387
农副食品加工业	821824	438936	7425	27915	335795
食品制造业	295913	119004		47392	49100
酒、饮料和精制茶制造业	150976	92933		23373	65980
纺织业	313346	148845		19432	96035
纺织服装、服饰业	418183	123449		13643	103474
皮革、毛皮、羽毛及其制品和制鞋业	174459	70949		9804	54690
木材加工和木、竹、藤、棕、草制品业	350841	200051		22336	62929
家具制造业	170604	121358		31554	84956
造纸和纸制品业	82201	21240	3625	10215	7400
印刷和记录媒介复制业	184880	172986			37418
文教、工美、体育和娱乐用品制造业	198743	108364		55946	52418
石油加工、炼焦和核燃料加工业	135022	135022	22		135000
化学原料和化学制品制造业	2522113	1258968	38522	21445	281431
医药制造业	594062	471035		54252	73754
化学纤维制造业	17322	17322			
橡胶和塑料制品业	344650	189004	8230	14980	132394
非金属矿物制品业	1639780	590493	9635	172669	183086
黑色金属冶炼和压延加工业	359449	308244	4850		160688
有色金属冶炼和压延加工业	146076	44649			41500
金属制品业	458040	278938		76329	96454

资产投资完成情况

（2016年） 单位：万元

				东海县	灌云县	灌南县
开发区	高新区	徐圩新区	风景区			
		10	3100	83522	132053	64742
				60490	25809	55427
			3100			
				18062	76960	
					22347	
		10		4970	6937	9315
				7500		
				7500		
2019529	25490	1010969		2432906	1558027	1409821
67801				182738	138740	61410
22512				102546	59960	14403
3580				11700	28943	17400
33378				84880	57469	22152
6332				142460	105453	46821
6455				7000	46254	50256
114786				27334	18084	105372
4848				13800	26566	8880
				23000	24234	13727
135568				2900	794	8200
				79416	6163	4800
56807		860763		129892	489612	643641
343029				30000	93027	
17322						
33400				33900	74749	46997
223103		2000		863542	83704	102041
		142706		5870		45335
3149				4300	42040	55087
100655		5500		78830	32268	68004

分地区规模以上固定

表4-6 续表2

（不含房地产投资）

指　　标	全　市	市　区	连云区	海州区	赣榆区
通用设备制造业	520794	421529	8934	108888	127504
专用设备制造业	684737	516553		224859	77093
汽车制造业	203997	138130		12713	76676
铁路、船舶、航空航天和其他运输设备制造业	73444	37586	5260	8520	22000
电气机械和器材制造业	990420	591821		277064	138417
计算机、通信和其他电子设备制造业	180979	88122		40541	8816
仪器仪表制造业	107859	107859		50330	21567
其他制造业	198910	185170	23570	1250	1900
废弃资源综合利用业	151632	91942			73912
金属制品、机械和设备修理业	44396	44396	41000		
电力、热力、燃气及水生产和供应业	2374596	1859380	1446102	34264	177538
电力、热力生产和供应业	2187392	1820021	1442146	34264	161435
燃气生产和供应业	20722	8103			8103
水的生产和供应业	166482	31256	3956		8000
建筑业	48911	36035			33613
房屋建筑业	6366				
土木工程建筑业	32323	27763			26363
建筑安装业	3622	3622			2600
建筑装饰和其他建筑业	6600	4650			4650
批发和零售业	187343	80842	9001	17068	23539
批发业	74150	22951		6400	16551
零售业	113193	57891	9001	10668	6988
交通运输、仓储和邮政业	831139	351898	113124	5748	52930
道路运输业	347701	54250			27999
水上运输业	250841	138349	42335		
装卸搬运和运输代理业	37360	34370	9439		24931
仓储业	195237	124929	61350	5748	
住宿和餐饮业	24410	24410	4920	19490	
住宿业	19490	19490		19490	
餐饮业	4920	4920	4920		

资产投资完成情况

（2016年） 单位:万元

开发区	高新区	徐圩新区	风景区	东海县	灌云县	灌南县
150713	25490			30059	34894	34312
214601				102711	65473	
48741				55867	10000	
1806					18436	17422
176340				302411	79738	16450
38765				67300	15446	10111
35962						
158450				3400	5980	4360
18030				47050		12640
3396						
122676		77500	1300	188278	189900	127278
122676		58200	1300	136542	169432	51637
						12619
		19300		51736	20468	63022
		1022	1400		12876	
					6366	
			1400		4560	
		1022				
					1950	
31234				19780	53459	33262
				9980	39369	1850
31234				9800	14090	31412
16207		163889		127555	197482	154204
		26251		74200	177270	41981
		96014			2869	109623
				2990		
16207		41624		50365	17343	2600

分地区规模以上固定

表4-6 续表3

(不含房地产投资)

指标	全市	市区			
			连云区	海州区	赣榆区
信息传输、软件和信息技术服务业	224114	158236		35028	
电信、广播电视和卫星传输服务	49798	35028		35028	
互联网和相关服务	49840				
软件和信息技术服务业	124476	123208			
金融业	19970	19970		3500	
资本市场服务	3500	3500		3500	
其他金融业	16470	16470			
房地产业	543051	422033	299336	14056	
房地产业	543051	422033	299336	14056	
租赁和商务服务业	1800812	1797832	373806	762222	164052
租赁业	4812	4812	4812		
商务服务业	1796000	1793020	368994	762222	164052
科学研究和技术服务业	116881	79196	4520	1857	5820
研究和试验发展	28465	1857		1857	
专业技术服务业	18093	15028	4520		
科技推广和应用服务业	70323	62311			5820
水利、环境和公共设施管理业	1668599	1386867	416851	83460	164314
水利管理业	397528	340768	9777		32690
生态保护和环境治理业	58458	15288	4964		
公共设施管理业	1212613	1031511	402110	83460	131624
居民服务、修理和其他服务业	21827	12941		3650	9291
居民服务业	2016				
机动车、电子产品和日用产品修理业	9840	4970			4970
其他服务业	9971	7971		3650	4321
教育	161492	92080		22123	11142
教育	161492	92080		22123	11142
卫生和社会工作	46132	16117	4980		7344
卫生	22781	10401	4980		1628
社会工作	23351	5716			5716

资产投资完成情况

（2016 年）　　　　单位:万元

开发区	高新区	徐圩新区	风景区	东海县	灌云县	灌南县
122272		936			65878	
					14770	
					49840	
122272		936			1268	
16470						
16470						
39354	3118	66169		16050	48844	56124
39354	3118	66169		16050	48844	56124
280842	216910			2980		
280842	216910			2980		
65075		1924		7000	29620	1065
					26608	
8584		1924		2000		1065
56491				5000	3012	
232551		486691	3000	131197	86079	63756
		298301		9885	29069	17806
		10324		4900	25349	12921
232551	700	178066	3000	116412	31661	33029
					8886	
					2016	
					4870	
					2000	
50232	534	5512	2537		36128	33284
50232	534	5512	2537		36128	33284
		3100	693	10780	10755	8480
		3100	693	2980	9400	
				7800	1355	8480

分地区规模以上固定

表4-6 续表4

(不含房地产投资)

指　　　标	全　市	市　区			
			连云区	海州区	赣榆区
文化、体育和娱乐业	224114	158236		35028	
新闻和出版业	49798	35028		35028	
广播、电视、电影和影视录音制作业	49840				
文化艺术业	124476	123208			
体育	19970	19970		3500	
娱乐业	3500	3500		3500	
公共管理、社会保障和社会组织	16470	16470			
国家机构	543051	422033	299336	14056	
基层群众自治组织	543051	422033	299336	14056	
三、本年新增固定资产(万元)	**1800812**	**1797832**	**373806**	**762222**	**164052**
四、房屋建筑面积(平方米)	**4812**	**4812**	**4812**		
1、本年施工房屋面积	1796000	1793020	368994	762222	164052
其中:住宅	116881	79196	4520	1857	5820
2、本年竣工房屋面积	28465	1857		1857	
其中:住宅	18093	15028	4520		
五、本年资金来源合计	**70323**	**62311**			**5820**
1、上年末结余资金	1668599	1386867	416851	83460	164314
2、本年资金来源小计	397528	340768	9777		32690
(1)国家预算内资金	58458	15288	4964		
(2)国内贷款	1212613	1031511	402110	83460	131624
(3)债券	21827	12941		3650	9291
(4)利用外资	2016				
其中:外商直接投资	9840	4970			4970
(5)自筹资金	9971	7971		3650	4321
其中:企、事业单位自有资金	161492	92080		22123	11142
(6)其他资金来源	161492	92080		22123	11142
六、各项应付款合计	**46132**	**16117**	**4980**		**7344**
其中:工程款	22781	10401	4980		1628

资产投资完成情况

（2016年）　　　　单位:万元

				东海县	灌云县	灌南县
开发区	高新区	徐圩新区	风景区			
122272	10475				11700	
	10475					
122272					2700	
16470						
					9000	
16470				80582	7551	3486
39354				80582	7551	3486
39354						
280842	56913	839493	10887	2413342	2232899	1480752
280842	383516	244000		3033942	2675959	3764136
65075				53367	153476	
				814108	1346253	2229753
8584				53367	151111	
56491	299509	1489775	24805	3187833	2500456	1885939
232551	82498	286482		14600	5706	293918
	217011	1203293	24805	3173233	2494750	1592021
			1100	25100	55689	
232551		59745		751901	249740	500
				6000		
				65016	12726	
				17901	8505	
	137122	1143548	20305	2260347	2123335	1591521
50232		47732	2000	958884	218997	544849
50232	79889		3400	64869	53260	
	38041	16579		148432	56664	339332
	30482	3272		64409	45911	281853

规模以上投资完成情况

表 4-7　　(2016 年)(不含房地产)

指　标　名　称	合计数	地方数	私营个体
一、计划总投资(万元)			
1、建设项目计划总投资	44872802	37350386	18183379
其中:本年新开工项目	16176127	16174477	9921382
2、自开始建设至本年底累计完成投资	30417916	26850930	14483287
二、自年初累计完成投资(万元)	**21497444**	**19942014**	**10980715**
其中:本月完成投资	2070457	1895946	1070374
其中:本年新开工	11991463	11989813	7769373
其中:国有经济控股	6658863	5103433	
其中:住宅	95135	95135	57817
其中:基础设施投资	4778735	3334939	542403
其中:民间投资	13873320	13873320	10980715
其中:技改投资	5803323	5786032	3827930
其中:高新投资	3547716	3471158	2301075
其中:高耗能投资	4933726	4933726	3537043
其中:城建投资	1528246	1528246	235852
其中:服务业投资	6149359	6141808	1160088
1、按构成分			
建筑工程	10276222	10013896	4507102
安装工程	2187927	2001369	1289009
设备工器具购置	6905508	6261519	4311597
其他费用	2127787	1665230	873007
其中:建设用地费	483434	479785	236277
2、按建设性质分			
其中:(1)新建	13577492	13470917	6665772
其中:(2)扩建	2931452	1494597	1097367
其中:(3)改建	4857416	4845416	3190396
其中:(7)单纯购置	43669	43669	13390

表 4-7 续表 1　　　　　　　　　　　　（2016 年）

指　标　名　称	合 计 数	地 方 数	私营个体
3、按登记注册类型分			
内资企业	20197354	18641924	10970197
国有企业	2387478	2378277	
集体企业	127075	127075	
股份合作企业	7186	7186	
联营企业	14574	14574	
国有联营企业	14574	14574	
有限责任公司	6121962	4603258	
国有独资公司	1231653	1231653	
其他有限责任公司	4890309	3371605	
股份有限公司	419454	391929	
私营企业	10970197	10970197	10970197
私营独资企业	1249820	1249820	1249820
私营合伙企业	11700	11700	11700
私营有限责任公司	9554723	9554723	9554723
私营股份有限公司	153954	153954	153954
其他企业	149428	149428	
港、澳、台商投资企业	683999	683999	
合资经营企业(港或澳、台资)	321545	321545	
港、澳、台商独资经营企业	337315	337315	
港、澳、台商投资股份有限公司	25139	25139	
外商投资企业	605573	605573	
中外合资经营企业	283592	283592	
外资企业	268875	268875	
外商投资股份有限公司	53106	53106	
个体经营	10518	10518	10518
个体户	9370	9370	9370
个人合伙	1148	1148	1148

表 4-7 续表 2　　　　(2016 年)

指标名称	合计数	地方数	私营个体
4、按产业分			
①第一产业	425822	425822	285602
②第二产业	14922263	13374384	9535025
工业	14873352	13325473	9523215
能源工业	2343136	899340	447955
原材料工业	4819050	4819050	3541629
机电工业	3220270	3143712	2233676
轻纺工业	4887609	4860084	3381133
③第三产业	6149359	6141808	1160088
5、按国民经济行业分			
农、林、牧、渔业	475414	475414	296087
农业	227688	227688	196015
林业	3100	3100	
畜牧业	106287	106287	66202
渔业	88747	88747	23385
农、林、牧、渔服务业	49592	49592	10485
采矿业	7500	7500	7500
制造业	12535652	12431569	9183520
农副食品加工业	821824	821824	628666
食品制造业	295913	295913	270371
酒、饮料和精制茶制造业	150976	150976	117533
烟草制品业			
纺织业	313346	313346	216071
纺织服装、服饰业	418183	418183	284103
皮革、毛皮、羽毛及其制品和制鞋业	174459	174459	118299
木材加工和木、竹、藤、棕、草制品业	350841	323316	250099
家具制造业	170604	170604	128410
造纸和纸制品业	82201	82201	62370

表 4-7 续表 3　　　　　　　　　　　　(2016 年)

指　标　名　称	合 计 数	地 方 数	私营个体
印刷和记录媒介复制业	184880	184880	165817
文教、工美、体育和娱乐用品制造业	198743	198743	186978
石油加工、炼焦和核燃料加工业	135022	135022	90664
化学原料和化学制品制造业	2522113	2522113	1810864
医药制造业	594062	594062	362965
化学纤维制造业	17322	17322	3500
橡胶和塑料制品业	344650	344650	285043
非金属矿物制品业	1639780	1639780	1204692
黑色金属冶炼和压延加工业	359449	359449	336131
有色金属冶炼和压延加工业	146076	146076	94692
金属制品业	458040	458040	401624
通用设备制造业	520794	444236	358005
专用设备制造业	684737	684737	533163
汽车制造业	203997	203997	176271
铁路、船舶、航空航天和其他运输设备制造业	73444	73444	33529
电气机械和器材制造业	990420	990420	470345
计算机、通信和其他电子设备制造业	180979	180979	152880
仪器仪表制造业	107859	107859	107859
其他制造业	198910	198910	192930
废弃资源综合利用业	151632	151632	95250
金属制品、机械和设备修理业	44396	44396	44396
电力、热力、燃气及水生产和供应业	2374596	930800	376591
电力、热力生产和供应业	2187392	743596	337792
燃气生产和供应业	20722	20722	19499
水的生产和供应业	166482	166482	19300

表 4-7 续表 4　　　　　　　　　　　　　　　　　(2016 年)

指　标　名　称	合 计 数		
		地 方 数	私营个体
建筑业	48911	48911	11810
房屋建筑业	6366	6366	
土木工程建筑业	32323	32323	4560
建筑安装业	3622	3622	2600
建筑装饰和其他建筑业	6600	6600	4650
批发和零售业	187343	187343	116402
批发业	74150	74150	32931
零售业	113193	113193	83471
交通运输、仓储和邮政业	831139	831139	122960
道路运输业	347701	347701	38979
水上运输业	250841	250841	371
装卸搬运和运输代理业	37360	37360	2990
仓储业	195237	195237	80620
住宿和餐饮业	24410	24410	19490
住宿业	19490	19490	19490
餐饮业	4920	4920	
信息传输、软件和信息技术服务业	224114	224114	1268
电信、广播电视和卫星传输服务	49798	49798	
互联网和相关服务	49840	49840	
软件和信息技术服务业	124476	124476	1268
金融业	19970	19970	3500
资本市场服务	3500	3500	3500
其他金融业	16470	16470	
房地产业	543051	543051	61935
房地产业	543051	543051	61935
租赁和商务服务业	1800812	1800812	558650
租赁业	4812	4812	4812
商务服务业	1796000	1796000	553838

表 4-7 续表 5　　　　　　　　　　（2016 年）

指　标　名　称	合 计 数		
		地 方 数	私营个体
科学研究和技术服务业	116881	116881	8405
研究和试验发展	28465	28465	
专业技术服务业	18093	18093	2585
科技推广和应用服务业	70323	70323	5820
水利、环境和公共设施管理业	1668599	1668599	123472
水利管理业	397528	397528	
生态保护和环境治理业	58458	58458	12921
公共设施管理业	1212613	1212613	110551
居民服务、修理和其他服务业	21827	21827	17811
居民服务业	2016	2016	
机动车、电子产品和日用产品修理业	9840	9840	9840
其他服务业	9971	9971	7971
教育	161492	161492	50232
教育	161492	161492	50232
卫生和社会工作	46132	46132	6600
卫生	22781	22781	
社会工作	23351	23351	6600
文化、体育和娱乐业	36657	36657	14482
广播、电视、电影和影视录音制作业	10475	10475	
文化艺术业	12532	12532	9832
体育	4650	4650	4650
娱乐业	9000	9000	
公共管理、社会保障和社会组织	372944	365393	
国家机构	365280	357729	
基层群众自治组织	7664	7664	
三、本年新增固定资产（万元）	**14415907**	**14405687**	**8559871**
四、项目个数（个）			
1、施工项目个数	2001	1992	1127
其中：本年新开工	1530	1529	914
2、本年投产项目个数	1427	1422	840

表 4-7 续表 6　　　　　　　　　　　　　　（2016 年）

指　标　名　称	合计数	地方数	私营个体
五、房屋建筑面积(平方米)			
1、本年施工房屋面积	17358859	17328859	10549312
其中:住宅	321797	321797	149246
2、本年竣工房屋面积	6884865	6884865	4711783
其中:住宅	226004	226004	149232
六、本年资金来源合计	**21133022**	**19621491**	**10649508**
1、上年末结余资金	876208	872327	238304
2、本年资金来源小计	20256814	18749164	10411204
(1)国家预算资金	274002	273002	41312
其中:中央预算资金	8100	7100	
(2)国内贷款	2400515	1704110	1127800
(3)债券	51201	51201	15887
(4)利用外资	129121	129121	21537
其中:外商直接投资	37697	37697	15001
(5)自筹资金	16954953	16145139	8982079
其中:企、事业单位自有资金	4002225	3489662	1942959
其中:股东投入资金	850639	584360	381989
其中:借入资金	171700	171700	33060
(6)其他资金来源	447022	446591	222589
七、各项应付款合计	**1008799**	**988285**	**505531**
其中:工程款	557508	537534	243218

全市投资按基层表指标汇总情况表

表 4-8　　　　　　　　　　　　(2016 年)

指　　　　标	合　计	国有经济	集体经济	私营个体	技改投资	国有经济
一、个数(个)						
报表数	2009	439	19	3	645	35
施工项目个数	2001	437	18	3	645	35
其中:本年新开工	1530	335	17	3	517	27
本年投产项目个数	1427	328	12	3	506	28
二、投资额和新增固定资产(万元)						
计划总投资	44872802	7446846	584571	10252	7512212	550532
自开始建设至本年底累计完成投资	30417916	5415603	161261	10518	6475738	484961
本年完成投资	21497444	3633705	134261	10518	5803323	306046
其中:住宅	95135	24711			14277	
按构成分						
建筑工程	10276222	2550942	111346	1785	2118351	200746
安装工程	2187927	244862	10332	934	712683	28497
设备工器具购置	6905508	430625	10697	6838	2722531	73747
其中:用于更新的设备	107637				93083	
其他费用	2127787	407276	1886	961	249758	3056
其中:旧建筑物购置费	56077	5178	420	741	8470	
其中:土地购置费	483434	61398	186		30931	35
本年新增固定资产	14415907	2218617	112755	10518	4702057	135313
三、房屋建筑面积(平方米)						
本年施工房屋面积	17358859	2182913	35432	8400	2686778	42999
其中:住宅	321797	161966			2856	

表 4-8 续表 1　　　　　　　　　　　　　　　　（2016 年）

指　　　标	合　计	国有经济	集体经济	私营个体	技改投资	国有经济
本年竣工房屋面积	6884865	807779	27932	8400	1758396	
其中:住宅	226004	68552			2856	
本年竣工房屋价值	606035	63156	4580	730	186992	
其中:住宅	32316	9774			750	
四、固定资产投资资金来源(万元)						
(一)、本年资金来源合计	21133022	3647087	134879	10518	5732289	300671
1、上年末结余资金	876208	463214			129541	600
2、本年资金来源小计	20256814	3183873	134879	10518	5602748	300071
(1)国家预算内资金	274002	164455			14620	850
其中:中央预算资金	8100	8100				
(2)国内贷款	2400515	157595	6000	300	506763	31500
(3)债券	51201	226			5200	
(4)利用外资	129121	42449			8368	
其中:外商直接投资	37697					
(5)自筹资金	16954953	2730945	128879	9228	4919233	264669
其中:企、事业单位自有资金	4002225	791346	105166	4120	932395	19789
其中:股东投入资金	850639	72118			136772	
其中:借入资金	171700	59430			22032	50
(6)其他资金来源	447022	88203		990	148564	3052
(二)、各项应付款合计	1008799	216666	37100		307469	25628
其中:工程款	557508	92135	37100		132540	

投资年报按七项指标分组汇总表(合计数)

表 4-9　　　　　　　　　　　　　(2016 年)

指 标 名 称	施工项目个数	本年新开工	本年投产项目个数	计划总投资
合　　计	**2001**	**1530**	**1427**	**44872802**
一、按登记注册类型				
内资企业	1911	1462	1373	42909779
国有企业	347	279	281	5043212
集体企业	17	16	11	579021
股份合作企业	1	1	1	5550
联营企业	3	3	3	12567
国有联营企业	3	3	3	12567
有限责任公司	384	234	217	18007311
国有独资公司	87	53	44	2391067
其他有限责任公司	297	181	173	15616244
股份有限公司	27	13	18	921901
私营企业	1124	911	837	18173127
私营独资企业	155	130	139	1576895
私营合伙企业	2	1	2	42800
私营有限责任公司	952	768	686	16365619
私营股份有限公司	15	12	10	187813
其他企业	8	5	5	167090
港、澳、台商投资企业	44	35	23	1048166
合资经营企业(港或澳、台资)	16	14	8	464930
港、澳、台商独资经营企业	25	18	13	554354
港、澳、台商投资股份有限公司	3	3	2	28882
外商投资企业	43	30	28	904605
中外合资经营企业	21	13	13	508475
外资企业	20	16	13	347930
外商投资股份有限公司	2	1	2	48200
个体经营	3	3	3	10252
个体户	2	2	2	9370
个人合伙	1	1	1	882

表 4-9 续表 1　　　　　　　　　　　　(2016 年)

指 标 名 称	累计完成投资	本年完成投资	其中:住宅	本年新增固定资产
合　　计	**30417916**	**21497444**	**95135**	**14415907**
一、按登记注册类型				
内资企业	28948254	20197354	91425	13527343
国有企业	3589991	2387478	10479	1610520
集体企业	154075	127075		109975
股份合作企业	7186	7186		2780
联营企业	14574	14574		14574
国有联营企业	14574	14574		14574
有限责任公司	10075954	6121962	22921	2866546
国有独资公司	1811038	1231653	14232	593523
其他有限责任公司	8264916	4890309	8689	2273023
股份有限公司	483929	419454		313433
私营企业	14472769	10970197	57817	8549353
私营独资企业	1409957	1249820	25332	1064429
私营合伙企业	42800	11700		11700
私营有限责任公司	12857384	9554723	25085	7378161
私营股份有限公司	162628	153954	7400	95063
其他企业	149776	149428	208	60162
港、澳、台商投资企业	749326	683999	3650	440907
合资经营企业(港或澳、台资)	326199	321545		114680
港、澳、台商独资经营企业	397988	337315	3650	310592
港、澳、台商投资股份有限公司	25139	25139		15635
外商投资企业	709818	605573	60	437139
中外合资经营企业	374802	283592	60	138645
外资企业	281910	268875		245388
外商投资股份有限公司	53106	53106		53106
个体经营	10518	10518		10518
个体户	9370	9370		9370
个人合伙	1148	1148		1148

表 4-9 续表 2　　　　　　　　　　　　(2016 年)

指标名称	施工项目个数	本年新开工	本年投产项目个数	计划总投资
二、按国民经济行业				
农、林、牧、渔业	72	51	54	675549
农业	36	23	29	268858
林业	1	1	1	3100
畜牧业	15	12	9	155729
渔业	9	7	7	104610
农、林、牧、渔服务业	11	8	8	143252
采矿业	1	1	1	7500
非金属矿采选业	1	1	1	7500
制造业	1233	986	916	20377867
农副食品加工业	118	107	90	1071491
食品制造业	37	29	31	493845
酒、饮料和精制茶制造业	14	10	10	169932
纺织业	34	30	21	352675
纺织服装、服饰业	73	67	51	523169
皮革、毛皮、羽毛及其制品和制鞋业	27	25	23	189483
木材加工和木、竹、藤、棕、草制品业	44	36	33	481787
家具制造业	23	17	15	244776
造纸和纸制品业	11	10	10	95909
印刷和记录媒介复制业	17	13	10	186563
文教、工美、体育和娱乐用品制造业	29	25	24	217864
石油加工、炼焦和核燃料加工业	9	5	6	207165
化学原料和化学制品制造业	156	114	114	5722621
医药制造业	47	33	33	796067
化学纤维制造业	3	1	2	32810

表 4-9 续表 3　　　　　　　　　　　　　　　　（2016 年）

指标名称	累计完成投资	本年完成投资	其中:住宅	本年新增固定资产
二、按国民经济行业				
农、林、牧、渔业	499317	475414	2	410688
农业	248403	227688		217085
林业	3100	3100		3100
畜牧业	106863	106287	2	88345
渔业	91359	88747		66641
农、林、牧、渔服务业	49592	49592		35517
采矿业	7500	7500		7500
非金属矿采选业	7500	7500		7500
制造业	16011006	12535652	34576	9772920
农副食品加工业	862082	821824	690	618477
食品制造业	458389	295913	80	235140
酒、饮料和精制茶制造业	159396	150976		137005
纺织业	314065	313346	748	163859
纺织服装、服饰业	422069	418183	320	352920
皮革、毛皮、羽毛及其制品和制鞋业	179655	174459	121	155830
木材加工和木、竹、藤、棕、草制品业	368408	350841	1030	283762
家具制造业	210815	170604		148230
造纸和纸制品业	93664	82201	14	71158
印刷和记录媒介复制业	185233	184880		127879
文教、工美、体育和娱乐用品制造业	198743	198743	79	186448
石油加工、炼焦和核燃料加工业	154853	135022		94667
化学原料和化学制品制造业	4487904	2522113	5960	1941255
医药制造业	615379	594062		456339
化学纤维制造业	31345	17322		25686

表 4-9 续表 4　　　　(2016 年)

指 标 名 称	施工项目个数	本年新开工	本年投产项目个数	计划总投资
橡胶和塑料制品业	52	41	37	437261
非金属矿物制品业	177	149	138	2121823
黑色金属冶炼和压延加工业	22	12	14	2214155
有色金属冶炼和压延加工业	11	6	9	455949
金属制品业	55	45	44	556718
通用设备制造业	48	40	35	556122
专用设备制造业	70	60	47	781629
汽车制造业	13	11	9	305076
铁路、船舶、航空航天和其他运输设备制造业	14	10	12	119445
电气机械和器材制造业	75	48	56	1293777
计算机、通信和其他电子设备制造业	25	19	21	198467
仪器仪表制造业	7	4	6	111550
其他制造业	8	6	6	205540
废弃资源综合利用业	12	11	7	191316
金属制品、机械和设备修理业	2	2	2	42882
电力、热力、燃气及水生产和供应业	98	76	73	8937464
电力、热力生产和供应业	72	57	53	8667641
燃气生产和供应业	5	5	2	37414
水的生产和供应业	21	14	18	232409
建筑业	15	14	10	61683
房屋建筑业	1	1	1	5400
土木工程建筑业	10	9	8	38035
建筑安装业	2	2		8098
建筑装饰和其他建筑业	2	2	1	10150
批发和零售业	21	12	15	335785
批发业	7	5	4	98499
零售业	14	7	11	237286

表 4-9 续表 5　　(2016 年)

指 标 名 称	累计完成投资	本年完成投资	其中:住宅	本年新增固定资产
橡胶和塑料制品业	374980	344650	136	292958
非金属矿物制品业	2083312	1639780	17030	1363323
黑色金属冶炼和压延加工业	719685	359449		188583
有色金属冶炼和压延加工业	160519	146076	7400	118427
金属制品业	513620	458040	228	413856
通用设备制造业	527938	520794	560	337950
专用设备制造业	705635	684737	160	501976
汽车制造业	222443	203997		136925
铁路、船舶、航空航天和其他运输设备制造业	96997	73444		65298
电气机械和器材制造业	1123291	990420	20	694693
计算机、通信和其他电子设备制造业	188308	180979		163754
仪器仪表制造业	116792	107859		107859
其他制造业	223840	198910		193609
废弃资源综合利用业	167250	151632		150658
金属制品、机械和设备修理业	44396	44396		44396
电力、热力、燃气及水生产和供应业	4624384	2374596	320	662460
电力、热力生产和供应业	4373697	2187392	320	535998
燃气生产和供应业	20722	20722		13842
水的生产和供应业	229965	166482		112620
建筑业	49791	48911		42883
房屋建筑业	6366	6366		6366
土木工程建筑业	33203	32323		29917
建筑安装业	3622	3622		
建筑装饰和其他建筑业	6600	6600		6600
批发和零售业	222397	187343		137331
批发业	77885	74150		52539
零售业	144512	113193		84792

表 4-9 续表 6　　　　　　　　　　　(2016 年)

指 标 名 称	施工项目个　数	本年新开工	本年投产项目个数	计划总投资
交通运输、仓储和邮政业	95	56	55	3251291
道路运输业	47	33	36	788528
水上运输业	20	5	4	952236
装卸搬运和运输代理业	6	3	1	304203
仓储业	22	15	14	1206324
住宿和餐饮业	3	3	1	29420
住宿业	2	2		24500
餐饮业	1	1	1	4920
信息传输、软件和信息技术服务业	17	13	13	1358429
电信、广播电视和卫星传输服务	10	9	9	64613
互联网和相关服务	3	2	3	49840
软件和信息技术服务业	4	2	1	1243976
金融业	2	1	2	24000
资本市场服务	1		1	12000
其他金融业	1	1	1	12000
房地产业	51	28	26	1338789
房地产业	51	28	26	1338789
租赁和商务服务业	74	42	37	3339739
租赁业	1	1	1	4769
商务服务业	73	41	36	3334970
科学研究和技术服务业	15	10	8	165676
研究和试验发展	2		1	35522
专业技术服务业	8	6	4	49034
科技推广和应用服务业	5	4	3	81120
水利、环境和公共设施管理业	221	177	154	3869055
水利管理业	32	28	23	712192
生态保护和环境治理业	6	4	4	98125
公共设施管理业	183	145	127	3058738

表 4–9 续表 7 （2016 年）

指 标 名 称	累计完成投资	本年完成投资	其中:住宅	本年新增固定资产
交通运输、仓储和邮政业	1537794	831139		403606
道路运输业	507874	347701		230121
水上运输业	536814	250841		30854
装卸搬运和运输代理业	152542	37360		22091
仓储业	340564	195237		120540
住宿和餐饮业	24410	24410		4920
住宿业	19490	19490		0
餐饮业	4920	4920		4920
信息传输、软件和信息技术服务业	236494	224114		203521
电信、广播电视和卫星传输服务	62178	49798		30141
互联网和相关服务	49840	49840		49840
软件和信息技术服务业	124476	124476		123540
金融业	28470	19970		19970
资本市场服务	12000	3500		3500
其他金融业	16470	16470		16470
房地产业	926339	543051	49958	181480
房地产业	926339	543051	49958	181480
租赁和商务服务业	2588162	1800812	208	1064700
租赁业	4812	4812		4812
商务服务业	2583350	1796000	208	1059888
科学研究和技术服务业	132842	116881		97961
研究和试验发展	32524	28465		28465
专业技术服务业	28972	18093		12398
科技推广和应用服务业	71346	70323		57098
水利、环境和公共设施管理业	2626998	1668599	4393	999424
水利管理业	524361	397528		94727
生态保护和环境治理业	63959	58458	143	33848
公共设施管理业	2038678	1212613	4250	870849

表 4-9 续表 8　　　　　　　　　　　　(2016 年)

指 标 名 称	施工项目个数	本年新开工	本年投产项目个数	计划总投资
居民服务、修理和其他服务业	7	6	4	26022
居民服务业	1	1	1	2016
机动车、电子产品和日用产品修理业	3	3	1	13820
其他服务业	3	2	2	10186
教育	32	26	27	314524
教育	32	26	27	314524
卫生和社会工作	14	12	11	115487
卫生	5	4	3	87806
社会工作	9	8	8	27681
文化、体育和娱乐业	6	4	6	77098
广播、电视、电影和影视录音制作业	1		1	51000
文化艺术业	3	3	3	12448
体育	1	1	1	4650
娱乐业	1		1	9000
公共管理、社会保障和社会组织	24	12	14	567424
国家机构	21	9	12	558509
基层群众自治组织	3	3	2	8915
三、按隶属关系分				
中央	9	1	5	7522416
省(自治区、直辖市)	14	10	8	435402
地区(州、盟、省辖市)	70	22	23	4587182
县(旗、县级市)	339	241	222	5711391
其他	1569	1256	1169	26616411
四、按建设性质分				
新建	1274	946	849	29614001
扩建	149	114	109	9274369
改建和技术改造	570	465	467	5762528
单纯建造生活设施	1	1		6500
迁建	5	3	2	117744
恢复	2	1		53616
单纯购置				44044

表 4-9 续表 9 （2016 年）

指 标 名 称	累计完成投资	本年完成投资	其中:住宅	本年新增固定资产
居民服务、修理和其他服务业	21827	21827		13207
居民服务业	2016	2016		2016
机动车、电子产品和日用产品修理业	9840	9840		4870
其他服务业	9971	9971		6321
教育	284212	161492	10	141086
教育	284212	161492	10	141086
卫生和社会工作	49739	46132	1355	44239
卫生	23138	22781		19838
社会工作	26601	23351	1355	24401
文化、体育和娱乐业	82506	36657	295	27952
广播、电视、电影和影视录音制作业	56324	10475		10475
文化艺术业	12532	12532		12532
体育	4650	4650		4650
娱乐业	9000	9000	295	295
公共管理、社会保障和社会组织	463728	372944	4018	180059
国家机构	456064	365280	4018	175274
基层群众自治组织	7664	7664		4785
三、按隶属关系分				
中央	3566986	1555430		10220
省(自治区、直辖市)	253393	243393		76775
地区(州、盟、省辖市)	3075100	1207557		258062
县(旗、县级市)	3726343	2568878	19837	1714536
其他	19796094	15922186	75298	12356314
四、按建设性质分				
新建	19848317	13577492	77074	9019160
扩建	5057986	2931452	11264	1228207
改建和技术改造	5358003	4857416	6797	4073017
单纯建造生活设施	5490	5490		
迁建	95271	73245		54679
恢复	8680	8680		
单纯购置	44169	43669		40844

表 4-9 续表 10　　　　　　　　　　　　(2016 年)

指 标 名 称	施工项目个数	本年新开工	本年投产项目个数	计划总投资
六、按控股情况分				
国有控股	547	377	363	20337183
集体控股	21	18	14	639521
私人控股	1278	1022	950	19336573
港澳台商控股	32	24	17	753537
外商控股	33	24	24	521130
七、按期末项目建设状态分				
在建	571	412		30755635
全部投产	1427	1118	1427	13734733
全部停缓建	3			382434
八、按投资规模分				
2、100-500 万元	2	2	2	1500
3、500-1000 万元	23	22	23	19570
4、1000-3000 万元	165	160	155	366049
5、3000-5000 万元	712	659	595	3209777
6、5000-1 亿元	477	371	353	3549917
7、1 亿元-5 亿元	503	273	283	11815946
8、5 亿元-10 亿元	74	33	11	5396898
9、10 亿元以上	45	10	5	20513145

表 4-9 续表 11　　　　(2016 年)

指 标 名 称	累计完成投资	本年完成投资		本年新增固定资产
			其中:住宅	
六、按控股情况分				
国有控股	11778774	6658863	24711	3099760
集体控股	208022	180056		119012
私人控股	15714804	12212218	65458	9710946
港澳台商控股	546622	462617	3650	343602
外商控股	463565	435944	60	398451
七、按期末项目建设状态分				
在建	15739190	9163116	17356	2000318
全部投产	14647338	12319304	77779	12415567
全部停缓建	31388	15024		22
八、按投资规模分				
2、100-500 万元	1521	1521		1521
3、500-1000 万元	20733	20576	10	20733
4、1000-3000 万元	384159	381346	2625	368585
5、3000-5000 万元	3186972	3120942	28920	2822049
6、5000-1 亿元	3257860	3140012	20135	2667622
7、1 亿元-5 亿元	9903117	8098236	32129	6151546
8、5 亿元-10 亿元	3419519	2374343	11316	911966
9、10 亿元以上	10244035	4360468		1471885

本年完成投资按构成分组汇总情况表(合计数)

表 4-10　　(2016 年)

指标名称	本年完成投资	建筑工程	安装工程	设备工器具购置	其他费用
合　计	**21497444**	**10276222**	**2187927**	**6905508**	**2127787**
一、按登记注册类型					
内资企业	20197354	9769679	2012126	6384744	2030805
国有企业	2387478	1629023	161468	251872	345115
集体企业	127075	107700	10132	7963	1280
股份合作企业	7186	3646	200	2734	606
联营企业	14574	6714	468	7392	
国有联营企业	14574	6714	468	7392	
有限责任公司	6121962	3280280	471322	1615716	754644
国有独资公司	1231653	915205	82926	171361	62161
其他有限责任公司	4890309	2365075	388396	1444355	692483
股份有限公司	419454	130614	72710	169921	46209
私营企业	10970197	4505317	1288075	4304759	872046
私营独资企业	1249820	520942	133242	512602	83034
私营合伙企业	11700	5100	2000	2700	1900
私营有限责任公司	9554723	3909136	1136559	3733639	775389
私营股份有限公司	153954	70139	16274	55818	11723
其他企业	149428	106385	7751	24387	10905
港、澳、台商投资企业	683999	261412	100980	260430	61177
合资经营企业(港或澳、台资)	321545	136296	29851	108935	46463
港、澳、台商独资经营企业	337315	118816	69618	134467	14414
港、澳、台商投资股份有限公司	25139	6300	1511	17028	300
外商投资企业	605573	243346	73887	253496	34844
中外合资经营企业	283592	124302	33287	115678	10325
外资企业	268875	111298	34047	99890	23640
外商投资股份有限公司	53106	7746	6553	37928	879
个体经营	10518	1785	934	6838	961
个体户	9370	1785	934	6431	220
个人合伙	1148			407	741

表 4-10 续表 1　　　　　　　　　　　(2016 年)

指 标 名 称	本年完成投资	建筑工程	安装工程	设备工器具购置	其他费用
二、按国民经济行业					
农、林、牧、渔业	475414	281224	50540	104502	39148
农业	227688	112583	31506	65358	18241
林业	3100	3100			
畜牧业	106287	65964	10207	22996	7120
渔业	88747	59311	6766	10223	12447
农、林、牧、渔服务业	49592	40266	2061	5925	1340
采矿业	7500	4300	1200	1500	500
非金属矿采选业	7500	4300	1200	1500	500
制造业	12535652	4818148	1479055	5283053	955396
农副食品加工业	821824	347539	98049	328516	47720
食品制造业	295913	130477	43595	101445	20396
酒、饮料和精制茶制造业	150976	65617	15651	66240	3468
纺织业	313346	136906	25592	131951	18897
纺织服装、服饰业	418183	190179	47138	152816	28050
皮革、毛皮、羽毛及其制品和制鞋业	174459	59757	14301	90193	10208
木材加工和木、竹、藤、棕、草制品业	350841	164707	22827	145293	18014
家具制造业	170604	66663	22089	64741	17111
造纸和纸制品业	82201	19571	5956	56330	344
印刷和记录媒介复制业	184880	67290	12000	88567	17023
文教、工美、体育和娱乐用品制造业	198743	90254	27550	70811	10128
石油加工、炼焦和核燃料加工业	135022	52095	37584	39058	6285
化学原料和化学制品制造业	2522113	790122	297328	1141182	293481
医药制造业	594062	200727	47961	280221	65153
化学纤维制造业	17322	4246	2919	9448	709
橡胶和塑料制品业	344650	120940	36504	168921	18285
非金属矿物制品业	1639780	600829	213054	734723	91174

表 4-10 续表 2　　　　　　　　　　　　　（2016 年）

指标名称	本年完成投资	建筑工程	安装工程	设备工器具购置	其他费用
黑色金属冶炼和压延加工业	359449	201424	50714	102895	4416
有色金属冶炼和压延加工业	146076	71024	15937	39269	19846
金属制品业	458040	171018	45782	209193	32047
通用设备制造业	520794	247040	72881	176861	24012
专用设备制造业	684737	238810	70512	318714	56701
汽车制造业	203997	52534	28913	111963	10587
铁路、船舶、航空航天和其他运输设备制造业	73444	30837	9130	29470	4007
电气机械和器材制造业	990420	380305	147071	377869	85175
计算机、通信和其他电子设备制造业	180979	48562	14304	110845	7268
仪器仪表制造业	107859	34348	9902	60189	3420
其他制造业	198910	146220	15042	5189	32459
废弃资源综合利用业	151632	58607	24269	63296	5460
金属制品、机械和设备修理业	44396	29500	4500	6844	3552
电力、热力、燃气及水生产和供应业	2374596	597508	306602	976188	494298
电力、热力生产和供应业	2187392	491070	278304	929822	488196
燃气生产和供应业	20722	11245	1999	5629	1849
水的生产和供应业	166482	95193	26299	40737	4253
建筑业	48911	34212	6768	4128	3803
房屋建筑业	6366	5471	587		308
土木工程建筑业	32323	22819	2961	3378	3165
建筑安装业	3622	1022	2600		
建筑装饰和其他建筑业	6600	4900	620	750	330
批发和零售业	187343	95933	20711	57666	13033
批发业	74150	34136	14011	25290	713
零售业	113193	61797	6700	32376	12320
交通运输、仓储和邮政业	831139	598933	71445	115906	44855
道路运输业	347701	269673	39546	18474	20008

表 4-10 续表 3　　　　　　　　（2016 年）

指标名称	本年完成投资	建筑工程	安装工程	设备工器具购置	其他费用
水上运输业	250841	196252	9011	45094	484
装卸搬运和运输代理业	37360	18864	100	4939	13457
邮政业	195237	114144	22788	47399	10906
住宿和餐饮业	24410	15410		4000	5000
住宿业	19490	10490		4000	5000
餐饮业	4920	4920			
信息传输、软件和信息技术服务业	224114	112331	37577	55904	18302
电信、广播电视和卫星传输服务	49798	8170	28419	12109	1100
互联网和相关服务	49840	27858	2198	15379	4405
软件和信息技术服务业	124476	76303	6960	28416	12797
金融业	19970	14989	4981		
资本市场服务	3500	3500			
其他金融业	16470	11489	4981		
房地产业	543051	486553	14736	24174	17588
房地产业	543051	486553	14736	24174	17588
租赁和商务服务业	1800812	1412034	95519	109540	183719
租赁业	4812	4812			
商务服务业	1796000	1407222	95519	109540	183719
科学研究和技术服务业	116881	42666	6139	51830	16246
研究和试验发展	28465	12243	1217	15005	
专业技术服务业	18093	7929	903	8763	498
科技推广和应用服务业	70323	22494	4019	28062	15748
水利、环境和公共设施管理业	1668599	1239390	52775	68490	307944
水利管理业	397528	123519	1933	2965	269111
生态保护和环境治理业	58458	48853	2888	5163	1554
公共设施管理业	1212613	1067018	47954	60362	37279
居民服务、修理和其他服务业	21827	13793	873	6445	716
居民服务业	2016	1800			216

表 4-10 续表 4　　(2016 年)

指标名称	本年完成投资	建筑工程	安装工程	设备工器具购置	其他费用
机动车、电子产品和日用产品修理业	9840	6238	232	3070	300
其他服务业	9971	5755	641	3375	200
教育	161492	124612	8878	16870	11132
教育	161492	124612	8878	16870	11132
卫生和社会工作	46132	27098	3273	15071	690
卫生	22781	11318	883	10580	
社会工作	23351	15780	2390	4491	690
文化、体育和娱乐业	36657	22064	10063	3467	1063
广播、电视、电影和影视录音制作业	10475	4846	5629		
文化艺术业	12532	10302	400	1300	530
体育	4650	2816	1539	212	83
娱乐业	9000	4100	2495	1955	450
公共管理、社会保障和社会组织	372944	335024	16792	6774	14354
国家机构	365280	330259	16548	4731	13742
基层群众自治组织	7664	4765	244	2043	612
三、按隶属关系分					
中央	1555430	262326	186558	643989	462557
省(自治区、直辖市)	243393	165814	20198	56925	456
地区(州、盟、省辖市)	1207557	716271	57486	119628	314172
县(旗、县级市)	2568878	1955525	151127	285620	176606
其他	15922186	7176286	1772558	5799346	1173996
四、按建设性质分					
新建	13577492	7518504	1229463	3437595	1391930
扩建	2931452	982203	374953	1058553	515743
改建和技术改造	4857416	1707373	573265	2360718	216060
单纯建造生活设施	5490	5490			
迁建	73245	56014	8677	4500	4054
恢复	8680	6638	1569	473	
单纯购置	43669			43669	

表 4-10 续表 5　　　　　　　　　　　　（2016 年）

指 标 名 称	本年完成投　资	建筑工程	安装工程	设备工器具购置	其他费用
五、按控股情况分					
国有控股	6658863	3927262	472846	1229382	1029373
集体控股	180056	137629	20792	17828	3807
私人控股	12212218	5216112	1449995	4705515	840596
港澳台商控股	462617	171848	81729	193477	15563
外商控股	435944	171327	43905	193461	27251
六、按期末项目建设状态分					
在建	9163116	4417961	878278	2478935	1387942
全部投产	12319304	5858239	1309649	4426573	724843
全部停缓建	15024	22			15002
七、按投资规模分					
2、100-500 万元	1521	591	50	780	100
3、500-1000 万元	20576	12521	2428	3829	1798
4、1000-3000 万元	381346	211105	31788	122640	15813
5、3000-5000 万元	3120942	1516554	253311	1242569	108508
6、5000-1 亿元	3140012	1466829	372389	1120573	180221
7、1 亿元-5 亿元	8098236	3925459	948539	2693143	531095
8、5 亿元-10 亿元	2374343	1370904	226013	595083	182343
9、10 亿元以上	4360468	1772259	353409	1126891	1107909

本年完成投资按建设性质分组汇总表

表 4-11　　(2016 年)

指标名称	本年完成投资	新　建	扩　建	改　建
合　　计	**21497444**	**13577492**	**2931452**	**4857416**
一、按登记注册类型				
内资企业	20197354	12935024	2862128	4295200
国有企业	2387478	1965454	172741	184759
集体企业	127075	106265	10865	7945
股份合作企业	7186			7186
联营企业	14574	8575		5999
国有联营企业	14574	8575		5999
有限责任公司	6121962	3774483	1581155	761849
国有独资公司	1231653	1161197	5000	60981
其他有限责任公司	4890309	2613286	1576155	700868
股份有限公司	419454	310216		102415
私营企业	10970197	6659904	1097367	3185746
私营独资企业	1249820	602811	151302	490217
私营合伙企业	11700	11700		
私营有限责任公司	9554723	5990209	937065	2605759
私营股份有限公司	153954	55184	9000	89770
其他企业	149428	110127		39301
港、澳、台商投资企业	683999	379257	27099	266645
合资经营企业(港或澳、台资)	321545	226829	3828	79890
港、澳、台商独资经营企业	337315	134977	23271	179067
港、澳、台商投资股份有限公司	25139	17451		7688
外商投资企业	605573	257343	42225	290921
中外合资经营企业	283592	47873	36325	199394
外资企业	268875	156364	5900	91527
外商投资股份有限公司	53106	53106		
个体经营	10518	5868		4650
个体户	9370	4720		4650
个人合伙	1148	1148		

表 4-11 续表 1　　　　(2016 年)

指标名称	本年完成投资	新建	扩建	改建
二、按国民经济行业				
农、林、牧、渔业	475414	437422	29042	8950
农业	227688	206250	17088	4350
林业	3100	3100		
畜牧业	106287	94333	11954	
渔业	88747	84147		4600
农、林、牧、渔服务业	49592	49592		
采矿业	7500	7500		
非金属矿采选业	7500	7500		
制造业	12535652	7013345	1094267	4375793
农副食品加工业	821824	503142	62653	256029
食品制造业	295913	138968	47780	109165
酒、饮料和精制茶制造业	150976	40015		106161
纺织业	313346	246396	9393	57557
纺织服装、服饰业	418183	296396	41798	79989
皮革、毛皮、羽毛及其制品和制鞋业	174459	75728	6827	91904
木材加工和木、竹、藤、棕、草制品业	350841	169080	53500	128261
家具制造业	170604	121401	12397	36806
造纸和纸制品业	82201	28668		49908
印刷和记录媒介复制业	184880	115419	3600	65861
文教、工美、体育和娱乐用品制造业	198743	89946	66531	42266
石油加工、炼焦和核燃料加工业	135022	26093		108929
化学原料和化学制品制造业	2522113	1229095	203972	1084571
医药制造业	594062	252790	37344	303928
化学纤维制造业	17322	9977	3845	
橡胶和塑料制品业	344650	197654	5615	136966
非金属矿物制品业	1639780	889798	267373	481429
黑色金属冶炼和压延加工业	359449	298314		56285

表4-11 续表2　　　　　　　　　　(2016年)

指 标 名 称	本年完成投　资	新　建	扩　建	改　建
有色金属冶炼和压延加工业	146076	146076	103815	
金属制品业	458040	452540	263727	45767
通用设备制造业	520794	433238	242234	54720
专用设备制造业	684737	663893	401135	24313
汽车制造业	203997	203997	111406	24467
铁路、船舶、航空航天和其他运输设备制造业	73444	73444	31533	19911
电气机械和器材制造业	990420	990420	692009	63795
计算机、通信和其他电子设备制造业	180979	166575	74341	18300
仪器仪表制造业	107859	107859	57529	17886
其他制造业	198910	192930	191030	1900
废弃资源综合利用业	151632	151632	74706	580
金属制品、机械和设备修理业	44396	44396	41000	
电力、热力、燃气及水生产和供应业	2374596	609197	729876	1470812
电力、热力生产和供应业	2187392	523097	594408	1457541
燃气生产和供应业	20722	20722	20722	
水的生产和供应业	166482	65378	114746	13271
建筑业	48911	44539	43485	3476
房屋建筑业	6366	6366	6366	
土木工程建筑业	32323	30923	28847	3476
建筑安装业	3622	2600	3622	
建筑装饰和其他建筑业	6600	4650	4650	
批发和零售业	187343	176492	117521	60622
批发业	74150	72300	23290	50860
零售业	113193	104192	94231	9762
交通运输、仓储和邮政业	831139	325493	704982	43000
道路运输业	347701	104264	262115	20000
水上运输业	250841	62673	240841	5000

表 4-11 续表 3　　　　　　　　　（2016 年）

指标名称	本年完成投资	新建	扩建	改建
装卸搬运和运输代理业	37360	37360		
仓储业	195237	164666	18000	5748
住宿和餐饮业	24410	18920		
住宿业	19490	14000		
餐饮业	4920	4920		
信息传输、软件和信息技术服务业	224114	199504	4920	19690
电信、广播电视和卫星传输服务	49798	35028	4920	9850
互联网和相关服务	49840	40000		9840
软件和信息技术服务业	124476	124476		
金融业	19970	19970		
资本市场服务	3500	3500		
其他金融业	16470	16470		
房地产业	543051	537625		5426
房地产业	543051	537625		5426
租赁和商务服务业	1800812	1582215	113601	104996
租赁业	4812	4812		
商务服务业	1796000	1577403	113601	104996
科学研究和技术服务业	116881	110882		5999
研究和试验发展	28465	28465		
专业技术服务业	18093	12094		5999
科技推广和应用服务业	70323	70323		
水利、环境和公共设施管理业	1668599	1516439	109852	40308
水利管理业	397528	397528		
生态保护和环境治理业	58458	38956	19502	
公共设施管理业	1212613	1079955	90350	40308
居民服务、修理和其他服务业	21827	21827		
居民服务业	2016	2016		

表 4-11 续表 4　　　　　　　　　　　　（2016 年）

指标名称	本年完成投资	新建	扩建	改建
机动车、电子产品和日用产品修理业	9840	9840		
其他服务业	9971	9971		
教育	161492	151898		9594
教育	161492	151898		9594
卫生和社会工作	46132	29892	1860	4980
卫生	22781	8401		4980
社会工作	23351	21491	1860	
文化、体育和娱乐业	36657	36657		
广播、电视、电影和影视录音制作业	10475	10475		
文化艺术业	12532	12532		
体育	4650	4650		
娱乐业	9000	9000		
公共管理、社会保障和社会组织	372944	297532		20288
国家机构	365280	289868		20288
基层群众自治组织	7664	7664		
三、按隶属关系分				
中央	1555430	106575	1436855	12000
省(自治区、直辖市)	243393	219086		19127
地区(州、盟、省辖市)	1207557	1112404	23736	41540
县(旗、县级市)	2568878	2105568	124329	278957
其他	15922186	10033859	1346532	4505792
四、按建设性质分				
新建	13577492	13577492		
扩建	2931452		2931452	
改建和技术改造	4857416			4857416
单纯建造生活设施	5490			
迁建	73245			
恢复	8680			
单纯购置	43669			

表 4-11 续表 5 （2016 年）

指标名称	本年完成投资	新建	扩建	改建
五、按控股情况分				
国有控股	6658863	4573498	1651286	365080
集体控股	180056	152060	10865	15131
私人控股	12212218	7297197	1104301	3789030
港澳台商控股	462617	134977	23271	304369
外商控股	435944	237785	5900	177175
六、按期末项目建设状态分				
在建	9163116	6314676	1870200	945569
全部投产	12319304	7247792	1061252	3911847
全部停缓建	15024	15024		
七、按投资规模分				
2、100-500 万元	1521	521		500
3、500-1000 万元	20576	19006	570	1000
4、1000-3000 万元	381346	326814	4760	47772
5、3000-5000 万元	3120942	1799199	244381	1055197
6、5000-1 亿元	3140012	1597184	253215	1271223
7、1 亿元-5 亿元	8098236	5005194	830775	2174238
8、5 亿元-10 亿元	2374343	2051097	41356	281890
9、10 亿元以上	4360468	2778477	1556395	25596

固定资产投资竣工的房屋建筑面积

表 4-12　　(城镇规模以上不含房地产)　　单位:万平方米

年份	全市	市区	#赣榆区	东海县	灌云县	灌南县
1978	29.73	34.72	2.20	1.68	1.37	1.96
1980	45.23	36.20	3.24	4.22	3.05	1.76
1983	51.07	43.62	5.48	3.54	3.25	0.66
1985	77.82	60.18	7.82	6.85	6.52	4.30
1990	56.60	49.09	8.17	3.96	1.60	1.95
1991	62.32	50.05	9.16	4.60	4.82	2.85
1992	61.85	44.52	9.32	6.28	6.20	4.85
1993	111.77	87.82	10.04	7.44	9.75	6.76
1994	105.19	81.24	13.13	6.94	11.22	5.79
1995	118.76	101.56	10.64	7.97	5.78	3.45
1996	105.61	73.54	11.35	13.58	14.30	4.19
1997	95.40	73.83	15.30	6.08	10.19	5.30
1998	101.84	60.99	17.99	18.10	13.51	9.24
1999	128.04	78.39	16.91	12.83	25.48	11.34
2000	77.95	50.70	15.50	7.87	10.70	8.68
2001	123.85	92.72	28.61	11.99	7.36	11.78
2002	90.06	61.91	9.92	10.64	15.78	1.73
2003	81.54	49.91	11.71	12.83	18.80	
2004	120.71	96.60	13.95	13.57	10.54	
2005	193.48	91.91	55.49	55.50	46.07	
2006	139.75	60.65	20.74	19.67	32.19	27.24
2007	225.84	125.70	64.82	65.90	27.83	6.41
2008	288.67	100.93	71.71	133.39	54.35	
2009	483.39	269.14	119.42	113.39	42.46	58.40
2010	444.96	262.97	64.86	78.37	27.87	75.75
2011	499.21	228.39	18.57	83.26	56.55	131.01
2012	830.55	425.30	70.60	168.50	51.00	185.70
2013	804.54	273.32	48.47	196.89	127.6	206.74
2014	936.67	408.5	73.02	210.54	50.18	267.44
2015	669.98	276.53	22.83	244.67	85.99	62.79
2016	688.49	289.62	74.78	81.41	134.62	182.84

固定资产投资竣工的住宅建筑面积

表 4-13　　（城镇规模以上不含房地产）　　单位：万平方米

年　份	全　市	市　区	#赣榆区	东海县	灌云县	灌南县
1978	7.59	6.85	0.43	0.42	0.19	0.13
1980	20.12	17.20	0.72	1.22	0.92	0.78
1983	25.12	23.12	1.86	0.92	0.75	0.33
1985	30.04	25.43	1.92	1.91	1.52	1.18
1990	19.96	17.61	0.87	0.84	0.64	0.87
1991	18.68	15.20	2.31	1.42	0.91	1.15
1992	26.66	19.90	4.98	4.12	1.40	1.24
1993	44.64	38.40	4.13	3.01	1.75	1.48
1994	32.86	26.36	8.11	1.93	2.27	2.30
1995	56.34	50.53	4.29	2.98	0.84	1.99
1996	75.88	61.10	5.89	7.63	5.60	1.55
1997	68.40	56.97	6.04	4.68	3.24	3.51
1998	81.34	58.70	10.43	10.77	6.24	5.63
1999	134.08	105.50	12.34	9.82	12.15	6.61
2000	85.08	65.49	7.66	5.45	5.52	8.62
2001	111.56	98.45	21.52	2.16	2.59	8.36
2002	102.75	90.06	6.03	7.64	3.15	1.90
2003	98.74	84.25	6.66	7.42	5.21	1.86
2004	115.31	99.28	11.11	4.00	12.03	
2005	112.82	96.60	3.20	10.18	6.04	
2006	150.80	105.51	23.33	22.08	17.41	5.80
2007	213.60	156.26	28.51	29.86	27.48	
2008	27.64			7.54	20.10	
2009	6.76	6.76				
2010	24.58	24.58				
2011	21.09	21.67	1.00		0.43	
2012	26.77	26.70	4.40		0.07	
2013	12.30	3.90	3.90		3.60	4.80
2014	7.61	1.25			2.10	4.25
2015	6.44			1.72	4.45	0.23
2016	22.60	2.15	2.15	5.34	15.11	

高新技术产业投资完成情况

表 4-14

指　标　名　称	2016年	2015年	增速(%)
一、计划总投资(万元)			
1、建设项目计划总投资	8082440	5550850	45.6
其中:本年新开工项目	2743548	2246292	22.1
2、自开始建设至本年底累计完成投资	5437328	4389527	23.9
二、自年初累计完成投资(万元)	3547716	3293146	7.7
1、按构成分			
建筑工程	1284263	1649680	-22.2
安装工程	373159	125907	196.4
设备工器具购置	1574619	1272823	23.7
其他费用	315675	144736	118.1
其中:建设用地费	54957	39649	38.6
2、按建设性质分			
(1)新建	1664500	1601874	3.9
(2)扩建	254612	33037	670.7
(3)改建	1609045	1558235	3.3
3、按登记注册类型分			
内资企业	3089844	3062281	0.9
国有企业	43900	48271	-9.1
有限责任公司	677903	148496	356.5
国有独资公司	49166		
其他有限责任公司	628737	148496	323.4
股份有限公司	59780	103439	-42.2
私营企业	2301075	2760897	-16.7
私营独资企业	232518	1375923	-83.1
私营合伙企业			
私营有限责任公司	1977758	1375299	43.8
私营股份有限公司	90799	9675	838.5
其他企业		1178	

表 4-14 续表 1

指　标　名　称	2016年	2015年	增速(%)
港、澳、台商投资企业	183114	47855	282.6
合资经营企业(港或澳、台资)	169819	37480	353.1
港、澳、台商独资经营企业	13295	10375	28.1
外商投资企业	274758	83010	231.0
中外合资经营企业	162060	34971	363.4
外资企业	64592	48039	34.5
外商投资股份有限公司	48106		
计算机及办公设备制造业	8259		
电子及通讯设备制造业	177720	208554	-14.8
医药制造业	684831	438959	56.0
仪器仪表制造业	97792	46144	111.9
智能装备制造业	460671	694836	-33.7
新材料制造业	1808546	1793382	0.8
新能源制造业	185421	29730	523.7
软件业	124476	81541	52.7
三、本年新增固定资产(万元)	**2989515**	**2677608**	**11.6**
四、项目个数(个)			
1、施工项目个数	276	244	13.1
其中:本年新开工	202	207	-2.4
2、本年投产项目个数	203	213	-4.7
五、本年资金来源合计	**3350946**	**3164613**	**5.9**
2、本年资金来源小计	3252054	3164613	2.8
(2)国内贷款	206035	65062	216.7
(4)利用外资	2458	11908	-79.4
(5)自筹资金	2979687	3082058	-3.3
其中:企、事业单位自有资金	435243	125316	247.3
其中:股东投入资金	101574		
(6)其他资金来源	63874	5585	1043.7
六、各项应付款合计	**207964**	**104101**	**99.8**
其中:工程款	157851	69733	126.4

分行业民间投资完成情况

表 4-15

指 标 名 称	2016年	2015年	增速(%)
一、计划总投资(万元)			
1、建设项目计划总投资	23200952	18710219	24.0
其中:本年新开工项目	12043919	10028654	20.1
2、自开始建设至本年底累计完成投资	17562175	15491692	13.4
二、自年初累计完成投资(万元)	**13873320**	**12057569**	**15.1**
1、按构成分			
建筑工程	5939085	5287007	12.3
安装工程	1589447	840506	89.1
设备工器具购置	5289188	5332052	-0.8
其他费用	1055600	598004	76.5
建设用地费	284697	232284	22.6
2、按建设性质分			
(1)新建	8564532	6266616	36.7
(2)扩建	1250995	417401	199.7
(3)改建	4010792	5311741	-24.5
(7)单纯购置	15390	3500	339.7
3、按登记注册类型分			
内资企业	13510920	11965290	12.9
集体企业	127075	130696	-2.8
股份合作企业	7186		
有限责任公司	1970806	406192	385.2
其他有限责任公司	1970806	406192	385.2
股份有限公司	352928	253547	39.2
私营企业	10970197	11137939	-1.5
私营独资企业	1249820	3046247	-59.0
私营合伙企业	11700	42713	-72.6
私营有限责任公司	9554723	8000545	19.4
私营股份有限公司	153954	48434	217.9
其他企业	82728	36916	124.1

表4-15续表1

指　标　名　称	2016年	2015年	增速(%)
港、澳、台商投资企业	239145	24000	896.4
合资经营企业(港或澳、台资)	221694	24000	823.7
港、澳、台商投资股份有限公司	17451		
外商投资企业	112737	53779	109.6
中外合资经营企业	107737	53779	100.3
外商投资股份有限公司	5000		
个体经营	10518	14500	-27.5
个体户	9370	7000	33.9
个人合伙	1148	7500	-84.7
5、按行业分			
农、林、牧、渔业	439040	224212	95.8
农业	226188	108768	108.0
林业		10360	
畜牧业	90988	52949	71.8
渔业	88747	52135	70.2
采矿业	7500	43310	-82.7
制造业	11199202	10449959	7.2
农副食品加工业	730181	458193	59.4
食品制造业	289226	260852	10.9
酒、饮料和精制茶制造业	146476	386807	-62.1
纺织业	313346	347529	-9.8
纺织服装、服饰业	351433	392846	-10.5
皮革、毛皮、羽毛及其制品和制鞋业	151353	97022	56.0
木材加工和木、竹、藤、棕、草制品业	292894	385467	-24.0
家具制造业	149241	155941	-4.3
造纸和纸制品业	82201	69774	17.8
印刷和记录媒介复制业	184880	78057	136.9
文教、工美、体育和娱乐用品制造业	192543	146955	31.0
石油加工、炼焦和核燃料加工业	135022	122935	9.8

表 4-15 续表 2

指　标　名　称	2016年	2015年	增速(%)
化学原料和化学制品制造业	2237170	2078285	7.6
医药制造业	541366	298393	81.4
化学纤维制造业	3500	71776	-95.1
橡胶和塑料制品业	333794	302446	10.4
非金属矿物制品业	1384431	1174646	17.9
黑色金属冶炼和压延加工业	358293	306051	17.1
有色金属冶炼和压延加工业	131403	245814	-46.5
金属制品业	435275	366206	18.9
通用设备制造业	429548	430503	-0.2
专用设备制造业	635920	830059	-23.4
汽车制造业	176271	82741	113.0
铁路、船舶、航空航天和其他运输设备制造业	73444	154855	-52.6
电气机械和器材制造业	833898	679466	22.7
计算机、通信和其他电子设备制造业	159678	147179	8.5
仪器仪表制造业	107859	63094	70.9
其他制造业	198910	87640	127.0
废弃资源综合利用业	95250	186052	-48.8
金属制品、机械和设备修理业	44396	42375	4.8
电力、热力、燃气及水生产和供应业	508474	348535	45.9
电力、热力生产和供应业	448824	245532	82.8
燃气生产和供应业	19499	29718	-34.4
水的生产和供应业	40151	73285	-45.2
建筑业	18176	6571	176.6
房屋建筑业	6366		
土木工程建筑业	4560	5571	-18.1
建筑安装业	2600	1000	160.0
建筑装饰和其他建筑业	4650		
批发和零售业	164971	187054	-11.8
批发业	72300	45397	59.3
零售业	92671	141657	-34.6

表4-15续表3

指　标　名　称	2016年	2015年	增速(%)
交通运输、仓储和邮政业	255199	271156	-5.9
道路运输业	49450	13120	276.9
水上运输业	62673	121609	-48.5
装卸搬运和运输代理业	2990	16535	-81.9
仓储业	140086	119892	16.8
住宿和餐饮业	19490	5070	284.4
住宿业	19490	5070	284.4
信息传输、软件和信息技术服务业	1268	35520	-96.4
软件和信息技术服务业	1268	35320	-96.4
金融业	3500	9000	-61.1
资本市场服务	3500	9000	-61.1
房地产业	61935	20103	208.1
房地产业	61935	20103	208.1
租赁和商务服务业	814926	83832	872.1
租赁业	4812		
商务服务业	810114	83832	866.4
科学研究和技术服务业	99516	51070	94.9
研究和试验发展	26608	8614	208.9
专业技术服务业	2585	33738	-92.3
科技推广和应用服务业	70323	8718	706.6
水利、环境和公共设施管理业	164657	211495	-22.1
生态保护和环境治理业	18768	10842	73.1
公共设施管理业	145889	102653	42.1
居民服务、修理和其他服务业	19811	20321	-2.5
机动车、电子产品和日用产品修理业	9840	6122	60.7
其他服务业	9971		
教育	53029	57586	-7.9
教育	53029	57586	-7.9

表 4-15 续表 4

指　标　名　称	2016年	2015年	增速(%)
卫生和社会工作	9580	25917	-63.0
卫生	2980	14482	-79.4
社会工作	6600	11435	-42.3
文化、体育和娱乐业	26182	6858	281.8
文化艺术业	12532	6658	88.2
体育	4650		
娱乐业	9000	200	4400.0
公共管理、社会保障和社会组织	6864		
三、本年新增固定资产(万元)	**10558314**	**10351965**	**2.0**
四、项目个数(个)			
1、施工项目个数	1388	1220	13.8
其中:本年新开工	1105	1007	9.7
2、本年投产项目个数	1022	1033	-1.1
五、本年资金来源合计	**13578637**	**12012623**	**13.0**
1、上年末结余资金	312100	14500	2052.4
2、本年资金来源小计	13266537	11998123	10.6
(1)国家预算资金	99547	48050	107.2
(2)国内贷款	1394625	978805	42.5
(3)债券	36875		
(4)利用外资	54055	63998	-15.5
其中:外商直接投资	15001	14500	3.5
(5)自筹资金	11393574	10826715	5.2
其中:企、事业单位自有资金	2472631	2180235	13.4
其中:股东投入资金	454071	76025	497.3
其中:借入资金	41160		
(6)其他资金来源	287861	80555	257.3
六、各项应付款合计	**667659**	**347379**	**92.2**
其中:工程款	374147	257387	45.4

基础设施行业投资完成情况

表4-16

指　标　名　称	2016年	2015年	增速(%)
一、计划总投资(万元)			
1、建设项目计划总投资	14965939	12117192	23.5
其中:本年新开工项目	2690781	3186136	-15.5
2、自开始建设至本年底累计完成投资	8560630	8524861	0.4
二、自年初累计完成投资(万元)	**4778735**	**4951942**	**-3.5**
1、按构成分			
建筑工程	2357715	3521964	-33.1
安装工程	438651	315413	39.1
设备工器具购置	1140673	873223	30.6
其他费用	841696	241342	248.8
其中:建设用地费	50955	26443	92.7
2、按建设性质分			
(1)新建	2861659	3866643	-26.0
(2)扩建	1610584	870409	85.0
(3)改建	304492	214890	41.7
(7)单纯购置	2000		
3、按登记注册类型分			
内资企业	4714191	4836711	-2.5
国有企业	1431721	2930837	-51.1
集体企业	30387	111607	-72.8
联营企业	8575		
国有联营企业	8575		
有限责任公司	2687083	1343831	100.0
国有独资公司	617380	1240269	-50.2
其他有限责任公司	2069703	103562	1898.5
股份有限公司	14022	11089	26.4
私营企业	542403	422997	28.2
私营独资企业	74996	122361	-38.7
私营有限责任公司	467407	299995	55.8
其他企业		16350	-100.0
港、澳、台商投资企业	48825	61452	-20.5
港、澳、台商独资经营企业	48825	43960	11.1
港、澳、台商投资股份有限公司		17492	
外商投资企业	15719	53779	-70.8
中外合资经营企业	15719	53779	-70.8

表 4-16 续表

指　标　名　称	2016年	2015年	增速(%)
电力、热力、燃气及水生产和供应业	2374596	1715763	38.4
电力、热力生产和供应业	2187392	1477595	48.0
燃气生产和供应业	20722	61960	-66.6
水的生产和供应业	166482	176208	-5.5
交通运输、仓储和邮政业	635902	1095005	-41.9
铁路运输业		155745	
道路运输业	347701	204037	70.4
水上运输业	250841	653621	-61.6
装卸搬运和运输代理业	37360	81602	-54.2
信息传输、软件和信息技术服务业	99638	40920	143.5
电信、广播电视和卫星传输服务	49798	40720	22.3
互联网和相关服务	49840	200	24820.0
水利、环境和公共设施管理业	1668599	2100254	-20.6
水利管理业	397528	379997	4.6
生态保护和环境治理业	58458	18791	211.1
公共设施管理业	1212613	1701466	-28.7
三、本年新增固定资产(万元)	**2024931**	**3132659**	**-35.4**
四、项目个数(个)			
1、施工项目个数	405	279	45.2
其中:本年新开工	305	173	76.3
2、本年投产项目个数	280	174	60.9
五、本年资金来源合计	**4757902**	**5003527**	**-4.9**
1.上年末结余资金	377986		
2、本年资金来源小计	4379916	5003527	-12.5
(1)国家预算资金	112868	141119	-20.0
其中:中央预算资金	3000		
(2)国内贷款	935225	825245	13.3
(4)利用外资		32050	-100.0
其中:外商直接投资		14500	-100.0
(5)自筹资金	3298388	3999123	-17.5
其中:企、事业单位自有资金	1148926	1223980	-6.1
其中:股东投入资金	301222		
其中:借入资金	55722		
(6)其他资金来源	33435	5990	458.2
六、各项应付款合计	**150542**	**109026**	**38.1**
其中:工程款	82128	37558	118.7

2016年全市投资项目计划总投资前100位项目

表 4-17　　　　单位:万元

排序	建设单位	项目名称	计划总投资
1	江苏核电有限公司	田湾核电站	7375676
2	江苏斯尔邦石化有限公司	年产360万吨醇基多联产项目	2196818
3	中通科云置业(连云港)有限公司	中电智云华东大数据中心及高科产业园	1065300
4	连云港港30万吨级航道建设指挥部	连云港港30万吨级航道工程	789200
5	番禺珠江钢管(连云港)有限公司	高性能管线钢管项目	748280
6	番禺珠江钢管(连云港)有限公司	双金属复合板卷管一体化	741365
7	连云港润洲投资有限公司	海州智慧物流产业园项目	570000
8	江苏虹港石化有限公司	年产150万吨TPA项目	500720
9	连云港港30万吨级航道建设指挥部	徐圩港区防波堤工程	476946
10	江苏三航润驰机械工程有限公司	三航润驰物流园项目	460000
11	江苏德邦兴华化工股份有限公司	年产35万吨合成氨系列产品项目	330732
12	连云港国泰力勤特种材料有限公司	不锈钢制品制造项目	324732
13	江苏斯尔邦石化有限公司	年产18万吨环氧乙烷和30万吨EVA	300000
14	江苏宝通镍业有限公司	年产41万吨镍合金(一期)项目	240000
15	江苏方洋物流有限公司	示范区资源集中采购中心项目	217909
16	连云港荣泰化工仓储有限公司	连云港荣泰化工仓储有限公司罐区工程	209172
17	江苏方洋集团有限公司	海滨大道徐圩新区段	199000
18	江苏方洋集团有限公司	连云港虹洋热电联产项目	185500
19	江苏珠穆朗玛食品有限责任公司	年产24万吨食品及饮料项目	180000
19	连云港凯帝重工科技有限公司	年产30万吨机械装备制造及钢管钢结构(一期)	180000
21	连云港市新海医院投资管理有限公司	市新海医院建设工程	178245
22	江苏山海连云建设有限公司	连云新城一期商务中心景观绿化工程	176367
23	江苏润科投资发展集团有限公司	新海新区科技创业城南地块	168309
24	连云港颐高电商园投资有限公司	电商产业园建设项目	168000
25	连云港港口集团有限公司	徐圩港区一期工程	165000

表 4-17 续表 1　　　　单位:万元

排序	建　设　单　位	项　目　名　称	计划总投资
26	江苏金港湾投资有限公司	连云港保税物流中心	164900
27	连云港市城市建设投资集团有限责任公司	连云港市5处规划路下穿陇海铁路及新建连盐铁路立交桥工程	152156
28	连云港市城市建设投资集团有限责任公司	海滨大道新建工程	150000
29	江苏方洋物流有限公司	徐圩新区地下综合管廊一期工程	149000
30	江苏天明特种车辆有限公司	年产7000台轻量化铝合金罐体生产线二期项目	142779
31	江苏康惠医药产业园有限公司	康惠医药产业园项目	140000
32	连云港徐圩港口投资集团有限公司	连云港港徐圩港区二港池多用途泊位二期工程	136237
33	连云港瀛洲投资发展有限公司	二零四国道新浦连接线工程	127500
34	连云港金海岸开发建设有限公司	海滨大道(金海大道-新城闸)	121945
35	江苏石光光伏有限公司	石光光伏东扩二期项目	120000
36	江苏方洋集团有限公司	节能环保科技园标准厂房一期工程	114404
37	日出东方太阳能股份有限公司	高效太阳能热水器生产线三期技改项目	110000
37	江苏方洋集团有限公司	连云港新海至徐圩港区公路	110000
39	连云港万达广场投资有限公司	连云港万达广场项目	109464
40	江苏方洋集团有限公司	港前大道(纵一路-226省道)	108500
41	江苏金港湾投资有限公司	连云港港主体港区北疏港高速公路	107000
42	华能灌云热电有限责任公司	燃煤热电联产项目	103400
43	连云港市水利局	新建蔷薇湖水库工程	103000
44	连云港瀛洲投资发展有限公司	海州区民主路老街改造工程	102000
45	连云港港口集团有限公司	连云港港中心货运站	100000
45	江苏连城投资有限公司	新能源创新中小企业园项目	100000
45	东海县协鑫光伏电力有限公司	二期110MW渔光光伏发电项目	100000
45	连云港春旭滚塑科技有限公司	滚塑制品加工项目	100000
45	连云港林洋新能源有限公司	100MW生态农业光伏电站项目	100000
45	连云港新唐投资有限公司	北极星商业广场	100000

表 4-17 续表 2　　　　单位：万元

排序	建设单位	项目名称	计划总投资
51	江苏润科投资发展集团有限公司	新世界文化城文化中心	99832
52	连云港立本农药化工有限公司	年产 6100 吨农药原药、15500 吨农药中间体系列产品技改项目	98000
53	江苏方洋集团有限公司	徐圩新区大陆桥产品展览展示中心	97885
54	连云港和茂粮食仓储有限公司	新上 8 万吨粮食仓储项目	94810
55	连云港业事板业有限公司	年产 10 万立方米中高密度纤维板技改项目	93800
56	江苏海州发展集团有限公司	锦屏磷矿棚户区改造工程	93739
57	江苏新海科产业投资发展有限公司	猴嘴片区旧城改造项目	92250
58	江苏方洋集团有限公司	连云港港徐圩港区二港池多用途泊位一期工程	92244
59	连云港金海连云置业有限公司	连云新城租赁式办公 B1-B3	91823
60	江苏方洋集团有限公司	人才公寓	89778
61	江苏森柏油脂有限公司	油菜籽(大豆)压榨、浸出、精炼及棕榈油分提	86826
62	江苏天眼医药科技股份有限公司	新建隐形眼镜及护理液加工生产线	85900
63	江苏省镔鑫钢铁集团有限公司	优质碳素结构钢、焊条钢、铆螺钢等工业用材	84600
64	连云港金海岸开发建设有限公司	连云新城临洪大道	83300
65	江苏新王龙化工科技有限公司	(2016-407655)年产 8 万吨醋酐、1.72 万吨双乙烯酮 1 万吨乙酰乙酸甲酯技术改造项目	82000
66	连云港金海连云置业有限公司	政府租赁式办公区 A5、A6 区	81729
67	淮海工学院	淮海花园	80450
68	江苏方洋集团有限公司	连云港港徐圩港区一港池二期工程	80341
69	江苏山海连云建设有限公司	连云新城医院	78028
70	连云港市建工集团建筑产业发展有限公司	建筑产业现代化基地项目	78000
71	赣榆县交通局	S242 苏鲁交界至赣榆青口段改扩建	76800
72	江苏方洋集团有限公司	徐圩新区防洪除涝及调蓄工程	74946
73	江苏香河农业开发有限公司	徐圩新区香河生态园生态环境整治及农业产业开发	74723
74	连云港金东方港口投资有限公司	防波堤二期项目	73996
75	江苏苏海投资集团有限公司	东温庄水库	73918

表 4-17 续表 3　　单位:万元

排序	建　设　单　位	项　目　名　称	计划总投资
76	灌南县新澳港务有限公司	新建连云港灌河港区堆沟作业区一期工程项目	73000
77	灌云县交通运输局	东长公路工程项目	72000
77	江苏汇联铝业有限公司	年产 10 万吨铝型材生产线技改项目	72000
79	江苏方洋集团有限公司	徐圩新区公共租赁住房工程	71458
80	江苏斯尔邦石化有限公司	环氧基精细化学品项目	70709
81	光大环保(连云港)固废处置有限公司	危险废弃物填埋项目	70000
81	江苏欧翔新能源有限公司	500MW 太阳能电池组件项目	70000
83	江苏斯尔邦石化有限公司	年产 10 万吨丁二烯项目	68985
84	江苏方洋集团有限公司	徐圩新区医疗应急救援中心	67076
85	连云港立本农药化工有限公司	年产 6100 吨农药原药、3500 吨农药中间体系列产品技改项目	66988
86	连云港新荣泰码头有限公司	连云港港徐圩港区液体散货泊位一期工程项目	66800
87	连云港捷成科技园发展有限公司	在线镀膜光伏玻璃生产线项目	66775
88	江苏省镔鑫钢铁集团有限公司	新建钢渣热闷及金属回收生产线	66750
89	连云港宝铁投资有限公司	连云港内河港新海港区板浦作业区一期码头工程	65946
90	连云港劲美文仪家具制造有限公司	新建家具产业园项目	65421
91	灌云县交通运输局	同伊公路工程项目	65000
91	江苏新海科产业投资发展有限公司	开发区大浦路改建工程	65000
93	中交(连云港)建设开发有限公司	海滨新区(15–19 街坊)基础设施一期工程陆	63294
94	灌云县交通运输局	长新公路工程项目	63000
95	光大城乡再生能源(灌云)有限公司	生物质热电联产项目	62737
96	连云港润新投资有限公司	蔷薇岛旅游风景区项目	62172
97	江苏裕灌现代农业科技有限公司	年产 25 万吨菌丝堆料、4.5 万吨食用菌自动化栽培及 5 万吨果蔬加工项目	62010
98	连云港上航局航道工程有限公司	新建灌南基地项目	61971
99	连云港中哈国际物流有限公司	连云港中哈物流场站工程	60584
100	江苏苏海投资集团有限公司	滨海新城围海造陆	60448

2016年全市投资项目当年完成投资前100位项目

表 4-18　　　　单位:万元

排序	建　设　单　位	项　目　名　称	当年完成投资
1	江苏核电有限公司	田湾核电站	1442146
2	江苏斯尔邦石化有限公司	年产 360 万吨醇基多联产项目	355675
3	江苏斯尔邦石化有限公司	年产 18 万吨环氧乙烷和 30 万吨 EVA	300200
4	连云港港 30 万吨级航道建设指挥部	徐圩港区防波堤工程	269000
5	连云港润洲投资有限公司	海州智慧物流产业园项目	170571
6	江苏金港湾投资有限公司	连云港保税物流中心	169480
7	江苏山海连云建设有限公司	连云新城一期商务中心景观绿化工程	140781
8	连云港瀛洲投资发展有限公司	二零四国道新浦连接线工程	134250
9	江苏连城投资有限公司	新能源创新中小企业园项目	118061
10	中通科云置业(连云港)有限公司	中电智云华东大数据中心及高科技数据产业园	115789
11	连云港万达广场投资有限公司	连云港万达广场项目	99875
12	连云港市水利局	新建蔷薇湖水库工程	92414
13	连云港瀛洲投资发展有限公司	海州区民主路老街改造工程	87060
14	江苏康惠医药产业园有限公司	康惠医药产业园项目	82626
15	连云港春旭滚塑科技有限公司	滚塑制品加工项目	80559
16	连云港市城市建设投资集团有限责任公司	连云港市 5 处规划路下穿陇海铁路及新建连盐铁路立交桥工程	73755
17	江苏斯尔邦石化有限公司	环氧基精细化学品项目	70900
18	东海县协鑫光伏电力有限公司	二期 110MW 渔光光伏发电项目	70100
19	江苏斯尔邦石化有限公司	年产 10 万吨丁二烯项目	69100
20	达进东方(江苏)光电有限公司	LED 制造项目	67851
21	连云港新浦经济开发区管理委员会	西区基础设施工程	66700
22	连云港金东方港口投资有限公司	防波堤二期项目	65588
23	江苏天明特种车辆有限公司	年产 7000 台轻量化铝合金罐体生产线二期项目	64076
24	江苏新海科产业投资发展有限公司	开发区大浦路改建工程	63066
25	江苏省镔鑫钢铁集团有限公司	优质碳素结构钢、焊条钢、铆螺钢等工业用材	62947

表 4-18 续表 1　　单位:万元

排序	建　设　单　位	项　目　名　称	当年完成投资
26	番禺珠江钢管(连云港)有限公司	双金属复合板卷管一体化	62000
27	日出东方太阳能股份有限公司	高效太阳能热水器生产线三期技改项目	61625
28	连云港金海岸开发建设有限公司	海滨大道(金海大道-新城闸)	60161
29	灌南县新澳港务有限公司	新建连云港灌河港区堆沟作业区一期工程项目	59433
30	江苏海州发展集团有限公司	锦屏磷矿棚户区改造工程	59256
31	华能灌云热电有限责任公司	燃煤热电联产项目	59064
32	江苏方洋集团有限公司	连云港虹洋热电联产项目	58200
33	连云港宝铁投资有限公司	连云港内河港新海港区板浦作业区一期码头工程	57228
34	江苏围海工程科技有限公司	软基处理设备及新材料研制项目	56491
35	江苏汇联铝业有限公司	年产 10 万吨铝型材生产线技改项目	56382
36	江苏新王龙化工科技有限公司	(2016-407655)年产 8 万吨醋酐、1.72 万吨双乙烯酮 1 万吨乙酰乙酸甲酯技术改造项目	55870
37	连云港金海岸开发建设有限公司	连云新城临洪大道	52847
38	江苏金港湾投资有限公司	连云港港主体港区北疏港高速公路	52800
39	中电投青云光伏发电(连云港)有限公司	中电投连云港青口渔光互补 50MWp 一期 15MWp 光伏发电项目	52004
40	连云港瑞豪置地有限公司	连云港工业会展中心二期工程	51726
41	连云港老街文化旅游开发有限公司	连云老街扩建改造	51700
42	光大环保(连云港)固废处置有限公司	危险废弃物填埋项目	51627
43	江苏远征化工有限公司	年产 15000 吨染料中间体及 25100 吨染料技改项	51336
44	江苏裕灌现代农业科技有限公司	年产 25 万吨菌丝堆料、4.5 万吨食用菌自动化栽培及 5 万吨果蔬加工项目	50677
45	江苏明盛化工有限公司	年产 10000 吨 H 酸技术改造项目	50585
46	连云港华杰教育投资有限公司	连云港华杰国际学校	50017
47	东海县卫生和计划生育委员会	东海县人民医院迁建工程项目	49944
48	江苏山海连云建设有限公司	连云新城商务公共服务中心	49778
49	连云港立本农药化工有限公司	年产 6100 吨农药原药、15500 吨农药中间体系列产品技改项目	49580
50	连云港宝翔铸造有限公司	年 30 万吨矿渣粉综合利用项目	48950

表 4-18 续表 2　　单位:万元

排序	建　设　单　位	项　目　名　称	当年完成投资
51	连云港柏兴无纺布制品有限公司	无纺布制品塑料衣服台布盖布生产项目	48700
52	正大天晴药业集团股份有限公司	正大天晴三期	48106
53	连云港金海连云置业有限公司	连云新城租赁式办公 B1-B3	47578
54	江苏明盛化工有限公司	年产 4000 吨氯代苯酚系列等技改项目	47009
55	江苏省镔鑫钢铁集团有限公司	余热余压综合利用节能二期	46826
56	连云港上航局航道工程有限公司	新建灌南基地项目	46735
57	连云港赣榆明锐机械制造有限公司	年制造轴承配件 5000 万件生产线技改项目	46618
58	连云港神州投资有限公司	浦南商业中心项目	46600
59	中复神鹰碳纤维有限责任公司	年产 3500 吨聚丙烯腈原丝及 1500 吨 SYT45 高性能碳纤维技术改造项目	46277
60	连云港绿润环保科技有限公司	含金属废弃物综合利用项目	46050
61	江苏品苏实业有限公司	年产五百万件新型户外用品项目	46000
62	连云港德友精工科技有限公司	年产 10 万吨高强度碳钢紧固件加工生产线项目	45600
63	江苏新航电气有限公司	岸电系统工程设备制造项目	44771
64	江苏昌华化工有限公司	30 万吨/年水性树脂项目	43992
65	连云港晓行金属设备制造有限公司	海洋油气钻井平台及石油管件生产基地	43585
66	连云港华磁重工设备制造有限公司	整体生活模块项目一期工程	43576
67	灌云天骄科技开发有限公司	年产 1 亿安时环保型锂离子电池及 10000 吨镍钴锰酸锂正极材料	43574
68	江苏省金肯科技实业股份有限公司	年产 2.5 万吨金刚素及其产业化项目	43259
69	连云港如年实业有限公司	年产一千台套数控机床项目	43000
70	番禺珠江钢管(连云港)有限公司	高性能管线钢管项目	42845
71	江苏坤铭电子科技有限公司	无线智能开关加工生产线项目	42675
72	连云港柏德实业有限公司	年产 2000 万件无纺布制品项目	42500
73	中材江苏太阳能新材料有限公司	年产 10 万只太阳能多晶硅用石英陶瓷坩埚生产线技改项目	42114
74	连云港佳普石化机械有限公司	年产 300 台套 LNG 撬装的技术改造项目	42100
75	江苏金海岸海洋经济开发有限公司	海产品工厂化养殖一期工程	41926

表 4-18 续表 3 单位:万元

排序	建设单位	项目名称	当年完成投资
76	连云港劲美文仪家具制造有限公司	新建家具产业园项目	41855
77	江苏欧翔新能源有限公司	500MW 太阳能电池组件项目	41050
78	江苏世友炭材有限公司	年产 10 万吨煅后焦及 16 万吨蒸汽生产线技改项目	41000
78	连云港泰辉集装箱服务有限公司	集装箱维修改造项目	41000
80	连云港耀连实业发展有限公司	中德(连云港)中小企业产业合作区标准厂房二期	40389
81	连云港祥云投资有限公司	灌云电商产业园项目	40000
82	江苏省振榆资产经营投资有限公司	建设赣榆经济开发区宋庄镇道路污水管网等基础设施配套项目	39566
83	连云港林洋新能源有限公司	100MW 生态农业光伏电站项目	39443
84	连云港耀连实业发展有限公司	中德(连云港)中小企业产业合作区标准厂房	39354
85	日出东方太阳能股份有限公司	年产 160 万只太阳能热水器项目	39188
86	江苏省镔鑫钢铁集团有限公司	新建钢渣热闷及金属回收生产线	39171
87	赣榆县交通局	S242 苏鲁交界至赣榆青口段改扩建	39158
88	连云港中复连众复合材料集团有限公司	中复连众管罐产品搬迁及扩建项目	39068
89	连云港立本农药化工有限公司	年产 6100 吨农药原药、3500 吨农药中间体系列产品技改项目	38606
90	江苏福如东海发展集团有限公司	东海县城乡统筹区域供水管网工程	38465
91	连云港捷成科技园发展有限公司	在线镀膜光伏玻璃生产线项目	38260
92	江苏广瑞包装有限公司	医药包装材料项目	38049
93	连云港鸿翔化工有限公司	年产 10000 吨甲基苯胺等八种产品技改项目	37246
94	江苏三航润驰机械工程有限公司	三航润驰物流园项目	37100
95	连云港太平洋光伏石英材料有限公司	年产 12 万只多晶硅铸锭用石英方坩埚、16 万只大口径石英圆坩埚及光伏石英材料研发中心项目	37075
96	东海县交通局	农村公路道路建设工程	37000
97	连云港港口集团有限公司	徐圩港区一期工程	36902
98	江苏尊旺实业有限公司	饲料加工、畜禽及畜禽产品深加工项目	36048
99	连云港腾东实业有限公司	东海高新区综合商务中心项目	35877
100	江苏天明特种车辆有限公司	7000 台轻量化铝合金罐体生产线	35531

按地区分房地产

表 4-19

(2016 年)

项　　　目	连云港市	连云区	海州区	赣榆区
项目个数	316	28	46	56
计划总投资	12787732	2139731	2709567	1455813
累计完成投资	9095600	863870	2326073	1116738
本年完成投资	2354133	163020	753929	254611
按工程用途分				
住宅	1929150	36508	645434	202672
其中：90 平方米及以下	367838	3516	233069	16502
144 平方米及以上	220835	12522	108445	37990
其中：别墅、高档公寓	2650		1722	120
办公楼	141751	89622	17900	111
商业营业用房	175979	34518	46324	34596
其他	107253	2372	44271	17232
按构成分				
建筑工程	1747222	139442	510358	170780
安装工程	260662	9889	118848	25062
设备工器具购置	61657		39015	4538
其他费用	284592	13689	85708	54231
其中：旧建筑物购置费	1402			1280
土地购置费	182506		46487	36066
本年新增固定资产	1003418	43258	137370	136651

开发投资情况

单位:万元

开发区	高新区	东海县	灌云县	灌南县
13	25	48	55	45
614040	2302273	1112539	1084138	1369631
377264	1634072	827756	875303	1074524
95024	392065	197748	272632	225104
91477	322994	176411	242526	211128
10369	62596	11570	20486	9730
1130	49244	4887	4408	2209
		200	608	
	27894	435	5789	
2712	19457	14997	12646	10729
835	21720	5905	11671	3247
71469	266076	170064	215657	203376
5600	53648	20740	21353	5522
800	8552	376	8366	10
17155	63789	6568	27256	16196
	50			72
16655	49394	3098	18366	12440
10401	457766	44293	100757	72922

表 4-20

(2016 年)

项　　　目	连云港市	连云区	海州区	赣榆区
单位个数	300	24	49	51
本年实际到位资金合计	3830655	411292	1000649	510916
上年末结余资金	774954	164880	155627	140432
本年实际到位资金小计	3055701	246412	845022	370484
国内贷款	310350	56750	127717	30530
银行贷款	285350	31750	127717	30530
非银行金融机构贷款	25000	25000		
利用外资	12659			12659
其中:外商直接投资	12659			12659
自筹资金	1026744	96761	217056	123662
其中:自有资金	485219	12455	92028	91899
股东投入资金	111068	8877	54000	
借入资金	52762	9666	10633	11184
其他资金来源	1705948	92901	500249	203633
其中:定金及预收款	798317	58685	269160	90070
个人按揭贷款	823497	34076	204600	89055
本年各项应付款	793053	85243	290214	84126
其中:工程款	477475	50751	171510	58445
待开发土地面积(平方米)	888354	208230	106568	92107
购置土地面积(平方米)	346097	75669		132453
土地成交价款	46001	18025		14434
其中:拆迁补偿费	350			350
土地使用权出让金	44085	18025		13434
契税	550	320		230

开发资金情况

单位:万元、平方米

开发区	高新区	东海县	灌云县	灌南县
9	23	50	52	42
122355	768355	464378	276165	276545
17505	84050	116800	79761	15899
104850	684305	347578	196404	260646
	76100	5250	4133	9870
	76100	5250	4133	9870
49962	167204	138183	82703	151213
30015	128826	120459	3576	5961
570	16997	9800	18824	2000
5377		3600	4500	7802
54888	441001	204145	109568	99563
28998	191180	70864	48695	40665
25840	243829	127316	43638	55143
29872	125204	67473	78058	32863
20795	58008	49155	44336	24475
27840		176674	71916	205019
			57248	80727
			1366	12176
			450	12176

按地区分商品房

表 4-21 (2016 年)

项目	连云港市	连云区	海州区	赣榆区
项目个数	316	28	46	56
房屋施工面积	21471212	1697610	3859787	3854956
住宅	17290117	991559	3203688	3153315
其中:90 平方米及以下	2497499	204150	746718	366328
144 平方米以上	2473741	319836	602300	257556
别墅、高档公寓	246523	48000	160212	4494
办公楼	517707	279521	22935	1451
商业营业用房	1896388	218752	200695	423425
其他	1767000	207778	432469	276765
房屋新开工面积	5156380	560611	1013821	566997
住宅	4292853	276597	864171	487017
其中:90 平方米及以下	410333	4000	189736	64713
144 平方米以上	315764	170532	40800	14968
别墅、高档公寓	21617			
办公楼	190578	152225	4722	359
商业营业用房	280661	75371	42504	34615
其他	392288	56418	102424	45006
房屋竣工面积	2895482	119989	231778	520098
住宅	2378694	82392	225088	396671
其中:90 平方米及以下	342162	10109	146576	72317
144 平方米以上	512710	11519	31054	32396
别墅、高档公寓	21617			
办公楼	30988			1451
商业营业用房	356590	25831	217	72329
其他	129210	11766	6473	49647
不可销售面积	148120			2865
住宅	143134			
其中:90 平方米及以下				
144 平方米以上	112000			
别墅、高档公寓				
办公楼				
商业营业用房				
其他	4986			2865

施工和销售情况

单位:平方米

开发区	高新区	东海县	灌云县	灌南县
13	25	48	55	45
652834	3838731	2582435	2744465	2240394
611096	3104321	2129525	2150460	1946153
151080	659365	105659	193205	70994
96444	824955	77717	218829	76104
		12200	21617	
	81683	60853	71264	
36129	250099	231580	312740	222968
5609	402628	160477	210001	71273
264063	835381	724243	611018	580246
244607	748606	591034	554653	526168
8477	96257	20266	19725	7159
3500	30490	6769	33758	14947
			21617	
	1379	603	31290	
13847	5313	67399	16643	24969
5609	80083	65207	8432	29109
60398	1069415	253569	393011	247224
60398	894720	237888	310519	171018
	80145	15590	17425	
	400983	6000	30758	
			21617	
			29537	
	174695	13560	15661	54297
		2121	37294	21909
	140505	2121	2629	
	140505		2629	
	112000			
		2121		

表 4-21 续表 1 （2016 年）

项　　　目	连云港市	连 云 区	海 州 区	赣 榆 区
住宅竣工套数_住宅(套)	19093	757	2297	3348
其中:90 平方米及以下	4450	116	1770	863
144 平方米以上	2926	78	137	173
别墅、高档公寓	89			
房屋竣工价值(万元)	895144	36861	100410	135480
住宅	762084	24374	99582	100420
其中:90 平方米及以下	112274	2520	54829	21290
144 平方米以上	273968	5305	26657	6784
别墅、高档公寓	2050			
办公楼	8938			350
商业营业用房	100208	9213	64	21485
其他	23914	3274	764	13225
商品房销售面积(平方米)	5244367	272599	1052255	926013
住宅	5032995	246987	1019457	873069
其中:90 平方米及以下	387450	14785	124517	78527
144 平方米以上	391446	92258	87614	85926
别墅、高档公寓	32135	876	9769	3729
办公楼	20402	14664	130	63
商业营业用房	137343	8800	19973	38901
其他	53627	2148	12695	13980
本年商品房销售额(万元)	2732774	131413	705266	364987
住宅	2603888	117891	676767	342082
其中:90 平方米及以下	199804	7048	61307	28852
144 平方米以上	216362	43339	55491	33518
别墅、高档公寓	16083	611	6073	941
办公楼	9978	6549	88	99
商业营业用房	99166	6389	22026	17769
其他	19742	584	6385	5037

单位:平方米

开发区	高新区	东海县	灌云县	灌南县
470	5913	2314	2189	1805
	1116	326	259	
	2286	39	213	
			89	
10401	430750	40822	80613	59807
10401	381836	38657	66475	40339
	28368	2304	2963	
	226620	720	7882	
			2050	
			8588	
	48914	1682	4321	14529
		483	1229	4939
204039	991460	884151	477779	436071
201261	979137	832244	465888	414952
5866	110858	24499	26506	1892
2004	84245	29552	8219	1628
		17761		
	2460		3085	
1913	9863	29726	8756	19411
865		22181	50	1708
86745	696379	389624	178896	179464
85070	683590	359527	170117	168844
2663	77993	11191	10065	685
947	63567	15316	3362	822
		8458		
	1722		1520	
1472	11067	22979	7209	10255
203		7118	50	365

表 4-21 续表 2　　　　(2016 年)

项　　目	连云港市	连云区	海州区	赣榆区
待售面积(平方米)	1824966	235949	230833	264513
住宅	1263011	93822	179095	210044
其中:90 平方米及以下	121273	10136	19703	41716
144 平方米以上	251811	54427	53994	50893
别墅、高档公寓	85799	32849	43687	
办公楼	109242	65338	107	1092
商业营业用房	308395	63389	23262	42742
其他	144318	13400	28369	10635
其中:待售 1-3 年(含 1 年)	987670	235603	125214	162209
住宅_待售 1-3 年(含 1 年)	569035	93476	94129	121500
90 平方米及以下_住宅_待售 1-3 年(含 1 年)	56903	9963	486	34790
144 平方米以上_住宅_待售 1-3 年(含 1 年)	172490	54427	33143	30864
别墅、高档公寓_住宅_待售 1-3 年(含 1 年	61404	32849	28555	
办公楼_待售 1-3 年(含 1 年)	106074	65338	107	1092
商业营业用房_待售 1-3 年(含 1 年)	199541	63389	17013	28982
其他_待售 1-3 年(含 1 年)	113020	13400	13965	10635
待售 3 年以上(含 3 年)	60779		14829	
住宅_待售 3 年以上(含 3 年)	22073		14829	
90 平方米及以下_住宅_待售 3 年以上(含 3 年)				
144 平方米以上_住宅_待售 3 年以上(含 3 年)	18362		14829	
别墅、高档公寓_住宅_待售 3 年以上(含 3 年)	14829		14829	
办公楼_待售 3 年以上(含 3 年)				
商业营业用房_待售 3 年以上(含 3 年)	28969			
其他_待售 3 年以上(含 3 年)	9737			

单位:平方米

开发区	高新区	东海县	灌云县	灌南县
186200	314891	37556	346252	208772
126203	235998	17119	278645	122085
	30027		19195	496
	60783	873	30441	400
			9263	
3168			39537	
45770	6149	18451	27116	81516
11059	72744	1986	954	5171
23559	182306	22608	181803	54368
	117499	8145	132713	1573
	1949		9715	
	32405	873	20778	
			39537	
12500	1800	14463	8599	52795
11059	63007		954	
22121	15567			8262
	5830			1414
	3533			
22121				6848
	9737			

按地区分房地产

表 4-22

(2016 年)

项目	连云港市	连云区	海州区	赣榆区
单位个数	300	24	48	51
一、年初存货	4300501	568411	1342314	460263
二、年末资产负债				
流动资产合计	8094063	844810	2142495	862409
其中:应收账款	208388	21856	73291	33346
存货	4661544	595606	1258530	511730
固定资产合计	116948	26505	21057	21769
固定资产原价	137876	34500	27571	25668
累计折旧	42538	11659	7039	5304
其中:本年折旧	6512	1344	850	823
在建工程	133568	68697	4728	19421
资产总计	9451977	1087545	2419811	1053298
流动负债合计	6340616	817418	1784040	686170
其中:应付账款	553336	121576	120018	52459
非流动负债合计	1241041	73334	359345	54029
负债合计	7581657	890752	2143385	740199
所有者权益合计	1870321	196793	276426	313099
其中:实收资本	1383926	152120	267449	122076
三、损益及分配				
营业收入	2333540	100030	519058	325101
其中:主营业务收入	2314544	99512	504876	324303
土地转让收入	266			
商品房销售收入	2309650	98686	504370	321932

企业财务状况

单位:万元

开发区	高新区	东海县	灌云县	灌南县
9	24	50	52	42
288601	948248	202190	343410	147064
598244	2008256	644086	575881	417883
7437	9640	12903	16581	33334
288799	1136691	302187	360000	208001
2377	21451	11989	6996	4804
3223	11824	17327	10383	7381
999	5206	5472	3920	2940
145	765	1629	590	368
	211	15147	45	25320
608716	2468463	755078	615497	443569
413937	1351374	508368	444950	334360
34704	47136	69533	38029	69882
69781	643792	4639	27876	8245
483718	1995165	513007	472826	342605
124999	473298	242070	142671	100964
136702	348521	179947	110017	67094
17138	632967	397696	136432	205118
16041	632272	397694	136300	203545
		266		
15627	631902	397319	136269	203545

表 4-22 续表 (2016 年)

项　　目	连云港市	连 云 区	海 州 区	赣 榆 区
房屋出租收入	4110	777	108	2352
其他收入	518	49	398	19
营业成本	1960104	85654	489868	269625
其中:主营业务成本	1798526	84663	489858	267597
营业税金及附加	143394	5251	37316	20400
其中:主营业务税金及附加	140212	4945	37314	20369
其他业务利润	11272	518	7935	472
销售费用	62254	2735	21256	6524
管理费用	65776	7524	14945	11303
其中:税金	5675	601	1928	314
财务费用	20027	2385	7243	2752
其中:利息收入	1319	78	111	70
利息支出	12585	2317	5769	1497
资产减值损失	13383	-340	13622	-1
公允价值变动收益				
投资收益	-261	-307	57	
营业利润	71208	-3477	-64480	16396
营业外收入	8320	621	6256	459
其中:政府补助	319		12	167
营业外支出	6231	178	1204	835
利润总额	73354	-3034	-59372	16020
应交所得税	29980	342	3564	4515
四、人工成本				
应付职工薪酬	41314	4016	7103	5346
应交增值税	25426	1349	4127	3177

单位:万元

开发区	高新区	东海县	灌云县	灌南县
413	351	110		
	20		31	
13895	516480	317861	110045	156676
13895	381005	294791	110042	156676
751	45675	19740	6569	7692
751	45654	17128	6359	7692
78	692	2	2	1573
2651	10764	11111	4054	3160
2776	9416	8981	5843	4987
296	944	1119	120	355
14	1144	3677	397	2416
3	727	67	245	19
-1	29	293	535	2146
23	68	10		
	-12			1
-2972	49360	36316	9877	30188
66	291	484	61	83
		140		
118	518	1005	2244	130
-3024	49133	35794	7695	30141
554	12087	6438	1048	1431
1525	7605	5060	6119	4542
715	10318	3760	970	1011

按登记注册类型分房地产开发投资情况

表 4-23　　(2016 年)　　单位:万元

项　　目	连云港市	内资企业	港、澳、台商投资企业	外商投资企业
项目个数	316	308	4	4
计划总投资	12787732	11812332	312400	663000
累计完成投资	9095600	8766010	229376	100214
本年完成投资	2354133	2302926	42290	8917
按工程用途分				
住宅	1929150	1900030	20919	8201
其中：90 平方米及以下	367838	365719	1943	176
144 平方米及以上	1340477	1319718	12946	7813
其中：别墅、高档公寓	2650	2650		
办公楼	141751	141751		
商业营业用房	175979	161316	14663	
其他	107253	99829	6708	716
按构成分				
建筑工程	1747222	1725351	14665	7206
安装工程	260662	253229	7433	
设备工器具购置	61657	61657		
其他费用	284592	262689	20192	1711
其中:旧建筑物购置费	1402	1402		
土地购置费	182506	164756	17750	
本年新增固定资产	1003418	999918	3500	

按登记注册类型分房地产开发资金情况

表 4-25　　(2016 年)　　单位:万元、平方米

项　　目	连云港市	内资企业	港、澳、台商投资企业	外商投资企业
单位个数	300	292	4	4
本年实际到位资金合计	3830655	3705525	66641	58489
上年末结余资金	774954	715785	10560	48609
本年实际到位资金小计	3055701	2989740	56081	9880
国内贷款	310350	310350		
银行贷款	285350	285350		
非银行金融机构贷款	25000	25000		
利用外资	12659		12659	
其中:外商直接投资	12659		12659	
自筹资金	1026744	1008299	17245	1200
其中:自有资金	485219	476836	7183	1200
股东投入资金	111068	111068		
借入资金	52762	44578	8184	
其他资金来源	1705948	1671091	26177	8680
其中:定金及预收款	798317	785993	9373	2951
个人按揭贷款	823497	800964	16804	5729
本年各项应付款	793053	779527	7060	6466
其中:工程款	477475	470860	250	6365
待开发土地面积(平方米)	888354	888354		
购置土地面积(平方米)	346097	346097		
土地成交价款	46001	46001		
其中:拆迁补偿费	350	350		
土地使用权出让金	44085	44085		
契税	550	550		

5

财 政、金 融

主要年份分地区财政收入

表5-1 单位:万元

年份	全市	市区	#赣榆区	东海县	灌云县	灌南县
1978	18598	13838	1752	1155	2912	693
1980	17443	13755	2742	1061	2136	491
1983	19526	15063	2681	1423	2362	678
1985	24889	18132	3084	2116	3565	1076
1990	42595	32842	4456	2645	4321	2787
1991	41253	32076	4524	2671	3591	2915
1992	45031	34150	4830	2866	4391	3624
1993	64463	48594	6697	5555	4754	5560
1994	74826	55200	8188	7413	5934	6279
1995	105512	75732	13156	12435	10422	6923
1996	129515	90563	18181	16620	14321	8011
1997	150029	103972	21239	18876	17318	9863
1998	164713	111983	24389	22211	19488	11031
1999	171151	116752	24730	22379	20290	11730
2000	172118	124488	19730	18650	17479	11501
2001	198350	152081	19500	20361	13510	12398
2002	269860	213096	25505	25808	15430	15526
2003	341292	270175	30187	30797	19715	20605
2004	423290	339783	34080	34623	22760	26124
2005	562810	450728	48809	54421	26044	31617
2006	783434	609347	81941	81716	40141	52230
2007	1228489	877830	140219	140219	90134	120306
2008	1805989	1258648	190539	181483	170098	195760
2009	2323194	1548728	252020	254233	250104	270129
2010	3525751	2247035	428975	430299	405017	443400
2011	4624063	3023284	523731	550241	511096	539442
2012	5647419	3611713	671000	699772	649764	686170
2013	5956484	3942893	741285	596482	705113	711996
2014	5798597	3565560	766028	788474	829394	615169
2015	5393563	3269400	821947	606533	880410	637220
2016	4310706	2852406	502619	343932	692295	422073

主要年份分地区财政支出

表 5-2 单位：万元

年份	全市	市区	#赣榆区	东海县	灌云县	灌南县
1978	8505	4303	1392	1372	1624	1206
1980	9074	4781	1577	1617	1522	1154
1983	12845	7123	2424	2239	2012	1471
1985	18241	10495	2826	2765	3040	1941
1990	43727	26040	6420	6342	6202	5143
1991	48151	28353	7485	7093	6610	6095
1992	48631	28999	7524	7260	6454	5918
1993	64926	40333	9275	8319	7808	8466
1994	74559	45673	10027	10018	9658	9210
1995	103591	68439	13779	13688	12482	8982
1996	120244	75493	17101	16946	16702	11103
1997	143882	91156	20590	20240	19124	13362
1998	155341	95809	24813	23561	21050	14921
1999	168744	100827	24675	27766	23218	16933
2000	184271	109317	28819	31661	23878	19415
2001	206829	132229	33928	28073	24118	22409
2002	261481	171559	40106	36771	26595	26556
2003	350763	240134	51022	45787	32365	32477
2004	423762	286041	55440	52122	42659	42940
2005	590029	390413	82821	85342	60212	54062
2006	791109	526253	123312	116479	76846	71531
2007	1264260	783911	192310	191704	135180	153465
2008	1793057	1073468	272246	260346	223656	235587
2009	2357840	1359682	307199	346236	322016	329906
2010	3520268	1985667	558057	532849	490307	511445
2011	4683826	2739439	667256	721557	603967	618863
2012	6000552	3578810	842275	876722	766123	778897
2013	6730315	4280949	959123	773529	859598	816239
2014	5966739	3284549	956840	1001840	977412	702938
2015	5859747	3196533	1107111	846265	1050733	766216
2016	5069129	2876833	791961	664720	899202	628374

主要年份全市金融情况

表 5-3　　　　单位:万元

年　　份	金融机构年末存款余　额	金融机构年末贷款余　额	银行现金收　入	银行现金支　出	货币投放(+)或回笼(-)
1978	18325	40177	34120	34845	725
1980	30773	53957	60209	62501	2292
1983	54932	94062	147480	156769	9289
1985	95187	173262	206218	215233	9015
1990	289432	463730	573471	596646	23175
1991	362994	559578	652334	687300	34966
1992	444244	649705	870052	896452	26400
1993	547007	732336	1279348	1328436	49088
1994	780589	898847	1971028	2011648	40620
1995	1018028	1085732	2839484	2843477	3993
1996	1280764	1270659	2963300	2936375	-26925
1997	1411761	1491812	3295314	3284630	-10684
1998	1610654	1649442	4929467	4947676	18209
1999	1756503	1633910	5550835	5567981	17147
2000	1928933	1517021	6144289	6175901	31612
2001	2145938	1638563	6523181	6563454	40273
2002	2598763	2007409	7864707	7852947	-11760
2003	3029369	2485955	10074169	10074122	-38
2004	3690945	2826945	13468939	13451226	-17713
2005	4373862	3110028	15876594	15883304	6710
2006	5186726	3824119	19755977	19837053	81076
2007	6430648	4745606	25008906	25177789	168883
2008	8212547	5585321	28055024	28255814	200790
2009	10194413	7724789	33779901	34052867	272966
2010	12438078	9462601			
2011	13886864	10881698			
2012	15380361	12851957			
2013	17099344	14255016			
2014	18873055	16074189			
2015	21639167	18273972			
2016	25554794	20938981			

注:2002 年始金融机构存贷款余额含外币。

主要年份市区金融情况

表 5-4　　单位：万元

年份	金融机构年末存款余额	金融机构年末贷款余额	银行现金收入	银行现金支出	货币投放(+)或回笼(-)
1978	8831	17939	12598	12750	152
1980	10492	20302	19046	19103	57
1983	29036	44624	36247	33294	-2953
1985	57065	91562	61169	59821	-1348
1990	166605	282905	201226	203081	1855
1991	213671	336867	240088	247311	7223
1992	258228	389137	352685	362133	9448
1993	315490	453336	585152	611752	26600
1994	448583	525700	841588	851199	9611
1995	571965	609199	1222596	1213018	-9578
1996	748686	693534	1454225	1436420	-17805
1997	815086	789947	1665177	1633433	-31744
1998	962211	877935	2272091	2241829	-30262
1999	1048470	915330	2573896	2556208	-17688
2000	1142571	868110	3128435	3118529	-9906
2001	1282757	939173	3601480	3629993	28513
2002	1565333	1272773	4038930	4050414	11484
2003	1864153	1697361	5215939	5254685	38746
2004	2185788	1497974	6977840	6971045	-6795
2005	2689429	2223651	7830877	7852013	21136
2006	3212353	2810114	9790306	9878060	87754
2007	3974597	3543599	11767727	11847806	80079
2008	5225624	4263905	12343614	12445343	101729
2009	6529460	5598987	13843916	14073531	229613
2010	7927688	6552445			
2011	8653254	7227460			
2012	9281118	8437068			
2013	9976942	8962448			
2014	13275589	11831444			
2015	12395500	10933421			
2016	14641777	12662772			

注：2002 年始金融机构存贷款余额含外币。

主要年份居民储蓄存款余额

表 5-5 单位:万元

年份	全市	市区	#赣榆区	东海县	灌云县	灌南县
1978	3778	2126	718	606	790	256
1980	7569	4952	1911	1146	979	492
1983	20725	7677	3996	5279	3035	738
1985	37410	22299	6542	8237	4884	1990
1990	159024	100414	24065	29199	20431	8980
1991	202338	130422	30478	35205	25001	11710
1992	245912	154206	38480	43210	33332	15164
1993	313536	194602	47208	54527	42629	21778
1994	459841	278520	71158	86318	63036	31967
1995	621682	382135	96377	106587	85737	47223
1996	773392	496965	121439	121701	103137	51589
1997	884287	592971	141086	136906	110352	44058
1998	969186	642387	153257	149644	116795	60360
1999	1074698	722267	181322	166337	120510	65584
2000	1143738	766576	196443	186656	120826	69680
2001	1292757	862038	210418	211020	136131	83568
2002	1591979	1066551	243460	249810	175726	99892
2003	1846317	1243454	276136	285442	200548	116873
2004	2177281	1445549	326569	342661	245913	143158
2005	2501283	1640898	382372	403125	283091	174169
2006	2859617	1877308	441696	452843	329119	200347
2007	3182380	2022090	509579	509842	395640	254808
2008	3984207	2586933	619922	601482	489392	306400
2009	4529230	2928525	688656	694244	549440	357021
2010	5382380	3443499	850302	866863	647709	424309
2011	6294164	4026955	1028432	1033104	734154	499950
2012	7327912	4603001	1216261	1227772	873390	623750
2013	8509460	5308252	1426260	1421444	1044862	734902
2014	9534142	5854814	1645837	1649331	1190125	839873
2015	10559681	6409560	1894880	1884819	1323928	941374
2016	11799121	4918832	2184280	2141125	1472768	1082116

注:2002 年始居民储蓄存款余额含外币。

一般公共预算收入

表 5-6　　　　单位:万元

年　　份	全　市	市　区	#赣榆区	东海县	灌云县	灌南县
1997	98638	66724	16080	14057	12901	4956
1998	107785	70149	19245	17392	14690	5554
1999	111279	70820	17680	19404	15100	5955
2000	94767	69517	11764	10221	9361	5668
2001	124680	90814	14096	15762	10517	7587
2002	136481	99101	16422	17691	10926	8763
2003	156691	113601	18740	19516	13284	10290
2004	185762	136829	21186	20435	14384	14114
2005	245920	186252	26118	26891	15432	17345
2006	339593	250107	40023	40023	23308	26155
2007	487851	338138	63018	63018	42133	44562
2008	662115	442229	80186	75022	70087	74777
2009	902133	567621	117132	113479	105029	116004
2010	1413888	887216	183999	180157	164685	181830
2011	1800800	1127506	238099	235008	216093	222193
2012	2089396	1300250	292104	274607	258598	255941
2013	2333030	1391163	349262	327753	308766	305348
2014	2617723	1538607	401690	372008	355892	351216
2015	2917698	1726767	445077	410162	393200	387569
2016	2114667	1449084	250181	226068	215179	224336

一般公共预算支出

表 5-6 续表　　　　单位:万元

年　　份	全　市	市　区	#赣榆区	东海县	灌云县	灌南县
1997	143882	91156	20590	20240	19124	13362
1998	151762	92406	24774	23511	20948	14897
1999	160402	94062	21050	27746	21799	16795
2000	166016	102221	25361	26549	19205	18041
2001	202771	128564	32885	27910	24038	22259
2002	231308	145169	37744	35206	25926	25007
2003	279784	177094	46032	42581	30511	29598
2004	324841	197491	49423	50045	38257	39048
2005	458548	279132	71007	74318	54872	50226
2006	576435	348295	99524	95944	67910	64286
2007	806647	464999	138124	132799	101374	107475
2008	1064297	596588	187856	172444	140634	154631
2009	1403077	764545	222959	220576	197007	220949
2010	2027515	1115127	330259	319384	288577	304427
2011	2746339	1577007	446294	433497	359118	376717
2012	3048809	1731713	527998	486842	410088	420166
2013	3623814	2106519	594652	539656	499939	477700
2014	3759482	2059322	664898	617361	557402	525397
2015	4259227	2344945	755798	687167	618031	609084
2016	3731249	2173478	602247	580905	496431	480435

财 政 预 算 内 收 入

表 5-7　　(2016 年)　　单位:万元

指标	全市	市区	#赣榆区	东海县	灌云县	灌南县
财政预算内总收入	**4310706**	**2852406**	**502619**	**343932**	**692295**	**422073**
地方财政收入	3274429	2012294	416506	290492	640562	331081
一般公共预算收入	2114677	1449094	250181	226068	215179	224336
一、税收收入	1707951	1152364	212663	185913	176385	193289
增值税	477145	377131	43578	29703	28014	42297
营业税	444902	246498	83738	77421	56813	64170
企业所得税	182296	151589	12992	8688	9195	12824
个人所得税	54748	43440	3508	3524	2635	5149
资源税	21844	4294	2750	13425	4125	
城市维护建设税	108333	87142	9466	7046	5826	8319
房产税	44935	29895	3620	6722	3665	4653
印花税	24707	15971	3331	2106	4626	2004
城镇土地使用税	107395	59163	15076	7974	22285	17973
土地增值税	105962	65303	15326	10107	19364	11188
车船税	14437	8954	2344	2559	1661	1263
耕地占用税	1567	888	26	637	42	
契税	119680	62096	16908	16001	18134	23449
二、非税收入	406726	296730	37518	40155	38794	31047
专项收入	144380	116323	11836	9965	7570	10522
行政事业性收费收入	127119	101809	10714	10206	6003	9101
罚没收入	67289	41453	11291	10044	9889	5903
国有资本经营收入						
国有资源(资产)有偿使用收入	55138	36027	3677	3271	12913	2927
其他收入	12800	1118		6669	2419	2594
政府性基金收入	1142891	547985	166110	63445	425383	106078
国有资本经营收入	16861	15215	215	979		667
社会保险基金合计						

单位:万元

指标	市区	市直	连云区	海州区	赣榆区	开发区	景区	徐圩新区	高新区
财政预算内总收入	**2852406**								
地方财政收入	2012294								
一般公共预算收入	1449094	329963	94258	314297	250181	350620	11979	45237	52559
一、税收收入	1152364	149256	80515	285253	212663	329345	2024	43444	49864
增值税	377131	46246	24329	93009	43578	150847	564	4032	14526
营业税	246498	7037	18867	53488	83738	55911	567	19369	7521
企业所得税	151589	30333	9443	33307	12992	55087	369	2252	7806
个人所得税	43440	8308	4680	12526	3508	10551	75	2168	1624
资源税	4294	11	851	89	2750	571		22	
城市维护建设税	87142	17278	4779	20383	9466	29257	147	2077	3755
房产税	29895	6948	2948	7300	3620	7050	6	1081	942
印花税	15971	1531	1503	4116	3331	3620	50	1112	708
城镇土地使用税	59163	2355	5322	15490	15076	9969	77	9631	1243
土地增值税	65303	–31	3058	32803	15326	2393	7	335	11412
车船税	8954	4024	443	1918	2344	225			
耕地占用税	888			862	26				
契税	62096	25216	4292	9962	16908	3864	162	1365	327
二、非税收入	296730	180707	13743	29044	37518	21275	9955	1793	2695
专项收入	116323	62225	3424	13567	11836	21019	104	1478	2670
行政事业性收费收入	101809	73168	6491	11424	10714			12	
罚没收入	41453	25407	1067	3604	11291	22	18	44	
国有资本经营收入									
国有资源(资产)有偿使用收入	36027	19120	2761	449	3677	234	9533	228	25
其他收入	1118	787					300	31	
政府性基金收入	547985	264379	24458		166110	30938		62100	
国有资本经营收入	15215	15000			215				
社会保险基金合计									

财 政 预 算 内 支 出

表 5-8　　(2016 年)　　单位:万元

指　　标	全 市	市 区	#赣榆区	东 海 县	灌 云 县	灌 南 县
地方财政支出	**5069129**	**2876833**	**791961**	**664720**	**899202**	**628374**
一般预算支出	3731249	2173478	602247	580905	496431	480435
一、一般公共服务支出	429900	276169	43098	76125	36943	40663
二、外交支出						
三、国防支出	6730	4776	162	925	716	313
四、公共安全支出	208610	137249	29559	28435	26496	16430
五、教育支出	737601	423713	179134	139548	95405	78935
六、科学技术支出	100328	69408	24630	21445	3860	5615
七、文化体育与传媒支出	49442	38544	12480	5796	3060	2042
八、社会保障和就业支出	366818	167451	50260	67070	57949	74348
九、医疗卫生与计划生育支出	284150	126934	52283	59194	55340	42682
十、节能环保支出	108495	61531	30298	3815	32829	10320
十一、城乡社区支出	489403	317901	28610	22807	59718	88977
十二、农林水支出	460839	195811	109799	101683	85471	77874
十三、交通运输支出	188083	151961	10192	12846	13850	9426
十四、资源勘探信息等支出	55360	41338	11412	7753	1059	5210
十五、商业服务业等支出	28500	23013	718	3481	1391	615
十六、金融支出	5627	5254		206	23	144
十七、援助其他地区支出	5005	4293	744	712		
十八、国土海洋气象等支出	75673	46555	5749	16332	4245	8541
十九、住房保障支出	91520	61214	4997	5710	12264	12332
二十、粮油物资储备支出	9853	6665	3513	1717	1023	448
二十一、其他支出	4139	2467	708	849	735	88
二十二、债务付息支出	24464	10846	3781	4339	4028	5251
其中:地方政府一般债券付息支出	24464	10846	3781	4339	4028	5251
二十三、债务发行费用支出	709	385	120	117	26	181
政府性基金支出	1334112	699701	189514	83701	402771	147939
国有资本经营预算支出	3768	3654	200	114		

表 5-8 续表　　　　单位：万元

指标	市区	市直	连云区	海州区	赣榆区	开发区	景区	徐圩新区	高新区
地方财政支出	**2876833**	**1153345**	**118538**	**344236**	**791961**	**254750**	**20095**	**149391**	**44517**
一般预算支出	2173478	801925	97143	303749	602247	218001	19890	88134	42389
一、一般公共服务支出	276169	131495	16857	45637	43098	23069	1630	3647	10736
二、外交支出									
三、国防支出	4776	3926	166	512	162		10		
四、公共安全支出	137249	86075	5147	11603	29559	1840	143	2835	47
五、教育支出	423713	93589	28556	91253	179134	17106	4878	8785	412
六、科学技术支出	69408	16300	1274	5053	24630	14017		194	7940
七、文化体育与传媒支出	38544	21830	795	1668	12480	476	10	966	319
八、社会保障和就业支出	167451	63501	6640	37920	50260	3879	1518	1791	1942
九、医疗卫生与计划生育支出	126934	50776	4001	12561	52283	3017	835	1607	1854
十、节能环保支出	61531	15472	5679	4683	30298	2009	692	2603	95
十一、城乡社区支出	317901	32109	8297	40092	28610	141831	298	51716	14948
十二、农林水支出	195811	48706	5407	24120	109799	2769	1620	2236	1154
十三、交通运输支出	151961	136237	588	2334	10192	965	105	1528	12
十四、资源勘探信息等支出	41338	19532	458	4686	11412	3791		1092	367
十五、商业服务业等支出	23013	5683	827	3781	718	1829	7717	179	2279
十六、金融支出	5254	5254							
十七、援助其他地区支出	4293	3549			744				
十八、国土海洋气象等支出	46555	24872	5827	1595	5749	212	12	8288	
十九、住房保障支出	61214	36256	5859	13209	4997	370	252		271
二十、粮油物资储备支出	6665	2307	500	345	3513				
二十一、其他支出	2467	522		922	708	214	38	63	
二十二、债务付息支出	10846	3902	255	1755	3781	437	128	578	10
其中:地方政府一般债券付息支出	10846	3902	255	1755	3781	437	128	578	10
二十三、债务发行费用支出	385	32	10	20	120	170	4	26	3
政府性基金支出	699701	347966	21395	40487	189514	36749	205	61257	2128
国有资本经营预算支出	3654	3454			200				

金融机构综合存贷款（本外币）

表 5-9　　(2016 年末)　　单位:万元

指　　标	全　市	市　区	赣榆区	东海县	灌云县	灌南县
一、各项存款	**25554794**	**14641777**	**3270748**	**3222974**	**2614929**	**1804367**
(一)境内存款	25544152	14635041	3270118	3222098	2614204	1802690
1.住户存款	11799121	4918832	2184280	2141125	1472768	1082116
(1)活期存款	4873009	1884499	800492	1072204	602736	513078
(2)定期及其他存款	6926112	3034333	1383788	1068921	870032	569037
2.非金融企业存款	8663147	6469662	615124	572110	522522	483729
(1)活期存款 2	3824657	2306796	417197	383602	372744	344318
(2)定期及其他存款 2	4838491	4162866	197927	188508	149778	139411
3.广义政府存款	4839177	3021773	464744	503866	614437	234357
(1)财政性存款	541856	378598	44262	43729	64831	10436
(2)机关团体存款	4297321	2643175	420482	460138	549606	223921
4.非银行业金融机构存款	242706	224775	5970	4998	4476	2488
(二)境外存款	10642	6735	630	875	725	1677
二、各项贷款	**20938981**	**12662772**	**2610238**	**2487126**	**1837988**	**1340857**
(一)境内贷款	20937650	12661498	2610230	2487112	1837988	1340821
1.住户贷款	7929325	3435744	1270482	1617856	826240	779004
(1)短期贷款	2130356	525992	510894	557756	308259	227455
消费贷款	607089	355301	44359	90425	67082	49920
经营贷款	1523267	170691	466535	467330	241177	177534
(2)中长期贷款 2	5798969	2909752	759588	1060100	517981	551549
消费贷款 2	5298854	2701873	678368	968890	447182	502541
经营贷款 1	500115	207879	81219	91210	70799	49008
2.非金融企业及机关团体贷款	13008324	9225754	1339749	869257	1011748	561817
(1)短期贷款	4919586	3675681	476407	290775	290193	186530
(2)中长期贷款	6801217	4914774	583393	461036	566439	275576
(3)票据融资	1256668	613924	278290	111622	153120	99711
(4)融资租赁						
(5)各项垫款	30854	21375	1658	5824	1996	
3.非银行业金融机构贷款						
(二)境外贷款	1331	1274	8	13		36

金融机构存贷款（人民币）

表 5-10　　(2016 年末)　　单位:万元

指　　标	全　市	市　区	赣榆区	东海县	灌云县	灌南县
一、各项存款	**25018401**	**14211517**	**3225521**	**3173788**	**2608783**	**1798792**
(一)境内存款	25009113	14205858	3225142	3172938	2608059	1797115
1.住户存款	11687081	4838340	2178192	2119764	1470273	1080512
(1)活期存款	4803186	1840429	796546	1052927	601386	511898
(2)定期及其他存款	6883895	2997911	1381646	1066837	868886	568615
2.非金融企业存款	8240611	6121433	576237	544310	518873	479758
(1)活期存款 2	3461297	2010265	378782	362808	369095	340347
(2)定期及其他存款 2	4779314	4111168	197455	181502	149778	139411
3.广义政府存款	4838830	3021426	464743	503866	614437	234357
(1)财政性存款	541856	378598	44262	43729	64831	10436
(2)机关团体存款	4296973	2642827	420481	460138	549606	223921
4.非银行业金融机构存款	242592	224660	5970	4998	4476	2488
(二)境外存款	9288	5659	379	850	723	1677
二、各项贷款	**20469307**	**12232298**	**2571374**	**2487110**	**1837985**	**1340540**
(一)境内贷款	20467976	12231025	2571366	2487097	1837985	1340503
1.住户贷款	7929138	3435619	1270448	1617840	826237	778994
(1)短期贷款	2130188	525867	510879	557740	308256	227445
消费贷款	606921	355176	44344	90410	67079	49911
经营贷款	1523267	170691	466535	467330	241177	177534
(2)中长期贷款 2	5798950	2909752	759569	1060100	517981	551549
消费贷款 2	5298835	2701873	678349	968890	447182	502541
经营贷款 1	500115	207879	81219	91210	70799	49008
2.非金融企业及机关团体贷款	12538838	8795405	1300919	869257	1011748	561509
(1)短期贷款	4759646	3516174	476282	290775	290193	186222
(2)中长期贷款	6492462	4644723	544688	461036	566439	275576
(3)票据融资	1256668	613924	278290	111622	153120	99711
(4)融资租赁						
(5)各项垫款	30062	20584	1658	5824	1996	
3.非银行业金融机构贷款						
(二)境外贷款	1331	1274	8	13		36

近年全市保险费收入

表 5-11　　　　单位:万元

项　　目	保险费收入总　额	财产保险	寿　险	意外险	健康险
2008	216573	61043	141410	5385	8735
2009	255407	75952	163355	5459	10641
2010	334245	93248	222177	6980	11840
2011	351677	109218	220999	8003	13457
2012	389913	128329	234728	9204	17652
2013	440564	156723	250430	10864	22548
2014	495209	173626	268236	12895	40452
2015	621561	199949	358998	13384	49231
2016	755197	235581	441729	14626	63261

近年全市保险赔付支出

表 5-12　　　　单位:万元

项　　目	保险赔付支出总额	财产保险	寿　险	意外险	健康险
2008					
2009	88179	44857	38767	1605	2949
2010	76827	41313	30897	1619	2999
2011	92699	52969	34814	1926	2991
2012	115192	70054	39152	2442	3544
2013	156974	87228	62741	2418	4587
2014	171731	93582	63809	3145	11195
2015	195947	97709	81981	3843	12414
2016	255676	127509	105694	3824	18649

6

对外经济贸易

全市利用外资情况

表 6-1 单位:万美元

年 份	签 订 合同数 (个)	合同利用外资额				实际利用外资			
		合 计	对外 借款	外商直 接投资	外商其 他投资	合 计	对外 借款	外商直 接投资	外商其 他投资
1985	6	326		59	267	111		111	
1990	13	1062	799	262	1	1169	1016	140	13
1991	27	3216	162	3011	43	1136	981	151	4
1992	269	33433	786	32566	81	3897	792	3024	81
1993	404	25478	134	24775	569	7412	349	6495	568
1994	253	20537	6224	13595	718	8433	2169	5845	419
1995	313	28026	1464	26213	349	9495	2064	7089	342
1996	209	38395	5884	32511		17848	9534	8314	
1997	187	9489	470	7728	1291	16731	5842	10613	276
1998	117	11390	2114	9261	15	13145	2822	10308	15
1999	121	210620	199600	11020		16180	11512	4668	
2000	118	17642	7440	10202		17360	12590	4770	
2001	93	10113		10113		19495	13714	5781	
2002	161	19677		19677		53726	43717	10009	
2003	237	50976		50976		80892	59577	21405	
2004	274	69075		69075		48730	24071	24659	
2005	271	103634		103634		27480		27480	
2006	221	111786		111786		34569		34569	
2007	207	168292		168292		73787		73787	
2008	147	181367		181367		93528		93528	
2009	159	185793		185793		103992		103992	
2010	141	182234		182234		110120		110120	
2011	128	120538		120538		60986		60986	
2012	109	85565		85565		73354		73354	
2013	147	113330		113330		86987		86987	
2014	166	151455		151455		95437		95437	
2015	91	128346		128346		80109		80109	
2016	112	132072		132072		55044		55044	

分地区利用外资签订合同数

表 6-2 单位:项

年份	全市	市区	#赣榆区	东海县	灌云县	灌南县
1985	6	6	1			
1990	13	11		1	1	
1991	27	25	4		2	
1992	269	215	42	27	24	3
1993	404	352	70	34	14	4
1994	253	216	52	25	4	8
1995	313	254	62	30	26	3
1996	209	156	51	18	35	
1997	187	138	52	12	32	5
1998	117	79	22	8	28	2
1999	121	81	14	11	24	5
2000	118	71	18	19	17	11
2001	93	73	13	11	4	5
2002	161	106	29	30	21	4
2003	237	138	38	58	32	9
2004	274	168	55	39	45	22
2005	271	171	71	48	34	18
2006	221	145	39	39	25	12
2007	207	136	34	30	24	17
2008	147	109	16	16	11	11
2009	159	124	21	21	7	7
2010	141	96	30	20	14	11
2011	128	80	21	26	9	13
2012	109	71	18	15	22	1
2013	147	106	25	25	14	2
2014	166	114	33	31	16	5
2015	91	77	16	9	2	3
2016	112	70	12	31	8	3

分地区合同利用外资额

表 6-3

单位:万美元

年份	全市	市区	#赣榆区	东海县	灌云县	灌南县
1985	326	326	20			
1990	1062	1025		20	17	
1991	3216	3180	2111		36	
1992	33433	30720	2983	643	2024	46
1993	25478	24432	2915	702	307	37
1994	20537	18812	1156	1027	618	80
1995	28026	25213	1922	1604	1108	101
1996	38395	29069	1132	7749	1577	
1997	9489	7984	1068	382	1081	42
1998	11390	9727	468	115	1288	260
1999	210620	209303	503	395	741	181
2000	17642	15664	833	334	1080	564
2001	10113	9139	632	539	248	187
2002	19677	15904	1878	1941	1798	34
2003	50976	39175	8334	7736	2559	1506
2004	69075	51810	10921	8372	5309	3584
2005	103634	69776	17494	17866	8125	7867
2006	111786	88882	15783	10142	4290	8472
2007	168292	118979	18518	20036	15873	13404
2008	181367	132040	14552	17895	15641	15791
2009	185793	133632	18998	24650	13585	13926
2010	182234	111883	31430	21403	22690	26258
2011	120538	91386	8390	11334	5508	12310
2012	85565	58808	14980	12200	19128	-4571
2013	113330	90131	17820	17425	5654	120
2014	151455	119749	28528	16321	11333	4052
2015	128346	115295	13283	5469	1863	5719
2016	132072	107146	8008	15693	7358	1875

分地区实际利用外资额

表 6-4　　　　　　　　　　　　　　　　　　　　　　　　单位:万美元

年　份	全　市	市　区	#赣榆区	东海县	灌云县	灌南县
1985	111	111	20			
1990	1169	1079		90		
1991	1136	1132	31		4	
1992	3897	3564	425	171	116	46
1993	7412	6955	475	366	85	6
1994	8433	7658	588	532	203	40
1995	9495	8199	883	627	568	101
1996	17848	16350	493	891	607	
1997	16731	14199	915	1821	657	54
1998	13145	10017	1035	2015	908	205
1999	16180	14805	598	242	929	204
2000	17360	15943	553	456	660	301
2001	19495	18607	664	451	235	202
2002	53726	51647	1061	937	1081	61
2003	80892	76082	2510	2066	1723	1021
2004	48730	38945	4484	3659	2682	3444
2005	27480	18005	2133	7994	154	1327
2006	34569	23792	5744	4469	2302	4006
2007	73787	45740	11086	8430	8290	11327
2008	93528	51455	14092	13810	15000	13263
2009	103992	58299	15367	15074	15186	15433
2010	110120	61850	16021	17110	15059	16101
2011	60986	50228	5660	7630	1555	1573
2012	73354	51707	13010	13936	5457	2254
2013	86987	62907	12004	13802	9759	519
2014	95437	76756	15366	11534	6907	240
2015	80109	67512	5930	5503	3349	3745
2016	55044	42914	9605	9421	2426	283

外国和港澳台直接投资情况

表 6-5　　　　(2016 年)

项　　目	新签协议合同数（项）	协议合同外资金额（万美元）	实际利用外资金额（万美元）	期末实有企业数（个）
合　　计	112	132072	55044	
一、按登记注册类型分	112	132072	55044	
1.中外合资经营	27	9189	11137	
#港澳台商合资经营				
2.中外合作经营				
#港澳台商合作经营				
3.外资企业	85	122883	43907	
#港澳台商独资				
4.外商投资股份有限公司				
二、按国民经济行业分	112	132072	55044	
农、林、牧、渔业				
采矿业				
制造业				
电力、燃气及水的生产和供应业				
建筑业				
交通运输、仓储和邮政业	2	905	4565	
信息传输、计算机服务和软件业	2	464	460	
批发和零售业	41	53508	8076	
住宿和餐饮业	5	2278		
金融业	2	9328	7400	
房地产业	1	785	858	
租赁和商务服务业	5	10342	6093	
科学研究、技术服务和地质勘查业	4	2453	1403	
居民服务和其他服务业	2	1396	50	
文化、体育和娱乐业	4	1177	9	

表 6-5 续表　　　　　　　　　　　　　（2016 年）

项　　　目	新签协议合同数（项）	协议合同外资金额（万美元）	实际利用外资金额（万美元）	期末实有企业数（个）
合　　　计	**112**	**132072**	**55044**	
三、按国别、地区分				
亚洲	92	120703	48200	
香港	64	107118	44896	
印度				
日本		4542	1849	
澳门	1	150	36	
马来西亚	1	3000		
菲律宾				
新加坡	3	1282	972	
韩国	11	1189	323	
台湾省	10	3386	91	
哈萨克斯坦	1	30		
非洲	1	−128		
欧洲	5	2959	2508	
英国		224	212	
德国				
法国	1	14		
俄罗斯	1	2	216	
乌克兰	1	2		
南美洲	1	500	59	
北美洲	5	767	492	
加拿大	4	917	233	
美国	1	−150	259	
百慕大				
大洋洲	5	5560	733	
澳大利亚	2	3400	371	
萨摩亚	2	2000	300	
其他	2	1711	3052	
投资性公司投资	2	1711	3052	

分地区利用外资情况

表6-6　　(2016年)　　单位:万美元

指　　标	全市	市区	#赣榆区	东海县	灌云县	灌南县
一、新签协议个数(个)	**112**	**70**	**12**	**31**	**8**	**3**
1.对外借款						
2.外商直接投资	112	70	12	31	8	3
合资经营	27	11	3	11	2	3
合作经营						
独资经营	85	59	9	20	6	
股份制经营						
3.外商其它投资						
二、新签协议金额	**132072**	**107146**	**8008**	**15693**	**7358**	**1875**
1.对外借款						
2.外商直接投资	132072	107146	8008	15693	7358	1875
合资经营	9189	989	1406	5903	422	1875
合作经营						
独资经营	122883	106157	6602	9790	6936	
股份制经营						
3.外商其它投资						
三、实际利用外资	55044	42914	9605	9421	2426	283
1.对外借款						
2.外商直接投资	55044	42914	9605	9421	2426	283
合资经营	11137	7321	2760	3353	230	233
合作经营						
独资经营	43907	35593	6845	6068	2196	50
股份制经营						
3.外商其它投资						

主要年份对外承包和劳务合作情况

表 6-7

年　　份	新签合同数(个)	承包工程	劳务合作	合同金额(万美元)	承包工程	劳务合作
1992	11	2	9	3456	3350	106
1995	50	6	44	4175	1656	2519
2000	103		103	7617		7617
2001	56	2	54	8416	216	8200
2002				11674		11674
2003	148	2	146	9328	157	9171
2004	213		213	11143		11143
2005	724		724	15842		15842
2006	800		800	19760		19760
2007				23560		23560
2008				28075		28075
2009	1163		1163	9303		9303
2010				12717		12717
2011	50	15	35	25868	6866	19002
2012	51	21	30	21234	4696	16538
2013					5434	15059
2014					991	15932
2015					47	16597
2016						4610

表 6–7 续表

年　份	营业额(万美元)			新派人数(人)			年末在外人数(人)		
		承包工程	劳务合作		承包工程	劳务合作		承包工程	劳务合作
1992	686	294	392				389	47	342
1995	3262	1401	1861				2400	175	2225
2000	7629		7629				6385		6385
2001	8472	240	8232	3720	14	3706	7686	58	7628
2002	10007		10007	4354		4354	9120		9120
2003	11323	399	10924	4417	31	4386	10226	31	10195
2004	13003		13003	5123		5123	12088		12088
2005	16595		16595	6385		6385	15134		15134
2006	19806		19806	7646		7646	18823		18823
2007	23816		23816	8900		8900	22000		22000
2008	29190		29190	11617		11617	25921		25921
2009	6202		6202	3960		3960	29881		29881
2010	11304		11304	4710		4710			
2011	12612	16451	3839	12612	92	5230	6274	266	6008
2012	15164	4723	10441	5401	2	5399	8065	81	7984
2013		4950	10826			5618			
2014		2306	11500			5928			
2015		218	12120		11	6182			
2016			962			1950			3769

主 要 年 份 进 出 口 主 要 指 标

表 6-8 单位:万美元

年份	外贸进出口总额	进口	出口	出口:外商投资企业	海关进出口商品总值	进口	出口	差额(出超+入超-)
1990	2095	528	1567	1039	111511	78087	33424	-44663
1991	3534	623	2911		122840	78983	43857	-4385
1992	4452	851	3601		129895	90127	39768	-50359
1993	10233	2905	7328	3783	117101	68804	48297	-20507
1994	17855	5500	12355	4944	122441	76717	45724	-30993
1995	27675	5676	21999	8569	177674	94716	82958	-11758
1996	36525	6362	30163	11813	164765	83679	81086	-2593
1997	36955	3836	33119	6315	164624	73584	91040	17456
1998	32824	6300	26524	8067	151110	69942	81168	11226
1999	41872	9821	32051	9190	137059	72499	64560	-7939
2000	48509	9679	38830	10227	197504	116649	80855	-35794
2001	68078	19310	48768	13080	253400	142712	110688	-32024
2002	74691	24374	50316	16234	299527	160380	139147	-21233
2003	95167	37420	57747	22120	488320	269438	218882	-50556
2004	153923	77817	76106	30150	661000	374000	287000	-87000
2005	203906	110727	93179	39459	806000	449000	357000	-92000
2006	271309	126516	144793	65250	894805	429347	465458	36111
2007	325302	140622	184680	81016				
2008	444874	215716	229158	95909	1739000	840000	899000	59000
2009	386010	190612	195398	77155	1346540	854308	492232	-362076
2010	507608	247465	260142	111697	1878000	1174000	704000	-470000
2011	690008	316432	373577	137441				
2012	800363	440108	360255	129766				
2013	663007	284920	378087					
2014	802991	367468	435523					
2015	803458	397823	405635					
2016	704006	335616	368390					

注:外贸进出口总额 1998 年起为海关口径。

连云港经济技术开发区主要综合指标

表 6-9

指　　标	单位	2000	2005	2010	2011	2012	2013	2014	2015	2016
1.地区生产总值(当年价)	万元	230002	655367	2005500	2555000	3300500	4120250	2552400	2755200	29604
2.工业总产值(当年价)	万元	626294	1766260	6012135	8032077	10051314	12504210	11298772	12971303	14092978
#三资企业	万元	325673	1120331	3684800	4717825	5591080	6456982	7423388	8491483	9086741
3.固定资产投资额	万元	50108	320898	1566012	1453504	1875130	1870728	2370391	2922808	3097539
#基础设施及配套	万元	3192	117850	185428	163546	127465	258737	343531	274229	313910
4.新批准成立企业数	个	85	523	917	834	518	591	1223	974	882
三资企业	个	20	49	39	30	17	25	36	28	37
内联企业	个	65	474	878	804	501	566	1187	946	845
5.建设项目总投资										
三资企业	万美元	5608	24260	162219	129067	59398	104640	105262	92546	84816
内联企业	万元	9200	154803	3068565	3710018	705207	1385784	1745508	1658745	1250132
6.新签利用外资协议	个	20	49	41	30	14	20	39	19	20
7.合同利用外资额	万美元	2470	38895	63076	64996	16787	43885	48245	62003	57725
8.实际利用外资额	万美元	2099	12237	32085	34716	19458	35173	36029	35209	11832
9.新投产(开业)生产企业	个	15	24	41	56	57	59	53	51	50
三资企业	个	5	6	9	7	8	11	7	5	6
内联企业	个	10	18	32	49	49	48	46	46	44
10.外贸出口供货额	万元	65384	236751	681092	724183	683025	699688	702864	618252	698028

表 6-9 续表

指　　标	单位	2000	2005	2010	2011	2012	2013	2014	2015	2016
11.出口总额	万美元	5738	26034	99512	147337	137691	141050	145399	130635	95859
#三资企业	万美元	5514	22265	65943	83585	78124	650876	74059	82118	62674
12.进口总额	万美元	18367	69739	168131	210737	304822	205568	211202	227469	150744
#三资企业	万美元	4256	62356	112586	128218	185447	97451	76640	116725	114844
13.财政收入	万元	21806	111338	553007	792052	936508	654255	707131	767245	689775
#税收	万元	21272	109337	314315	361710	496602	553888	610862	690430	610644
14.累计开发土地面积	平方公里	6	14	21	21	21	21	21	21	21
15.年末总人口	人	23688	64090	72627	74368	76291	77716	78728	79838	80215
16.年末从业人员数	人	15000	22120	50900	60865	64334	68644	72899	77335	79762
职工年平均工资	元	8010	14612	29211	33399	36562	39458	46563	50381	67566
17.乡村劳动力	人	12700	23100	25398	26853	30901	31502	31445	33522	32147
18.农业总产值(不变价)	万元	1830	5875	7056	6336	6475	7616	11858	12323	11649
农业总产值(当年价)	万元	3066	11124	9410	9222	10946	11976	12206	12782	12156
19.农业增加值	万元	1625	5923	4660	5453	5573	6928	6300	6867	6420
20.农民人均纯收入	元	3765	5450	9589.5	10754	12310	15968	18045	21609	24433
21.中小学教师数	人	381	1003	736	811	774	786	781	776	787
22.中小学在校学生数	人	5784	10156	8539	6144	6275	6104	6152	6163	13012

7

农　　业

农　村　基　本　情　况

表 7-1　　　　　　　　　　　　　　　　(2016 年)

指　　　标	单位	全　市	市　区	赣榆区	东海县	灌云县	灌南县
一、农村基层组织							
乡镇个数	个	60	20	15	17	12	11
# 镇政府	个	50	19	15	11	10	10
村民小组	个	11950	3532	2537	2990	3318	2110
二、乡村户数 人口							
乡村户数	万 户	93.1	36.9	27.2	22.2	19.6	14.4
乡村人口	万 人	370.2	138.7	100.8	90.6	83.3	57.6
三、乡村劳动力	万 人	178.0	65.3	45.0	43.8	38.9	29.9
(一)按性别分							
男劳动力	万 人	95.5	36.1	25.1	23.6	20.1	15.7
女劳动力	万 人	82.5	29.3	19.9	20.2	18.8	14.1
(二)按行业分							
农林牧渔业	万 人	80.8	26.4	18.9	19.1	20.2	15.2
# 种植业	万 人	68.7	21.0	14.7	16.8	16.9	14.1
工　　业	万 人	31.0	13.3	8.7	7.8	5.5	4.4
建 筑 业	万 人	31.3	14.2	11.2	8.6	4.2	4.3
交通运输 仓储 邮电业	万 人	8.1	2.7	1.8	2.3	1.1	2.0
信息服务业	万 人	0.8	0.4	0.2	0.3	0.1	0.1
批发零售贸易 餐饮业	万 人	8.5	3.5	1.7	2.0	1.4	1.6
住宿餐饮业	万 人	3.9	1.1	0.5	0.8	1.0	1.1
金融保险业	万 人	0.7	0.3	0.1	0.2	0.1	0.1
其他非农行业	万 人	12.8	3.5	1.9	2.8	5.3	1.2

主要年份农林牧渔业总产值

表 7-2　　（当年价格）　　单位：万元

年　　份	全　市	市　区	赣榆区	东海县	灌云县	灌南县
1978	54752	5788	14754	14630	12868	6712
1980	69437	6311	18371	18804	18050	7901
1983	139201	10436	34155	44552	32183	17875
1985	205903	14009	58070	70883	41682	21259
1990	402461	30896	101537	120770	104844	44378
1991	418029	33271	104388	124195	105034	51141
1992	439509	33589	122078	129349	98948	55545
1993	539101	38782	165053	163725	98909	72632
1994	942010	61628	269782	290021	195750	124829
1995	1113436	87251	385452	378980	293513	153240
1996	1233118	105380	361463	324198	297404	144673
1997	1443301	118638	399831	390212	350176	184444
1998	1504006	126281	414089	405489	356969	201178
1999	1529595	132126	387783	413839	382566	213281
2000	1407111	135339	386509	397354	304125	183784
2001	1490493	130587	424048	417542	320125	198191
2002	1554817	136474	431268	438423	337048	211604
2003	1511573	148448	397343	394325	358578	212879
2004	1643084	160540	404372	453551	394180	230441
2005	1740161	175581	464544	478436	381885	239715
2006	1800246	186001	478679	482773	403096	249697
2007	1962994	182671	516986	528125	459417	275795
2008	2305389	266233	647889	532747	544860	313660
2009	2841647	322916	759478	647575	653548	458130
2010	3228001	355589	844979	731116	752220	544097
2011	3765336	459811	1023000	844367	804956	633202
2012	4262364	534034	1167266	953437	908537	699090
2013	4742442	561697	1317855	1063106	1018157	781627
2014	5073931	4931380	1422040	1131831	1090880	836890
2015	5490300	2177132	1545777	1215420	1187887	909861
2016	5894159	2340270	1675457	1303138	1280036	970715

主要年份农林牧渔业总产值指数

表 7-3　　(1978 年为 100)

年　　份	全　市	市　区	赣榆区	东海县	灌云县	灌南县
1978	100.0	100.0	100.0	100.0	100.0	100.0
1980	127.0	118.1	125.6	127.5	141.9	117.8
1983	167.2	113.2	162.1	172.8	207.6	169.5
1985	216.8	115.0	223.7	232.7	266.7	201.2
1990	261.4	139.1	276.4	265.9	326.0	256.5
1991	281.7	171.5	283.4	276.4	368.6	285.0
1992	292.7	179.1	295.9	289.2	374.1	299.7
1993	323.2	180.9	365.6	338.5	334.0	329.3
1994	394.8	206.9	429.6	412.9	444.5	404.4
1995	464.9	248.5	501.4	477.2	561.5	449.6
1996	441.4	293.0	480.5	429.9	554.8	382.7
1997	507.3	331.5	511.7	470.5	679.6	527.8
1998	535.3	363.2	525.9	496.1	703.1	592.6
1999	566.6	390.3	536.4	518.2	769.3	646.2
2000	534.8	394.9	533.6	509.2	650.5	582.1
2001	567.3	394.6	555.7	535.6	707.6	650.6
2002	595.3	414.0	564.9	565.4	746.7	708.1
2003	598.7	456.3	547.9	544.2	795.8	693.6
2004	641.3	475.3	551.5	587.5	907.7	755.1
2005	679.2	519.8	633.6	619.7	879.4	785.5
2006	706.9	526.3	701.2	611.4	936.8	790.5
2007	737.2	483.1	733.3	683.8	925.7	867.4
2008	789.5	510.2	777.3	712.5	992.4	932.5
2009	844.6	534.4	822.0	770.4	1067.5	994.5
2010	889.4	543.0	859.0	794.3	1133.7	1069.1
2011	928.6	521.0	902.1	828.9	1194.9	1121.1
2012	974.1	559.0	936.4	871.2	1257.0	1153.6
2013	1004.3	544.0	973.9	901.7	1312.3	1198.6
2014	1043.5	563.0	1013.8	934.2	1366.1	1246.5
2015	1082.1	581.9	1051.7	963.2	1425.9	1302.4
2016	1105.0	594.0	1076.6	1050.8	1459.3	1330.0

主要年份农林牧渔业总产值

表 7-4 （当年价格） 单位：万元

年份	合计	农业产值	林业产值	牧业产值	渔业产值
1978	54752	45456	481	5875	2940
1980	69437	57112	580	7909	3836
1983	139201	110272	1853	18682	8394
1985	205903	151739	3072	37817	13275
1990	402461	275400	5034	80609	41418
1991	418029	281380	5112	83624	47913
1992	439509	281768	7800	90046	59895
1993	539101	327136	10139	124082	77744
1994	942010	562923	11119	244498	123470
1995	1113436	736373	17730	156715	202618
1996	1233118	806859	16140	170757	239362
1997	1443301	895356	19192	250351	278402
1998	1504006	903202	20046	266244	314514
1999	1529595	965446	20935	238280	304934
2000	1407111	841946	23637	241560	299968
2001	1490493	899086	22009	241896	327502
2002	1554817	883158	24939	254036	392684
2003	1511573	703840	25147	282470	376108
2004	1643084	844677	22934	326294	387037
2005	1740161	850837	31312	362399	428483
2006	1800246	901392	34962	336565	451929
2007	1962994	945853	57232	432829	449128
2008	2305389	1092055	70360	529626	520312
2009	2841647	1331508	89755	686841	605465
2010	3228001	1613708	106090	740941	626788
2011	3765336	1807058	115487	920835	757024
2012	4262364	2024439	126239	1007966	915298
2013	4742442	2275794	134096	1021415	1058412
2014	5073931	2402144	140787	1057214	1192225
2015	5490300	2608033	147827	1119339	1303917
2016	5894159	2755611	165368	1190124	1432360

主要年份农林牧渔业总产值指数

表 7-5

（1978=100）

年份	农林牧渔业总产值指数	农业产值	林业产值	牧业产值	渔业产值
1978	100.0	100.0	100.0	100.0	100.0
1980	127.0	124.9	120.2	135.1	129.0
1983	167.2	174.2	92.3	180.8	121.5
1985	216.8	211.7	155.1	284.1	165.6
1990	261.4	250.5	173.3	327.3	248.9
1991	281.7	265.6	157.6	344.6	309.5
1992	292.7	268.6	187.6	376.9	333.5
1993	323.2	284.6	232.6	464.6	382.7
1994	394.8	341.8	289.5	587.9	472.3
1995	464.9	381.1	336.5	738.4	615.0
1996	441.4	404.0	319.7	408.9	741.7
1997	507.3	454.4	869.8	526.5	831.4
1998	535.3	468.5	908.4	576.9	911.0
1999	566.6	502.7	925.0	578.7	971.9
2000	534.8	455.1	1093.2	597.2	941.7
2001	567.3	491.8	1082.8	605.4	991.4
2002	595.3	497.1	1251.4	637.1	1137.0
2003	598.7	449.2	1360.9	683.7	1147.8
2004	641.3	506.7	1269.2	697.5	1235.4
2005	679.2	510.4	1732.9	774.7	1367.7
2006	706.9	528.0	1732.3	710.3	1544.7
2007	737.2	566.8	1737.2	803.9	1470.5
2008	789.5	603.6	2001.3	845.7	1586.7
2009	844.6	635.0	2228.0	944.0	1646.5
2010	889.4	675.0	2533.2	993.1	1671.2
2011	928.6	697.3	2577.2	1043.3	1755.2
2012	974.1	730.1	2682.9	1077.7	1862.3
2013	1004.3	749.1	2715.1	1060.3	1957.3
2014	1043.5	762.6	2753.1	1093.2	2110.0
2015	1082.1	790.1	2838.5	1107.4	2228.2
2016	1105.0	803.8	3058.7	1099.0	2302.8

主要年份主要农产品产量

表 7-6

年　份	粮　食 (万吨)	棉　花 (万吨)	油　料 (万吨)
1978	120.24	0.62	5.49
1980	144.90	1.26	6.60
1983	198.98	2.42	9.70
1985	212.57	2.48	14.23
1990	233.38	2.28	12.73
1991	243.64	3.82	12.89
1992	240.17	3.22	10.53
1993	227.17	3.06	12.04
1994	235.08	4.31	13.83
1995	256.86	5.19	12.94
1996	269.72	5.14	12.56
1997	280.04	5.05	12.03
1998	251.93	5.60	12.48
1999	280.98	3.96	12.72
2000	207.03	2.73	14.85
2001	226.34	5.02	16.78
2002	230.64	4.10	15.31
2003	203.47	3.00	10.92
2004	260.29	4.82	13.52
2005	248.00	1.89	10.30
2006	274.38	2.11	9.99
2007	293.09	1.17	8.19
2008	320.12	0.73	10.78
2009	334.54	0.37	11.46
2010	339.36	0.39	11.17
2011	345.98	0.39	11.64
2012	361.35	0.28	11.78
2013	354.73	0.28	12.11
2014	359.33	0.17	11.39
2015	362.15	0.15	11.42
2016	360.80	0.05	11.40

农　业　总　产　值

表 7-7　　(2016 年)(当年价格)　　单位:万元

县　　区	合　计	农　业	林　业	牧　业	渔　业	农林牧渔服务业
合　　计	**5894159**	**2755611**	**165368**	**1190124**	**1432360**	**350696**
市　　区	2340270	785617	70388	339268	1069955	75042
连　云　区	107120	6252	2588	1177	96523	580
海　州　区	360888	228176	9370	61813	30430	31099
赣　榆　区	1675457	487933	43768	230078	884337	29341
开　发　区	12156	5971	466	3136	1248	1335
东　海　县	1303138	744176	45475	265160	122677	125650
灌　云　县	1280036	624748	28424	354609	164342	107913
灌　南　县	970715	601070	21081	231087	75386	42091

农 业 总 产 值 构 成

表 7-8　　(2016 年)(当年价格)　　单位:%

县　　区	合　计	农　业	林　业	牧　业	渔　业	农林牧渔服务业
合　　计	**100**	**46.8**	**2.8**	**20.2**	**24.3**	**5.9**
市　　区	100	33.6	3.0	14.5	45.7	3.2
连　云　区	100	5.8	2.4	1.1	90.1	0.5
海　州　区	100	63.2	2.6	17.1	8.4	8.6
赣　榆　区	100	29.1	2.6	13.7	52.8	1.8
开　发　区	100	49.1	3.8	25.8	10.3	11.0
东　海　县	100	57.1	3.5	20.3	9.4	9.6
灌　云　县	100	48.8	2.2	27.7	12.8	8.4
灌　南　县	100	61.9	2.2	23.8	7.8	4.3

农业增加值

表 7-9　　(2016 年)(当年价格)　　单位:万元

指标	总产值	中间消耗	中间物资消耗	对非物资生产部门劳务支出	增加值	增加值率(%)
总计	**5894159**	**2683407**	**2153890**	**393977**	**3210752**	**54.5**
农业	2755611	1072042	844049	227993	1683569	61.1
林业	165368	77966	68345	9621	87402	52.9
牧业	1190124	681945	632479	49466	508179	42.7
渔业	1432360	695914	609017	86897	736446	51.4
农林牧渔服务业	350696	155540			195156	55.6

分地区农业增加值

表 7-10　　(2016 年)(当年价格)　　单位:万元

地区	总计	农业	林业	牧业	渔业	农林牧渔服务业
合计	**3210752**	**1683569**	**87402**	**508179**	**736446**	**195156**
市区	1229994	470126	35565	143696	537254	43353
连云区	55603	3625	1192	457	50001	328
海州区	191612	135300	4685	19830	14498	17299
赣榆区	883081	293183	22059	103686	446549	17604
开发区	6539	3484	227	1318	559	951
东海县	747976	454844	26044	122232	69682	75174
灌云县	704987	395284	12191	144302	89244	63966
灌南县	527795	363315	13602	97949	40266	12663

农业总产值分项情况

表 7-11　　(2016 年)　　单位:万元

指　　标	按现行价格计算
农业总产值	5894159
一 、农业产值	2755611
1、谷物及其他作物	1052537
2、蔬菜及园艺作物	1341397
3、水果、坚果、饮料和香料作物	360783
4、中药材	900
二 、林业产值	165368
三 、牧业产值	1190124
牲畜饲养	239221
猪的饲养	669839
家禽	240311
狩猎和捕捉动物	2729
其他畜牧业	38024
四 、渔业产值	1432360
海水产品	905442
淡水产品	526918
五、农林牧渔服务业产值	350696

农 作 物 播 种 面 积

表 7-12　　(2016 年)　　单位:千公顷

指　　标	全　市	市　区	# 赣榆区	东海县	灌云县	灌南县
农作物播种面积	**631.9**	**180.6**	**106.1**	**205.5**	**136.0**	**109.9**
一、粮食作物	501.5	142.0	79.0	159.8	112.7	87.0
1.夏收粮食	242.2	69.4	39.1	76.6	51.5	44.7
# 小　麦	239.8	67.6	37.5	76.6	51.2	44.4
2.秋收粮食	259.4	72.7	39.9	83.2	61.2	42.3
# 稻　谷	205.2	57.7	28.4	64.6	46.5	36.4
玉　米	41.7	10.7	7.8	14.8	12.1	4.1
豆　类	6.7	2.5	1.9	0.8	2.2	1.2
薯　类	5.9	1.9	1.8	3.0	0.4	0.7
二、油料作物	24.4	13.1	13.0	10.3	0.4	0.7
1.花　生	23.5	13.1	13.0	10.3	0.1	
2.油 菜 籽	0.9				0.2	0.6
3.芝　麻						
三、棉　花	0.3	0.3	0.3			
四、麻　类						
五、糖　料						
六、烟　叶						
七、药　材	0.7			0.6		0.1
八、蔬 菜 类	88.5	22.3	12.6	24.0	21.7	20.5
九、瓜 果 类(果用瓜)	16.2	2.9	1.3	10.6	1.2	1.6
十、其他农作物	0.3			0.3		

农 作 物 总 产 量 和 单 产

表 7-13　　　　(2016 年)

指　　标	全　市	市　区	#赣榆区	东海县	灌云县	灌南县
一、农作物总产量(吨)						
(一)粮食作物	3608003	1010564	564350	1145299	818772	633368
1.夏收粮食	1430033	402456	224811	451361	308411	267805
#小　　麦	1415958	392057	215398	451361	306819	265721
2.秋收粮食	2177970	608108	339539	693938	510361	365563
#稻　　谷	1853054	512048	263965	573244	431054	336708
玉　　米	263034	72919	54440	97035	71075	22005
豆　　类	18355	7953	6481	2104	5549	2749
薯　　类(干品)	43527	15188	14653	21555	2683	4101
(二) 油料作物	114043	63543	63407	48035	862	1603
#花　　生	111932	63527	63407	48035	290	80
油 菜 籽	2085	16			546	1523
(三)棉　花(皮 棉)	549	549	450			
二、农作物单产(公斤/公顷)						
(一) 粮食作物	7194	7115	7146	7167	7267	7278
1.夏收粮食	5906	5801	5748	5895	5992	5987
#小　　麦	5906	5801	5747	5895	5991	5986
2.秋收粮食	8397	8370	8518	8338	8339	8642
#稻　　谷	9033	8880	9308	8871	9266	9263
玉　　米	6314	6847	6979	6552	5874	5367
豆　　类	2760	3220	3411	2630	2545	2291
薯　　类(干品)	7353	8122	8141	7185	6708	6309
(二) 油料作物	4674	4862	4870	4650	2463	2466
#花　　生	4761	4864	4870	4650	3222	2667
油 菜 籽	2397	1600			2275	2456
(三)棉　花(皮 棉)	1771	1771	1800			

畜牧业生产情况

表 7–14　　(2016 年)

指　　标	单 位	全 市	市 区	# 赣榆区	东海县	灌云县	灌南县
一、年末存栏头数							
1、大牲畜	万头	7.26	0.50	1.48	3.68	1.30	0.30
# 牛	万头	6.69	0.50	1.41	3.24	1.30	0.24
驴	万头	0.57	0.00	0.07	0.44	0.00	0.06
2、生猪	万头	154.63	6.89	36.30	37.90	27.19	46.35
其中：能繁母猪	万头	19.44	2.62	3.82	3.45	2.39	7.16
3、羊	万只	18.32	1.01	5.84	4.47	5.36	1.64
4、家禽	万只	1223.00	135.82	343.68	314.32	249.16	180.02
二、畜产品总产量							
1、猪牛羊出栏数							
生猪	万头	288.99	32.94	66.86	69.61	51.30	68.28
牛	万头	10.93	0.28	2.47	3.72	3.99	0.47
羊	万只	40.18	2.31	12.61	10.54	12.82	1.90
2、肉类及其他总产量	吨	294972	39787	75561	73914	52382	53328
①大牲畜肉产量	吨	20171	467	4617	7345	6635	1107
# 牛肉产量	吨	20079	467	4617	7304	6635	1056
②猪肉产量	吨	211256	22923	50430	51766	38331	47806
③羊肉产量	吨	6213	218	1814	2030	1871	280
④禽肉产量	吨	50520	16129	14543	11098	5120	3630
⑤兔肉产量	吨	2412	50	157	1275	425	505
⑥其他肉产量	吨	4400		4000	400		
3、奶类产量	吨	20263	11017	715	3677	4854	
4、绵羊毛产量	公斤	14280			13000	1280	
5、蜂蜜产量	吨	194	2		28	152	12
6、禽蛋产量	吨	105253	7061	16696	46381	23539	11576

8

工 业、能 源

全市及分县规模以上工业企业单位数

表 8-1　　(2016 年)　　单位:个

年　　份	全　市	市　区	东海县	灌云县	灌南县
总　　计	**1815**	**798**	**546**	**279**	**192**
一、按登记注册类型分组:					
内资企业	1626	686	507	266	167
国有企业	7	3	3		1
中央企业	1	1			
地方企业	6	2	3		1
集体企业	1			1	
股份合作企业	1	1			
联营企业					
国有联营企业					
集体联营企业					
国有与集体联营企业					
其他联营企业					
有限责任公司	277	68	10	143	56
国有独资公司	13	10	1	2	
其他有限责任公司	264	58	9	141	56
股份有限公司	27	19	1	4	3
私营企业	1312	595	492	118	107
私营独资企业	137	36	84	17	
私营合作企业	3	2	1		
私营有限责任公司	1137	543	398	95	101
私营股份有限公司	35	14	9	6	6
其他企业	1		1		
港、澳、台商投资企业	70	33	20	4	13
合资经营企业(港或澳、台资)	27	18	6		3
合作经营企业(港或澳、台资)	1	1			
港澳台商独资经营企业	38	11	13	4	10
港澳台商投资股份有限公司	4	3	1		
其他港澳台商投资企业					
外商投资企业	119	79	19	9	12
中外合资经营企业	50	31	9	3	7
中外合作经营企业					
外资企业	66	46	9	6	5
外商投资股份有限公司	3	2	1		

表 8-1 续表　　　　　　　　　　　　　　　　　　（2016 年）　　　　　　　　　　　　　　　　　　单位：个

指　　标	全　市	市　区	东海县	灌云县	灌南县
二、按经济组织类型分组					
独资企业	249	96	109	28	16
国有企业	7	3	3		1
集体企业	1			1	
私营独资企业	137	36	84	17	
港澳台商独资经营企业	38	11	13	4	10
外资企业	66	46	9	6	5
合作、合伙企业	6	4	2		
股份合作企业	1	1			
国有联营企业					
集体联营企业					
国有与集体联营企业					
其他联营企业					
私营合伙企业	3	2	1		
合作经营企业(港或澳、台资)	1	1			
中外合作经营企业					
其他企业(内资)	1		1		
其他港澳台商投资企业					
其他外商投资企业					
股份有限公司	69	38	12	10	9
股份有限公司(内资)	27	19	1	4	3
私营股份有限公司	35	14	9	6	6
港澳台商投资股份有限公司	4	3	1		
外商投资股份有限公司	3	2	1		
有限责任公司	1491	660	423	241	167
国有独资公司	13	10	1	2	
私营有限责任公司	1137	543	398	95	101
合资经营企业(港或澳、台资)	27	18	6		3
中外合资经营企业	50	31	9	3	7
其他有限责任公司	264	58	9	141	56
三、在总计中：亏损企业	104	62	10	1	31
在总计中：国有控股企业	45	35	5	3	2
在总计中：农村工业	8		4		4
在总计中：轻工业	764	382	205	129	48
重工业	1051	416	341	150	144
在总计中：大型企业	26	18	3	1	4
中型企业	112	59	21	17	15
小型企业	1625	690	518	257	160
微型企业	52	31	4	4	13

全市及分县规模以上工业总产值

表 8-2　　(2016 年)　　单位:万元

指　　标	全　市	市　区	东海县	灌云县	灌南县
总　　计	**59748125**	**35097482**	**10857497**	**7621391**	**6171755**
一、按登记注册类型分组:					
内资企业	47073841	23957164	9721344	7416758	5978575
国有企业	64374	32166	28993		3215
中央企业	12874	12874			
地方企业	51500	19292	28993		3215
集体企业	3849			3849	
股份合作企业	14231	14231			
联营企业					
国有联营企业					
集体联营企业					
国有与集体联营企业					
其他联营企业					
有限责任公司	9937200	5989583	124003	3389693	433922
国有独资公司	453995	348574	5510	99911	
其他有限责任公司	9483205	5641009	118493	3289782	433922
股份有限公司	2271407	2070416	74761	103834	22396
私营企业	34779811	15850768	9490617	3919382	5519043
私营独资企业	2553029	608141	1731200	213687	
私营合作企业	69980	4968	65012		
私营有限责任公司	30596197	14394572	7442337	3308301	5450987
私营股份有限公司	1560606	843087	252068	397394	68056
其他企业	2969		2969		
港、澳、台商投资企业	2444090	1570649	695821	72367	105253
合资经营企业(港或澳、台资)	685479	239897	426628		18954
合作经营企业(港或澳、台资)	202668	202668			
港澳台商独资经营企业	1424851	1001725	264460	72367	86299
港澳台商投资股份有限公司	131092	126359	4733		
其他港澳台商投资企业					
外商投资企业	10230194	9569669	440332	132266	87927
中外合资经营企业	4925347	4594052	209147	70193	51955
中外合作经营企业					
外资企业	4149721	3824132	227545	62073	35972
外商投资股份有限公司	1155126	1151486	3640		

表 8-2 续　　　　(2016 年)　　　　单位:万元

指　　标	全　市	市　区	东海县	灌云县	灌南县
二、按经济组织类型分组					
独资企业	8195823	5466164	2252198	351976	125485
国有企业	64374	32166	28993		3215
集体企业	3849			3849	
私营独资企业	2553029	608141	1731200	213687	
港澳台商独资经营企业	1424851	1001725	264460	72367	86299
外资企业	4149721	3824132	227545	62073	35972
合作、合伙企业	289848	221867	67981		
股份合作企业	14231	14231			
国有联营企业					
集体联营企业					
国有与集体联营企业					
其他联营企业					
私营合伙企业	69980	4968	65012		
合作经营企业(港或澳、台资)	202668	202668			
中外合作经营企业					
其他企业(内资)	2969		2969		
其他港澳台商投资企业					
其他外商投资企业					
股份有限公司	5118230	4191348	335202	501228	90452
股份有限公司(内资)	2271407	2070416	74761	103834	22396
私营股份有限公司	1560606	843087	252068	397394	68056
港澳台商投资股份有限公司	131092	126359	4733		
外商投资股份有限公司	1155126	1151486	3640		
有限责任公司	46144223	25218103	8202115	6768187	5955818
国有独资公司	453995	348574	5510	99911	
私营有限责任公司	30596197	14394572	7442337	3308301	5450987
合资经营企业(港或澳、台资)	685479	239897	426628		18954
中外合资经营企业	4925347	4594052	209147	70193	51955
其他有限责任公司	9483205	5641009	118493	3289782	433922
三、在总计中:亏损企业	1260461	814745	206011	13478	226227
在总计中:国有控股企业	3448881	3290103	47148	103679	7952
在总计中:农村工业	299326		267270		32056
在总计中:轻工业	19541377	12128613	4079839	2837062	495863
重工业	40206748	22968869	6777658	4784329	5675892
在总计中:大型企业	18935550	13986759	269187	586641	4092963
中型企业	14052954	10520723	1105465	1697509	729257
小型企业	26229292	10142770	9472144	5319921	1294457
微型企业	530329	447230	10700	17320	55079

主 要 工 业 产 品 产 量

表 8-3　　　　(2016 年)

产品名称	单位	全市	市区	东海县	灌云县	灌南县
磷矿石(折含五氧化二磷 30%)	吨	65360	65360			
原盐	吨	591450	591450			
小麦粉	吨	641536		641536		
大米	吨	1335915	365463	945039	25413	
饲料	吨	479049	293146	185903		
其中:配合饲料	吨	189105	130151	58954		
混合饲料	吨	33514	33514			
精制食用植物油	吨	525754	470618	55136		
鲜、冷藏肉	吨	28136	28136			
熟肉制品	吨	8983		8983		
糖果	吨	26898	26898			
乳制品	吨	7963	7963			
液体乳	吨	7963	7963			
食品添加剂	吨	14983	14983			
发酵酒精(折 96 度,商品量)	千升	1108559	862774	106498		139286
饮料酒	千升	93589	80010	445		13134
其中:白酒(折 65 度,商品量)	千升	13134				13134
啤酒	千升	80010	80010			
纱	吨	20316	13109		4187	3020
棉纱	吨	18707	12504		4187	2016
棉混纺纱	吨	605	605			
化学纤维纱	吨	1004				1004

表 8-3 续表 1　　　　　　　　　　　　　　(2016 年)

产　品　名　称	单位	全　市	市　区	东海县	灌云县	灌南县
布	万米	7501	7501			
其中:棉布	万米	3480	3480			
棉混纺布	万米	4021	4021			
印染布	万米	2764			2764	
蚕丝	吨	149	149			
无纺布(无纺织物)	吨	23704		23704		
服装	万件	7091	4062	2618	358	53
梭织服装	万件	5757	4062	1337	358	
西服套装	万件	209	209			
针织服装	万件	1334		1282		53
人造板	立方米	1427545	573814	536140		317591
其中:胶合板	立方米	892890	401642	298390		192858
纤维板	立方米	516199	172172	237750		106277
机制纸及纸板(外购原纸加工除外)	吨	132229	97355		34874	
包装用纸及纸板	吨	34874			34874	
其中:箱纸板	吨	34874			34874	
纸制品	吨	68478		44869	23609	
其中:瓦楞纸箱	吨	68478		44869	23609	
单色印刷品	令	7914	7914			
多色印刷品	对开色令	112785	112785			
硫酸(折 100%)	吨	56762	56762			
盐酸(氯化氢,含量 31%)	吨	56283	56283			
烧碱(折 100%)	吨	305760	305760			

表 8-3 续表 2　　　　　　　　　　　　　　　　(2016 年)

产品名称	单位	全市	市区	东海县	灌云县	灌南县
其中:离子膜法烧碱(折 100%)	吨	152918	152918			
纯碱(碳酸钠)	吨	1336703	1336703			
冰乙酸(冰醋酸)	吨	50502	50502			
合成氨(无水氨)	吨	93010	93010			
农用氮、磷、钾化学肥料(折纯)	吨	82342	82342			
氮肥(折含氮 100%)	吨	72461	72461			
磷肥(折五氧化二磷 100%)	吨	9881	9881			
化学农药原药(折有效成分 100%)	吨	6726	4629	1477	620	
其中:杀虫剂(杀螨剂)原药	吨	3011	1534	1477		
初级形态塑料	吨	8300	8300			
合成纤维单体	吨	1432959	1432959			
其中:精对苯二甲酸(PTA)	吨	1432959	1432959			
碳纤维增强复合材料	吨	1481	1481			
稀土磁性材料	吨	8550	1602	6948		
多晶硅	千克	170060	170060			
化学药品原药	吨	28880	28880			
中成药	吨	1801	1801			
化学纤维	吨	11921	11921			
合成纤维	吨	11921	11921			
氨纶纤维	吨	11921	11921			
塑料制品	吨	12692	10172		2520	
其中:塑料薄膜	吨	10172	10172			
水泥	吨	10348038	3069972	7278066		

表 8-3 续表 3　　　　　　　　　　　　　　（2016 年）

产　品　名　称	单位	全　市	市　区	东海县	灌云县	灌南县
商品混凝土	立方米	2068830	1806006	133846	128978	
水泥混凝土排水管	千米	44	44			
水泥混凝土电杆	根	56631	29783	26848		
预应力混凝土桩	米	2022214	2022214			
平板玻璃	重量箱	8119042		8119042		
玻璃包装容器	吨	7028	7028			
纤维增强塑料制品	吨	2344		2344		
耐火材料制品	吨	21621	21621			
石墨及炭素制品	吨	74789		74789		
粗钢	吨	17848406	6191648			11656758
铸铁件	吨	699863	699863			
铸钢件	吨	79258	79258			
钢材	吨	15408715	4820435			10588280
棒材	吨	45045	45045			
钢筋	吨	3500213	3500213			
线材(盘条)	吨	2192610	1174521			1018089
焊接钢管	吨	100656	100656			
其他钢材	吨	9570191				9570191
用外购国产钢材再加工生产钢材	吨	104441	100656			3785
用外购钢材再加工生产钢材	吨	104441	100656			3785
铁合金	吨	801537	736569		64968	
十种有色金属	吨	21				21
精炼铜(电解铜)	吨	21				21

表 8-3 续表 4　　　　　　　　　　　　　　　(2016 年)

产　品　名　称	单 位	全　市	市　区	东海县	灌云县	灌南县
黄金	千克	25				25
铜材	吨	1166				1166
铝材	吨	7405		7405		
金属集装箱	立方米	8031028	8031028			
铸造机械	台	68				68
齿轮	吨	551			551	
矿山专用设备	吨	5501		5501		
模具	套	304	304			
工业机器人	套	72	72			
民用钢质船舶	载重吨	1294050			208162	1085888
钢质机动货船	载重吨	1294050			208162	1085888
高压开关板	面	388	388			
低压开关板	面	754	754			
通信及电子网络用电缆	对千米	21323	21323			
太阳能电池(光伏电池)	千瓦	2379341	662054	1717287		
太阳能热水器	平方米	31908		31908		
电光源	万只	77281		77281		
彩色电视机	台	272846	272846			
其中:智能电视	台	272846	272846			
半导体分立器件	万只	118599	118599			
电子元件	万只	13841	13768			74
印制电路板	平方米	691271		691271		
自来水生产量	万立方米	8103	8103			

历年主要工业产品产量

表 8-4

指　　标	单位	2000	2005	2010	2011	2012	2013	2014	2015	2016
原　盐	万吨	99.26	76.49	53.49	80.23	78.54	87.67	87.19	64.19	59.15
纱	万吨	1.49	2.43	2.20	2.17	1.76	2.06	1.77	2.09	2.03
布	万米	921	482	1683	1573	6201	8497	6919	8008.40	7501.10
机制纸及纸板	万吨	0.37	1.70	4.78	4.02	4.36	5.31	10.13	10.07	13.22
磷矿石(折 30%)	万吨	14.03	10.15	10.04	9.79	10.69	10.22	8.29	8.82	6.54
硫　酸	万吨	15.30	25.38	20.68	16.83	11.38	7.88	5.70	2.47	5.68
纯　碱	万吨	98.29	137.65	133.61	142.49	132.24	126.93	141.24	139.25	133.67
农用化肥	万吨	24.18	18.82	7.36	8.85	9.40	8.55	8.60	9.44	8.23
水　泥	万吨	48.69	89.08	348.70	297.30	573.11	891.94	1213.09	870.55	1034.80
啤　酒	万千升	5.90	8.11	7.90	7.21	7.15	6.89	7.40	7.42	8.00
发电量	亿度	26.16	51.13	201.18	205.36	210.09		268.19	256.44	281.22

规模以上工业企业主要经济效益指标

表 8-5　　(2016 年)　　单位:%

指　　标	总资产贡献率	资　产负债率	成本费用利润率	产　品销售率
总　　计	**21.1**	**50.8**	**9.1**	**99.2**
一、按登记注册类型分组:				
内资企业	19.2	51.6	8.8	99.3
国有企业	4.7	57.7	11.9	98.1
中央企业	2.2	48.9	16.7	99.0
地方企业	6.8	65.7	10.3	97.9
集体企业	47.7	60.9	6.2	100.0
股份合作企业	35.4	44.5	5.5	90.6
联营企业				
国有联营企业				
集体联营企业				
国有与集体联营企业				
其他联营企业				
有限责任公司	10.7	64.7	9.3	98.5
国有独资公司	2.5	62.8	1.1	98.2
其他有限责任公司	11.9	65.0	9.8	98.6
股份有限公司	21.8	33.2	27.3	89.8
私营企业	26.1	44.1	7.8	100.1
私营独资企业	40.4	27.7	7.8	101.5
私营合作企业	55.1	35.1	9.0	103.2
私营有限责任公司	25.0	45.2	7.7	100.0
私营股份有限公司	36.6	38.8	9.1	99.8
其他企业	4.8	3.6	10.9	99.2
港、澳、台商投资企业	25.0	42.7	12.5	101.2
合资经营企业(港或澳、台资)	12.1	24.1	6.1	101.9
合作经营企业(港或澳、台资)	45.5	59.6	15.3	100.0
港澳台商独资经营企业	30.7	49.3	16.5	101.2
港澳台商投资股份有限公司	-0.2	45.5	-0.9	100.0
其他港澳台商投资企业				
外商投资企业	33.6	48.6	9.8	98.5
中外合资经营企业	32.3	55.3	7.4	99.7
中外合作经营企业				
外资企业	20.8	46.4	4.9	99.5
外商投资股份有限公司	55.6	41.3	46.2	89.8

表 8-5 续表 1　　　　　　　　　　　　(2016 年)　　　　　　　　　　　　单位:%

指　　标	总资产贡献率	资　产负债率	成本费用利润率	产　品销售率
二、按经济组织类型分组				
独资企业	26.4	44.4	7.7	100.4
国有企业	4.7	57.7	11.9	98.1
集体企业	47.7	60.9	6.2	100.0
私营独资企业	40.4	27.7	7.8	101.5
港澳台商独资经营企业	30.7	49.3	16.5	101.2
外资企业	20.8	46.4	4.9	99.5
合作、合伙企业	43.5	51.1	13.2	100.3
股份合作企业	35.4	44.5	5.5	90.6
国有联营企业				
集体联营企业				
国有与集体联营企业				
其他联营企业				
私营合伙企业	55.1	35.1	9.0	103.2
合作经营企业(港或澳、台资)	45.5	59.6	15.3	100.0
中外合作经营企业				
其他企业(内资)	4.8	3.6	10.9	99.2
其他港澳台商投资企业				
其他外商投资企业				
股份有限公司	30.5	35.8	24.1	93.1
股份有限公司(内资)	21.8	33.2	27.3	89.8
私营股份有限公司	36.6	38.8	9.1	99.8
港澳台商投资股份有限公司	−0.2	45.5	−0.9	100.0
外商投资股份有限公司	55.6	41.3	46.2	89.8
有限责任公司	18.8	54.2	8.0	99.7
国有独资公司	2.5	62.8	1.1	98.2
私营有限责任公司	25.0	45.2	7.7	100.0
合资经营企业(港或澳、台资)	12.1	24.1	6.1	101.9
中外合资经营企业	32.3	55.3	7.4	99.7
其他有限责任公司	11.9	65.0	9.8	98.6
三、在总计中:亏损企业	−4.2	68.3	−6.2	100.0
在总计中:国有控股企业	7.9	70.9	13.8	102.1
在总计中:农村工业	11.6	30.4	8.3	104.5
在总计中:轻工业	33.5	37.5	13.3	97.7
重工业	16.4	55.9	7.3	99.9
在总计中:大型企业	18.3	56.1	12.1	97.9
中型企业	22.8	52.5	7.3	100.0
小型企业	23.6	42.3	7.5	99.7
微型企业	54.9	29.7	45.1	100.3

表 8-5 续表 2　　(2016 年)　　单位:%

指　　标	总资产贡献率	资　产负债率	成本费用利润率	产　品销售率
四、按行业分组	21.1	50.8	9.1	99.2
黑色金属矿采选业	1.9	65.9	0.9	100.0
有色金属矿采选业	-19.7	116.7	-3.2	100.0
非金属矿采选业	4.9	63.0	4.5	98.1
开采辅助活动	15.2	72.0	13.4	100.0
农副食品加工业	33.0	45.5	7.9	100.5
食品制造业	16.5	44.2	6.3	100.3
酒、饮料和精制茶制造业	33.2	38.0	9.8	100.3
纺织业	17.5	30.9	7.6	99.5
纺织服装、服饰业	50.1	26.8	9.9	100.5
皮革、毛皮、羽毛及其制品和制鞋业	18.8	38.2	6.6	99.8
木材加工和木、竹、藤、棕、草制品业	36.0	48.5	7.0	99.0
家具制造业	39.5	37.8	9.6	99.9
造纸和纸制品业	20.2	35.4	6.8	97.1
印刷和记录媒介复制业	30.2	40.8	8.6	100.4
文教、工美、体育和娱乐用品制造业	27.7	26.3	9.1	99.3
石油加工、炼焦和核燃料加工业	12.5	48.8	2.2	98.3
化学原料和化学制品制造业	18.3	56.1	7.3	98.5
医药制造业	43.3	33.0	29.3	91.7
化学纤维制造业	3.2	44.7	3.5	95.6
橡胶和塑料制品业	31.3	32.7	8.2	99.7
非金属矿物制品业	24.0	40.2	7.4	100.8
黑色金属冶炼和压延加工业	22.0	47.3	6.2	101.3
有色金属冶炼和压延加工业	41.2	44.8	4.3	100.0
金属制品业	35.7	25.3	6.8	99.7
通用设备制造业	14.2	54.5	7.8	107.4
专用设备制造业	19.6	35.4	7.9	98.7
汽车制造业	26.5	44.9	6.5	98.2
铁路、船舶、航空航天和其他运输设备制造业	21.2	44.5	5.4	100.8
电气机械和器材制造业	15.7	44.3	7.5	102.1
计算机、通信和其他电子设备制造业	27.3	43.2	7.4	98.9
仪器仪表制造业	3.7	61.1	4.8	99.4
其他制造业	51.9	13.4	15.7	99.1
废弃资源综合利用业	33.3	52.9	10.8	100.4
电力、热力生产和供应业	7.6	74.0	34.7	99.6
燃气生产和供应业	35.1	47.5	12.7	99.4
水的生产和供应业	4.5	51.1	15.0	99.6

规模以上工业企业主要经济指标

表 8-6　　(2016 年)　　单位:万元

指　　标	企业 单位数(个)	#亏损企业	工业总产值	工业销售产值
总　计	**1815**	**104**	**59748125**	**59273820**
一、按登记注册类型分组:				
内资企业	1626	74	47073841	46724963
国有企业	7	1	64374	63144
中央企业	1		12874	12744
地方企业	6	1	51500	50400
集体企业	1		3849	3849
股份合作企业	1		14231	12893
联营企业				
国有联营企业				
集体联营企业				
国有与集体联营企业				
其他联营企业				
有限责任公司	277	24	9937200	9791787
国有独资公司	13	3	453995	445580
其他有限责任公司	264	21	9483205	9346207
股份有限公司	27	1	2271407	2040264
私营企业	1312	48	34779811	34810081
私营独资企业	137		2553029	2592464
私营合作企业	3		69980	72196
私营有限责任公司	1137	46	30596197	30587453
私营股份有限公司	35	2	1560606	1557968
其他企业	1		2969	2946
港、澳、台商投资企业	70	11	2444090	2473333
合资经营企业(港或澳、台资)	27	5	685479	698252
合作经营企业(港或澳、台资)	1		202668	202668
港澳台商独资经营企业	38	3	1424851	1441285
港澳台商投资股份有限公司	4	3	131092	131127
其他港澳台商投资企业				
外商投资企业	119	19	10230194	10075524
中外合资经营企业	50	3	4925347	4908091
中外合作经营企业				
外资企业	66	16	4149721	4129612
外商投资股份有限公司	3		1155126	1037821

表 8-6 续表 1　　(2016 年)　　单位:万元

指　　标	企　业 单位数(个)	#亏损企业	工业总产值	工业销售产值
二、按经济组织类型分组				
独资企业	249	20	8195823	8230355
国有企业	7	1	64374	63144
集体企业	1		3849	3849
私营独资企业	137		2553029	2592464
港澳台商独资经营企业	38	3	1424851	1441285
外资企业	66	16	4149721	4129612
合作、合伙企业	6		289848	290703
股份合作企业	1		14231	12893
国有联营企业				
集体联营企业				
国有与集体联营企业				
其他联营企业				
私营合伙企业	3		69980	72196
合作经营企业(港或澳、台资)	1		202668	202668
中外合作经营企业				
其他企业(内资)	1		2969	2946
其他港澳台商投资企业				
其他外商投资企业				
股份有限公司	69	6	5118230	4767180
股份有限公司(内资)	27	1	2271407	2040264
私营股份有限公司	35	2	1560606	1557968
港澳台商投资股份有限公司	4	3	131092	131127
外商投资股份有限公司	3		1155126	1037821
有限责任公司	1491	78	46144223	45985583
国有独资公司	13	3	453995	445580
私营有限责任公司	1137	46	30596197	30587453
合资经营企业(港或澳、台资)	27	5	685479	698252
中外合资经营企业	50	3	4925347	4908091
其他有限责任公司	264	21	9483205	9346207
三、在总计中:亏损企业	104	104	1260461	1260480
在总计中:国有控股企业	45	9	3448881	3522850
在总计中:农村工业	8		299326	312674
在总计中:轻工业	764	40	19541377	19098743
重工业	1051	64	40206748	40175077
在总计中:大型企业	26	1	18935550	18541864
中型企业	112	12	14052954	14052971
小型企业	1625	84	26229292	26147041
微型企业	52	7	530329	531944

表 8-6 续表 2　　(2016 年)　　单位:万元

指　　标	企　业 单位数（个）	#亏损企业	工业总产值（现价）	工业销售产值（现价）
四、按行业分组	1815	104	59748125	59273820
黑色金属矿采选业	1		3705	3705
有色金属矿采选业	2	1	48707	48707
非金属矿采选业	20	2	566370	555782
开采辅助活动	1		36054	36054
农副食品加工业	189	10	4607777	4629337
食品制造业	36	3	475925	477247
酒、饮料和精制茶制造业	18	1	896162	898584
纺织业	39	2	488723	486153
纺织服装、服饰业	112	2	1541557	1549632
皮革、毛皮、羽毛及其制品和制鞋业	29	2	328957	328253
木材加工和木、竹、藤、棕、草制品业	52	2	784270	776689
家具制造业	14		182412	182228
造纸和纸制品业	20		236958	230139
印刷和记录媒介复制业	43	4	498558	500712
文教、工美、体育和娱乐用品制造业	59	2	891846	885438
石油加工、炼焦和核燃料加工业	6		2372862	2333324
化学原料和化学制品制造业	288	30	11719886	11537870
医药制造业	54	2	5595554	5130849
化学纤维制造业	5	1	47819	45723
橡胶和塑料制品业	52	4	703598	701169
非金属矿物制品业	314	10	6326747	6375471
黑色金属冶炼和压延加工业	43	5	7184611	7274589
有色金属冶炼和压延加工业	21	1	1472288	1472226
金属制品业	66	4	2726499	2718755
通用设备制造业	39	4	1134769	1218485
专用设备制造业	78	3	1688997	1666398
汽车制造业	17		573983	563658
铁路、船舶、航空航天和其他运输设备制造业	12	1	1134977	1144191
电气机械和器材制造业	90	2	2189520	2234879
计算机、通信和其他电子设备制造业	38	4	1515904	1499554
仪器仪表制造业	6		45200	44946
其他制造业	5		86059	85251
废弃资源综合利用业	12	2	409572	411384
电力、热力生产和供应业	21		1083420	1079356
燃气生产和供应业	4		106767	106144
水的生产和供应业	9		41113	40943

表 8-6 续表 3　　　　　　　　　　(2016 年)　　　　　　　　　　单位:万元

指　　标	资　产 合　计	流动资产 合　计	应收帐款 净　额	产成品 存　货	固定资产 净　值
总　计	**36505971**	**13478637**	**3676551**	**1020858**	**15029778**
一、按登记注册类型分组:					
内资企业	30625113	10176752	2674421	778434	13035812
国有企业	232651	36707	16956	2213	182580
中央企业	110456	6789	3729		99837
地方企业	122194	29918	13227	2213	82743
集体企业	511	300	22	158	211
股份合作企业	2725	1992	803	383	733
联营企业					
国有联营企业					
集体联营企业					
国有与集体联营企业					
其他联营企业					
有限责任公司	12593140	3789393	1099292	234883	4346946
国有独资公司	1590864	675488	46161	31337	558769
其他有限责任公司	11002277	3113905	1053132	203546	3788177
股份有限公司	3156117	1503924	342716	62048	1084181
私营企业	14632836	4843937	1214397	478712	7418904
私营独资企业	673978	164319	59745	21296	418816
私营合作企业	13824	5183	1210	596	7982
私营有限责任公司	13407868	4524921	1109141	438449	6680759
私营股份有限公司	537166	149513	44301	18371	311346
其他企业	7133	500	235	39	2258
港、澳、台商投资企业	1586374	839188	397237	40659	563854
合资经营企业(港或澳、台资)	435408	189185	38167	14611	216904
合作经营企业(港或澳、台资)	68051	14302	6653		44674
港澳台商独资经营企业	1016038	608387	349522	21757	278199
港澳台商投资股份有限公司	66877	27314	2895	4291	24077
其他港澳台商投资企业					
外商投资企业	4294484	2462697	604893	201765	1430112
中外合资经营企业	1664842	929121	169350	95175	554602
中外合作经营企业					
外资企业	1594942	766079	302064	62712	728964
外商投资股份有限公司	1034700	767497	133480	43878	146546

表 8-6 续表 4　　(2016 年)　　单位:万元

指标	资产合计	流动资产合计	应收帐款净额	产成品存货	固定资产净值
二、按经济组织类型分组					
独资企业	3518120	1575792	728308	108135	1608771
国有企业	232651	36707	16956	2213	182580
集体企业	511	300	22	158	211
私营独资企业	673978	164319	59745	21296	418816
港澳台商独资经营企业	1016038	608387	349522	21757	278199
外资企业	1594942	766079	302064	62712	728964
合作、合伙企业	91733	21977	8901	1017	55647
股份合作企业	2725	1992	803	383	733
国有联营企业					
集体联营企业					
国有与集体联营企业					
其他联营企业					
私营合伙企业	13824	5183	1210	596	7982
合作经营企业(港或澳、台资)	68051	14302	6653		44674
中外合作经营企业					
其他企业(内资)	7133	500	235	39	2258
其他港澳台商投资企业					
其他外商投资企业					
股份有限公司	4794860	2448248	523392	128588	1566150
股份有限公司(内资)	3156117	1503924	342716	62048	1084181
私营股份有限公司	537166	149513	44301	18371	311346
港澳台商投资股份有限公司	66877	27314	2895	4291	24077
外商投资股份有限公司	1034700	767497	133480	43878	146546
有限责任公司	28101259	9432620	2415950	783117	11799210
国有独资公司	1590864	675488	46161	31337	558769
私营有限责任公司	13407868	4524921	1109141	438449	6680759
合资经营企业(港或澳、台资)	435408	189185	38167	14611	216904
中外合资经营企业	1664842	929121	169350	95175	554602
其他有限责任公司	11002277	3113905	1053132	203546	3788177
三、在总计中:亏损企业	1613480	790703	235336	91074	614693
在总计中:国有控股企业	10154242	2341771	625126	109098	3643510
在总计中:农村工业	284758	55389	18243	6375	223034
在总计中:轻工业	10076610	5211769	1501289	345537	3514434
重工业	26429361	8266868	2175262	675321	11515345
在总计中:大型企业	18145458	6430426	1454741	362465	6093836
中型企业	6472439	2656118	765098	261567	3008684
小型企业	11515334	4138458	1286833	386974	5825381
微型企业	372739	253635	169879	9851	101877

表 8-6 续表 5 （2016 年） 单位：万元

指标	资产合计	流动资产合计	应收帐款净额	产成品存货	固定资产净值
四、按行业分组	36505971	13478637	3676551	1020858	15029778
黑色金属矿采选业	1713	1417	309		201
有色金属矿采选业	15169	12603	-5017	3929	1385
非金属矿采选业	1223806	550033	30125	27074	341269
开采辅助活动	43778	19493	7559	3303	24205
农副食品加工业	1543421	838186	253205	65632	556355
食品制造业	231887	118658	36537	15990	98590
酒、饮料和精制茶制造业	405920	139424	22841	13170	189748
纺织业	270958	122663	47921	16370	118757
纺织服装、服饰业	412649	121786	36409	16255	246244
皮革、毛皮、羽毛及其制品和制鞋业	175124	66471	18474	5444	95224
木材加工和木、竹、藤、棕、草制品业	206248	91418	24150	9761	74601
家具制造业	65025	18644	4951	1602	44479
造纸和纸制品业	92152	39259	6723	7177	44095
印刷和记录媒介复制业	207497	80901	17885	6310	98824
文教、工美、体育和娱乐用品制造业	386329	112137	33419	17148	231185
石油加工、炼焦和核燃料加工业	863444	341372	59842	58247	516184
化学原料和化学制品制造业	6345693	2205264	426052	228284	2749624
医药制造业	4103260	2903055	884153	122021	826923
化学纤维制造业	93709	29335	7361	4701	56852
橡胶和塑料制品业	246237	78515	14322	8396	158120
非金属矿物制品业	2766244	900747	330770	74369	1579130
黑色金属冶炼和压延加工业	3323827	1145991	258880	117948	1846566
有色金属冶炼和压延加工业	266596	147463	84476	5599	104929
金属制品业	712426	216918	59834	15935	410181
通用设备制造业	887875	571134	240282	47364	178078
专用设备制造业	988425	501649	123196	57329	303559
汽车制造业	193549	95426	16613	8556	62087
铁路、船舶、航空航天和其他运输设备制造业	490778	196955	61825	5722	265841
电气机械和器材制造业	1563606	602881	250993	34672	464350
计算机、通信和其他电子设备制造业	537584	305118	123273	16819	194140
仪器仪表制造业	80427	41787	14677	1867	3682
其他制造业	28452	4239	944	375	19247
废弃资源综合利用业	145273	46749	14856	2353	79008
电力、热力生产和供应业	7294383	702139	160228	832	2894188
燃气生产和供应业	41997	19671	1541	281	20375
水的生产和供应业	250511	89135	6943	26	131550

表 8-6 续表 6　　(2016 年)　　单位:万元

指　　标	负债合计	所有者权益合计	主营业务收入	主营业务成本	主营业务税金及附加
总　　计	**18561383**	**17941108**	**59464114**	**48675264**	**555130**
一、按登记注册类型分组:					
内资企业	15795665	14825970	46487421	38326221	485802
国有企业	134262	98387	61214	52211	301
中央企业	54006	56449	12744	14784	
地方企业	80256	41938	48470	37427	301
集体企业	311	200	3849	3063	6
股份合作企业	1213	1512	13000	9962	78
联营企业					
国有联营企业					
集体联营企业					
国有与集体联营企业					
其他联营企业					
有限责任公司	8152553	4437195	9679767	7923825	98192
国有独资公司	998237	592627	496691	411041	4419
其他有限责任公司	7154316	3844568	9183077	7512784	93773
股份有限公司	1048596	2107521	1967541	823176	27826
私营企业	6458474	8174278	34759105	29511386	359383
私营独资企业	186332	487646	2605840	2271520	24359
私营合作企业	4854	8970	72150	64580	691
私营有限责任公司	6058658	7349127	30538118	25907538	304372
私营股份有限公司	208630	328535	1542998	1267747	29960
其他企业	256	6877	2946	2599	17
港、澳、台商投资企业	677316	909058	2419953	1668794	19245
合资经营企业(港或澳、台资)	105039	330369	664359	594248	3734
合作经营企业(港或澳、台资)	40558	27494	202668	160404	2109
港澳台商独资经营企业	501314	514724	1438210	803273	13282
港澳台商投资股份有限公司	30405	36472	114716	110870	120
其他港澳台商投资企业					
外商投资企业	2088402	2206081	10556740	8680249	50083
中外合资经营企业	920777	744064	5145923	4643445	18970
中外合作经营企业					
外资企业	740073	854867	4166228	3802271	11216
外商投资股份有限公司	427551	607149	1244589	234532	19897

表 8-6 续表 7　　　　(2016 年)　　　　单位:万元

指　　标	负债合计	所有者权益合计	主营业务收入	主营业务成本	主营业务税金及附加
二、按经济组织类型分组					
独资企业	1562293	1955824	8275341	6932338	49164
国有企业	134262	98387	61214	52211	301
集体企业	311	200	3849	3063	6
私营独资企业	186332	487646	2605840	2271520	24359
港澳台商独资经营企业	501314	514724	1438210	803273	13282
外资企业	740073	854867	4166228	3802271	11216
合作、合伙企业	46880	44853	290764	237545	2895
股份合作企业	1213	1512	13000	9962	78
国有联营企业					
集体联营企业					
国有与集体联营企业					
其他联营企业					
私营合伙企业	4854	8970	72150	64580	691
合作经营企业(港或澳、台资)	40558	27494	202668	160404	2109
中外合作经营企业					
其他企业(内资)	256	6877	2946	2599	17
其他港澳台商投资企业					
其他外商投资企业					
股份有限公司	1715183	3079677	4869843	2436325	77804
股份有限公司(内资)	1048596	2107521	1967541	823176	27826
私营股份有限公司	208630	328535	1542998	1267747	29960
港澳台商投资股份有限公司	30405	36472	114716	110870	120
外商投资股份有限公司	427551	607149	1244589	234532	19897
有限责任公司	15237027	12860755	46028167	39069057	425268
国有独资公司	998237	592627	496691	411041	4419
私营有限责任公司	6058658	7349127	30538118	25907538	304372
合资经营企业(港或澳、台资)	105039	330369	664359	594248	3734
中外合资经营企业	920777	744064	5145923	4643445	18970
其他有限责任公司	7154316	3844568	9183077	7512784	93773
三、在总计中:亏损企业	1101792	511607	1246301	1203236	4265
在总计中:国有控股企业	7195532	2958708	3714176	3014144	25685
在总计中:农村工业	86656	198002	313389	272873	1857
在总计中:轻工业	3779072	6294275	19216160	13946020	218337
重工业	14782311	11646833	40247955	34729244	336794
在总计中:大型企业	10181769	7963688	18867013	13922959	183155
中型企业	3399682	3072757	14277355	12448037	111372
小型企业	4869408	6645919	25780152	21975707	255815
微型企业	110525	258744	539594	328560	4789

表 8-6 续表 8　　(2016 年)　　单位:万元

指　　标	负债合计	所有者权益合计	主营业务收入	主营业务成本	主营业务税金及附加
四、按行业分组	18561383	17941108	59464114	48675264	555130
黑色金属矿采选业	1129	584	3698	3463	1
有色金属矿采选业	17710	−2540	64934	64287	11
非金属矿采选业	770586	453220	602465	515211	5787
开采辅助活动	31501	12277	36054	28510	292
农副食品加工业	702672	839356	4736978	4147182	32952
食品制造业	102407	129480	464534	393468	3628
酒、饮料和精制茶制造业	154329	251591	897646	725880	33617
纺织业	83754	187204	479759	409697	4161
纺织服装、服饰业	110706	301943	1543056	1274160	18968
皮革、毛皮、羽毛及其制品和制鞋业	66937	108187	323467	275987	2678
木材加工和木、竹、藤、棕、草制品业	99999	106037	772608	674157	6741
家具制造业	24557	40468	182003	143020	3622
造纸和纸制品业	32585	59567	208403	175899	2241
印刷和记录媒介复制业	84736	122762	503709	417879	5783
文教、工美、体育和娱乐用品制造业	101619	284710	893187	750646	11540
石油加工、炼焦和核燃料加工业	421416	442027	2333581	2200574	25641
化学原料和化学制品制造业	3556946	2788746	11425220	9873070	75883
医药制造业	1355711	2745683	5221844	2046372	67248
化学纤维制造业	41854	51855	44606	38163	82
橡胶和塑料制品业	80523	165714	702214	586041	9399
非金属矿物制品业	1112831	1653411	6309640	5527613	52818
黑色金属冶炼和压延加工业	1572347	1751481	7289510	6090946	78334
有色金属冶炼和压延加工业	119499	147097	1506127	1394070	11012
金属制品业	180414	532012	2774016	2416358	22209
通用设备制造业	483510	404365	1218248	1005653	15126
专用设备制造业	349585	638840	1687625	1441398	9978
汽车制造业	86892	106657	575045	499008	3429
铁路、船舶、航空航天和其他运输设备制造业	218265	272513	1136889	995512	9140
电气机械和器材制造业	692727	870878	2283858	1992673	16079
计算机、通信和其他电子设备制造业	231988	305595	1466875	1268446	5021
仪器仪表制造业	49098	31329	39268	31849	149
其他制造业	3798	24654	84322	68524	1156
废弃资源综合利用业	76887	68386	398020	322949	4310
电力、热力生产和供应业	5393918	1900464	1110539	757380	15022
燃气生产和供应业	19957	22039	104096	85586	778
水的生产和供应业	127992	122519	40070	33634	293

表 8-6 续表 9　　(2016 年)　　单位:万元

指　　标	营业费用	管理费用	财务费用	利息支出	利润总额
总　计	**2759053**	**2139042**	**649409**	**492565**	**4965261**
一、按登记注册类型分组:					
内资企业	1895548	1688507	574200	444612	3750023
国有企业	746	1969	2319	2340	7201
中央企业	45	8	12		2477
地方企业	701	1961	2307	2340	4724
集体企业	231	193	132	40	225
股份合作企业	1331	861	90	88	678
联营企业					
国有联营企业					
集体联营企业					
国有与集体联营企业					
其他联营企业					
有限责任公司	389543	440436	170289	137844	828833
国有独资公司	25237	64130	16841	17370	5496
其他有限责任公司	364306	376305	153449	120474	823337
股份有限公司	440370	267274	10727	26052	424796
私营企业	1063314	977763	390626	278231	2488003
私营独资企业	58091	42935	22348	19456	186102
私营合作企业	399	321	229	149	5924
私营有限责任公司	957152	877896	344429	245124	2168608
私营股份有限公司	47671	56611	23620	13502	127369
其他企业	14	12	17	17	288
港、澳、台商投资企业	317041	141774	8861	8113	272246
合资经营企业(港或澳、台资)	11368	14411	3721	3324	38264
合作经营企业(港或澳、台资)	1942	10138	1471		26604
港澳台商独资经营企业	303461	113784	2630	3956	208450
港澳台商投资股份有限公司	269	3441	1039	833	-1072
其他港澳台商投资企业					
外商投资企业	546464	308761	66348	39840	942992
中外合资经营企业	56719	61054	35340	18766	356852
中外合作经营企业					
外资企业	55288	81795	30324	19550	195709
外商投资股份有限公司	434456	165912	684	1524	390431

表 8-6 续表 10　　(2016 年)　　单位:万元

指　　标	营业费用	管理费用	财务费用	利息支出	利润总额
二、按经济组织类型分组					
独资企业	417817	240676	57754	45343	597685
国有企业	746	1969	2319	2340	7201
集体企业	231	193	132	40	225
私营独资企业	58091	42935	22348	19456	186102
港澳台商独资经营企业	303461	113784	2630	3956	208450
外资企业	55288	81795	30324	19550	195709
合作、合伙企业	3686	11332	1806	253	33494
股份合作企业	1331	861	90	88	678
国有联营企业					
集体联营企业					
国有与集体联营企业					
其他联营企业					
私营合伙企业	399	321	229	149	5924
合作经营企业(港或澳、台资)	1942	10138	1471		26604
中外合作经营企业					
其他企业(内资)	14	12	17	17	288
其他港澳台商投资企业					
其他外商投资企业					
股份有限公司	922766	493238	36070	41911	941524
股份有限公司(内资)	440370	267274	10727	26052	424796
私营股份有限公司	47671	56611	23620	13502	127369
港澳台商投资股份有限公司	269	3441	1039	833	-1072
外商投资股份有限公司	434456	165912	684	1524	390431
有限责任公司	1414783	1393796	553779	405058	3392557
国有独资公司	25237	64130	16841	17370	5496
私营有限责任公司	957152	877896	344429	245124	2168608
合资经营企业(港或澳、台资)	11368	14411	3721	3324	38264
中外合资经营企业	56719	61054	35340	18766	356852
其他有限责任公司	364306	376305	153449	120474	823337
三、在总计中:亏损企业	32433	73252	18825	11021	-86711
在总计中:国有控股企业	76202	170296	131872	116543	472121
在总计中:农村工业	3685	4011	4771	3852	23899
在总计中:轻工业	1713630	999249	166916	113666	2234906
重工业	1045423	1139793	482493	378899	2730354
在总计中:大型企业	1741406	949189	231189	191695	2046949
中型企业	284667	387848	122838	90498	976796
小型企业	725993	773948	291096	207872	1775525
微型企业	6987	28057	4286	2500	165990

表 8-6 续表 11　　(2016 年)　　单位:万元

指　　标	营业费用	管理费用	财务费用	利息支出	利润总额
四、按行业分组	2759053	2139042	649409	492565	4965261
黑色金属矿采选业	62	56	83	0	32
有色金属矿采选业	2517	206	36	0	-2124
非金属矿采选业	23903	46092	14717	13885	27072
开采辅助活动	363	2323	337	337	4229
农副食品加工业	102285	74871	51785	20190	343790
食品制造业	18247	19065	3293	1981	27251
酒、饮料和精制茶制造业	22480	29615	13780	7726	78007
纺织业	13358	15205	4219	3170	33794
纺织服装、服饰业	53433	39024	19681	14149	137093
皮革、毛皮、羽毛及其制品和制鞋业	9763	10579	4725	3814	20042
木材加工和木、竹、藤、棕、草制品业	16494	17356	8935	5717	49877
家具制造业	9246	7097	3385	2244	15677
造纸和纸制品业	8301	7014	1780	581	13190
印刷和记录媒介复制业	15548	15924	9095	8540	39366
文教、工美、体育和娱乐用品制造业	25154	23109	9292	3806	74218
石油加工、炼焦和核燃料加工业	21275	17535	20169	19585	48469
化学原料和化学制品制造业	230610	385445	107239	83013	777293
医药制造业	1341908	611254	2118	13329	1172548
化学纤维制造业	1714	3657	836	923	1556
橡胶和塑料制品业	24542	19639	9789	4295	52611
非金属矿物制品业	113718	128567	55065	48733	434582
黑色金属冶炼和压延加工业	383639	220264	100992	66667	421583
有色金属冶炼和压延加工业	17632	15332	9111	8182	61759
金属制品业	69437	71494	18852	8467	175668
通用设备制造业	51532	51273	6395	7837	87548
专用设备制造业	43114	59850	12374	9487	123700
汽车制造业	15519	19925	3006	6718	35183
铁路、船舶、航空航天和其他运输设备制造业	23248	45730	6371	5907	57348
电气机械和器材制造业	49700	60104	23014	20858	160429
计算机、通信和其他电子设备制造业	27682	56066	8369	2431	100735
仪器仪表制造业	1604	3889	215	329	1796
其他制造业	1932	995	419	114	11296
废弃资源综合利用业	12366	17041	2938	1036	38426
电力、热力生产和供应业	664	35980	116050	97323	322180
燃气生产和供应业	3635	3123	32	89	11824
水的生产和供应业	2430	4344	913	1100	7215

表 8-6 续表 12　　(2016 年)　　单位:万元

指　　标	亏损企业 亏损总额	本年应交 增值税
总　　计	86711	1707659
一、按登记注册类型分组:		
内资企业	49883	1191334
国有企业	349	979
中央企业		
地方企业	349	979
集体企业		
股份合作企业		122
联营企业		
国有联营企业		
集体联营企业		
国有与集体联营企业		
其他联营企业		
有限责任公司	22247	283336
国有独资公司	4600	12371
其他有限责任公司	17647	270965
股份有限公司	3664	195876
私营企业	23624	711001
私营独资企业		46166
私营合作企业		854
私营有限责任公司	19105	637738
私营股份有限公司	4519	26243
其他企业		20
港、澳、台商投资企业	8451	99131
合资经营企业(港或澳、台资)	1089	8737
合作经营企业(港或澳、台资)		2230
港澳台商独资经营企业	5951	88139
港澳台商投资股份有限公司	1411	25
其他港澳台商投资企业		
外商投资企业	28377	417193
中外合资经营企业	2537	146708
中外合作经营企业		
外资企业	25840	107387
外商投资股份有限公司		163099

表 4-6 续表 13　　(2016 年)　　单位:万元

指　　标	亏损企业亏损总额	本年应交增值税
二、按经济组织类型分组		
独资企业	32139	242671
国有企业	349	979
集体企业		
私营独资企业		46166
港澳台商独资经营企业	5951	88139
外资企业	25840	107387
合作、合伙企业		3226
股份合作企业		122
国有联营企业		
集体联营企业		
国有与集体联营企业		
其他联营企业		
私营合伙企业		854
合作经营企业(港或澳、台资)		2230
中外合作经营企业		
其他企业(内资)		20
其他港澳台商投资企业		
其他外商投资企业		
股份有限公司	9595	385242
股份有限公司(内资)	3664	195876
私营股份有限公司	4519	26243
港澳台商投资股份有限公司	1411	25
外商投资股份有限公司		163099
有限责任公司	44977	1076519
国有独资公司	4600	12371
私营有限责任公司	19105	637738
合资经营企业(港或澳、台资)	1089	8737
中外合资经营企业	2537	146708
其他有限责任公司	17647	270965
三、在总计中:亏损企业	86711	4335
在总计中:国有控股企业	15614	182103
在总计中:农村工业		3491
在总计中:轻工业	23035	802952
重工业	63676	904706
在总计中:大型企业	4703	886820
中型企业	27854	302151
小型企业	53522	487432
微型企业	631	31255

表 8-6 续表 14　　(2016 年)　　单位:万元

指　　标	亏损企业 亏损总额	本年应交 增值税
四、按行业分组	86711	1707659
黑色金属矿采选业		
有色金属矿采选业	2159	-879
非金属矿采选业	223	12982
开采辅助活动		1786
农副食品加工业	3196	115052
食品制造业	1944	5408
酒、饮料和精制茶制造业	3664	15557
纺织业	79	6732
纺织服装、服饰业	49	36310
皮革、毛皮、羽毛及其制品和制鞋业	157	6409
木材加工和木、竹、藤、棕、草制品业	85	12114
家具制造业		4122
造纸和纸制品业		2709
印刷和记录媒介复制业	1174	9696
文教、工美、体育和娱乐用品制造业	424	17445
石油加工、炼焦和核燃料加工业		13914
化学原料和化学制品制造业	39166	223439
医药制造业	477	509388
化学纤维制造业	220	451
橡胶和塑料制品业	1385	10853
非金属矿物制品业	8817	133491
黑色金属冶炼和压延加工业	1386	165251
有色金属冶炼和压延加工业	55	28939
金属制品业	721	49282
通用设备制造业	3381	16015
专用设备制造业	6006	51413
汽车制造业		9055
铁路、船舶、航空航天和其他运输设备制造业	476	31570
电气机械和器材制造业	997	47478
计算机、通信和其他电子设备制造业	10034	39334
仪器仪表制造业		694
其他制造业		2196
废弃资源综合利用业	438	4729
电力、热力生产和供应业		120581
燃气生产和供应业		2207
水的生产和供应业		1936

国有工业企业主要经济指标

表 8-7　　(2016 年)　　单位:万元

指　　标	企　业 单位数 (个)	#亏　损 企　业	工　业 总产值 (现　价)	工业销售 产　值 (现　价)
合　　计	**45**	**9**	**3448881**	**3522850**
非金属矿采选业	2		241427	226351
农副食品加工业	3	1	19808	19738
食品制造业	2		16584	18982
酒、饮料和精制茶制造业	1	1	15820	15847
印刷和记录媒介复制业	1		3072	3043
化学原料和化学制品制造业	8	4	197242	196656
化学纤维制造业	1		33204	31382
非金属矿物制品业	4	2	294915	289592
金属制品业	1		720019	719556
通用设备制造业	2		388856	474767
专用设备制造业	2	1	8708	9590
汽车制造业	1		15052	15003
铁路、船舶、航空航天和其他运输设备制造业	1		8616	13702
电气机械和器材制造业	2		205609	210166
计算机、通信和其他电子设备制造业	1		34817	36939
废弃资源综合利用业	1		202668	202668
电力、热力生产和供应业	8		1012212	1008953
燃气生产和供应业	1		6563	6563
水的生产和供应业	3		23692	23352

表 8-7 续表 1　　　　(2016 年)　　　　单位:万元

指　　标	资　产 合　计	流动资产 平均余额	应收帐款 净　额	产 成 品 存　货	固定资产 净　值 平均余额
合　　计	**10154242**	**2341771**	**625126**	**109098**	**3643510**
非金属矿采选业	1102118	516977	23908	22873	277041
农副食品加工业	12064	9456	774	33	1871
食品制造业	29830	13281	5820	2336	11462
酒、饮料和精制茶制造业	20080	11687	6186	521	7824
印刷和记录媒介复制业	4782	2627	448	13	1076
化学原料和化学制品制造业	264259	91034	8062	7568	140318
化学纤维制造业	80125	21036	5614	4333	52353
非金属矿物制品业	171953	32188	7504	3344	132356
金属制品业	67462	39750	11966	6165	27713
通用设备制造业	659564	498763	216591	40150	58391
专用设备制造业	19623	11863	4900	195	7470
汽车制造业	20473	12785	4073	1463	6853
铁路、船舶、航空航天和其他运输设备制造业	22509	18652	3898	2946	931
电气机械和器材制造业	309946	265190	158344	15599	42222
计算机、通信和其他电子设备制造业	62822	54879	11372	1553	6541
废弃资源综合利用业	68051	14302	6653		44674
电力、热力生产和供应业	7017834	645135	143146	7	2713202
燃气生产和供应业	8673	2397	115		5599
水的生产和供应业	212072	79771	5751		105616

表 8-7 续表 2　　　　(2016 年)　　　　单位:万元

指　　标	负债合计	所有者权益合计	主营业务收入	主营业务成本	主营业务税金及附加
合　　计	**7195532**	**2958708**	**3714176**	**3014144**	**25685**
非金属矿采选业	740292	361826	279242	233354	2981
农副食品加工业	9488	2576	20273	18641	5
食品制造业	14863	14967	20381	16206	44
酒、饮料和精制茶制造业	23781	-3700	15296	11011	2212
印刷和记录媒介复制业	3002	1780	2145	1802	7
化学原料和化学制品制造业	122421	141838	195975	169626	1299
化学纤维制造业	32424	47701	30945	26098	31
非金属矿物制品业	118844	53109	306261	279723	24
金属制品业	26630	40833	753892	698099	114
通用设备制造业	391104	268460	475162	372144	1505
专用设备制造业	12134	7490	9973	10050	69
汽车制造业	8225	12248	14796	12487	71
铁路、船舶、航空航天和其他运输设备制造业	13286	9223	11711	8104	167
电气机械和器材制造业	269880	40066	270093	250290	322
计算机、通信和其他电子设备制造业	19279	43543	36327	18706	115
废弃资源综合利用业	40558	27494	202668	160404	2109
电力、热力生产和供应业	5230641	1787192	1041422	703136	14396
燃气生产和供应业	5739	2934	4633	3692	60
水的生产和供应业	112942	99130	22979	20572	155

表 8-7 续表 3　　(2016 年)　　单位:万元

指　　标	营业费用	管理费用	财务费用		利润总额
				利息支出	
合　　计	**76202**	**170296**	**131872**	**116543**	**472121**
非金属矿采选业	14492	38938	13171	13318	6122
农副食品加工业	64	860	233	233	787
食品制造业	2510	1243	69	68	452
酒、饮料和精制茶制造业		860	737	719	–3664
印刷和记录媒介复制业	21	214	159	182	109
化学原料和化学制品制造业	7738	22802	–526	–212	–4992
化学纤维制造业	1303	2699	690	799	1410
非金属矿物制品业	1586	5021	2218	2154	19424
金属制品业	1840	3321	–824		50906
通用设备制造业	25806	29994	–937	2376	47254
专用设备制造业	406	1691	47	39	–3892
汽车制造业	583	1415	99	109	192
铁路、船舶、航空航天和其他运输设备制造业	1573	1758	–79		160
电气机械和器材制造业	10670	5671	2201	978	7393
计算机、通信和其他电子设备制造业	2951	7841	–78	92	6614
废弃资源综合利用业	1942	10138	1471		26604
电力、热力生产和供应业	277	32006	112836	95092	311362
燃气生产和供应业	537	350	–5		946
水的生产和供应业	1903	3475	391	598	4934

表 8-7 续表 4　　　　(2016 年)　　　　单位:万元

指　　标	亏损企业亏损总额	本年应交增值税
合　　计	**15614**	**182103**
非金属矿采选业		6038
农副食品加工业	132	
食品制造业		150
酒、饮料和精制茶制造业	3664	1279
印刷和记录媒介复制业		34
化学原料和化学制品制造业	6537	6181
化学纤维制造业		260
非金属矿物制品业	1219	16470
金属制品业		17284
通用设备制造业		6017
专用设备制造业	4062	401
汽车制造业		593
铁路、船舶、航空航天和其他运输设备制造业		269
电气机械和器材制造业		3233
计算机、通信和其他电子设备制造业		827
废弃资源综合利用业		2230
电力、热力生产和供应业		119187
燃气生产和供应业		300
水的生产和供应业		1352

集体工业企业主要经济指标

表 8-8　　　　(2016 年)　　　　单位:万元

指　　标	合　　计	农副食品加工业
企业单位数	1	1
#亏损企业		
工业总产值(现价)	3849	3849
工业销售产值(现价)	3849	3849
资产合计	511	511
流动资产平均余额	300	300
应收账款净额	22	22
产成品存货	158	158
固定资产净值	211	211
负债合计	311	311
所有者权益合计	200	200
主营业务收入	3849	3849
主营业务成本	3063	3063
主营业务税金及附加	6	6
营业费用	231	231
管理费用	193	193
财务费用	132	132
利息支出	40	40
利润总额	225	225
亏损企业亏损额		
本年应交增值税		

“三资”工业企业主要经济指标

表 8-9　　(2016 年)　　单位:万元

指　　标	企业单位数(个)	#亏损企业	工业总产值(现价)	工业销售产值(现价)
合　计	**189**	**30**	**12674284**	**12548857**
非金属矿采选业	1		39724	39724
开采辅助活动	1		36054	36054
农副食品加工业	22	2	1828655	1833112
食品制造业	5	2	44133	44311
纺织业	9		157080	156172
纺织服装、服饰业	10	1	153917	159979
皮革、毛皮、羽毛及其制品和制鞋业	6	2	62136	62643
木材加工和木、竹、藤、棕、草制品业	5		63367	62553
家具制造业	1		3767	3767
印刷和记录媒介复制业	2		28709	28672
文教、工美、体育和娱乐用品制造业	8	1	129351	134654
化学原料和化学制品制造业	34	10	3461741	3437947
医药制造业	5		2096286	1975054
化学纤维制造业	3		37616	35660
橡胶和塑料制品业	6	2	58128	57555
非金属矿物制品业	23	3	811532	840031
黑色金属冶炼和压延加工业	1		15465	15465
有色金属冶炼和压延加工业	3		789067	793689
金属制品业	5		783165	780593
通用设备制造业	2	1	9014	10103
专用设备制造业	8		456770	450868
汽车制造业	1		7332	7185
电气机械和器材制造业	6	1	168271	165510
计算机、通信和其他电子设备制造业	11	4	1154139	1138519
仪器仪表制造业	1		2567	2567
废弃资源综合利用业	3	1	214392	214392
电力、热力生产和供应业	3		16477	16477
燃气生产和供应业	1		35116	35116
水的生产和供应业	3		10314	10484

表 8-9 续表 1　　(2016 年)　　单位:万元

指　　标	资　产 合　计	流动资产 合　计	应收帐款 净　额	产成品 存　货	固定资产 净　值 平均余额
合　　计	**5880858**	**3301885**	**1002130**	**242423**	**1993966**
非金属矿采选业	18949	12296	756	508	5866
开采辅助活动	43778	19493	7559	3303	24205
农副食品加工业	776067	581670	161909	43027	134243
食品制造业	43768	20474	6332	1064	17227
纺织业	107642	52210	10538	5060	44684
纺织服装、服饰业	70040	36171	7095	7532	30424
皮革、毛皮、羽毛及其制品和制鞋业	35290	12713	2384	1421	17338
木材加工和木、竹、藤、棕、草制品业	19775	10172	3195	1338	7284
家具制造业	4973	3254	339		1269
印刷和记录媒介复制业	15673	6452	2349	432	3818
文教、工美、体育和娱乐用品制造业	50416	26845	6482	3421	21562
化学原料和化学制品制造业	1474497	614366	173825	75324	648967
医药制造业	1460441	1039171	276849	47929	249368
化学纤维制造业	85277	22997	6640	4599	54821
橡胶和塑料制品业	32113	14069	2425	741	14083
非金属矿物制品业	615437	268527	102182	16571	324898
黑色金属冶炼和压延加工业	10080	9829	5419	2107	
有色金属冶炼和压延加工业	145322	103016	64552	1819	41650
金属制品业	154232	99238	28742	9176	45489
通用设备制造业	12662	9699	5366	683	1720
专用设备制造业	85113	47960	11585	3857	30173
汽车制造业	5451	3497	1226	699	1668
电气机械和器材制造业	91316	24968	8494	2122	56551
计算机、通信和其他电子设备制造业	337662	205895	93895	9344	107911
仪器仪表制造业	633	369	140	38	166
废弃资源综合利用业	81482	26035	7026		44675
电力、热力生产和供应业	56989	9256	3504		40639
燃气生产和供应业	21879	14369	245	281	6238
水的生产和供应业	23903	6877	1077	26	17027

表 8-9 续表 2　　　　（2016 年）　　　　单位：万元

指　　标	负债合计	所有者权益合计	主营业务收入	主营业务成本	主营业务税金及附加
合　计	**2765718**	**3115139**	**12976693**	**10349043**	**69329**
非金属矿采选业	4291	14658	39724	34797	353
开采辅助活动	31501	12277	36054	28510	292
农副食品加工业	440612	335455	1943689	1775132	1256
食品制造业	14155	29613	43896	32142	350
纺织业	34015	73627	146786	133417	505
纺织服装、服饰业	29064	40975	157334	130083	956
皮革、毛皮、羽毛及其制品和制鞋业	15812	19478	62551	53976	515
木材加工和木、竹、藤、棕、草制品业	8009	11766	64148	57174	448
家具制造业	737	4237	3818	3321	21
印刷和记录媒介复制业	1468	14205	28888	24926	824
文教、工美、体育和娱乐用品制造业	14436	35980	136424	113807	1347
化学原料和化学制品制造业	782783	691714	3568308	3262419	17196
医药制造业	683328	777113	2170978	587152	32058
化学纤维制造业	36096	49180	35224	29389	59
橡胶和塑料制品业	15196	16918	57544	52856	181
非金属矿物制品业	200056	415381	788502	692068	6143
黑色金属冶炼和压延加工业	9419	661	15226	14064	
有色金属冶炼和压延加工业	69123	76200	827433	787909	436
金属制品业	49011	105220	816163	740750	406
通用设备制造业	10856	1806	10103	8960	11
专用设备制造业	21366	63747	468573	428370	404
汽车制造业	1079	4372	7229	5577	41
电气机械和器材制造业	26341	64975	165078	148622	1328
计算机、通信和其他电子设备制造业	166564	171098	1104468	980927	1797
仪器仪表制造业	197	436	2567	2430	8
废弃资源综合利用业	47408	34074	214392	171576	2123
电力、热力生产和供应业	34304	22684	16611	13261	49
燃气生产和供应业	11922	9957	34997	28147	130
水的生产和供应业	6569	17335	9985	7283	93

表 8-9 续表 3　　　　　　　　　（2016 年）　　　　　　　　　单位：万元

指　　标	营业费用	管理费用	财务费用		利润总额
				利息支出	
合　　计	**863504**	**450534**	**75209**	**47953**	**1215238**
非金属矿采选业	336	111	31	31	4096
开采辅助活动	363	2323	337	337	4229
农副食品加工业	20155	12120	20003	3413	130265
食品制造业	2722	6678	867	479	1678
纺织业	2448	4470	–256	213	7089
纺织服装、服饰业	4131	5803	2824	2826	13555
皮革、毛皮、羽毛及其制品和制鞋业	2073	3316	146	5	2527
木材加工和木、竹、藤、棕、草制品业	823	1313	262	286	4182
家具制造业	134	354	–129		113
印刷和记录媒介复制业	346	327	126	79	2338
文教、工美、体育和娱乐用品制造业	3746	6148	–207	62	12054
化学原料和化学制品制造业	45054	42650	31128	22874	184315
医药制造业	727683	261035	440	2476	574149
化学纤维制造业	1504	3247	731	838	1579
橡胶和塑料制品业	1318	2298	803	412	396
非金属矿物制品业	14450	21985	6340	7188	44278
黑色金属冶炼和压延加工业	210	305	526	125	12
有色金属冶炼和压延加工业	5351	2750	2426	1890	31223
金属制品业	6058	10408	–664	438	60465
通用设备制造业	670	1529	268	170	–2338
专用设备制造业	3655	4801	–135	342	30836
汽车制造业	46	647	–9		913
电气机械和器材制造业	5518	4638	1061	1313	4129
计算机、通信和其他电子设备制造业	11072	37171	5562	955	67513
仪器仪表制造业	30	91	–1		9
废弃资源综合利用业	2133	10344	1594		26622
电力、热力生产和供应业		1600	840	750	3284
燃气生产和供应业	1013	1402	–157		4397
水的生产和供应业	463	672	450	451	1332

表 8-9 续表 4 （2016 年） 单位：万元

指标	亏损企业 亏损总额	本年应交 增值税
合计	**36828**	**516324**
非金属矿采选业		1856
开采辅助活动		1786
农副食品加工业	363	68802
食品制造业	1619	401
纺织业		847
纺织服装、服饰业	14	4425
皮革、毛皮、羽毛及其制品和制鞋业	157	568
木材加工和木、竹、藤、棕、草制品业		388
家具制造业		
印刷和记录媒介复制业		533
文教、工美、体育和娱乐用品制造业	402	2950
化学原料和化学制品制造业	14374	81682
医药制造业		244785
化学纤维制造业		373
橡胶和塑料制品业	1213	490
非金属矿物制品业	4981	10915
黑色金属冶炼和压延加工业		-74
有色金属冶炼和压延加工业		21304
金属制品业		19144
通用设备制造业	2699	
专用设备制造业		16059
汽车制造业		395
电气机械和器材制造业	970	7626
计算机、通信和其他电子设备制造业	10034	27647
仪器仪表制造业		9
废弃资源综合利用业	2	2291
电力、热力生产和供应业		
燃气生产和供应业		969
水的生产和供应业		155

分地区规模以上工业企业主要经济指标

表 8-10　　(2016 年)　　单位:万元

指　　标	全　市	市　区	东海县	灌云县	灌南县
企业单位数(个)	1815	798	546	279	192
#亏损企业数(个)	104	62	10	1	31
工业总产值(现价)	59748125	35097482	10857497	7621391	6171755
工业销售产值(现价)	59273820	34611823	11019250	7503588	6139159
#出口交货值	2077458	1469510	453810	86812	67326
资产合计	36505971	27089640	4335517	1927331	3153483
流动资产合计	13478637	10155088	1315624	510446	1497480
应收帐款	3676551	2568057	538682	118764	451048
存　货	2621998	1881473	207231	111932	421361
产成品	1020858	715940	115238	37327	152353
固定资产合计	15390470	10331540	2463611	1320707	1274612
固定资产净值	15029778	9999176	2436904	1340705	1252995
负债合计	18561383	14364596	1583839	802404	1810545
所有者权益合计	17941108	12724960	2751677	1121747	1342724
主营业务收入	59464114	35092837	11087494	7157712	6126071
主营业务成本	48675264	27454069	9815046	6033274	5372874
主营业务税金及附加	555130	342840	82668	70766	58856
营业费用	2759053	2296931	163016	240017	59088
管理费用	2139042	1492994	185230	310271	150546
财务费用	649409	471257	99239	55239	23673
#利息支出	492565	338418	103119	30361	20667
利润总额	4965261	3303778	743285	449898	468300
亏损企业亏损额	86711	56056	11433	157	19066
本年应交增值税	1707659	1174611	219154	112850	201043

表 8-10 续表 （2016 年） 单位：万元

指　　标	市　区	市　直	连云区	海州区	赣榆区	开发区	徐　圩
企业单位数(个)	798	2	49	103	507	109	14
#亏损企业数(个)	62		14	15	7	21	2
工业总产值(现价)	35097482	685902	1130856	3521317	15840928	10720436	1129582
工业销售产值(现价)	34611823	685341	1117481	3342605	15863426	10455169	1103386
#出口交货值	1469510	30225	37349	204909	532188	501057	33009
资产合计	27089640	5715446	1054107	5333117	5891676	5553639	2846976
流动资产合计	10155088	486650	463352	2383528	1962820	3771379	716688
应收帐款	2568057	74255	96372	466189	507501	1253729	29289
存　货	1881473	185224	147888	450221	396766	524811	114905
产成品	715940	1332	67440	169861	180907	241756	42253
固定资产合计	10331540	1735716	495814	2004192	3594540	1381733	879910
固定资产净值	9999176	1730917	495800	1691915	3592030	1366214	859012
负债合计	14364596	4324220	578828	2868056	2078735	2355486	1913132
所有者权益合计	12724960	1391226	475279	2465060	3812941	3198072	933844
主营业务收入	35092837	685993	1026216	3590311	16007309	10720357	1017778
主营业务成本	27454069	426568	932201	2194878	13172721	8054403	828585
主营业务税金及附加	342840	11160	3068	36422	243585	45050	143
营业费用	2296931	5273	23705	503397	758519	962715	16065
管理费用	1492994	40669	31873	316034	501837	505777	39699
财务费用	471257	84490	13687	53182	265676	23483	22641
#利息支出	338418	66134	9413	48389	169916	20550	17294
利润总额	3303778	229144	31133	561529	1071929	1171717	128969
亏损企业亏损额	56056		19068	17619	1150	14276	141
本年应交增值税	1174611	91114	24617	242825	231284	528217	-559

分地区规模以上国有工业企业主要经济指标

表 8-11　　(2016 年)　　单位:万元

指　　标	全　市	市　区	东海县	灌云县	灌南县
企业单位数(个)	45	35	5	3	2
#亏损企业数(个)	9	8	1		
工业总产值(现价)	3448881	3290103	47148	103679	7952
工业销售产值(现价)	3522850	3366226	46380	101885	8359
#出口交货值	207145	207145			
资产合计	10154242	9875359	126125	133777	18981
流动资产合计	2341771	2276420	32252	24723	8377
应收帐款	625126	606531	12374	2017	4204
存　货	451117	442851	5352	2120	793
产成品	109098	105877	2763	185	273
固定资产合计	3944483	3763641	82932	89054	8856
固定资产净值	3643510	3442668	82932	109054	8856
负债合计	7195532	6990436	94835	101642	8619
所有者权益合计	2958708	2884922	31290	32135	10362
主营业务收入	3714176	3558988	45020	101817	8351
主营业务成本	3014144	2887881	36539	83444	6281
主营业务税金及附加	25685	24642	112	791	141
营业费用	76202	72909	965	2321	6
管理费用	170296	163007	1329	5004	956
财务费用	131872	125190	2933	3762	-13
#利息支出	116543	109840	2952	3751	0
利润总额	472121	462609	1736	6494	1282
亏损企业亏损额	15614	15265	349		
本年应交增值税	182103	180045	300	1436	322

表 8-11 续表　　(2016 年)　　单位:万元

指　　标	市　区	市　直	连云区	海州区	赣榆区	开发区	徐　圩
企业单位数(个)	35	2	6	9	3	10	4
#亏损企业数(个)	8		3	1		3	1
工业总产值(现价)	3290103	685902	68886	603369	394702	1462033	40395
工业销售产值(现价)	3366226	685341	70598	595850	403184	1536863	37452
#出口交货值	207145	30225		3606	74265	99049	
资产合计	9875359	5715446	164658	2264219.4	354152	1014800	299261
流动资产合计	2276420	486650	49176	722840	264538	630088	68249
应收帐款	606531	74255	8305	92567	159686	252637	7709
存　货	442851	185224	9624	108424	17209	102414	5258
产成品	105877	1332	3696	27469	11449	60314	64
固定资产合计	3763641	1735716	88207	1482942	74529	284059	91871
固定资产净值	3442668	1730917	88207	1174842	80539	269752	91871
负债合计	6990436	4324220	102770	1488126	295851	581551	178639
所有者权益合计	2884922	1391226	61888	776093	58301	433249	120622
主营业务收入	3558988	685993	68894	675837	462182	1589691	40063
主营业务成本	2887881	426568	63136	543906	401163	1399247	35155
主营业务税金及附加	24642	11160	344	8652	2477	1838	56
营业费用	72909	5273	3547	16783	12234	31369	753
管理费用	163007	40669	4869	47162	14878	44684	2903
财务费用	125190	84490	470	34268	3224	836	1980
#利息支出	109840	66134	699	34850	991	4615	2459
利润总额	462609	229144	-2783	80477	34213	114531	413
亏损企业亏损额	15265		5180	3664		6289	132
本年应交增值税	180045	91114	1122	40161	5693	40887	240

分地区规模以上集体工业企业主要经济指标

表 8-12　　　　(2016 年)　　　　单位:万元

指　　标	全　市	市　区	东海县	灌云县	灌南县
企业单位数(个)	1			1	
#亏损企业数(个)					
工业总产值((现价)	3849			3849	
工业销售产值(现价)	3849			3849	
#出口交货值					
资产合计	511			511	
流动资产合计	300			300	
应收帐款	22			22	
存　货	202			202	
产成品	158			158	
固定资产合计	211			211	
固定资产净值	211			211	
负债合计	311			311	
所有者权益合计	200			200	
主营业务收入	3849			3849	
主营业务成本	3063			3063	
主营业务税金及附加	6			6	
营业费用	231			231	
管理费用	193			193	
财务费用	132			132	
#利息支出	40			40	
利润总额	225			225	
亏损企业亏损额					
本年应交增值税					

分地区规模以上“三资”工业企业主要经济指标

表 8-13　　(2016 年)　　单位:万元

指　　标	全　市	市　区	东海县	灌云县	灌南县
企业单位数(个)	189	112	39	13	25
#亏损企业数(个)	30	21	4	1	4
工业总产值(现价)	12674284	11140318	1136153	204633	193180
工业销售产值(现价)	12548857	10979070	1170850	204998	193940
#出口交货值	1262271	886789	318357	36964	20161
资产合计	5880858	4681796	919518	66285	213260
流动资产合计	3301885	2755335	410456	24317	111776
应收帐款	1002130	759267	211377	3430	28057
存　货	571248	472776	48915	5770	43787
产成品	242423	204401	21308	1919	14796
固定资产合计	1968150	1404336	437963	41268	84583
固定资产净值	1993966	1432274	435942	41268	84483
负债合计	2765718	2376737	251223	20885	116873
所有者权益合计	3115139	2305058	668294	45400	96387
主营业务收入	12976693	11414299	1172481	199163	190749
主营业务成本	10349043	8981087	1032159	170972	164826
主营业务税金及附加	69329	60860	6887	1147	435
营业费用	863504	832577	20564	6512	3851
管理费用	450534	402284	27912	8986	11352
财务费用	75209	62806	8380	2535	1488
#利息支出	47953	36424	10384	680	465
利润总额	1215238	1121248	74211	9021	10758
亏损企业亏损额	36828	29069	6348	157	1254
本年应交增值税	516324	488679	22387	3223	2036

表 8-13 续表　　(2016 年)　　单位:万元

指　　标	市　区	市　直	连云区	海州区	赣榆区	开发区	徐　圩
企业单位数(个)	112		18	20	27	35	1
#亏损企业数(个)	21		5	8	1	3	1
工业总产值(现价)	11140318		374021	1473270	1023329	6237995	2624
工业销售产值(现价)	10979070		379130	1347250	1021949	6225219	2596
#出口交货值	886789		36493	75972	288136	352891	2525
资产合计	4681796		524266	1391600	335626	1810596	1911
流动资产合计	2755335		224618	901692	105348	1213117	1193
应收帐款	759267		67771	165639	26597	371102	940
存　货	472776		48822	125292	18839	235665	62
产成品	204401		23495	57516	7092	105919	15
固定资产合计	1404336		262811	230360	186599	495013	550
固定资产净值	1432274		262811	230360	192609	493510	550
负债合计	2376737		312658	665353	139663	1035237	2123
所有者权益合计	2305058		211607	726247	195964	775359	−212
主营业务收入	11414299		347131	1538930	1023894	6497748	2596
主营业务成本	8981087		320132	506766	829832	5499523	1952
主营业务税金及附加	60860		967	20520	22442	13627	16
营业费用	832577		10229	443597	25577	328803	407
管理费用	402284		10892	177803	31216	133868	152
财务费用	62806		9313	7470	13199	24703	78
#利息支出	36424		5318	4048	11180	9359	
利润总额	1121248		1636	384972	101646	530299	−9
亏损企业亏损额	29069		11346	12099	402	1411	9
本年应交增值税	488679		7230	167453	13352	244500	

分地区规模以上私营工业企业主要经济指标

表 8-14　(2016 年)　单位:万元

指　标	全　市	市　区	东海县	灌云县	灌南县
企业单位数(个)	1312	595	492	118	107
#亏损企业数(个)	48	29	2		17
工业总产值(现价)	34779811	15850768	9490617	3919382	5519043
工业销售产值(现价)	34810081	15835309	9613863	3867495	5493414
#出口交货值	505893	305482	135453	28936	36022
资产合计	14632836	8302626	3109709	776736	2443764
流动资产合计	4843937	2702289	790277	184219	1167152
应收帐款	1214397	486562	308553	47147	372136
存　货	1098789	619237	143019	48804	287729
产成品	478712	257288	89032	18980	113412
固定资产合计	7484644	4051444	1879955	583032	970213
固定资产净值	7418904	4018652	1855452	583363	961437
负债合计	6458474	3675915	1119286	292035	1371238
所有者权益合计	8174278	4626630	1990423	484701	1072524
主营业务收入	34759105	15867840	9674611	3732311	5484344
主营业务成本	29511386	12947870	8581343	3157267	4824906
主营业务税金及附加	359383	200459	74064	40043	44817
营业费用	1063314	757636	132930	126727	46021
管理费用	977763	567603	147601	155149	107410
财务费用	390626	262840	84276	26743	16767
#利息支出	278231	161857	86909	14310	15155
利润总额	2488003	1156023	659134	226371	446476
亏损企业亏损额	23624	10281	2195		11149
本年应交增值税	711001	269706	193182	60408	187705

表 8-14 续表 (2016 年) 单位:万元

指　　标	市　区	市　直	连云区	海州区	赣榆区	开发区	徐　圩
企业单位数(个)	595		17	56	457	56	8
#亏损企业数(个)	29		4	5	6	14	
工业总产值(现价)	15850768		503735	1016128	11965497	1279897	1083115
工业销售产值(现价)	15835309		486034	987761	12024801	1275296	1059020
#出口交货值	305482		857	84986	167001	22153	30484
资产合计	8302626		258850	743758	4284945	468635	2543876
流动资产合计	2702289		132336	454028	1240893	227264	646012
应收帐款	486562		14961	135453	262917	52337	20293
存　货	619237		79671	149785	210833	69584	108981
产成品	257288		34988	52778	101083	26582	41858
固定资产合计	4051444		106694	190502	2763804	202971	786807
固定资产净值	4018652		106680	186852	2755284	203262	765908
负债合计	3675915		110370	333498	1235424	263853	1731166
所有者权益合计	4626630		148480	410259	3049521	204701	812710
主营业务收入	15867840		477102	978260	12106994	1332289	970801
主营业务成本	12947870		432170	828071	9670029	1228289	787338
主营业务税金及附加	200459		1392	5345	192057	1599	59
营业费用	757636		7292	28535	692050	14736	14852
管理费用	567603		9599	55749	441683	23773	36561
财务费用	262840		2852	8471	227425	3506	20565
#利息支出	161857		2386	6005	136744	1887	14835
利润总额	1156023		25172	55012	885084	62191	128551
亏损企业亏损额	10281		1788	1783	749	5961	
本年应交增值税	269706		12307	27191	194972	36049	-886

资产总计最大的 50 家企业

表 8-15　　　　　　　　　　　　(2016 年)

序号	企 业 名 称	序号	企 业 名 称
1	江苏核电有限公司	26	连云港天明装备有限公司
2	江苏恒瑞医药股份有限公司	27	连云港华乐合金有限公司
3	江苏斯尔邦石化有限公司	28	江苏德邦化学工业集团有限公司
4	江苏省镔鑫钢铁集团有限公司	29	连云港福润食品有限公司
5	连云港市工业投资集团有限公司	30	江苏华尔化工有限公司
6	正大天晴药业集团股份有限公司	31	江苏太平洋石英股份有限公司
7	江苏新海发电有限公司	32	晶海洋半导体材料(东海)有限公司
8	江苏新海石化有限公司	33	韩华新能源科技有限公司
9	江苏康缘集团有限责任公司	34	江苏金茂源生物化工有限责任公司
10	江苏虹港石化有限公司	35	中联巨龙(连云港)水泥有限公司
11	日出东方太阳能股份有限公司	36	丰益精细化学(连云港)有限公司
12	连云港亚新钢铁有限公司	37	连云港启创铝制品有限公司
13	连云港兴鑫钢铁有限公司	38	连云港腾翔金属材料有限公司
14	益海(连云港)粮油有限公司	39	台玻东海玻璃有限公司
15	连云港中复连众复合材料集团有限公司	40	中复神鹰碳纤维有限责任公司
16	江苏豪森医药集团有限公司	41	江苏海中洲船业有限公司
17	罗盖特(中国)精细化工有限公司	42	东海晶澳太阳能科技有限公司
18	连云港神舟新能源有限公司	43	江苏东成生物科技集团有限公司
19	番禺珠江钢管(连云港)有限公司	44	中广核太阳能连云港有限公司
20	江苏宝通镍业有限公司	45	中国石化集团南京化学工业有限公司连云港碱厂
21	国电联合动力技术(连云港)有限公司	46	丰益特种化学(连云港)有限公司
22	丰益油脂科技(连云港)有限公司	47	江苏方洋水务有限公司
23	连云港润众制药有限公司	48	连云港市自来水有限责任公司
24	连云港虹洋热电有限公司	49	江苏天明机械集团有限公司
25	大陆汽车电子(连云港)有限公司	50	江苏金桥盐化集团利海化工有限公司

工业总产值最高的50家企业

表8-16　　(2016年)

序号	企　业　名　称	序号	企　业　名　称
1	江苏新海石化有限公司	26	连云港海赣科技有限公司
2	江苏省镔鑫钢铁集团有限公司	27	江苏广晟健发再生资源有限公司
3	连云港兴鑫钢铁有限公司	28	连云港市兆昱新材料实业有限公司
4	连云港亚新钢铁有限公司	29	连云港市易达酒业有限公司
5	益海(连云港)粮油有限公司	30	江苏斯尔邦石化有限公司
6	江苏恒瑞医药股份有限公司	31	连云港兴怡紧固件有限公司
7	正大天晴药业集团股份有限公司	32	江苏远征化工有限公司
8	罗盖特(中国)精细化工有限公司	33	连云港润众制药有限公司
9	大陆汽车电子(连云港)有限公司	34	中复神鹰碳纤维有限责任公司
10	江苏豪森医药集团有限公司	35	江苏明盛化工有限公司
11	江苏康缘集团有限责任公司	36	江苏德源药业有限公司
12	丰益油脂科技(连云港)有限公司	37	江苏和利瑞科技发展有限公司
13	连云港启创铝制品有限公司	38	连云港腾翔金属材料有限公司
14	东方国际集装箱(连云港)有限公司	39	江苏西德电梯有限公司
15	江苏虹港石化有限公司	40	江苏东成生物科技集团有限公司
16	沙索益海(连云港)醇工业有限公司	41	连云港中复连众复合材料集团有限公司
17	韩华新能源科技有限公司	42	连云港北港镍业有限公司
18	连云港五洲船舶重工有限公司	43	江苏汇联铝业有限公司
19	连云港宏鹏金属制品有限公司	44	连云港神舟新能源有限公司
20	江苏核电有限公司	45	国电联合动力技术(连云港)有限公司
21	江苏华尔化工有限公司	46	连云港宝诚化工有限公司
22	江苏金茂源生物化工有限责任公司	47	连云港天明装备有限公司
23	连云港华乐合金有限公司	48	连云港市艾伦钢铁有限公司
24	重山风力设备(连云港)有限公司	49	连云港市工业投资集团有限公司
25	江苏新海发电有限公司	50	中联巨龙(连云港)水泥有限公司

主营业务收入最高的50家企业

表 8-17　　　　　　　　　　　　　　　　　(2016年)

序号	企业名称	序号	企业名称
1	江苏省镔鑫钢铁集团有限公司	26	连云港海赣科技有限公司
2	江苏新海石化有限公司	27	江苏广晟健发再生资源有限公司
3	连云港兴鑫钢铁有限公司	28	连云港市兆昱新材料实业有限公司
4	连云港亚新钢铁有限公司	29	连云港市易达酒业有限公司
5	益海(连云港)粮油有限公司	30	连云港润众制药有限公司
6	正大天晴药业集团股份有限公司	31	中复神鹰碳纤维有限责任公司
7	江苏恒瑞医药股份有限公司	32	连云港兴怡紧固件有限公司
8	罗盖特(中国)精细化工有限公司	33	江苏远征化工有限公司
9	大陆汽车电子(连云港)有限公司	34	江苏德源药业有限公司
10	江苏豪森医药集团有限公司	35	连云港神舟新能源有限公司
11	丰益油脂科技(连云港)有限公司	36	国电联合动力技术(连云港)有限公司
12	连云港启创铝制品有限公司	37	江苏明盛化工有限公司
13	东方国际集装箱(连云港)有限公司	38	江苏西德电梯有限公司
14	沙索益海(连云港)醇工业有限公司	39	连云港中复连众复合材料集团有限公司
15	韩华新能源科技有限公司	40	连云港腾翔金属材料有限公司
16	江苏虹港石化有限公司	41	江苏斯尔邦石化有限公司
17	江苏康缘集团有限责任公司	42	江苏和利瑞科技发展有限公司
18	连云港五洲船舶重工有限公司	43	江苏东成生物科技集团有限公司
19	连云港宏鹏金属制品有限公司	44	连云港北港镍业有限公司
20	江苏核电有限公司	45	江苏汇联铝业有限公司
21	江苏华尔化工有限公司	46	连云港市工业投资集团有限公司
22	江苏金茂源生物化工有限责任公司	47	连云港天明装备有限公司
23	重山风力设备(连云港)有限公司	48	连云港宝诚化工有限公司
24	江苏新海发电有限公司	49	连云港市艾伦钢铁有限公司
25	连云港华乐合金有限公司	50	中联巨龙(连云港)水泥有限公司

利润总额最高的 50 家企业

表 8-18　(2016 年)

序号	企业名称	序号	企业名称
1	正大天晴药业集团股份有限公司	26	江苏汇联铝业有限公司
2	江苏恒瑞医药股份有限公司	27	江苏广晟健发再生资源有限公司
3	江苏核电有限公司	28	重山风力设备(连云港)有限公司
4	江苏豪森医药集团有限公司	29	连云港五洲船舶重工有限公司
5	连云港润众制药有限公司	30	罗盖特(中国)精细化工有限公司
6	连云港兴鑫钢铁有限公司	31	日出东方太阳能股份有限公司
7	连云港亚新钢铁有限公司	32	连云港华乐合金有限公司
8	江苏虹港石化有限公司	33	连云港腾翔金属材料有限公司
9	益海(连云港)粮油有限公司	34	连云港宏鹏金属制品有限公司
10	江苏华尔化工有限公司	35	中复神鹰碳纤维有限责任公司
11	江苏新海发电有限公司	36	连云港市兆昱新材料实业有限公司
12	大陆汽车电子(连云港)有限公司	37	连云港天明装备有限公司
13	丰益油脂科技(连云港)有限公司	38	江苏远征化工有限公司
14	江苏康缘集团有限责任公司	39	连云港兴怡紧固件有限公司
15	东方国际集装箱(连云港)有限公司	40	江苏明盛化工有限公司
16	沙索益海(连云港)醇工业有限公司	41	赣榆县文峰木业有限公司
17	连云港中复连众复合材料集团有限公司	42	中联巨龙(连云港)水泥有限公司
18	江苏新海石化有限公司	43	赣榆县万通管桩配件有限公司
19	连云港市易达酒业有限公司	44	江苏迪安化工有限公司
20	江苏省镔鑫钢铁集团有限公司	45	江苏和利瑞科技发展有限公司
21	江苏金茂源生物化工有限责任公司	46	连云港海赣科技有限公司
22	韩华新能源科技有限公司	47	江苏太平洋石英股份有限公司
23	连云港启创铝制品有限公司	48	江苏天明机械集团有限公司
24	江苏西德电梯有限公司	49	江苏东成生物科技集团有限公司
25	江苏德源药业有限公司	50	连云港金辰新材料有限公司

从业人员最多的 50 家企业

表 8-19　(2016 年)

序号	企业名称	序号	企业名称
1	江苏恒瑞医药股份有限公司	26	日出东方太阳能股份有限公司
2	正大天晴药业集团股份有限公司	27	益海(连云港)粮油有限公司
3	江苏豪森医药集团有限公司	28	晶海洋半导体材料(东海)有限公司
4	江苏省镔鑫钢铁集团有限公司	29	连云港启创铝制品有限公司
5	江苏康缘集团有限责任公司	30	东方国际集装箱(连云港)有限公司
6	连云港五洲船舶重工有限公司	31	连云港鲜禾制鞋有限公司
7	连云港亚新钢铁有限公司	32	中复神鹰碳纤维有限责任公司
8	连云港市工业投资集团有限公司	33	江苏德邦化学工业集团有限公司
9	连云港兴鑫钢铁有限公司	34	罗盖特(中国)精细化工有限公司
10	江苏核电有限公司	35	连云港艾业无纺布制品有限公司
11	江苏华尔化工有限公司	36	江苏明盛化工有限公司
12	连云港中复连众复合材料集团有限公司	37	江苏远征化工有限公司
13	中国石化集团南京化学工业有限公司连云港碱厂	38	福泰克(连云港)电线有限公司
14	江苏斯尔邦石化有限公司	39	连云港东港针织有限公司
15	江苏新海石化有限公司	40	国电联合动力技术(连云港)有限公司
16	江苏太平洋石英股份有限公司	41	江苏苏云医疗器材有限公司
17	大陆汽车电子(连云港)有限公司	42	连云港润众制药有限公司
18	江苏新海发电有限公司	43	禧玛诺(连云港)实业有限公司
19	连云港康达智精密技术有限公司	44	连云港宏鹏金属制品有限公司
20	江苏汤沟两相和酒业有限公司	45	连云港柏兴无纺布制品有限公司
21	连云港茉织华服饰有限公司	46	江苏鹰游纺机有限公司
22	连云港东霞制衣有限公司	47	重山风力设备(连云港)有限公司
23	连云港华乐合金有限公司	48	连云港味之素冷冻食品有限公司
24	连云港太阳光石英陶瓷有限公司	49	江苏名洋船业有限公司
25	韩华新能源科技有限公司	50	连云港市自来水有限责任公司

大中型工业企业一览表

表 8-20 (2016 年) 单位:万元

企业名称	企业规模	隶属关系	注册类型	工业总产值
一、大型工业企业(26 户)				
江苏新海石化有限公司	大型	其他	其他有限责任公司	2279676
江苏省镔鑫钢铁集团有限公司	大型	其他	私营有限责任公司	2105521
连云港兴鑫钢铁有限公司	大型	其他	私营有限责任公司	1769971
连云港亚新钢铁有限公司	大型	其他	私营有限责任公司	17285051
益海(连云港)粮油有限公司	大型	其他	中外合资经营	1545469
江苏恒瑞医药股份有限公司	大型	地(区、市、州、盟)	股份有限公司	1352129
正大天晴药业集团股份有限公司	大型	省(自治区、直辖市)	外商投资股份有限公司	1130571
大陆汽车电子(连云港)有限公司	大型	其他	外资企业	927387
江苏豪森医药集团有限公司	大型	其他	港澳台商独资	878761
江苏康缘集团有限责任公司	大型	地(区、市、州、盟)	其他有限责任公司	811789
韩华新能源科技有限公司	大型	其他	私营有限责任公司	650285
连云港五洲船舶重工有限公司	大型	其他	私营有限责任公司	586641
江苏核电有限公司	大型	中央	其他有限责任公司	5553951
江苏华尔化工有限公司	大型	其他	私营有限责任公司	5447881
连云港华乐合金有限公司	大型	其他	私营有限责任公司	4028951
江苏新海发电有限公司	大型	省(自治区、直辖市)	股份有限公司	379153
江苏斯尔邦石化有限公司	大型	其他	私营有限责任公司	304708
连云港中复连众复合材料集团有限公司	大型	中央	其他有限责任公司	209059
连云港市工业投资集团有限公司	大型	地(区、市、州、盟)	国有独资公司	151728
江苏太平洋石英股份有限公司	大型	乡	与港澳台商合资经营	131053
中国石化集团南京化学工业有限公司连云港碱厂	大型	地(区、市、州、盟)	国有独资公司	130507
日出东方太阳能股份有限公司	大型	其他	股份有限公司	110701
晶海洋半导体材料(东海)有限公司	大型	其他	港澳台商独资	96064
连云港东霞制衣有限公司	大型	其他	私营有限责任公司	61026
江苏汤沟两相和酒业有限公司	大型	其他	其他有限责任公司	49699
连云港茉织华服饰有限公司	大型	其他	私营有限股份公司	42071
二、中型工业企业(112 户)				
罗盖特(中国)精细化工有限公司	中型	其他	外资企业	983550
丰益油脂科技(连云港)有限公司	中型	其他	中外合资经营	798858
连云港启创铝制品有限公司	中型	其他	外资企业	783013
东方国际集装箱(连云港)有限公司	中型	其他	中外合资经营	720019
江苏虹港石化有限公司	中型	其他	私营有限责任公司	681699

表 8-20 续表 1　　　　　　　　　　　　（2016 年）　　　　　　　　　　　　单位：万元

企业名称	企业规模	隶属关系	注册类型	工业总产值
沙索益海(连云港)醇工业有限公司	中型	其他	中外合资经营	671860
连云港宏鹏金属制品有限公司	中型	其他	私营有限责任公司	567366
江苏金茂源生物化工有限责任公司	中型	其他	中外合资经营	465460
重山风力设备(连云港)有限公司	中型	其他	外资企业	402862
连云港海赣科技有限公司	中型	其他	私营有限责任公司	376315
江苏广晟健发再生资源有限公司	中型	其他	私营有限责任公司	372500
连云港市兆昱新材料实业有限公司	中型	其他	私营有限股份公司	329630
连云港市易达酒业有限公司	中型	其他	私营有限股份公司	306001
连云港兴怡紧固件有限公司	中型	其他	私营有限责任公司	283184
江苏远征化工有限公司	中型	其他	私营有限责任公司	281814
中复神鹰碳纤维有限责任公司	中型	其他	其他有限责任公司	273023
江苏明盛化工有限公司	中型	其他	私营有限责任公司	260176
江苏德源药业有限公司	中型	其他	私营有限责任公司	248816
江苏和利瑞科技发展有限公司	中型	其他	其他有限责任公司	228540
连云港腾翔金属材料有限公司	中型	其他	私营有限股份公司	227539
江苏西德电梯有限公司	中型	其他	私营有限责任公司	222036
江苏汇联铝业有限公司	中型	地(区、市、州、盟)	与港澳台商合作经营	202668
连云港神舟新能源有限公司	中型	县(区、市、旗)	其他有限责任公司	188013
国电联合动力技术(连云港)有限公司	中型	中央	其他有限责任公司	179796
连云港天明装备有限公司	中型	其他	私营有限责任公司	177017
江苏海中洲船业有限公司	中型	其他	私营有限责任公司	145047
连云港桃盛熔融石英有限公司	中型	其他	与港澳台商合资经营	128554
赣榆县文峰木业有限公司	中型	其他	私营有限责任公司	125600
江苏名洋船业有限公司	中型	其他	私营有限责任公司	118855
江苏双宏化工有限公司	中型	其他	其他有限责任公司	116794
江苏石光光伏有限公司	中型	其他	中外合资经营	116380
连云港科田化工有限公司	中型	其他	其他有限责任公司	106079
连云港胜华船舶修造有限公司	中型	其他	私营有限责任公司	103557
江苏天明特种车辆有限公司	中型	其他	私营有限责任公司	101066
江苏盛吉化工有限公司	中型	其他	其他有限责任公司	100090
江苏花果山鹅业食品有限公司	中型	其他	私营有限责任公司	89897

表 8-20 续表 2　　(2016 年)　　单位:万元

企业名称	企业规模	隶属关系	注册类型	工业总产值
连云港市工投集团日晒制盐有限公司	中型	其他	国有独资公司	89700
江苏德邦化学工业集团有限公司	中型	地(区、市、州、盟)	中外合资经营	70436
江苏迪安化工有限公司	中型	其他	私营有限责任公司	65643
东海县圣达石英制品有限公司	中型	其他	私营有限责任公司	65356
东海县正友金属制品有限公司	中型	其他	私营有限责任公司	65275
连云港市太平洋金浩石英制品有限公司	中型	其他	私营有限责任公司	64240
连云港立本农药化工有限公司	中型	其他	港澳台商独资	63410
江苏鹰游纺机有限公司	中型	地(区、市、州、盟)	其他有限责任公司	62863
连云港市盛昌照明电器有限公司	中型	其他	私营有限责任公司	62508
江苏得乐康食品有限公司	中型	其他	私营有限责任公司	61852
连云港美步楼梯制造有限公司	中型	其他	私营有限责任公司	60667
东海县宝盛石英制品有限公司	中型	其他	私营有限股份公司	59993
连云港东港针织有限公司	中型	乡	与港澳台商合资经营	59476
连云港鑫安石英制品有限公司	中型	其他	私营有限责任公司	58404
连云港索欧服饰有限公司	中型	其他	其他有限责任公司	57135
连云港永盛工艺品有限公司	中型	其他	私营有限责任公司	54267
连云港弘扬石英制品有限公司	中型	其他	私营有限责任公司	53823
江苏天明机械集团有限公司	中型	其他	私营有限责任公司	53585
连云港康达智精密技术有限公司	中型	其他	外资企业	51712
连云港华洋玩具有限公司	中型	其他	其他有限责任公司	51544
台玻东海玻璃有限公司	中型	其他	外资企业	49353
连云港飞雁毛毯有限责任公司	中型	地(区、市、州、盟)	其他有限责任公司	47447
江苏中金玛泰医药包装有限公司	中型	其他	中外合资经营	45719
连云港市云海电源有限公司	中型	其他	私营有限责任公司	44649
番禺珠江钢管(连云港)有限公司	中型	其他	私营有限责任公司	44300
东海县石梁河镇利金石墨制品厂	中型	其他	私营独资	40675
连云港和利通船舶重工有限公司	中型	其他	其他有限责任公司	40514
连云港市秀收米厂	中型	其他	私营独资	36729
连云港东渡碳化硅有限公司	中型	其他	私营有限责任公司	36664
江苏道博化工有限公司	中型	其他	私营有限责任公司	35996
东海县凯利达制衣厂	中型	其他	私营独资	35871

表 8-20 续表 3　　(2016 年)　　单位:万元

企业名称	企业规模	隶属关系	注册类型	工业总产值
连云港柏兴无纺布制品有限公司	中型	其他	外资企业	35693
江苏力达宁化工有限公司	中型	其他	私营有限股份公司	34566
连云港杜钟新奥神氨纶有限公司	中型	地(区、市、州、盟)	中外合资经营	33204
江苏东浦管桩有限公司	中型	其他	私营有限责任公司	33109
丰益精细化学(连云港)有限公司	中型	其他	外资企业	32959
连云港市国盛化工有限公司	中型	其他	私营有限责任公司	32694
连云港市金囤农化有限公司	中型	其他	私营有限责任公司	30305
汉高华威电子有限公司	中型	地(区、市、州、盟)	中外合资经营	29882
福泰克(连云港)电线有限公司	中型	其他	外资企业	29863
江苏仁欣化工股份有限公司	中型	其他	私营有限股份公司	29638
连云港东霞实业有限公司	中型	其他	私营有限责任公司	29412
江苏苏云医疗器材有限公司	中型	其他	与港澳台商合资经营	28278
连云港聚鑫生物科技有限公司	中型	其他	私营有限责任公司	25927
东海□□纺织有限公司	中型	其他	外资企业	25188
连云港海德益食品有限公司	中型	其他	私营有限责任公司	23838
江苏宝通镍业有限公司	中型	其他	私营有限责任公司	23066
江苏湛蓝科技开发有限公司	中型	其他	其他有限责任公司	23042
连云港味之素冷冻食品有限公司	中型	其他	中外合资经营	21545
禧玛诺(连云港)实业有限公司	中型	其他	外商投资股份有限公司	20914
江苏克胜作物科技有限公司	中型	其他	私营有限责任公司	20370
连云港市华通化学有限公司	中型	其他	其他有限责任公司	20025
江苏嘉隆化工有限公司	中型	其他	私营有限责任公司	19000
连云港水表有限公司	中型	地(区、市、州、盟)	其他有限责任公司	18536
连云港新磷矿化有限责任公司	中型	县(区、市、旗)	其他有限责任公司	18458
连云港致远化工有限公司	中型	其他	其他有限责任公司	18381
连云港艾业无纺布制品有限公司	中型	其他	外资企业	16731
江苏阳云丰服装有限公司	中型	其他	外资企业	15952
中国江苏三得利食品有限公司	中型	地(区、市、州、盟)	股份有限公司	15820
连云港市自来水有限责任公司	中型	地(区、市、州、盟)	其他有限责任公司	15236
连云港花茂日用品有限公司	中型	其他	港澳台商独资	14783
连云港福东正佑照明电器有限公司	中型	其他	私营有限责任公司	13502

表 8-20 续表 4　　(2016 年)　　单位:万元

企业名称	企业规模	隶属关系	注册类型	工业总产值
连云港鲜禾制鞋有限公司	中型	其他	外资企业	13478
江苏东霞纺织有限公司	中型	其他	与港澳台商合资经营	13258
东海力音电子有限公司	中型	其他	港澳台商独资	12890
连云港马诗龙生物科技有限公司	中型	其他	其他有限责任公司	11249
连云港埃森化学有限公司	中型	县(区、市、旗)	其他有限责任公司	10773
连云港味之素如意食品有限公司	中型	其他	中外合资经营	9788
赣榆县德兴海洋食品有限公司	中型	其他	私营有限责任公司	9779
连云港高发玩具礼品有限公司	中型	其他	外资企业	8625
连云港远洋流体装卸设备有限公司	中型	中央	国有独资公司	8616
连云港光鼎电子有限公司	中型	县(区、市、旗)	中外合资经营	8017
连云港市永旺玻璃制品有限公司	中型	其他	私营有限责任公司	7120
国成功能服饰(连云港)有限公司	中型	其他	外资企业	6773
连云港神鹰碳纤维自行车有限责任公司	中型	其他	私营有限责任公司	5402
连云港艾信无纺布制品有限公司	中型	其他	港澳台商独资	3790

分县区历年工业企业能源综合消耗量

表 8-21　　　　单位:吨标准煤

年份	全市	市区	赣榆区	东海县	灌云县	灌南县
2005	2328028	1720571	179608	239917	114081	73852
2006	3382350	2713805	285296	205265	113465	64519
2007	3353069	2610589	289143	229616	126240	97481
2008	3506577	2597110	333987	242935	191397	141149
2009	4030479	2580984	569292	365617	151050	363536
2010	4825594	2589130	988916	344706	151481	751361
2011	6211173	2921511	1618143	349642	155562	1166315
2012	6338884	2956485	1652103	319808	164541	1245946
2013	7362349	3622430	1816100	368277	213178	1342364
2014	7720564	5397502	1984204	452606	202285	1668171
2015	8671515	5699666	2064030	364081	245279	2362490
2016	9198909	6143381	2096232	314270	231404	2509854

工 业 企 业 主 要 能 源 消 费 量

表 8-22　　(2016 年)　　单位:吨

指标	全市	市区	赣榆县	东海县	灌云县	灌南县
原煤	7171227	6584222	485833	163642	121594	301769
洗精煤						
其它洗煤	178689	123256	101060			55433
煤制品	5229	5229	5229			
焦炭	3234665	1219744	1105995			2014921
发生炉煤气(万立方米)	1043	1043				
天然气(万立方米)	12637	12126	14	46	3	462
液化天然气	47462	47461				1
原油	2896348	2896348	2896348			
汽油	885	798	9			87
煤油	1	1				
柴油	17998	15540	312	1781	0	677
燃料油	36986	35821			109	1055
液化石油气	26	26				
润滑油	105	27				78
其它石油制品	21	21				
热力(百万千焦)	12778674	12133023	292959	32343	36	613272
电力(万千瓦时)	1250399	781014	269205	123960	117391	228034
煤矸石用于燃料						
城市垃圾用于燃料	386595	386595				
生物质废料用于燃料	135049	80911	66401	54138		
折标准煤合计(吨标准煤)	15833099	12407449	6211982	327660	231404	2866586

主要能源品种分行业消费量

表 8-23　　　　(2016 年)　　　　单位:吨

指　　标	原煤	焦碳	石油	汽油	柴油	热　力(百万千焦)	电　力(万千瓦时)
总　　计	**7171227**	**3234665**	**2896348**	**885**	**17998**	**12778674**	**1250399**
其中:轻工业	275640			211	778	1932141	163527
重工业	6895587	3234665	2896348	674	17220	10846533	1086871
有色金属矿采选业					260		859
非金属矿采选业	49551				1385		7134
开采辅助活动							1040
农副食品加工业	77984			26	462	31988	25409
食品制造业	16329			31	65	2806	5192
酒、饮料和精制茶制造业	39058						6829
纺织业	1145			1			9602
纺织服装、服饰业	932			1			7886
皮革、毛皮、羽毛及其制品和制鞋业	10833			2	62	8084	5789
木材加工和木、竹、藤、棕、草制品业	2116				120	9806	11375
家具制造业							774
造纸和纸制品业	10520						5008
印刷和记录媒介复制业				14	33		4261
文教、工美、体育和娱乐用品制造业	12696			27		29728	6083
石油加工、炼焦和核燃料加工业			2896348				20260
化学原料和化学制品制造业	1327649	113692		71	7305	10978516	292487

表 8-23 续表　　(2016 年)　　单位:吨

指　标	原煤	焦碳	石油	汽油	柴油	热　力(百万千焦)	电　力(万千瓦时)
医药制造业	18684			16	110	1455377	34826
化学纤维制造业	16132			2		167818	5724
橡胶和塑料制品业	376						6131
非金属矿物制品业	162932			49	3726	32796	102809
黑色金属冶炼和压延加工业	475828	3120082			872		389554
有色金属冶炼和压延加工业	886	834					9244
金属制品业	20608			25	359	51858	33146
通用设备制造业	1017	57		75	176		13178
专用设备制造业				131	132	9862	10195
汽车制造业				7			4162
铁路、船舶、航空航天和其他运输设备制造业	1496			21	12		18343
电气机械和器材制造业	460			38	27		14723
计算机、通信和其他电子设备制造业	391						12146
仪器仪表制造业				4	2		313
其他制造业							135
废弃资源综合利用业	360			10		36	6209
电力、热力生产和供应业	4922410			249	2872		172150
燃气生产和供应业	835						1026
水的生产和供应业				84	17		6368

工业企业综合能耗分行业

表 8-24　　　　全　市

指　　标	2016年		2015年	
	综合能耗（吨标准煤）	工业总产值（万元）	综合能耗（吨标准煤）	工业总产值（万元）
总　计	**9198909**	**62258720**	**8671515**	**55745540**
其中：轻工业	483379	20010988	476427	16518081
重工业	8715529	42247732	8195088	39227460
有色金属矿采选业	1434	48707	682	35428
非金属矿采选业	45614	578618	41306	487466
开采辅助活动	1278	36054	978	27051
农副食品加工业	93700	4990383	118301	4404926
食品制造业	22868	468367	21400	330637
酒、饮料和精制茶制造业	36965	948713	32470	780966
纺织业	12602	495040	11871	418440
纺织服装、服饰业	10352	1525707	15102	1204393
皮革、毛皮、羽毛及其制品和制鞋业	15629	311951	7469	240483
木材加工和木竹藤棕草制品业	28248	807802	27669	748235
家具制造业	1149	182412	875	123072
造纸和纸制品业	13659	233623	10959	187686
印刷和记录媒介复制业	5236	499736	9119	466868
文教、工美、体育和娱乐用品制造业	17517	846476	4361	594082
石油加工、炼焦和核燃料加工业	219659	2542539	198675	2361257
化学原料和化学制品制造业	1792425	12080886	1691696	10227588

表 8-24 续表 1　　　　　　全　市

指　　标	2016年		2015年	
	综合能耗（吨标准煤）	工业总产值（万元）	综合能耗（吨标准煤）	工业总产值（万元）
医药制造业	106145	5676852	98183	4774892
化学纤维制造业	25599	47014	21218	53131
橡胶和塑料制品业	7780	674573	12662	476656
非金属矿物制品业	251676	6498463	278017	5458294
黑色金属冶炼和压延加工业	3972946	8105744	3992838	8358450
有色金属冶炼和压延加工业	17029	1605409	27289	1496746
金属制品业	57711	2878878	86388	2403126
通用设备制造业	17201	1166659	27811	1319726
专用设备制造业	12985	1775923	33265	1664156
汽车制造业	5115	567448	14523	550456
铁路、船舶、航空航天和其他运输设备制造业	23636	1194189	25522	1347510
电气机械和器材制造业	18681	2227702	29865	1990540
计算机、通信和其他电子设备制造业	14509	1500097	17363	1654847
仪器仪表制造业	385	39387	352	46907
其他制造业	166	83909	203	46788
废弃资源综合利用业	7889	437504	9555	363452
电力、热力生产和供应业	2331752	1041055	1795496	980708
燃气生产和供应业	1857	106767	1720	95448
水的生产和供应业	7475	30428	6313	25130

工业企业综合能耗分县区

表 8-25　　　　市　区

指　　标	2016年		2015年	
	综合能耗(吨标准煤)	工业总产值(万元)	综合能耗(吨标准煤)	工业总产值(万元)
总　计	**6143381**	**36839086**	**5699666**	**33621021**
其中:轻工业	277328	12549730	265880	10357804
重工业	5866053	24289356	5433786	23263217
有色金属矿采选业	1434	48707	682	35428
非金属矿采选业	39583	261756	34538	223605
开采辅助活动	1278	36054	978	27051
农副食品加工业	69383	3378536	88007	3043708
食品制造业	15158	256538	14575	197026
酒、饮料和精制茶制造业	16454	686854	15160	530279
纺织业	5398	243285	5387	205684
纺织服装、服饰业	3904	744746	4704	552853
皮革、毛皮、羽毛及其制品和制鞋业	6156	59430	582	39342
木材加工和木竹藤棕草制品业	11733	309365	9634	282170
家具制造业	987	155397	772	103352
造纸和纸制品业	9334	94702	6997	83369
印刷和记录媒介复制业	4373	257447	6506	230036
文教、工美、体育和娱乐用品制造业	13875	602681	1974	418689
石油加工、炼焦和核燃料加工业	219659	2542539	198675	2361257
化学原料和化学制品制造业	1273516	5790024	1273516	5790024

表 8-25 续表 1　　　　　　　　市　区

指　　标	2016年		2015年	
	综合能耗（吨标准煤）	工业总产值（万元）	综合能耗（吨标准煤）	工业总产值（万元）
医药制造业	80077	5057103	71529	4254095
化学纤维制造业	25599	47014	21194	47064
橡胶和塑料制品业	4288	444778	9333	274372
非金属矿物制品业	46056	1684871	51288	1464204
黑色金属冶炼和压延加工业	1800804	3648842	1943346	4188616
有色金属冶炼和压延加工业	7410	1250087	13872	1147696
金属制品业	45736	2427351	70722	2050915
通用设备制造业	9777	972295	20133	1191245
专用设备制造业	8123	1193486	26835	1190549
汽车制造业	2229	168468	1162	65936
铁路、船舶、航空航天和其他运输设备制造业	944	95718	1180	98034
电气机械和器材制造业	9313	668904	17816	716220
计算机、通信和其他电子设备制造业	12808	1311842	14843	1488506
仪器仪表制造业	385	39387	352	46907
其他制造业	119	68838	89	36428
废弃资源综合利用业	6848	281232	7502	231016
电力、热力生产和供应业	2293212	1019267	1759016	950715
燃气生产和供应业	425	35116	492	31500
水的生产和供应业	7475	30428	6276	23129

表 8-25 续表 2　　　　　　　　　　连　云　区

指　　标	2016年		2015年	
	综合能耗（吨标准煤）	工业总产值（万元）	综合能耗（吨标准煤）	工业总产值（万元）
总　计	**194330**	**1131470**	**165133**	**1170633**
其中：轻工业	3364	110703	3469	119359
重工业	190966	1020766	161664	1051274
有色金属矿采选业				
非金属矿采选业	163	39724	163	39834
开采辅助活动	1278	36054	978	27051
农副食品加工业	1650	42431	1354	45626
食品制造业	502	12253	802	16568
酒、饮料和精制茶制造业				
纺织业				
纺织服装、服饰业	858	28401	1000	31546
皮革、毛皮、羽毛及其制品和制鞋业				
木材加工和木竹藤棕草制品业			63	2126
家具制造业				
造纸和纸制品业	192	15006	164	12928
印刷和记录媒介复制业	124	5128	116	3961
文教、工美、体育和娱乐用品制造业				
石油加工、炼焦和核燃料加工业	8	19170	8	25210
化学原料和化学制品制造业	128014	323475	99588	319432

表 8-25 续表 3　　　　　　　　　　连　云　区

指　　　标	2016年		2015年	
	综合能耗（吨标准煤）	工业总产值（万元）	综合能耗（吨标准煤）	工业总产值（万元）
医药制造业	38	7484	33	8730
化学纤维制造业				
橡胶和塑料制品业	884	7142	855	13753
非金属矿物制品业	3394	158860	3562	146912
黑色金属冶炼和压延加工业	56818	406491	50293	352665
有色金属冶炼和压延加工业			5656	22317
金属制品业	123	7066	107	4856
通用设备制造业				
专用设备制造业	160	6007	156	5641
汽车制造业				
铁路、船舶、航空航天和其他运输设备制造业				
电气机械和器材制造业	91	2445	78	2736
计算机、通信和其他电子设备制造业				
仪器仪表制造业				
其他制造业				
废弃资源综合利用业			128	75053
电力、热力生产和供应业	33	14333	28	13690
燃气生产和供应业				
水的生产和供应业				

表 8-25 续表 4　　　　海　州　区

指　　标	2016年		2015年	
	综合能耗（吨标准煤）	工业总产值（万元）	综合能耗（吨标准煤）	工业总产值（万元）
总　计	**2191266**	**3655436**	**1662771**	**3215856**
其中:轻工业	58366	1671274	44528	1283183
重工业	2132900	1984162	1618243	1932674
有色金属矿采选业				
非金属矿采选业	39230	170185	34189	144329
开采辅助活动				
农副食品加工业	1061	28523	1127	24680
食品制造业	5273	95585	4880	55766
酒、饮料和精制茶制造业	3827	15820	4961	14984
纺织业	2696	59762	1989	49285
纺织服装、服饰业	93	20628	59	15608
皮革、毛皮、羽毛及其制品和制鞋业	5773	26660	68	4400
木材加工和木竹藤棕草制品业	583	70928	570	90884
家具制造业				
造纸和纸制品业	7687	6994	4970	4311
印刷和记录媒介复制业	50	3072	69	4540
文教、工美、体育和娱乐用品制造业	11489	49449	32	2015
石油加工、炼焦和核燃料加工业				
化学原料和化学制品制造业	178761	163172	184591	106790

表 8-25 续表 5　　　　　　　　　　　海　州　区

指　标	2016年		2015年	
	综合能耗（吨标准煤）	工业总产值（万元）	综合能耗（吨标准煤）	工业总产值（万元）
医药制造业	9015	1130571	8790	873334
化学纤维制造业	1172	3607	949	4142
橡胶和塑料制品业	248	46223	1545	67119
非金属矿物制品业	14337	306808	13807	282300
黑色金属冶炼和压延加工业				
有色金属冶炼和压延加工业				
金属制品业	151	21241	140	24131
通用设备制造业	1382	110131	1026	111966
专用设备制造业	3590	476175	20976	563762
汽车制造业	36	1386	105	6295
铁路、船舶、航空航天和其他运输设备制造业	82	47007	117	49660
电气机械和器材制造业	1873	269359	10475	307831
计算机、通信和其他电子设备制造业	3857	56216	2327	41566
仪器仪表制造业	267	34589	252	41920
其他制造业				
废弃资源综合利用业	97	11724	322	6955
电力、热力生产和供应业	1893066	379269	1359086	271395
燃气生产和供应业	425	35116	492	31500
水的生产和供应业	5147	15236	4858	14386

表 8-25 续表 6　　　　　　　　　　　　　　赣　榆　区

指　　　标	2016年		2015年	
	综合能耗（吨标准煤）	工业总产值（万元）	综合能耗（吨标准煤）	工业总产值（万元）
总　计	**2096232**	**16355707**	**2064030**	**14610343**
其中:轻工业	52504	4620215	51134	3524115
重工业	2043728	11735492	2012895	11086229
有色金属矿采选业				
非金属矿采选业	189	51846	184	39115
开采辅助活动				
农副食品加工业	6336	1290232	6546	1102353
食品制造业	226	77978	195	58573
酒、饮料和精制茶制造业	12627	671033	10199	515295
纺织业	978	156762	1298	124352
纺织服装、服饰业	2954	695718	3644	505699
皮革、毛皮、羽毛及其制品和制鞋业	383	32770	111	10038
木材加工和木竹藤棕草制品业	10643	232076	7661	180487
家具制造业	987	155397	772	103352
造纸和纸制品业	834	47004	1144	42594
印刷和记录媒介复制业	3745	218229	6000	200966
文教、工美、体育和娱乐用品制造业	1975	530246	1943	416674
石油加工、炼焦和核燃料加工业	219651	2523369	198667	2336048
化学原料和化学制品制造业	23571	1635082	23121	1400517

表 8-25 续表 7　　　　　　　　　　　　赣　榆　区

指　　　标	2016年		2015年	
	综合能耗（吨标准煤）	工业总产值（万元）	综合能耗（吨标准煤）	工业总产值（万元）
医药制造业	13212	246810	11404	204968
化学纤维制造业	97	2457		
橡胶和塑料制品业	3156	391413	3043	152383
非金属矿物制品业	16020	841746	17345	685993
黑色金属冶炼和压延加工业	1679209	3070907	1625886	3517780
有色金属冶炼和压延加工业	672	359693	658	310709
金属制品业	36136	1468090	59182	1238214
通用设备制造业	3949	464193	14216	340271
专用设备制造业	517	184542	559	135345
汽车制造业	2194	167083	1057	59641
铁路、船舶、航空航天和其他运输设备制造业	127	28257	129	25817
电气机械和器材制造业	6139	338399	6213	359780
计算机、通信和其他电子设备制造业	824	124914	2961	343339
仪器仪表制造业				
其他制造业	119	68838	89	36428
废弃资源综合利用业	6633	247695	6858	140717
电力、热力生产和供应业	41555	26488	52489	18135
燃气生产和供应业				
水的生产和供应业	578	6446	459	4761

表 8-25 续表 8　　　　开　发　区

指　　标	2016年		2015年	
	综合能耗（吨标准煤）	工业总产值（万元）	综合能耗（吨标准煤）	工业总产值（万元）
总　计	**460004**	**11805283**	**769963**	**12971303**
其中:轻工业	153545	6059381	162519	5394958
重工业	306460	5745902	607444	7576346
有色金属矿采选业	1434	48707	682	35428
非金属矿采选业			2	328
开采辅助活动				
农副食品加工业	59784	2010234	78175	1862797
食品制造业	2711	25538	7494	59662
酒、饮料和精制茶制造业				
纺织业	487	20169	518	24849
纺织服装、服饰业				
皮革、毛皮、羽毛及其制品和制鞋业			403	24904
木材加工和木竹藤棕草制品业	508	6361	1339	8673
家具制造业				
造纸和纸制品业	33	1503	79	9252
印刷和记录媒介复制业	416	29346	322	20570
文教、工美、体育和娱乐用品制造业	411	22987		
石油加工、炼焦和核燃料加工业				
化学原料和化学制品制造业	129300	2484929	423587	3212166

表 8-25 续表 9　　　　　　　　　　开　发　区

指　　标	2016年		2015年	
	综合能耗（吨标准煤）	工业总产值（万元）	综合能耗（吨标准煤）	工业总产值（万元）
医药制造业	57124	3668843	51302	3167063
化学纤维制造业	24329	40950	20245	42922
橡胶和塑料制品业			3891	41117
非金属矿物制品业	12289	374639	16539	346969
黑色金属冶炼和压延加工业	13666	104078	12758	87467
有色金属冶炼和压延加工业	6737	890394	7559	814671
金属制品业	8996	917179	11293	783714
通用设备制造业	4447	397972	4890	739008
专用设备制造业	3857	526761	5144	485800
汽车制造业				
铁路、船舶、航空航天和其他运输设备制造业	735	20455	934	22557
电气机械和器材制造业	503	26440	1050	45872
计算机、通信和其他电子设备制造业	1248	138625	9555	1103601
仪器仪表制造业	118	4798	100	4987
其他制造业				
废弃资源综合利用业	30	20688	195	8292
电力、热力生产和供应业	129807	16477	110947	14653
燃气生产和供应业				
水的生产和供应业	995	3505	959	3982

表 8-25 续表 10　　　　　　　东　海　县

指　　标	2016年		2015年	
	综合能耗（吨标准煤）	工业总产值（万元）	综合能耗（吨标准煤）	工业总产值（万元）
总　计	**314270**	**11054747**	**364081**	**9284341**
其中：轻工业	42976	4153672	58651	3573567
重工业	271294	6901075	305430	5710774
有色金属矿采选业				
非金属矿采选业	3215	227163	3337	180193
开采辅助活动				
农副食品加工业	17929	1337625	23360	1153037
食品制造业	1673	48959	1910	45313
酒、饮料和精制茶制造业	5995	91371	7753	80771
纺织业	3683	159934	3016	137412
纺织服装、服饰业	4137	551069	7666	477447
皮革、毛皮、羽毛及其制品和制鞋业	217	99103	402	85450
木材加工和木竹藤棕草制品业	5352	380303	8385	357718
家具制造业				
造纸和纸制品业	117	11348	43	4787
印刷和记录媒介复制业	559	214791	2232	213850
文教、工美、体育和娱乐用品制造业	1009	137031	1081	103001
石油加工、炼焦和核燃料加工业				
化学原料和化学制品制造业	13097	312271	14845	272032

表 8-25 续表 11　　　　　　　　　　东　海　县

指　　标	2016年		2015年	
	综合能耗（吨标准煤）	工业总产值（万元）	综合能耗（吨标准煤）	工业总产值（万元）
医药制造业				
化学纤维制造业			25	6067
橡胶和塑料制品业	561	70536	749	63561
非金属矿物制品业	199744	4581706	223117	3797518
黑色金属冶炼和压延加工业				
有色金属冶炼和压延加工业	1326	169534	1291	122154
金属制品业	2854	251160	6957	206466
通用设备制造业	859	39496	1111	29315
专用设备制造业	2066	319824	2950	242566
汽车制造业	1680	372506	3660	299552
铁路、船舶、航空航天和其他运输设备制造业	530	50003	516	40775
电气机械和器材制造业	8267	1489681	11110	1232454
计算机、通信和其他电子设备制造业	988	113176	1887	106095
仪器仪表制造业				
其他制造业			114	10360
废弃资源综合利用业	34	10027		
电力、热力生产和供应业	38341	9568	36150	10704
燃气生产和供应业	34	6563	415	5742
水的生产和供应业				

表 8-25 续表 12　　　　灌　云　县

指　标	2016年		2015年	
	综合能耗（吨标准煤）	工业总产值（万元）	综合能耗（吨标准煤）	工业总产值（万元）
总　计	**231404**	**7591919**	**245279**	**6507431**
其中:轻工业	80042	2823550	74439	2154311
重工业	151362	4768370	170839	4353120
有色金属矿采选业				
非金属矿采选业	2816	89699	3431	83668
开采辅助活动				
农副食品加工业	6299	269153	6885	202538
食品制造业	1211	135237	578	72601
酒、饮料和精制茶制造业	314	61438	235	54194
纺织业	2555	84839	2380	69006
纺织服装、服饰业	2248	227601	2377	170930
皮革、毛皮、羽毛及其制品和制鞋业	4395	87285	3989	69541
木材加工和木竹藤棕草制品业	150	12247	1087	29793
家具制造业	162	27016	103	19720
造纸和纸制品业	4182	125168	3901	97460
印刷和记录媒介复制业	304	27497	381	22982
文教、工美、体育和娱乐用品制造业	2608	104697	1287	70218
石油加工、炼焦和核燃料加工业				
化学原料和化学制品制造业	145730	3488704	143253	2825731

表 8–25 续表 13　　　　　　　　　　灌　云　县

指　　　标	2016 年		2015年	
	综合能耗（吨标准煤）	工业总产值（万元）	综合能耗（吨标准煤）	工业总产值（万元）
医药制造业	16882	578878	18269	482694
化学纤维制造业				
橡胶和塑料制品业	2467	151841	2580	138723
非金属矿物制品业	1726	222412	2460	188152
黑色金属冶炼和压延加工业	3159	265242	8151	257244
有色金属冶炼和压延加工业	1349	42710	742	123619
金属制品业	3923	192641	3563	137717
通用设备制造业	1387	142445	1361	89926
专用设备制造业	2670	260581	3338	210936
汽车制造业			8917	173735
铁路、船舶、航空航天和其他运输设备制造业	21040	627154	22138	618460
电气机械和器材制造业	668	62727	197	34064
计算机、通信和其他电子设备制造业	585	68090	553	55881
仪器仪表制造业				
其他制造业	47	15071		
废弃资源综合利用业	1006	146246	2053	132436
电力、热力生产和供应业	123	10212	257	17256
燃气生产和供应业	1397	65089	813	58205
水的生产和供应业				

表 8-25 续表 14　　　　　　　　　　灌　南　县

指　　标	2016年		2015年	
	综合能耗(吨标准煤)	工业总产值(万元)	综合能耗(吨标准煤)	工业总产值(万元)
总　计	**2509854**	**6772968**	**2362490**	**6332748**
其中:轻工业	83034	484036	77457	432399
重工业	2426821	6288932	2285033	5900348
有色金属矿采选业				
非金属矿采选业				
开采辅助活动				
农副食品加工业	88	5070	49	5644
食品制造业	4827	27634	4337	15697
酒、饮料和精制茶制造业	14201	109050	9322	115722
纺织业	966	6982	1088	6338
纺织服装、服饰业	63	2291	355	3163
皮革、毛皮、羽毛及其制品和制鞋业	4861	66134	2496	46150
木材加工和木竹藤棕草制品业	11012	105887	8563	78554
家具制造业				
造纸和纸制品业	26	2405	18	2070
印刷和记录媒介复制业				
文教、工美、体育和娱乐用品制造业	25	2067	20	2174
石油加工、炼焦和核燃料加工业				
化学原料和化学制品制造业	270592	1567593	260082	1339801

表 8-25 续表 15　　　　　　　　灌　南　县

指　　标	2016年		2015年	
	综合能耗（吨标准煤）	工业总产值（万元）	综合能耗（吨标准煤）	工业总产值（万元）
医药制造业	9186	40871	8385	38104
化学纤维制造业				
橡胶和塑料制品业	463	7419		
非金属矿物制品业	4150	9474	1151	8420
黑色金属冶炼和压延加工业	2168983	4191660	2041341	3912589
有色金属冶炼和压延加工业	6944	143078	11385	103276
金属制品业	5199	7725	5146	8028
通用设备制造业	5178	12424	5206	9240
专用设备制造业	126	2032	141	20104
汽车制造业	1205	26474	783	11234
铁路、船舶、航空航天和其他运输设备制造业	1122	421313	1689	590241
电气机械和器材制造业	433	6390	742	7802
计算机、通信和其他电子设备制造业	128	6989	81	4366
仪器仪表制造业				
其他制造业				
废弃资源综合利用业				
电力、热力生产和供应业	75	2009	73	2033
燃气生产和供应业				
水的生产和供应业			37	2001

工业企业水消费综合表

表 8-26　　单位:万立方米

指　　标	2016年	2015年
合 计	31012	29454
地表淡水	21886	20302
地下淡水	579	578
自来水	3577	3494
海水	4910	5055
雨水	2	1
再生水(中水)	8	6
其他水	51	16
外排水量	9188	9078
重复用水量	87339	81596
直流冷却水量(河湖水)	168	2272
直流冷却水量(海水)	1946	1853

工业企业用水量分行业

表 8-27　　单位:万立方米

指　　标	2016年	2015年
全部工业企业	19092	18742
其中:轻工业	1864	2475
重工业	17228	16267
非金属矿采选业	6543	6708
开采辅助活动	8	6
农副食品加工业	349	339
食品制造业	65	69
酒、饮料和精制茶制造业	328	303
纺织业	34	33
纺织服装、服饰业	36	39
皮革、毛皮、羽毛及其制品和制鞋业	72	22
木材加工和木、竹、藤、棕、草制品业	33	40
家具制造业	5	5
造纸和纸制品业	22	22
印刷和记录媒介复制业	12	9
文教、工美、体育和娱乐用品制造业	36	13
石油加工、炼焦和核燃料加工业	26	24
化学原料和化学制品制造业	5263	4530

表 8-27 续表　　　　单位:万立方米

指　　标	2016年	2015年
医药制造业	657	616
化学纤维制造业	42	44
橡胶和塑料制品业	19	21
非金属矿物制品业	600	610
黑色金属冶炼和压延加工业	878	890
有色金属冶炼和压延加工业	15	28
金属制品业	34	30
通用设备制造业	69	60
专用设备制造业	65	136
汽车制造业	17	20
铁路、船舶、航空航天和其他运输设备制造业	7	8
电气机械和器材制造业	63	67
计算机、通信和其他电子设备制造业	38	40
仪器仪表制造业	5	5
其他制造业	1	1
废弃资源综合利用业	14	11
电力、热力生产和供应业	3731	3178
燃气生产和供应业	4	6
水的生产和供应业	914	810

全 社 会 用 电 情 况

表 8-28　　　　(2016 年)　　　　单位:万千瓦时

指　　标	全　市	市　区	#赣榆区	东海县	灌云县	灌南县
A:全社会用电合计	1661484	636831	349340	232219	128296	314798
第一产业	61194	13351	22454	8324	4455	12610
第二产业	1118354	422509	243050	139127	62726	250942
第三产业	200280	112043	26929	30410	15932	14966
B:城乡居民生活合计	281656	88928	56907	54358	45183	36280
其中:城镇	114921	62712	13518	14169	13234	11288
乡村	166735	26216	43389	40189	31949	24992
一、农、林、牧、渔业	61194	13351	22454	8324	4455	12610
二、工业	1099978	413027	240885	136878	60476	248712
1. 轻工业用电	193951	86049	30558	37605	14166	25573
2. 重工业用电	906027	326978	210327	99273	46310	223139
三、建筑业合计	18376	9482	2165	2249	2250	2230
四、交通运输、仓储邮政业	30101	22127	1768	4467	892	847
五、信息传输、计算机服务和软件业	15565	5909	3072	2628	2210	1746
六、商业、住宿和饮食业	61771	31083	8951	11086	5498	5153
七、金融、房地产、商务及居民服务业	33415	21983	3811	3537	2331	1753
八、公共事业及管理组织	59428	30941	9327	8692	5001	5467

9

建 筑 业

分地区建筑业生产情况

表 9-1 (2016 年)

指标	单位	全市	市区				
				连云区	海州区	赣榆区	开发区
单位/项目个数	个	288	194	17	96	49	27
签订合同额	千元	97747955	65921648	5702743	22257388	31818650	5668492
直接从建设单位承揽工程完成的产值	千元	61942414	38102178	3019967	14388114	17883420	2404124
建筑业总产值	千元	64872976	39346235	3137732	14613311	17938290	3221399
装饰装修产值	千元	1916251	1449689	9894	1125268	288692	10000
在外省完成的产值	千元	27867757	17254897	307971	3457156	11659098	1830672
按构成分:建筑工程产值	千元	63059509	37935998	3089288	13869771	17395256	3168223
安装工程产	千元	1120614	801620		691272	61642	48706
其他建筑业产值	千元	692853	608617	48444	52268	481392	4470
竣工产值	平方米	53926732	32874556	2773989	11043575	14579234	3930321
房屋施工面积	平方米	53090844	31546961	1953544	11802231	16294713	1101197
房屋新开工面积	平方米	26643254	15000125	943187	4478723	8910735	597831
实行投标承包面积	平方米	46461140	29094890	1933999	10962572	15074693	756815

表 9-1 续表　　　　　　　　　　　　　(2016 年)

指　　　标	单 位	高新区	景　区	东海县	灌云县	灌南县
单位/项目个数	个	4	1	39	33	22
签订合同额	千元	464255	10120	12897100	7343988	11585219
直接从建设单位承揽工程完成的产值	千元	398553	8000	7763840	7537614	8538782
建筑业总产值	千元	427503	8000	8428743	8493753	8604245
装饰装修产值	千元	15835		301455	103326	61781
在外省完成的产值	千元			1348404	3659348	5605108
建筑工程产值	千元	405460	8000	8309483	8256851	8557177
安装工程产	千元			55632	236822	26540
其他建筑业产值	千元	22043		63628	80	20528
竣工产值	平方米	547437		6742212	6252133	8057831
房屋施工面积	平方米	395276		6791387	7505469	7247027
房屋新开工面积	平方米	69649		3232717	4549835	3860577
实行投标承包面积	平方米	366811		6300147	4595061	6471042

建 筑 业 企 业 生 产 情 况

表 9-2　　　　(2016 年)　　　　单位：千元

指　　标	企业个数(个)	有工作量企业(个)	建筑业合同情况	承包工程完成情况	建筑业总产值	装饰装修产值	在外省完成的产值
总　计	**288**	**284**	**97747955**	**61942414**	**64872976**	**1916251**	**27867757**
一、按登记注册类型分组							
内资企业	286	282	97662519	61819806	64750368	1916251	27867757
国有企业	13	13	3748580	2098254	2466697	32850	377599
集体企业	16	14	2057912	1992392	2018342	29000	817579
股份合作企业	1	1	157357	106632	106632		
有限责任公司	62	62	33938807	17958724	19066474	226440	10309000
国有独资公司	4	4	6057200	2359817	2964565		1888792
其他有限责任公司	58	58	27881607	15598907	16101909	226440	8420208
股份有限公司	9	9	6349901	5303015	5400827	4200	3839900
私营企业	185	183	51409962	34360789	35691396	1623761	12523679
私营有限责任公司	172	170	46925415	31241230	32555178	1612481	11481466
私营股份有限公司	13	13	4484547	3119559	3136218	11280	1042213
港、澳、台商投资企业	1	1		37172	37172		
港澳台商独资经营企业	1	1		37172	37172		
外商投资企业	1	1	85436	85436	85436		
中外合资经营企业	1	1	85436	85436	85436		
二、按国民经济行业代码分组							
建筑业	288	284	97747955	61942414	64872976	1916251	27867757
房屋建筑业	130	129	76725695	48081872	48944611	513450	24537782
房屋建筑业	130	129	76725695	48081872	48944611	513450	24537782
土木工程建筑业	70	69	15903537	10182794	11129749	10000	2434165
铁路、道路、隧道和桥梁工程建筑	39	39	10162466	6452800	7217369		2165278
水利和内河港口工程建筑	10	10	4759645	2917562	2962431		209397
架线和管道工程建筑	7	7	464375	474356	484704		
其他土木工程建筑	14	13	517051	338076	465245	10000	59490
建筑安装业	31	30	2431008	1740809	1893163	7200	98987
电气安装	17	17	1682193	1342902	1480882	4200	64416
管道和设备安装	6	6	571935	270819	270819		2100
其他建筑安装业	8	7	176880	127088	141462	3000	32471
建筑装饰和其他建筑业	57	56	2687715	1936939	2905453	1385601	796823
建筑装饰业	40	39	1666264	1293270	1574687	1385601	201094
工程准备活动	11	11	468441	231468	915350		493469
其他未列明建筑业		6	553010	412201	415416		102260

表 9-2 续表 1　　　　　　　　　　　　　　　　（2016 年）　　　　　　　　　　　　　　　　单位：千元

指标	企业个数（个）	有工作量企业（个）	建筑业合同情况	承包工程完成情况	建筑业总产值	装饰装修产值	在外省完成的产值
三、按隶属关系分组							
中央	1	1	3950492	1157430	1762178		1754245
省(自治区、直辖市)	1	1	42500	42500	42500		
地(区、市、州、盟)	28	28	7214876	4803857	4892942	44203	240234
县(区、市、旗)	30	29	13267917	5197937	5623160	93240	2555839
镇	1						
其他	227	225	73272170	50740690	52552196	1778808	23317439
四、建筑业企业资质等级分组	?						
施工总承包序列	190	189	93153622	58604441	60397166	480200	27061946
施工总承包序列一级工程	20	20	54674581	27450352	28242554	26469	17499305
施工总承包序列二级工程	65	65	24265087	17990760	18463618	274795	5803747
施工总承包序列三级工程	105	104	14213954	13163329	13690994	178936	3758894
专业承包序列	98	95	4594333	3337973	4475810	1436051	805811
专业承包序列一级工程	6	6	963160	724753	734291	428522	157852
专业承包序列二级工程	28	27	1999259	1358963	1695329	249519	436706
专业承包序列三级工程	63	61	1623049	1245392	2037325	758010	211253
专业承包序列不分等级工程	1	1	8865	8865	8865		
五、企业控股情况分组							
国有控股	27	27	11213416	6364516	7352786	32850	2316187
集体控股	31	29	12605489	4470648	4903295	84615	2091899
私人控股	223	221	73281051	50649786	52130522	1723528	23422719
港澳台商控股	1	1		37172	37172		
外商控股	1	1	85436	85436	85436		
其他	5	5	562563	334856	363765	75258	36952

表 9-2 续表 2　　（2016 年）　　单位：千元

指　　标	建筑工程产值	安装工程产值	其他产值	竣工产值
总　计	**63059509**	**1120614**	**692853**	**53926732**
一、按登记注册类型分组				
内资企业	62936901	1120614	692853	53841296
国有企业	2457460	9237		1951259
集体企业	2017000	1342		1599983
股份合作企业	106632			95652
有限责任公司	18594151	379266	93057	17395151
国有独资公司	2964565			3376018
其他有限责任公司	15629586	379266	93057	14019133
股份有限公司	5400827			5181792
私营企业	34360831	730769	599796	27617459
私营有限责任公司	31256153	699229	599796	25546721
私营股份有限公司	3104678	31540		2070738
港、澳、台商投资企业	37172			
港澳台商独资经营企业	37172			
外商投资企业	85436			85436
中外合资经营企业	85436			85436
二、按国民经济行业代码分组				
建筑业	63059509	1120614	692853	53926732
房屋建筑业	48163505	161940	619166	40847251
房屋建筑业	48163505	161940	619166	40847251
土木工程建筑业	10990178	95803	43768	9831529
铁路、道路、隧道和桥梁工程建筑	7211367	5482	520	6708701
水利和内河港口工程建筑	2962431			2497733
架线和管道工程建筑	394383	90321		378991
其他土木工程建筑	421997		43248	246104
建筑安装业	1236353	656810		1319068
电气安装	978221	502661		1022191
管道和设备安装	184035	86784		216704
其他建筑安装业	74097	67365		80173
建筑装饰和其他建筑业	2669473	206061	29919	1928884
建筑装饰业	1557899	8560	8228	968938
工程准备活动	893659		21691	722980
其他未列明建筑业	217915	197501		236966

表 9-2 续表 3　　(2016 年)　　单位:千元

指　　标	建筑工程产值	安装工程产值	其他产值	竣工产值
三、按隶属关系分组				
中央	1762178			2546805
省(自治区、直辖市)	42500			42500
地(区、市、州、盟)	4749204	138933	4805	3845808
县(区、市、旗)	5386044	230591	6525	4097471
镇				
其他	51119583	751090	681523	43394148
四、建筑业企业资质等级分组				
施工总承包序列	59289880	488120	619166	50941469
施工总承包序列一级工程	28049851	133993	58710	25574341
施工总承包序列二级工程	18164817	275160	23641	15078934
施工总承包序列三级工程	13075212	78967	536815	10288194
专业承包序列	3769629	632494	73687	2985263
专业承包序列一级工程	703961	26030	4300	124855
专业承包序列二级工程	1530552	140866	23911	1352888
专业承包序列三级工程	1526251	465598	45476	1507520
专业承包序列不分等级工程	8865			
五、企业控股情况分组				
国有控股	7215565	137221		6943090
集体控股	4683159	217233	2903	3560847
私人控股	50679587	765790	685145	43122426
港澳台商控股	37172			
外商控股	85436			85436
其他	358590	370	4805	214933

表 9-2 续表 4　　(2016 年)　　单位:平方米、人

指　　标	房屋建筑施工面积	本年新开工面积	实行投标承包面积
总　计	**53090844**	**26643254**	**46461140**
一、按登记注册类型分组			
内资企业	53090844	26643254	46461140
国有企业	158663	116453	155363
集体企业	1145852	938042	502282
股份合作企业	44127	37397	44127
有限责任公司	11757981	6300803	10829213
国有独资公司	490867	222431	490867
其他有限责任公司	11267114	6078372	10338346
股份有限公司	5152180	3803780	4539030
私营企业	34832041	15446779	30391125
私营有限责任公司	32636235	14376542	28860282
私营股份有限公司	2195806	1070237	1530843
港、澳、台商投资企业			
港澳台商独资经营企业			
外商投资企业			
中外合资经营企业			
二、按国民经济行业代码分组			
建筑业	53090844	26643254	46461140
房屋建筑业	52266189	26180896	45858319
房屋建筑业	52266189	26180896	45858319
土木工程建筑业	644161	327064	422327
铁路、道路、隧道和桥梁工程建筑	434224	257040	235455
水利和内河港口工程建筑	9234	6824	9234
架线和管道工程建筑			
其他土木工程建筑	200703	63200	177638
建筑安装业	180494	135294	180494
电气安装	160200	115000	160200
管道和设备安装			
其他建筑安装业	20294	20294	20294
建筑装饰和其他建筑业			
建筑装饰业			
工程准备活动			
其他未列明建筑业			

表 9-2 续表 5　　(2016 年)　　单位:平方米、人

指　　标	房屋建筑施工面积	本年新开工面积	实行投标承包面积
三、按隶属关系分组			
中央			
省(自治区、直辖市)	27700	27700	24400
地(区、市、州、盟)	940263	452607	919808
县(区、市、旗)	2346938	1842434	1630882
镇			
其他	49775943	24320513	43886050
四、建筑业企业资质等级分组			
施工总承包序列	53071179	26643254	46461140
施工总承包序列一级工程	25309729	10953506	25008969
施工总承包序列二级工程	16509890	8751556	14064214
施工总承包序列三级工程	11251560	6938192	7387957
专业承包序列	19665		
专业承包序列一级工程			
专业承包序列二级工程			
专业承包序列三级工程	19665		
专业承包序列不分等级工程			
五、企业控股情况分组			
国有控股	649530	338884	646230
集体控股	2008267	1495063	1289326
私人控股	50349797	24759257	44459904
港澳台商控股			
外商控股			
其他	83250	50050	65680

表 9-2 续表 6　　　　　　　　　　(2016 年)　　　　　　　　　　单位:平方米、人

指　　标	直接从事生产经营活动的平均人数	从业人员期末人数	工程技术人员	一级建造师
总　计	**282091**	**245732**	**23620**	**922**
一、按登记注册类型分组				
内资企业	281818	245459	23544	916
国有企业	8653	8812	1152	82
集体企业	9247	8215	783	40
股份合作企业	473	506	150	1
有限责任公司	84472	75423	6089	251
国有独资公司	5599	4843	892	88
其他有限责任公司	78873	70580	5197	163
股份有限公司	24932	22126	1177	24
私营企业	154041	130377	14193	518
私营有限责任公司	138176	115799	12757	457
私营股份有限公司	15865	14578	1436	61
港、澳、台商投资企业	145	145	56	5
港澳台商独资经营企业	145	145	56	5
外商投资企业	128	128	20	1
中外合资经营企业	128	128	20	1
二、按国民经济行业代码分组				
建筑业	282091	245732	23620	922
房屋建筑业	226605	194481	15856	484
房屋建筑业	226605	194481	15856	484
土木工程建筑业	36437	34005	5220	263
铁路、道路、隧道和桥梁工程建筑	22364	20419	3342	132
水利和内河港口工程建筑	10136	9927	998	100
架线和管道工程建筑	1794	1373	371	5
其他土木工程建筑	2143	2286	509	26
建筑安装业	7925	7646	1131	73
电气安装	4684	4517	845	43
管道和设备安装	2484	2574	150	21
其他建筑安装业	757	555	136	9
建筑装饰和其他建筑业	11124	9600	1413	102
建筑装饰业	5881	5139	845	81
工程准备活动	3153	3160	310	12
其他未列明建筑业	2090	1301	258	9

表 9-2 续表 7　　　　(2016 年)　　　　单位：平方米、人

指　　标	直接从事生产经营活动的平均人数	从业人员期末人数		
			工程技术人员	一级建造师
三、按隶属关系分组				
中央	1174	1168	368	33
省(自治区、直辖市)	170	120	8	1
地(区、市、州、盟)	13216	12669	2744	186
县(区、市、旗)	33923	27188	2858	74
镇				
其他	233608	204587	17642	628
四、建筑业企业资质等级分组				
施工总承包序列	263275	228829	20846	771
施工总承包序列一级工程	114601	105824	5942	389
施工总承包序列二级工程	87750	81556	9006	291
施工总承包序列三级工程	60924	41449	5898	91
专业承包序列	18816	16903	2774	151
专业承包序列一级工程	1874	927	204	56
专业承包序列二级工程	7647	7774	1157	54
专业承包序列三级工程	8956	7722	1391	39
专业承包序列不分等级工程	339	480	22	2
五、企业控股情况分组				
国有控股	19288	17175	3151	185
集体控股	26884	21718	2267	78
私人控股	234593	205452	17928	640
港澳台商控股	145	145	56	5
外商控股	128	128	20	1
其他	1053	1114	198	13

分地区建筑业企业财务状况

表 9-3　　　　(2016 年)　　　　单位:千元

指　　标	全　市	市　区	连云区	海州区	赣榆区	开发区
年初存货	6466873	5255221	544095	2035235	1901363	661770
流动资产合计	29072811	21454175	2621976	9380603	5553425	3321936
固定资产合计	5907612	3945417	283946	1117697	1902213	343112
固定资产原价	7268936	4925384	502838	1648375	1885725	534239
累计折旧	2447912	1764565	291377	640203	471711	282004
资产总计	38318154	27468260	3054753	11136941	7783684	4290369
流动负债合计	18041067	14547018	1793314	5653696	3414737	3077068
所有者权益合计	19173068	11944078	1205409	5107490	4311080	1097421
营业收入	56991438	35666265	3140337	13116496	15124527	3734019
营业成本	49055611	30935805	2754252	11280258	13015535	3439375
营业税金及附加	2072561	1054793	93185	337481	508436	95777
管理费用	2209094	1480987	105934	656895	582983	84655
财务费用	371251	242342	27855	100444	91692	13629
营业利润	3046889	1838921	175317	701178	854026	84114
利润总额	3048995	1842948	175590	702067	855644	83651
应交所得税	758933	439603	46071	159254	205509	21809
本年应付职工薪酬	13080722	8333983	551740	2388960	4636849	619024
建筑业企业在境外完成的营业收入	1940357	26392		12430	13962	

表 9-3 续表　　(2016 年)　　单位:千元

指　　标	高新区	景　区	东海县	灌云县	灌南县
年初存货	110197	2561	492991	330648	388013
流动资产合计	557885	18350	3193702	1651542	2773392
固定资产合计	290336	8113	879331	494827	588037
固定资产原价	344833	9374	1036654	567902	738996
累计折旧	77160	2110	286780	123112	273455
资产总计	971738	230775	4456618	2898631	3494645
负债	413038	195165	1753838	875785	864426
所有者权益合计	211878	10800	2686325	1962117	2580548
营业收入	454786	96100	6547211	7347016	7430946
营业成本	357620	88765	5473619	6377189	6268998
营业税金及附加	16757	3157	331342	293522	392904
管理费用	47332	3188	334583	229157	164367
财务费用	8632	90	29555	70824	28530
营业利润	23386	900	352012	301238	554718
利润总额	25096	900	352777	298427	554843
应交所得税	6650	310	87128	91483	140719
本年应付职工薪酬	123760	13650	1519549	1452551	1774639
建筑业企业在境外完成的营业收入			1913965		

建筑业企业财务状况

表 9-4　　(2016 年)　　单位:千元

指　　标	年初存货	流动资产合　计	固定资产合　计	固定资产原　价	累计折旧
总　计	**6466873**	**29072811**	**5907612**	**7268936**	**2447912**
一、按登记注册类型分组					
内资企业	6458083	28894453	5647303	6961058	2385309
国有企业	508460	2494613	202254	333548	172217
集体企业	796758	643015	185931	271426	110857
股份合作企业	34270	76648	27419	45339	17920
有限责任公司	1819280	9511066	2125937	2480975	934715
股份有限公司	105736	1575844	298958	359383	64269
私营企业	3193579	14593267	2806804	3470387	1085331
港、澳、台商投资企业	2762	57288	2324	4122	1798
港澳台商独资经营企业	2762	57288	2324	4122	1798
外商投资企业	6028	121070	257985	303756	60805
中外合资经营企业	6028	121070	257985	303756	60805
二、按国民经济行业代码分组					
建筑业	6466873	29072811	5907612	7268936	2447912
房屋建筑业	3005247	14197673	3716905	3982063	1094359
房屋建筑业	3005247	14197673	3716905	3982063	1094359
土木工程建筑业	2981871	11522919	1739985	2661637	1095220
铁路、道路、隧道和桥梁工程建筑	2181461	7416401	883659	1439695	640901
水利和内河港口工程建筑	690155	3175077	402913	626121	277017
架线和管道工程建筑	68617	450620	315069	376993	88090
其他土木工程建筑	41638	480821	138344	218828	89212
建筑安装业	228047	1540346	215435	301954	127002
电气安装	153065	1212454	144918	231593	104085
管道和设备安装	39862	167013	45081	36489	11684
其他建筑安装业	35120	160879	25436	33872	11233
建筑装饰和其他建筑业	251708	1811873	235287	323282	131331
建筑装饰业	137685	888312	127069	164579	65903
工程准备活动	35116	310509	61381	92878	42640
其他未列明建筑业	78907	613052	46837	65825	22788

表 9-4 续表 1　　　　（2016 年）　　　　单位：千元

指　　标	年初存货	流动资产合　计	固定资产合　计	固定资产原　价	累计折旧
三、按隶属关系分组					
中央	403586	1609163	19480	182504	163024
省(自治区、直辖市)		25833	7800	7800	6500
地(区、市、州、盟)	1267069	6289133	533144	882144	432196
县(区、市、旗)	1005832	2812129	1420787	1246485	324109
镇					
其他	3790386	18336553	3926401	4950003	1522083
四、按建筑业企业资质等级分组					
施工总承包序列	6024432	25982301	5291928	6516270	2169235
施工总承包序列一级工程	3283807	11741484	1897145	2229966	837405
施工总承包序列二级工程	1985586	7719801	1855126	2577566	861483
施工总承包序列三级工程	755039	6521016	1539657	1708738	470347
专业承包序列	442441	3090510	615684	752666	278677
专业承包序列一级工程	35784	221088	21769	30847	13217
专业承包序列二级工程	231488	1313584	332062	442341	192459
专业承包序列三级工程	175169	1517587	242966	262791	71401
专业承包序列不分等级工程		38251	18887	16687	1600
五、按控股情况分组					
国有控股	1710315	8227205	894410	1444492	643893
集体控股	941302	2223513	1055155	812932	240397
私人控股	3765163	18173517	3659024	4630750	1464788
港澳台商控股	2762	57288	2324	4122	1798
外商控股	6028	121070	257985	303756	60805
其他	41303	270218	38714	72884	36231

表 9-4 续表 2　　(2016 年)　　单位:千元

指　　标	资产合计	流动负债合计	所有者权益合计	营业收入	营业成本
总　计	**38318154**	**18041067**	**19173068**	**56991438**	**49055611**
一、按登记注册类型分组					
内资企业	37793676	17949611	19086868	56868717	48978732
国有企业	2720488	1888434	821303	2343305	2061698
集体企业	1163793	657963	401288	1861349	1639164
股份合作企业	104067	39094	64973	106632	86754
有限责任公司	12944283	6385078	6244384	18627147	16182728
股份有限公司	1946035	1398816	540380	2095848	1814245
私营企业	18915010	7580226	11014540	31834436	27194143
港、澳、台商投资企业	59615	6542	53073	37172	17755
港澳台商独资经营企业	59615	6542	53073	37172	17755
外商投资企业	464863	84914	33127	85549	59124
中外合资经营企业	464863	84914	33127	85549	59124
二、按国民经济行业代码分组					
建筑业	38318154	18041067	19173068	56991438	49055611
房屋建筑业	19261782	7120903	11828196	41041239	35454196
房屋建筑业	19261782	7120903	11828196	41041239	35454196
土木工程建筑业	15020055	9144105	5111561	11092306	9634901
铁路、道路、隧道和桥梁工程建筑	9805741	5984210	3458975	7181549	6264999
水利和内河港口工程建筑	3678072	2554524	1074103	2854062	2514616
架线和管道工程建筑	862578	257271	256922	503444	383006
其他土木工程建筑	673664	348100	321561	553251	472280
建筑安装业	1811299	842732	962029	2130909	1722949
电气安装	1401471	706940	689473	1613392	1304310
管道和设备安装	221233	82348	137405	281892	234043
其他建筑安装业	188595	53444	135151	235625	184596
建筑装饰和其他建筑业	2225018	933327	1271282	2726984	2243565
建筑装饰业	1134937	324787	793522	1346544	1125673
工程准备活动	382441	211651	167841	930083	805169
其他未列明建筑业	707640	396889	309919	450357	312723

表9-4续表3　(2016年)　单位:千元

指　　标	资产合计	流动负债合计	所有者权益合计	营业收入	营业成本
三、按隶属关系分组					
中央	2031207	1893207	138000	1808497	1757621
省(自治区、直辖市)	33633	3899	29734	40234	33091
地(区、市、州、盟)	7282113	4948912	2033411	5331159	4620462
县(区、市、旗)	4930922	1984268	2879204	6166558	5268390
镇					
其他	24040279	9210781	14092719	43644990	37376047
四、按建筑业企业资质等级分组					
施工总承包序列	34314700	16249336	17016744	52551479	45395371
施工总承包序列一级工程	14778918	7643705	6809022	23198591	20457432
施工总承包序列二级工程	10735075	4706215	5857414	16091280	13842520
施工总承包序列三级工程	8800707	3899416	4350308	13261608	11095419
专业承包序列	4003454	1791731	2156324	4439959	3660240
专业承包序列一级工程	249368	71614	177754	480448	429167
专业承包序列二级工程	1870112	1047541	784310	1818112	1506191
专业承包序列三级工程	1826836	654228	1155470	2137241	1721973
专业承包序列不分等级工程	57138	18348	38790	4158	2909
五、按控股情况分组					
国有控股	10255702	6841597	3173531	7672664	6759601
集体控股	3660821	1797451	1754028	5494394	4700784
私人控股	23562006	9126802	14027923	43433714	37286105
港澳台商控股	59615	6542	53073	37172	17755
外商控股	464863	84914	33127	85549	59124
其他	315147	183761	131386	267945	232242

表 9-4 续表 4　　(2016 年)　　单位:千元

指　　标	营业税金及附加	其中:主营业务税金及附加	管理费用	财务费用	营业利润	利润总额
总　　计	**2072561**	**2052484**	**2209094**	**371251**	**3046889**	**3048995**
一、按登记注册类型分组						
内资企业	2070587	2050510	2193794	371885	3021281	3021538
国有企业	48764	48764	101643	28868	129755	129619
集体企业	74875	74875	56118	7219	81661	82071
股份合作企业	9130	9130	2961	1044	5807	5807
有限责任公司	652070	648448	698216	114751	945469	946558
股份有限公司	55296	55296	67338	10902	133876	133944
私营企业	1230452	1213997	1267518	209101	1724713	1723539
港、澳、台商投资企业	271	271	1658	-84	13978	14117
港澳台商独资经营企业	271	271	1658	-84	13978	14117
外商投资企业	1703	1703	13642	-550	11630	13340
中外合资经营企业	1703	1703	13642	-550	11630	13340
二、按国民经济行业代码分组						
建筑业	2072561	2052484	2209094	371251	3046889	3048995
房屋建筑业	1612803	1597402	1341305	241350	2224980	2224657
房屋建筑业	1612803	1597402	1341305	241350	2224980	2224657
土木工程建筑业	308925	306855	497725	99586	543012	544989
铁路、道路、隧道和桥梁工程建筑	193906	193080	290325	65374	344646	344711
水利和内河港口工程建筑	74823	74823	118795	31192	133903	133844
架线和管道工程建筑	12849	12583	64121	-563	44186	46159
其他土木工程建筑	27347	26369	24484	3583	20277	20275
建筑安装业	55607	54295	194468	3257	121440	122011
电气安装	41199	40289	168835	-696	75872	75915
管道和设备安装	9464	9064	8254	2244	20118	20142
其他建筑安装业	4944	4942	17379	1709	25450	25954
建筑装饰和其他建筑业	95226	93932	175596	27058	157457	157338
建筑装饰业	52448	51534	76693	7439	73181	73494
工程准备活动	34472	34472	39989	11835	35840	35855
其他未列明建筑业	8306	7926	58914	7784	48436	47989

表 9-4 续表 5　　　　　　　　　　(2016 年)　　　　　　　　　　单位:千元

指　　标	营业税金及附加	其中:主营业务税金及附加	管理费用	财务费用	营业利润	利润总额
三、按隶属关系分组						
中央	13300	13300	23152	6125	3111	3213
省(自治区、直辖市)	415	415	1878		4850	4850
地(区、市、州、盟)	89178	87883	252245	55429	329236	330063
县(区、市、旗)	229841	228948	365468	31003	263215	263495
镇						
其他	1739827	1721938	1566351	278694	2446477	2447374
四、按建筑业企业资质等级分组						
施工总承包序列	1922447	1904352	1906309	336316	2790018	2792322
施工总承包序列一级工程	719023	711443	633502	125400	1266326	1267582
施工总承包序列二级工程	662945	661428	604952	91830	795146	794876
施工总承包序列三级工程	540479	531481	667855	119086	728546	729864
专业承包序列	150114	148132	302785	34935	256871	256673
专业承包序列一级工程	11520	11505	27931	1313	8820	8791
专业承包序列二级工程	64242	63837	124314	19135	88175	89103
专业承包序列三级工程	74244	72682	150438	14486	159378	158281
专业承包序列不分等级工程	108	108	102	1	498	498
五、按控股情况分组						
国有控股	141863	141444	333693	77485	379493	379602
集体控股	183156	182071	343044	16182	236246	237929
私人控股	1737416	1719717	1501270	277710	2396618	2395156
港澳台商控股	271	271	1658	-84	13978	14117
外商控股	1703	1703	13642	-550	11630	13340
其他	8152	7278	15787	508	8924	8851

指　　标	应交所得税	本年应付职工薪酬	建筑业企业在境外完成的营业收入
总　计	**758933**	**13080722**	**1940357**
一、按登记注册类型分组			
内资企业	754677	13059302	1940357
国有企业	30841	328854	
集体企业	18442	433180	
股份合作企业	1452	35771	
有限责任公司	243522	4020354	12430
股份有限公司	13007	508105	
私营企业	447413	7733038	1927927
港、澳、台商投资企业	746	11589	
港澳台商独资经营企业	746	11589	
外商投资企业	3510	9831	
中外合资经营企业	3510	9831	
二、按国民经济行业代码分组			
建筑业	758933	13080722	1940357
房屋建筑业	575911	10452186	1913965
房屋建筑业	575911	10452186	1913965
土木工程建筑业	107263	1680557	26392
铁路、道路、隧道和桥梁工程建筑	60784	1026577	12430
水利和内河港口工程建筑	31060	479410	
架线和管道工程建筑	9728	64841	
其他土木工程建筑	5691	109729	13962
建筑安装业	30090	442312	
电气安装	18446	276927	
管道和设备安装	4984	135194	
其他建筑安装业	6660	30191	
建筑装饰和其他建筑业	45669	505667	
建筑装饰业	17253	276403	
工程准备活动	8737	135811	
其他未列明建筑业	19679	93453	

表 9-4 续表 7　　　　（2016 年）　　　　单位：千元

指　　标	应交所得税	本年应付职工薪酬	建筑业企业在境外完成的营业收入
三、按隶属关系分组			
中央	803	87044	
省(自治区、直辖市)	805	6370	
地(区、市、州、盟)	51836	747888	
县(区、市、旗)	72476	1527946	
镇			
其他	633013	10711474	1940357
四、按建筑业企业资质等级分组			
施工总承包序列	691093	12199870	1926395
施工总承包序列一级工程	324680	5306494	
施工总承包序列二级工程	204712	4178799	
施工总承包序列三级工程	161701	2714577	1926395
专业承包序列	67840	880852	13962
专业承包序列一级工程	5478	82617	
专业承包序列二级工程	18051	378422	
专业承包序列三级工程	44161	410981	13962
专业承包序列不分等级工程	150	8832	
五、按控股情况分组			
国有控股	65761	918286	
集体控股	63369	1291937	
私人控股	623361	10794746	1940357
港澳台商控股	746	11589	
外商控股	3510	9831	
其他	2186	54333	

建筑业总产值排名前50位企业

表9–5　　(2016年)　　单位:万元

序号	企业名称	建筑业总产值	序号	企业名称	建筑业总产值
1	江苏万年达建设集团有限公司	5431092	26	连云港翔业建筑工程有限公司	517728
2	江苏万象建工集团有限公司	5128880	27	江苏翰鼎建设工程有限公司	509077
3	江苏玉龙建设工程有限公司	3006100	28	连云港苏润建筑安装工程公司	496015
4	江苏大力建设工程有限公司	2690501	29	连云港市兴云建筑安装有限公司	491226
5	江苏苏港工程有限公司	2086840	30	江苏瑞辉建设有限公司	468500
6	江苏德广建设工程有限公司	1828627	31	东海县水利建筑安装工程有限公司	445657
7	路桥华祥国际工程有限公司	1762178	32	灌云县同创建筑安装工程有限公司	405335
8	江苏帝都建设工程有限公司	1585264	33	江苏梅岭建设工程有限公司	404500
9	江苏宝隆建设工程有限公司	1432439	34	连云港东方建设工程集团公司	401788
10	连云港港务工程公司	1306798	35	连云港赣榆市政建筑园林总公司	400293
11	江苏三兴建工集团有限公司	1122220	36	连云港市南方建设工程有限公司	398823
12	连云港华建建筑安装工程有限公司	1067718	37	连云港木林森建筑工程有限公司	387308
13	江苏中粟建设工程有限公司	936455	38	连云港广厦建设有限公司	380482
14	江苏永超建设有限公司	912339	39	灌云县县城建筑安装工程公司	368345
15	江苏省江天建设工程有限公司	855664	40	江苏登壹建设工程有限公司	360232
16	江苏东一建筑工程有限公司	800242	41	东海县星泰建筑安装工程有限公司	346871
17	江苏海通建设工程有限公司	755577	42	连云港庆源建筑工程有限公司	330770
18	江苏东海天工建设有限公司	753262	43	江苏航盛建设工程有限公司	321329
19	赣榆县惠隆建筑安装工程有限公司	698006	44	东海县第三建筑安装工程有限公司	320308
20	连云港市惠城市政工程集团有限责任公司	663939	45	江苏国祥建设工程总公司	318660
21	江苏云申建设工程有限公司	657196	46	江苏垒隆建设工程有限公司	312603
22	连云港市华信建筑安装工程有限公司	576375	47	江苏齐天电力工程有限公司	309139
23	连云港市晶都建设集团有限公司	569723	48	连云港市水利建筑安装工程有限公司	290671
24	灌云县穆圩建筑安装工程公司	544220	49	连云港市圣陆路桥工程有限公司	282912
25	江苏汇锦建设工程有限公司	540500	50	江苏硕华建设有限公司	279380

建筑业资产总计排名前 50 位企业

表 9-6　(2016 年)　单位:千元

序号	企业名称	资产总计	序号	企业名称	资产总计
1	路桥华祥国际工程有限公司	2031207	26	江苏德广建设工程有限公司	308264
2	江苏万年达建设集团有限公司	1861672	27	江苏宝隆建设工程有限公司	305610
3	连云港港务工程公司	1810411	28	连云港赣榆市政建筑园林总公司	299009
4	江苏玉龙建设工程有限公司	1793810	29	连云港木林森建筑工程有限公司	298764
5	连云港市惠城市政工程集团有限责任公司	1415388	30	东海县伟业市政工程有限公司	294838
6	江苏海通建设工程有限公司	1173394	31	江苏大力建设工程有限公司	293162
7	江苏三兴建工集团有限公司	1105190	32	赣榆县惠隆建筑安装工程有限公司	290826
8	江苏全泰交通工程有限公司	1083559	33	连云港市金泰公路工程有限公司	270630
9	江苏万象建工集团有限公司	948993	34	江苏永超建设有限公司	255215
10	中浦建设(集团)有限公司	793139	35	江苏帝都建设工程有限公司	251099
11	江苏苏港工程有限公司	499096	36	江苏地亚建筑有限公司	243645
12	赣榆县水利建筑安装工程公司	466129	37	连云港市园林建设工程公司	230775
13	连云港新奥燃气工程有限公司	464863	38	东海县裕兴建筑安装工程有限公司	228750
14	江苏东一建筑工程有限公司	432247	39	江苏博翔建设工程有限公司	221227
15	江苏齐天电力工程有限公司	424150	40	江苏省江天建设工程有限公司	209594
16	连云港市房政建设工程有限公司	416767	41	江苏东海天工建设有限公司	201777
17	江苏中粟建设工程有限公司	412500	42	连云港锦屏建设工程有限公司	192607
18	连云港市永恒交通工程有限公司	400935	43	江苏秦裕燃气管道设备安装有限公司	189850
19	连云港市晶都建设集团有限公司	394824	44	连云港明达工程爆破有限公司	187512
20	连云港市水利建筑安装工程有限公司	392229	45	连云港市根源建设工程有限公司	185896
21	连云港市市政工程有限公司	382225	46	江苏航盛建设工程有限公司	182563
22	江苏华航建设集团有限公司	365746	47	连云港广厦建设有限公司	178857
23	灌南县水利建筑工程有限公司	341148	48	江苏登壹建设工程有限公司	178057
24	江苏梅岭建设工程有限公司	316781	49	连云港港口建筑安装工程公司	173984
25	连云港市恒远交通建设有限公司	312458	50	连云港东方建设工程集团公司	170339

建筑业主营业务收入排名前50位企业

表9-7　　(2016年)　　单位：千元

序号	企业名称	主营业务收入	序号	企业名称	主营业务收入
1	江苏万年达建设集团有限公司	4463506	26	连云港翔业建筑工程有限公司	517788
2	江苏万象建工集团有限公司	3843750	27	连云港苏润建筑安装工程公司	496015
3	江苏玉龙建设工程有限公司	2156987	28	江苏瑞辉建设有限公司	468500
4	江苏大力建设工程有限公司	1883351	29	江苏齐天电力工程有限公司	461457
5	路桥华祥国际工程有限公司	1808497	30	灌云县同创建筑安装工程有限公司	405335
6	江苏三兴建工集团有限公司	1800000	31	连云港东方建设工程集团公司	401788
7	连云港港务工程公司	1428543	32	江苏翰鼎建设工程有限公司	392190
8	江苏宝隆建设工程有限公司	1335499	33	连云港市房政建设工程有限公司	385062
9	江苏德广建设工程有限公司	1320085	34	灌云县县城建筑安装工程公司	368345
10	江苏苏港工程有限公司	1140225	35	江苏登壹建设工程有限公司	360232
11	江苏省江天建设工程有限公司	1001663	36	连云港先诚建筑安装工程有限公司	359205
12	江苏永超建设有限公司	789790	37	连云港市南方建设工程有限公司	358932
13	江苏海通建设工程有限公司	770441	38	连云港庆源建筑工程有限公司	330770
14	江苏顺驰建设工程有限公司	760246	39	连云港木林森建筑工程有限公司	325642
15	江苏帝都建设工程有限公司	716175	40	连云港广厦建设有限公司	323409
16	江苏中粟建设工程有限公司	678600	41	江苏国祥建设工程总公司	318660
17	连云港市惠城市政工程集团有限责任公司	620489	42	东海县水利建筑安装工程有限公司	306118
18	江苏东海天工建设有限公司	618679	43	连云港市市政工程有限公司	304169
19	连云港华建建筑安装工程有限公司	589697	44	连云港市朝阳建设工程有限公司	300621
20	江苏东一建筑工程有限公司	586002	45	江苏航盛建设工程有限公司	289196
21	连云港市华信建筑安装工程有限公司	576375	46	江苏梅岭建设工程有限公司	281190
22	连云港市晶都建设集团有限公司	569723	47	东海县星泰建筑安装工程有限公司	280334
23	灌云县穆圩建筑安装工程公司	544220	48	连云港市永恒交通工程有限公司	252391
24	江苏汇锦建设工程有限公司	540500	49	连云港市兴云建筑安装有限公司	251866
25	赣榆县惠隆建筑安装工程有限公司	526750	50	江苏硕华建设有限公司	251449

10

交通运输、邮电和服务业

全市交通运输基本情况

表 10-1

	单位	2005	2010	2011	2012	2013	2014	2015	2016
一、铁路									
铁路营业里程	公里	84	84	84	84	84	84	84	84
港口铁路专用线	米	107498	68964	68964	65090	67095	80500	80500	80500
火车站点个数	个		12	12	12	12	13	13	13
# 客运站	个		3	3	3	3	3	3	3
货运站	个		10	10	10	10	10	10	10
二、公路									
1、全社会公路总里程	公里	4835	11223	11313	11507	11771	11914	12005	12033
# 等级公路	公里	4491	11049	11221	11415	11679	11840	11936	12033
# 高速公路	公里	239	336	349	349	349	349	349	360
一级公路	公里	56	246	285	335	482	537	630	613
# 国道	公里	493	612	612	612	697	715	730	769
省道	公里	310	281	294	330	390	398	416	369
2、公路密度									
以国土面积计算	公里/百平方公里		149.64	150.83	153.42	154.56	156.45	157.65	
以人口数量计算	公里/人	10.61	24.99	25.76	26.17	26.65	26.83	26.97	
3、公路桥梁	座	412	2726	2740	2832	2960	3010	3048	2615
	万米	1.99	17.88	18.46	19.30	21.18	19.55	19.87	13.45
三、港口									
1、生产用码头泊位	个	98	180	180	180	189	183	183	
码头长度	米	7897	16437	16077	16437	19579	25080	25080	
内河码头泊位	个	66	121	121	121	120	120	120	129
沿海码头泊位	个	32	59	59	62	69	63	63	64
# 万吨级	个	27	40	40	41	52	60	60	57
2、沿海港口吞吐能力	万吨	3577	9213	9123	9857	13295	14956	14956	
3、港口国际旅客航线	条	2	2	2	2	2	2	2	2
四、内河									
内河航道总里程	公里	1138	1114	1114	1114	1114	1114	1114	1114
# 等级航道	公里	442	504	504	502	502	502	502	502
通机动船里程	公里	922	929	929	929	929	929	929	929
五、民航									
民航机场	个	1	1	1	1	1	1	1	1
航线	条	7	15	16	18	21	20	20	23
起降架次	次	1835	5540	5408	6229	8668	6978	7802	9332

注:铁路货运站包括阿湖站。

全社会公路总里程

表 10-2　　　　(2016 年)　　　　单位:公里

	全 市	市 区	赣榆区	东海县	灌云县	灌南县
全社会公路总里程	**12033**	**4488**	**2865**	**2974**	**2649**	**1921**
一、按公路等级分						
1、等级公路	12033	4489	2865	2974	2649	1921
# 高速公路	360	224	91	43	67	26
一级公路	613	263	97	175	91	84
二级公路	1886	763	459	436	377	310
三级公路	739	304	178	244	126	66
四级公路	8435	2935	2041	2076	1989	1435
2、等外公路						
二、按行政等级分						
国　道	769	448	209	157	127	38
省　道	369	89	38	90	83	106
县　道	2022	772	504	465	435	349
乡　道	3603	1136	761	984	968	515
村　道	5266	2039	1353	1278	1036	913
专业公司	3	3	0	0	0	0
三、按路面技术状况分						
1、有铺装路面(高级)	11981	4436	2865	2974	2649	1921
# 沥青路	1901	871	353	448	263	319
水泥路	10081	3565	2512	2526	2387	1602
2、简易铺装路面(次高级)	52	52	0	0	0	0
3、未铺装路面						
4、公路部门养护里程						
# 绿化里程	10977	3952	2774	2549	2582	1894
养护里程	11674	4265	2774	2931	2582	1895
四、桥梁情况						
数量(座)	2618	1163	841	497	407	551
延长(米)	13.45	5.89	3.60	2.46	2.91	2.19
五、乡镇通公路情况						
1、乡镇数(个)	88	41	19	20	13	14
通公路比重(%)	100.0	100.0	100.0	100.0	100.0	100.0
2、村委会数(个)	1426	597	444	314	304	211
通公路比重(%)	100.0	100.0	100.0	100.0	100.	100.0

注:公路总里程含等外公路

全市机动车保有量

表 10-3　　　　　　　　　　　　　　　　　　　　　　　　　　单位：辆

	2016年	进　口	个　人	新注册	营　运	2015年
机动车保有量	**686393**	**11295**	**630006**	**99022**	**68356**	**810772**
一、汽　车	**478257**	**11218**	**431201**	**87878**	**48510**	**406771**
1、载客汽车	401324	11192	371729	74966	6984	331253
# 大型	3539	26	47	510	2261	3523
中型	2008	100	692	175	339	2336
小型	391397	10932	366682	74173	4384	320655
微型	4380	134	4308	108		4739
# 普通	92434	1794	81512	27737	2544	67861
双层	7				1	12
卧铺	25				24	32
铰接	42				40	42
越野	5397	5114	4582	732		4615
专用客车	555	3	130	67		488
专用校车	425			144		281
面包车	38252		36995	1475	1	36951
轿车	264187	4281	248510	44811	4374	220971
2、载货汽车	65339	17	49260	12184	37872	59669
# 重型	29566	13	17864	4819	27671	27116
中型	7731		7047	1730	3560	6868
轻型	28034	4	24342	5635	6640	25666
微型	8		7		1	19
# 普通	31262	4	28167	5759	9876	28751
厢式	8221		6613	1575	4625	8021
封闭	1100		738	232	117	949
罐式	279		75	26	224	311
平板	83		83	10	63	88
自卸	4855		3931	142	4275	5131
特殊结构	1202		416	227	647	1018
仓栅	3740		3081	989	3566	2837
半挂牵引	14596	13	6156	3224	14478	12562
3、三轮汽车	2799		2788	255	1797	7008
低速汽车	818	1	797		500	1109
二、摩 托 车	**192913**	**77**	**192161**	**8565**	**4684**	**390664**
普通	190164	76	189416	8442	4683	375619
轻便	2749	1	2745	123	1	15045
三、挂　车	**15222**		**6644**	**2579**	**15161**	**13336**
重型	15202		6641	2571	15141	13310
中型	20		3	8	20	26

全市分县区机动车保有量

表 10-4　　(2015 年)　　单位:辆

	全 市	市 区	# 赣榆区	东海县	灌云县	灌南县	2015年
机动车保有量	**686393**	**363651**	**136636**	**148535**	**108569**	**65638**	**810772**
一、汽 车	**478257**	**258703**	**94296**	**103608**	**68760**	**47186**	**406771**
1、载客汽车	401324	221472	78162	84235	54955	40662	331253
大型	3539	2522	353	460	233	324	3523
中型	2008	1052	262	298	374	284	2336
小型	391397	215296	76407	82516	53802	39783	320655
微型	4380	2602	1140	961	546	271	4739
2、载货汽车	65339	33726	14732	13989	11816	5808	59669
重型	29566	17899	6294	5702	4057	1908	27116
中型	7731	2331	1032	2664	1945	791	6868
轻型	28034	13494	7404	5619	5813	3108	25666
微型	8	2	2	4	1	1	19
3、三轮汽车	2799	499	484	511	1420	369	7008
低速汽车	818	495	495	236	70	17	1109
二、摩 托 车	**192913**	**95409**	**39912**	**42183**	**37776**	**17545**	**390664**
普通	190164	93842	39827	41235	37609	17478	375619
轻便	2749	1567	85	948	167	67	15045
三、挂 车	**15222**	**9539**	**2428**	**2744**	**2033**	**906**	**13336**
重型	15202	9528	2420	2741	2031	902	13310
中型	20	11	8	3	2	4	26
四、营运车辆	**68356**	**37348**	**13587**	**13038**	**12377**	**5593**	**75243**
# 公路客运	783	353	31	241	100	89	941
公交客运	1584	1097	223	122	209	156	1624
出租客运	2368	1806	217	213	151	198	2377
旅游客运	231	202	23	18	11	0	233
货 运	58106	31213	12205	10770	11287	4836	65444
租 赁	1126	230	44	836	42	18	1252
危化运输	1695	1192	384	243	157	103	1216
教 练	2463	1255	460	595	420	193	2156
五、非营运车辆	**617594**	**326198**	**122993**	**135428**	**96112**	**59856**	**735230**
# 消 防	49	27	0	3	12	7	39
救 护	177	85	44	23	24	45	193
工程救险	244	70	14	152	16	6	293

交通运输行业营业户数及从业人员

表 10-5

	营业户数(户)		从业人员(人)	
	2016年	2015年	2016年	2015年
一、道路运输部门				
道路货物运输	28754	22806	108678	111521
# 汽车运输	28734	22769		
道路旅客运输	20	19	39518	39825
道路运输服务	116	51	4166	3951
汽车维修	1042	1251	8112	6627
二、水路运输部门				
内河:货物运输	20	23	2051	2359
沿海:货物运输	24	24	1060	1059
旅客运输				
三、港口生产单位				
内河港口	13	11	185	265

全市港口码头总体情况

表 10-6

(2016 年)

	码头个数(个)	泊位个数(个)	泊位长度(米)	泊位年通过能力(万吨)
一、生产性码头				
1、内河码头	36	129	6476	3284
# 1000 吨级及以上	1	26	330	1480
500 吨级	24	85	4154	1381
300 吨级	10	17	852	418
300 吨级以下	1	1	40	5
2、沿海码头		64		
# 万吨级以上		57		
二、非生产性码头				
沿海码头	2	2	297	

连云港港码头泊位及库场情况

表 10-7

	单位	2005	2010	2012	2013	2014	2015	2016
一、港口码头								
1、码头泊位	个	37	61	62	62	66	79	
2、生产用码头								
总延长	米	6421	11553	11827	11715	14786	15311	15520
泊位数	个	32	59	56	51	64	62	64
# 万吨级以上	个	27	40	43	44	53	57	57
年吞吐能力	万吨	3577	9213	9587	13295	14956	15000	
3、非生产用码头								
总延长	米	470	297	741	297	297	363	297
泊位数	个	5	2	4	2	2	2	2
二、铁路专用线								
总延长	米	107498	68964	65090	67095	80500	80500	80500
# 装卸线	米	16445	28728	28729	33604	33604	33604	33604
三、仓库堆场								
1、生产用库场								
总面积	万平方米	24.25	371.33	489.24	483.94	555.48	587.06	585.28
容　量	万吨	971.71	1495.44	1658.27	1841.50	2050.23	2276.39	2414.88
(1)仓　库:总面积	万平方米	10.08	16.94	19.55	21.78	22.36	21.80	24.63
容　量	万吨	23.16	41.20	21.48	21.48	15.52	15.64	67.45
(2)圆筒仓:总容积	万平方米	14.46	14.46	14.46	14.46	14.46	14.46	14.46
容　量	万吨	10.46	10.46					
(3)堆　场:总面积	万平方米	232.37	354.39	469.69	462.16	533.12	565.25	560.65
容　量	万吨	938.09	1443.79	1636.79	1820.02	2034.71	2260.86	2397.08
#煤　场:总面积	万平方米	36.30	49.55	49.55	40.40	37.00	37.00	37.00
容　量	万吨	220.00	166.00	166.00	172.00	190.00	190.00	190.00
集装箱堆场:总面积	万平方米	40.70	39.80	190.98	190.98	107.50	108.09	85.50
堆存能力	万标准箱	5.74	15.96	26.06	26.06	26.75	26.78	11.72
2、非生产用库场总面积	万平方米	1.32	4.05	4.11	4.11	3.04	3.04	3.04

连云港港设施及装备情况

表 10-8

	单位	2010	2011	2012	2013	2014	2015	2016
一、港务船舶								
1、工作船:艘数	艘	19	19	21	21	24	27	23
总吨位	吨	7175	7175	8167	8167	9747	12672	9483
载客量	座	35	35	35	35	35	20	20
功率	万千瓦	3.55	3.55	4.51	4.51	5.91	6.12	6.12
# 拖轮:艘数	艘	15	15	17	17	20	19	18
总吨位	吨	4859	4859	5851	5851	7431	7261	7076
功率	万千瓦	3.23	3.23	4.19	4.19	5.60	5.55	5.51
2、工程技术船:艘数	艘	6	6	6	6	8	8	5
总吨位	吨	7318	7318	7318	5341	14956	14956	12868
功率	万千瓦	0.76	0.76	0.76	0.38	2.36	2.36	2.21
二、机车车辆								
机车合计:台数	台	7	7	10	10	10	10	10
功率	万千瓦	1.18	1.18	1.93	1.93	1.93	1.93	1.93
三、装械机械								
1、生产用装卸机械:台(组)数	台	935	935	1355	1460	1526	1360	1419
(1)起重机械类	台	188	188	236	251	277	244	297
# 轮胎起重机	台	94	94	116	124	131	96	128
门座起重机	台	67	67	85	90	102	125	132
(2)输送机械类:台(组)数	台	47	47	116	126	127	110	116
长度	万米	0.99	0.99	2.66	2.97	3.67	3.51	3.77
(3)装卸搬运机械类	台	557	557	753	816	879	828	828
(4)专用机械类	台	143	143	238	267	243	178	178
2、非生产用装卸机械合计	台	257	257	292	400	460	526	151

全市内河航运航道情况

表 10-9　　(2016 年)　　单位:公里

	全　市	市　区	赣榆区	东海县	灌云县	灌南县
内河航道总里程	**1113.68**	**344.48**	**118.07**	**152.45**	**440.08**	**176.67**
一、基本情况						
通机动船里程	929.42	284.38	57.97	127.38	340.99	176.67
水深 1 米以上里程	1103.78	344.48	118.07	152.45	430.18	176.67
通航闸数(个)	76	13	5	2	56	5
# 套　闸	10	2			7	1
航道养护船舶(个)	12	7			3	2
跨河桥梁(个)	299	134	39	63	68	34
# 碍　航	149	70	22	36	28	15
不通航乡镇数(个)	45	13	12	17	6	9
二、按航道水深划分						
2.5m 以上	330.27	75.00	23.40		144.45	110.82
2.4—2.2m	59.56	40.90	30.30		7.70	10.96
2.1—1.5m	564.23	168.06	54.67	152.45	188.83	54.89
1.4—1.0m	149.72	60.52	9.70		89.20	
1.0m 以下	9.90				9.90	
三、按航道等级划分						
1、等级航道	501.85	146.69	33.90	19.99	201.42	133.75
一级航道						
二级航道						
三级航道	117.87	32.5	2.4		57.96	27.41
四级航道	93.45	16.5	16.5		21.94	55.01
五级航道	90.95	25	3.5		58.55	7.4
六级航道	64.24	14.31			6	43.93
七级航道	135.34	58.38	11.5	19.99	56.97	
2、等外航道	611.83	197.79	84.17	132.46	238.66	42.92

内河港口设施及装备情况

表 10-10

	单位	2008	2010	2014	2015	2016
一、生产用装卸机械	**台**	**156**	**166**	**166**	**126**	**112**
500-1000 吨级码头泊位前沿装卸机械					58	25
300-500 吨级码头泊位前沿装卸机械	台	36	46	49	68	87
起重机械	台	33	43	43	79	88
普通门座起重机	台	1	1	4	5	4
固定式起重机	台	28	38	38	70	81
轮胎起重机	台	3	3	3	3	2
汽车起重机	台	1	1	1	1	1
输送机械	台	3	3	3	3	3
带式(皮带)输送机	台	1	1	1	1	3
斗式提升机	台	1	1	1	1	
埋刮板机	台	1	1	1	1	
专用机械	台					6
库场机械	台	36	36	36	36	12
水平运输	台	8	8	8	8	3
二、生产用仓库面积	**平方米**	**2415**	**2415**	**2415**	**2415**	**2415**
生产用仓库容积	立方米	5430	5430	5430	5430	13200
堆场面积	平方米	51700	59700	59700	55700	89800
煤场面积	平方米	1000	1000	1000	1000	1000
矿石堆场面积	平方米	2600	2600	2600	2600	28400
其他堆场面积	平方米	48100	48100	48100	52100	60400
堆场容量吨数	吨	55300	55300	55300	67300	500600
煤场容量吨数	吨	1000	1000	1000	1000	10600
矿石堆场容量吨数	吨	5500	5500	5500	5500	60000

注:2015 年统计口径与以前有变化。

水路运输船舶拥有量

表 10-11

	单 位	2016	内 河	沿 海	2015
一、机动船					
艘数(未含个体)	艘	1250	975	275	1247
总吨	吨位	370829		370829	312232
总载重量	吨位	1128593	517577	611016	1000348
载客量	客位				597
功率	千瓦	369738	161678	208060	347230
1、客　船					
艘数	艘				8
总吨	吨位				658
总载重量	吨位				
载客量	客位				597
功率	千瓦				2203
2、货　船					
艘数	艘	1221	966	255	1208
总吨	吨位	362936		362936	302657
总载重量	吨位	1128593	517577	611016	1000348
标准箱位	标箱				
功率	千瓦	309718	160388	149330	279763
3、拖　船					
艘数	艘	29	9	20	31
总吨	吨位	7893		7893	8917
功率	千瓦	60020	1290	58730	65264
4、个体机动船					
艘数	艘				
总吨	吨位				
总载重量	吨位				
载客量	客位				
功率	千瓦				
二、驳　船					
艘数	艘	188	187	1	209
净载重量	吨位	74435	64435	10000	79435

主要年份全社会客货运输量

表 10-12

年　份	全社会客运量（万人）	公 路 客运量	全社会货运量（万吨）	公 路 货运量	铁路客运发送量（万人）	铁路货运发送量（万吨）
1978	1150	1013	477	133	137	301
1980	1728	1602	633	240	126	342
1983	3054	2895	1395	772	159	463
1985	3180	3018	2452	1659	161	529
1990	3044	2905	2701	2091	137	457
1991	3350	3198	1507	1010	149	372
1992	4442	4260	3142	2331	179	493
1993	3760	3552	3146	2374	206	388
1994	3964	3751	3175	2246	207	445
1995	3610	3382	4947	3973	218	501
1996	4458	4265	3741	2719	182	516
1997	3153	2952	2654	1780	192	551
1998	4506	4303	3360	2582	195	542
1999	4817	4618	4265	3380	195	539
2000	5034	4820	3629	2739	209	626
2001	5138	4936	4094	2913	198	923
2002	5297	5104	4318	2962	189	1101
2003	5429	5245	4452	3062	179	1155
2004	6137	5912	4837	3328	217	1247
2005	6831	6551	5628	3843	266	1485
2006	7936	7759	6464	4566	155	1588
2007	9006	8768	7193	5229	175	1516
2008	14935	14681	10967	8514	223	1936
2009	12322	12040	11242	7670	241	3022
2010	13481	13158	13937	9651	267	3405
2011	14428	14419	12901	11279	267	4094
2012	15948	15923	14832	13107	250	4298
2013	5419	5381	9169	7554	262	4122
2014	5467	5433	10089	8406	294	3735
2015		5058	11230	9508	232	2883
2016		4700	10040	8215	204	3449

注：1、全社会客运量及货运量均包含公路、铁路、水运及民航数据，历史数据按此口径有所调整；

2、2013 年数据根据交通部组织开展的全国运输业统计专项调查数据推算，口径较以前有明显调整，仅供参考。

全社会客货运输（吞吐）量

表 10-13　　(2016 年)

指　　标	单　位	合　计	公　路	水　路	铁　路	民　航	港　口
地方交通客运量	万人		4700				
旅客周转量	万人公里		337667				
地方交通货运量	万吨	10040	8215	1826			
货物周转量	万吨公里	2926461	1579070	3133359			
境内铁路客运总量	万人	403.33			403.33		
# 发送量	万人	203.54			203.54		
境内铁路货运总量	万吨	4528.11			4528.11		
# 发送量	万吨	3448.99			3448.99		
旅客吞吐量	人	900159				850972	49187
# 离港量	人	552516				527762	24754
货物吞吐量	万吨	22135				0.45	22135

表 10-13 续　　(2015 年)

指　　标	单　位	合　计	公　路	水　路	铁　路	民　航	港　口
地方交通客运量	万人		5058				
旅客周转量	万人公里		335461				
地方交通货运量	万吨	11230	9508	1722			
货物周转量	万吨公里	3133359	1893389	1239970			
境内铁路客运总量	万人	490.97			490.97		
# 发送量	万人	232.13			232.13		
境内铁路货运总量	万吨	4151.59			4151.59		
# 发送量	万吨	2882.62			2882.62		
旅客吞吐量	人	783760				708963	74797
# 离港量	人	465908				428193	37715
货物吞吐量	万吨	21076				0.42	21075

连云港境内铁路客运量

表 10-14　　单位:万人

	2010	2011	2012	2013	2014	2015	2016
铁路客运总量	**525.47**	**521.54**	**487.99**	**514.36**	**579.72**	**490.97**	**403.33**
客运到达量	**258.56**	**254.11**	**237.79**	**252.12**	**285.87**	**228.84**	**199.79**
连云港东	33.06	36.75	38.28	41.13	46.85	131.41	138.71
连云港	158.99	154.09	144.11	151.59	170.12	32.03	
东海县	66.51	63.27	55.40	59.40	68.90	65.40	61.08
客运发送量	**266.91**	**267.43**	**250.20**	**262.24**	**293.85**	**232.13**	**203.54**
连云港东	42.96	46.82	45.38	45.97	49.83	134.74	142.78
连云港	152.96	154.56	146.38	156.32	175.36	32.66	
东海县	70.99	66.05	58.44	59.95	68.65	64.73	60.76

注:连云港站自 2015 年 4 月起进行改造升级,故影响客运量。

连云港境内铁路货运量

表 10-15　　单位:万吨

	2014年		2015年		2016年	
	发送量	到达量	发送量	到达量	发送量	到达量
合　计	**3735.49**	**1190.44**	**2882.62**	**1268.98**	**3448.99**	**1079.12**
连　　云	1346.17	36.65	1479.60	46.00	1576.38	24.60
墟 沟 北	1842.85	661.10	1136.21	724.14	1702.28	592.75
墟　　沟	190.68	0.84	26.36	0.23	0.13	1.12
连云港东	256.62	203.89	165.18	195.45	116.24	132.28
盐　　坨	8.53	9.02	5.69	5.90	2.96	8.18
新 浦 东	21.47	37.12	19.24	32.40	19.30	18.56
连 云 港	0.07	175.03	0.01	214.18		262.16
白 塔 埠		14.87	0.01	8.07		8.44
东 海 县	30.13	17.68	31.90	12.04	22.59	20.05
阿 湖 镇	38.96	34.24	18.41	30.57	9.10	10.98

注:阿湖镇站位于东海县洪庄镇境内。

主要年份连云港港口吞吐量

表 10-16

年　　份	港口货物吞吐量（万吨）	进　口	出　口	外　贸	内　贸	港口集装箱吞吐量（万标箱）	大陆桥集装箱运量（标准箱）
1978	594	196	398	199	395		
1980	739	225	514	293	446		
1983	858	315	543	399	459		
1985	929	367	562	523	406		
1990	1137	294	843	624	513	0.86	
1991	1213	260	953	699	514	1.44	
1992	1359	336	1023	717	642	1.55	50
1993	1417	268	1149	672	745	2.33	
1994	1589	342	1247	845	744	5.03	61
1995	1716	466	1250	1065	651	6.55	257
1996	1583	404	1179	998	586	8.96	12118
1997	1652	424	1228	1034	618	11.31	30016
1998	1776	433	1343	1014	762	9.16	12194
1999	2017	533	1484	998	1019	11.05	10514
2000	2708	771	1937	1454	1255	12.00	4893
2001	3058	1078	1980	1877	1181	15.75	7526
2002	3316	1307	2009	2002	1314	20.51	4175
2003	3752	1574	2178	2409	1343	30.11	5350
2004	4352	2219	2133	2760	1592	50.23	8329
2005	6016	3132	2884	3893	2123	100.00	9514
2006	7232	3627	3605	4480	2752	130.23	49892
2007	8507	4206	4301	4983	3524	200.31	59366
2008	10061	5256	4805	5509	4552	300.05	63946
2009	11378	7312	4066	6606	4772	303.18	58390
2010	13506	8759	4747	7804	5702	387.10	85366
2011	16628	10669	5959	9158	7470	485.19	106403
2012	18528	11702	6826	9681	8847	502.01	78149
2013	20165	13132	7033	10599	9566	548.77	104520
2014	21008	13663	7345	11036	9972	500.54	95500
2015	21075	12857	8218	9992	11083	500.92	53142
2016	22135	13973	8162	11233	10902	470.33	47378

注：本表总数中包括沿海和灌河沿海。

连云港港口货物吞吐量

表 10-17　　(2016 年)　　单位:万吨

	合 计	外 贸	内 贸	进 港	外 贸	出 港	外 贸
港口货物吞吐量	**22134.97**	**11232.88**	**10902.09**	**13973.05**	**9463.74**	**8161.92**	**1769.14**
较 2015 年增减%	5.0	12.4	-1.6	8.7	22.0	-0.7	-20.9
按物类分:							
1. 煤炭及制品	2164.25	395.51	1768.74	1449.79	342.60	714.46	52.91
2. 石油、天然气及制品	101.62	6.68	94.94	74.76	6.68	26.86	
3. 金属矿石	11406.74	7508.64	3898.10	8438.50	7475.87	2968.24	32.77
4. 钢铁	1064.43	195.76	868.67	175.96	0.89	888.46	194.87
5. 矿物性建筑材料	181.23		181.23	174.32		6.92	
6. 水泥	83.68		83.68	83.68			
7. 木材	289.61	288.63	0.98	130.13	129.46	159.49	159.17
8. 非金属矿石	312.74	41.62	271.12	175.05	4.59	137.69	37.02
9. 化肥及农药	78.03	75.26	2.77	60.59	57.82	17.44	17.44
10. 盐	58.10	18.88	39.21	38.42	16.23	19.68	2.66
11. 粮食	603.60	595.22	8.39	598.13	595.22	5.47	
12. 机械、设备、电器	148.10	147.45	0.65	1.57	1.41	146.53	146.04
13. 化工原料及制品	184.26	109.60	74.65	98.32	71.81	85.93	37.79
14. 有色金属	114.47	87.21	27.26	90.50	82.67	23.97	4.54
15. 轻工、医药产品	67.90	55.91	11.99	56.22	55.91	11.68	
16. 农林牧渔业产品	46.51	42.48	4.03	40.32	37.55	6.19	4.93
17. 其他货类	5229.70	1664.04	3565.66	2286.79	585.05	2942.91	1078.99

注:本表总数中包括沿海和灌河沿海。

连云港港口货物集运情况

表 10-18　　　　(2016 年)　　　　单位:万吨

	合 计	铁 路	公 路	水 运			
					内 贸	内贸沿海	外 贸
港口集运货物总计	**16582.62**	**704.34**	**1905.23**	**13973.05**	**4509.31**	**3366.36**	**9463.74**
较 2015 年增减%	23.5	47.9	-19.9	32.2	78.4		17.7
按物类分							
1. 煤炭及制品	1993.83	345.59	198.46	1449.79	1107.18	1066.50	342.60
2. 石油、天然气及制品	74.76			74.76	68.08	68.08	6.68
3. 金属矿石	9414.20	265.51	710.18	8438.50	962.63	423.52	7475.87
4. 钢铁	551.35	28.92	346.46	175.96	175.08	7.03	0.89
5. 矿物性建筑材料	174.32			174.32	174.32	0.49	
6. 水泥	83.68			83.68	83.68		
7. 木材	211.52		81.39	130.13	0.67	0.67	129.46
8. 非金属矿石	219.06	0.02	43.99	175.05	170.46	93.97	4.59
9. 化肥及农药	128.74	23.61	44.54	60.59	2.77		57.82
10. 盐	38.42			38.42	22.19	18.12	16.23
11. 粮食	609.10		10.97	598.13	2.91	2.91	595.22
12. 机械、设备、电器	23.82	1.08	21.17	1.57	0.16	0.16	1.41
13. 化工原料及制品	144.28	14.71	31.25	98.32	26.51	8.65	71.81
14. 有色金属	146.31	15.19	40.62	90.50	7.83	7.83	82.67
15. 轻工、医药产品	59.63	1.97	1.44	56.22	0.32	0.32	55.91
16. 农林牧渔业产品	41.75		1.43	40.32	2.78	2.78	37.55
17. 其他货类	2667.85	7.74	373.33	2286.79	1701.74	1665.33	585.05
附:总计中集装箱(万标箱)	355.28	0.87	122.30	232.11	106.91	106.91	125.20

注:水运包括沿海和灌河沿海。

连云港港口货物疏运情况

表 10-19　　(2016年)　　单位:万吨

	合 计	铁 路	公 路	水 运	内 贸	内贸沿海	外 贸
港口集疏运货物总计	**15779.30**	**2725.19**	**4892.20**	**8161.92**	**6392.78**	**5482.76**	**1769.14**
较 2015 年增减%	20.8	10.0	2.8	40.3	64.4		-8.3
按物类分							
1. 煤炭及制品	1337.17	54.95	567.75	714.46	661.55	632.50	52.91
2. 石油、天然气及制品	28.76		1.90	26.86	26.86	26.86	
3. 金属矿石	8673.51	2417.31	3287.96	2968.24	2935.47	2562.48	32.77
4. 钢铁	977.56	2.84	86.26	888.46	693.59	364.82	194.87
5. 矿物性建筑材料	9.25		2.33	6.92	6.92		
6. 水泥							
7. 木材	256.67		97.19	159.49	0.32		159.17
8. 非金属矿石	172.31	0.05	34.57	137.69	100.67	53.52	37.02
9. 化肥及农药	35.93	3.41	15.08	17.44			17.44
10. 盐	53.60		33.92	19.68	17.02	17.02	2.66
11. 粮食	565.26	222.01	337.78	5.47	5.47	3.10	
12. 机械、设备、电器	147.13		0.60	146.53	0.49	0.49	146.04
13. 化工原料及制品	139.90	0.94	53.02	85.93	48.14	45.20	37.79
14. 有色金属	53.81	13.99	15.85	23.97	19.43	19.43	4.54
15. 轻工、医药产品	30.58		18.90	11.68	11.68	0.17	
16. 农林牧渔业产品	45.47		39.28	6.19	1.26	1.26	4.93
17. 其他货类	3252.39	9.69	299.79	2942.91	1863.92	1755.92	1078.99
附:总计中集装箱(万标箱)	354.57	4.29	112.06	238.22	108.34	108.34	129.88

注:水运包括沿海和灌河沿海。

连云港港口集装箱吞吐量

表 10-20　　(2016 年)

	箱数(万标箱)	进港	出港	重量(万吨)	进港	出港
总计	**470.33**	**232.11**	**238.22**	**4842.95**	**2190.59**	**2652.36**
1. 国际航线	**238.28**	**118.80**	**119.48**	**1271.35**	**435.78**	**835.57**
中国台湾	14.07	6.65	7.42	210.91	73.95	136.97
越南	17.60	8.39	9.21	67.80	21.84	45.97
日本	17.74	9.37	8.37	185.77	51.09	134.69
韩国	15.05	7.05	7.99	178.62	64.26	114.36
东南亚	58.78	29.47	29.31	198.16	68.11	130.05
西亚	15.82	8.26	7.55	134.36	37.06	97.30
中东	8.33	4.09	4.25	31.25	10.97	20.28
欧洲	33.18	16.49	16.69	94.52	35.56	58.97
北美洲	57.69	29.02	28.67	169.87	72.95	96.92
2.国内支线	**16.80**	**6.40**	**10.40**	**309.63**	**147.49**	**162.14**
青岛	10.67	4.48	6.19	201.94	107.58	94.36
大丰	0.20	0.18	0.02	5.36	5.00	0.36
宁波	2.58	0.42	2.16	44.71	8.29	36.42
上海	3.29	1.32	1.97	56.55	26.62	29.93
3.国内航线	**215.25**	**106.91**	**108.34**	**3261.97**	**1607.33**	**1654.64**
青岛	29.87	15.00	14.87	491.61	242.23	249.38
三沙	135.81	68.15	67.66	1933.83	964.76	969.08
营口	4.05	1.60	2.45	67.81	37.39	30.42
天津	0.88	0.20	0.68	1.92	0.43	1.49
大丰	6.80	4.75	2.06	141.25	100.50	40.76
大连	0.75	0.18	0.57	1.63	0.37	1.26
珠海	16.17	7.91	8.26	256.03	126.31	129.72
泉州	12.24	6.48	5.75	243.49	105.16	138.34
厦门	0.34	0.07	0.27	5.23	1.44	3.78
宁波-舟山	3.50	0.36	3.15	55.24	3.10	52.14
岚山	1.77	0.44	1.33	35.01	6.21	28.80
上海	1.50	0.64	0.86	3.89	1.95	1.94
太仓	0.84	0.61	0.24	17.32	12.84	4.48

全社会内河港口吞吐量

表 10-21　　单位：万吨

年　份	全　市	市　区	赣榆区	东海县	灌云县	灌南县
1996	157.70	41.30	1.60	13.80	27.20	75.40
1999	136.80	14.50	0.10	8.50	28.30	85.50
2000	113.00	19.30		3.20	22.50	68.00
2001	106.00	18.00		3.00	2.00	83.00
2002	187.00	118.00		6.00	4.00	59.00
2003	162.70	16.00		18.50	18.20	110.00
2004	262.00	26.20		23.30	22.50	190.00
2005	300.10	27.00		19.20	19.90	234.00
2006	309.99	60.14		63.85	32.10	153.90
2007	448.01	39.50		68.51	60.00	280.00
2008	517.11	42.96		89.15	82.00	303.00
2009	550.30	45.38		86.25	83.77	334.90
2010	880.73	50.38		125.05	156.00	549.30
2011	959.55	54.89		136.24	169.96	598.46
2012	1798.97	91.86		86.84	123.92	335.95
2013	1972.69	81.10		136.11	193.94	294.09
2014	2129.30	172.02		44.12	209.36	333.50
2015	2152.20	188.95		48.46	229.97	366.33
2016	2981.77	528.00		31.85	139.41	229.54

注：近五年本表总计包含灌河数据。

内河港口货物分类吞吐量

表 6-22　　单位：万吨

	2016	进　港	出　港	2015	进　港	出　港
一、内河港口吞吐量	**928.81**	**396.60**	**532.21**	**833.70**	**240.43**	**593.27**
1、干散货	774.87	328.00	446.87	733.83	201.60	532.23
# 煤炭及制品	70.25	0.11	70.14	274.44	6.88	267.56
金属矿石	366.60	0.13	366.47	256.72	134.14	122.59
散水泥	7.23	7.23		14.01	0.63	13.38
散粮	26.85	17.30	9.55	26.27	1.00	25.27
散化肥	1.40	1.40	0.00	78.41	2.26	76.15
2、件杂货	153.94	68.60	85.34	99.87	38.83	61.04
# 木材				9.31	9.31	
粮食	51.51	39.20	12.31	8.01		8.01
化肥				26.37	1.54	24.83
水泥	4.47	3.18	1.28	21.15	18.42	2.73
二、灌河港口吞吐量	**2052.96**	**1142.95**	**910.02**	**1318.50**	**1035.50**	**283.00**

连云港轮渡进出港旅客人数

表 10-23 单位:人次

	2005	2010	2011	2012	2013	2014	2015	2016
进出港旅客总数	**44283**	**135119**	**141593**	**121920**	**121753**	**92583**	**74749**	**49187**
1、按构成分								
国内旅客	9526	60248	79028	96499	96230	80462	68994	46580
港澳台胞	3069	39995	3051	1720	1290	764	285	99
外国人	31688	70144	59514	23701	24233	11357	5470	2508
2、按航线分								
国际航线	44283	135119	141593	121920	121753	92583	74749	49187
仁川	44283	58526	66027	59632	55930	56731	48503	49187
平泽	0	76593	75566	62288	65823	35852	26246	0
旅客发送量	**21565**	**67469**	**72329**	**61634**	**60849**	**47032**	**37715**	**24754**
1、按构成分								
国内旅客	4690	30743	39611	48738	48145	40939	34847	23495
港澳台胞	1555	1850	1478	1102	644	399	143	49
外国人	15320	34876	31240	11794	12060	5694	2725	1210
2、按航线分								
国际航线		67469	72329	61634	60849	47032	37715	24754
仁川	21565	29021	32690	29997	27858	28719	24130	24754
平泽		38448	39639	31637	32991	18313	13585	
旅客到达量	**22718**	**67650**	**69264**	**60286**	**60904**	**45551**	**37034**	**24433**
1、按构成分								
国内旅客	4836	29505	39417	47761	48085	39523	34147	23085
港澳台胞	1514	38145	1573	618	646	365	142	50
外国人	16368	35268	28274	11907	12173	5663	2745	1298
2、按航线分								
国际航线		67650	69264	60286	60904	45551	37034	24433
仁川	22718	29505	33337	29635	28072	28012	24373	24433
平泽		38145	35927	30651	32832	17539	12661	

注:连云港远洋客轮运输开始于 2004 年,主要经营连云港—仁川、连云港—平泽两条线路。

营业性交通运输客货运输量

表 10-24 (2016 年)

	单 位	全 市	市 区	赣榆区	东海县	灌云县	灌南县
一、客运情况							
1、客运量	万人						
陆运	万人	4700.05	3037.45	286.77	703.84	330.74	628.02
水运	万人						
2、旅客周转量	万人公里						
陆运	万人公里	337667	203805	39861	53809	43723	36330
水运	万人公里						
二、货运情况							
1、货运量	万吨	10040.47	6389.11	1646.10	1637.08	1307.33	706.95
陆运	万吨	8214.59	4965.75	1646.10	1551.70	1180.47	516.66
水运	万吨	1825.88	1423.36		85.38	126.85	190.29
2、货运周转量	万吨公里	2926461	1925170	266608	468473	285189	247629
陆运	万吨公里	1579070	720733	266608	436569	238457	183311
水运	万吨公里	1347391	1204438		31904	46731	64318

表 10-24 续表 (2015 年)

	单 位	全 市	市 区	赣榆区	东海县	灌云县	灌南县
一、客运情况							
1、客运量	万人	5058.00	3256.03	310.81	762.83	358.47	680.67
2、旅客周转量	万人公里	335461	196765	41301	55752	45302	37642
二、货运情况							
1、货运量	万吨	11230.00	7135.09	1853.81	1840.01	1466.87	788.03
2、货运周转量	万吨公里	3133359	1908153	344555	590077	346069	289061

公 路 旅 客 营 运

表 10-25　　(2016 年)

指　标	单 位	合 计	按 标 记 客 位 分		
公路营运载客汽车	**辆**	**1107**	**726**	**370**	**11**
	客位	42955	34064	8776	115
# 卧铺客车	辆	21	21		
	客位	829	829		
# 班车客运客车	辆	955	574	370	11
	客位	35069	26178	8776	115
旅游客车	辆	139	139		
	客位	7221	7221		
包车客车	辆	13	13		
	客位	665	665		

公 路 货 物 营 运

表 10-26　　(2016 年)

指　标	单 位	总 计	个 体	大 型	重 型
公路营运载货汽车	**辆**	**46775**	**28738**	**26511**	**23007**
	吨位	588378	319529	576420	555420
# 货　车	辆	19914	17165	13221	9717
	吨位	156495	128657	144580	123580
1、**按车型结构分**					
栏板货车	吨位	14998	13276	11045	8469
	辆	129654	109057	122319	107240
厢式车	吨位	4731	3866	2038	1134
	辆	24970	19285	20531	14757
罐车	吨位	184	22	137	113
		1858	302	1717	1570
2、**按经营范围分**					
普通载货汽车	吨位	18773	16772	12211	8827
	辆	144088	123992	132464	112229
专用载货汽车	吨位	1141	393	1010	890
		12407	4665	12116	11351

车　辆　保　有　量

按车长分			按等级分		安装GPS的车辆
6	**474**	**487**	**490**	**343**	**984**
361	24011	15824	24266	11096	39269
	20		18	3	21
	793		699	130	829
3	345	470	342	341	832
166	17132	15177	16560	11008	31383
3	116	17	137	1	139
195	6214	647	7147	35	7221
	13		11	1	13
	665		559	53	665

车　辆　保　有　量

	中型		小型		安装GPS的车辆
个体		个体		个体	
16934	**495**	**351**	**6212**	**5704**	**14734**
308789	1703	1237	10255	9503	120923
11115	482	347	6211	5703	9908
117930	1660	1224	10255	9503	120923
9510	271	249	3682	3517	8257
102030	969	898	6366	6129	102552
1582	168	98	2525	2186	1469
15585	555	326	3884	3374	16536
22	43		4		181
302	136		5		1822
10738	412	345	6150	5689	8914
113291	1436	1217	10188	9484	109587
377	70	2	61	14	994
4639	224	7	67	19	11336

城市客运情况主要指标

表 10-27　　(2016 年)

	单　位	全市	市区	# 赣榆区	东海县	灌云县	灌南县
一、城市客运							
运营车辆	辆	1385	1168	80	73	118	26
# 公共汽车	辆	1385	1168	80	73	118	26
# 当年新增工交	辆	413	381	0	30	2	0
标准运营车数	标台	1626	1429	60	67	104	26
运营线路网长度	公里	2165	1829	140	150	148	38
公交专用车道长度	公里	138	138				
客运总量	万人次	13973	12957	560	520	400	96
二、出租汽车							
运营车数	辆	2376	1814	203	212	150	200
客运总量	万人次	8005	6213	403	770	658	364

交通基础设施全行业投资完成情况

表 10-28　　单位:亿元

	总　计	公路建设	航道建设	港口建设	客货运站	铁路建设	民航及其他
“十一五”合计	**338.05**	**159.43**	**37.58**	**135.01**	**1.84**	**0.30**	**3.89**
2006年	46.02	22.76	0.15	22.71	0.40		
2007年	62.98	30.07	6.75	25.91	0.25		
2008年	71.83	31.33	11.93	28.26	0.30		
2009年	76.81	36.02	11.64	27.72	0.56		0.86
2010年	80.42	39.24	7.10	30.41	0.33	0.30	3.03
“十二五”合计	**522.01**	**157.26**	**5.67**	**207.11**	**16.60**	**113.97**	**21.41**
2011年	77.58	22.33	4.42	38.87	3.02	3.60	5.34
2012年	83.75	25.40	1.00	43.65	2.74		10.95
2013年	97.56	37.17		44.00	4.10	7.17	5.12
2014年	134.22	36.62		45.15	3.25	49.20	
2015年	128.91	35.74	0.25	35.43	3.49	54.00	
“十三五”合计							
2016							

民航连云港机场主要指标

表 10-29

年度	起降架次	旅客吞吐量（人）	#出港	#过站	货邮行吞吐量（吨）	#出港	#货物	换算旅客（人）
1985		8453			69			9215
1990		19736			171			21632
1991		28607			196			30781
1992		31932			241			34611
1993		15731			156			17467
1994		62100	30738		796	406		70948
1995		98363	48771		1087	443		110438
1996		108413	54909		1173	543		121445
1997		89032	45857		1184	596		102190
1998		75369	38700		1086	604		87436
1999		41257	20594		802	471		50161
2000		46904	23318		961	645		57580
2001		39742	20180		708	477		47606
2002		35341	16932		608	405		42095
2003		45020	22162		663	500		52383
2004		82290	41092		920	616		92512
2005	1835	95975	46497		934	611		106347
2006	2177	154753	75717	1491	1117	650	541	167160
2007	2677	199515	105055	17637	1488	944	789	216044
2008	3216	208630	109469	19037	1981	1323	993	230641
2009	3747	291059	162449	40309	2244	1403	944	315992
2010	5548	423031	241629	64664	2945	1780	1149	455753
2011	5408	460784	254819	57514	3378	1944	1375	498317
2012	6229	483768	273944	67054	3611	2032	1388	523890
2013	8668	563584	326816	98518	3935	2128	1463	607306
2014	6978	568642	327907	93155	4007	2210	1612	613164
2015	7802	708963	428193	155921	4168	2294	1436	755274
2016	9322	850972	527762	323210	4453	2360	2093	900450

主要年份邮电通讯主要指标

表 10-30

年 份	邮电通讯业务收入（万元）	邮政速递业务收入	移动通讯业务收入	固定电话用户数（户）	城市电话	移动电话用户数（万户）
1978	251			6043	3839	
1980	325			9150	5916	
1981	416			9809	3682	
1982	506			10561	7293	
1983	561			11971	8370	
1984	630			12588	9052	
1985	741			14427	10614	
1986	806			16385	12078	
1987	987	301	686	18666	14109	
1988	1130	353	777	21606	16768	
1989	1285	451	834	25323	19996	
1990	1573	543	1030	29360	23730	
1991	4125	791	3334	37360	31332	
1992	6354	1048	5306	52779	46084	
1993	9770	1340	8430	74267	65937	
1994	13959	2066	11893	116521	97521	
1995	19645	2605	17040	162598	123183	
1996	28824	3403	25421	216139	144143	1.18
1997	36985	5121	31864	253615	154443	2.33
1998	50769	5291	45478	334059	184257	3.84
1999	67126	6680	60446	477183	272903	8.64
2000	95711	8639	87072	605975	321000	20.24
2001	119544	9534	110010	732662	364362	32.88
2002	105486	10869	94617	696907	341519	48.76
2003	124113	11026	113087	892000	441843	54.06
2004	126500	11563	114937	1222345	645628	62.43
2005	159343	12219	147124	1400700	785300	74.67
2006	173888	13938	159950	1449466	761707	108.54
2007	209447	17383	192064	1445300	782461	148.20
2008	251594	20433	231161	1372128	724109	181.61
2009	248021	27429	220592	1339172	767264	246.60
2010	270359	27485	242874	1101524	507992	306.68
2011	297209	28671	268537	1040840	567671	367.40
2012	342351	48400	293951	1036105	521980	383.22
2013	368782	55749	313033	948925	446261	414.21
2014	379896	73275	306621	886411	456327	433.46
2015	386910	94405	292505	785285	372611	426.02
2016	436288	111782	324507	686733	374750	426.30

邮政速递业务主要指标

表 10-31　　(2016年)

指　　标	单位	全　市	市　区	# 赣榆区	东海县	灌云县	灌南县
一、邮政局所总数	**处**	**127**	**59**	**24**	**27**	**24**	**17**
规模以上快递企业数量	个	77	49	9	9	10	9
快递营业网点数量	个	1136	649	169	256	135	96
从业人员	人	5556	3874	577	738	568	376
二、邮路总长度	**公里**	**42783**	**27981**	**3364**	**8585**	**3122**	**3096**
农村投递路线长度	公里	13182	4161	2080	5099	1955	1968
三、已通邮的行政村	**个**	**1435**	**562**	**422**	**346**	**302**	**225**
提供投递服务的乡镇	个	61	21	15	17	12	11
四、邮政业务总收入	**万元**	**111782**	**68284**	**15228**	**20508**	**14741**	**8249**
# 邮政速递业务收入	万元	65012	39820	5536	11163	7272	1222
邮政业务总量	万元	173800	89607	24153	43618	29752	10822
五、主要经营业务量							
函　件	万件	351.31	276.43	17.87	25.96	29.88	19.04
包　裹	万件	4.17	2.70	0.71	0.97	0.34	0.16
机　要	件	28798	22901	2030	2759	1746	1392
# 出　口	件	10032	8637	646	715	492	188
报　纸	万份	5033.32	2758.67	928.53	966.15	818.18	490.32
杂　志	万份	206.50	133.13	32.11	36.94	21.42	15.01
集邮票	万枚	318.39	249.15	38.18	23.97	25.97	19.30
集邮品	册	140128	98825	20720	21235	11483	8585
特快专递	件	138436	90868	15548	16708	18672	12188
快　递	万件	7527.34	4310.11	875.62	1667.81	1248.88	300.54
代理汇兑	万笔	14.65	4.63	0.68	5.86	2.09	2.07
六、邮政储蓄期末余额	**亿元**	**131.54**	**64.33**	**28.78**	**25.98**	**23.94**	**17.29**
# 定期期末余额	亿元	70.73	38.56	14.83	11.48	12.27	8.42

注:1、本资料按原口径统计,即除包括邮政外,还包括邮政速递公司数据。
　　2、邮政业务总收入为全社会口径,包括社会速递公司数据。

通 讯 业 务 主 要 指 标

表 10-32　　(2016 年)

指　　标	单位	全　市	市　区	# 赣榆县	东海县	灌云县	灌南县
一、业务收入							
邮政通讯业务总量	万元	498307	284529	81976	100084	69979	43715
# 邮政业务总量	万元	173800	89607	24153	43618	29752	10822
邮政通讯业务收入	万元	436288	263206	73050	76973	54967	41141
# 邮政业务收入	万元	111782	68284	15228	20508	14741	8249
通讯业务收入	万元	324507	194922	57823	56465	40227	32892
二、电话业务							
固定电话用户	户	686733	421814	134261	108116	88834	67969
# 农村电话用户	户	311983	144596	84799	67505	59063	40819
城市电话用户	户	374750	277218	49462	40611	29771	27150
移动电话年末用户	户	4262971	2313998	855294	822109	628382	498482
#3G 移动电话用户	户	294822	168997	60671	53190	40102	32533
4G 移动电话用户	户	2230209	1252027	444681	421681	306662	249839
三、互联网业务							
全部互联网用户数	万户	410.40	228.58	82.42	80.84	54.75	46.23
# 固定宽带接入用户	万户	120.90	68.22	24.63	24.37	15.87	12.44
移动电话上网用户	万户	289.50	160.36	57.79	56.47	38.88	33.79
四、其　他							
全部网络视讯用户	万户	128.91	62.21	24.88	25.09	17.56	24.05
# 通讯网络视讯用户	万户	62.35	33.47	12.86	11.76	9.82	7.30
年末全部从业人数	人	2774	1968	318	301	271	234

表 10-32 续表　　(2015 年)

指　　标	单位	全　市	市　区	# 赣榆区	东海县	灌云县	灌南县
通讯业务收入	万元	292505	170933	54919	53590	37513	30469
固定电话用户	户	785285	470457	158859	132465	102561	79802
移动电话年末用户	户	4260248	2339144	873160	821615	612989	486500
4G 移动电话用户	户	1388257	776090	286145	264281	187078	160808
全部互联网用户数	万户	358.22	200.34	73.40	70.62	48.20	39.06
# 固定宽带接入用户	万户	110.63	65.97	23.09	21.49	12.78	10.39

注:本表数据包括移动、电信、联通、铁通及市广电网络公司数据。

全市规模以上服务业主要经济指标

表 10-33　　　　单位:亿元

	2011	2012	2013	2014	2015	2016
一、列统单位数(个)	**368**	**533**	**563**	**570**	**633**	**633**
二、年初存货	**162.38**	**226.00**	**323.21**	**324.18**	**525.48**	**564.81**
三、期末资产负债						
流动资产			733.35	1208.65	1554.06	2186.82
存　货			325.98	467.85	572.07	550.32
固定资产原价	316.05	376.44	424.62	490.16	586.38	629.48
本年折旧	19.97	24.96	24.59	26.70	29.66	30.05
资产总计	1262.03	1697.34	2287.66	2803.21	3814.56	4424.78
负债合计	675.77	920.92	1121.36	1488.13	2002.09	2543.66
所有者权益合计	586.26	776.43	1166.30	1315.08	1812.47	1881.12
四、损益及分配						
营业收入	303.86	357.70	417.29	455.83	497.69	550.58
#主营业务收入	290.88	338.40	397.21	436.05	478.33	508.52
营业成本	235.23	282.00	326.04	361.05	393.80	443.35
#主营业务成本	223.29	265.50	312.53	344.15	374.28	412.00
营业税金及附加	7.16	7.33	6.25	5.66	6.19	5.30
#主营业务税金及附加	6.70	6.99	5.62	5.50	5.81	4.88
销售费用	11.33	12.01	11.62	12.20	12.95	13.21
管理费用	27.81	30.55	36.30	42.18	50.10	56.87
#税　金	1.37	1.21	0.99	3.76	3.99	3.32
财务费用	8.49	7.54	11.07	19.40	18.45	24.56
#利息收入	0.34	0.43	0.70	1.41	3.53	3.67
利息支出	3.31	5.04	6.38	10.87	12.38	15.83
投资收益	2.66	2.31	2.17	3.64	8.03	3.76
营业利润	17.61	21.71	43.93	28.97	32.58	19.48
营业外收入			8.26	21.66	21.15	23.82
#补贴收入			5.96	16.72	9.87	10.83
营业外支出			0.63	3.33	2.02	2.54
利润总额	24.36	30.10	46.71	40.31	50.60	40.86
应交所得税	6.13	6.67	7.51	7.37	7.63	6.97
五、人工成本及增值税						
应付职工薪酬	33.95	40.68	46.22	54.66	66.06	70.74
应交增值税	0.71	1.20	4.28	5.74	6.65	5.48
年末从业人员(万人)	6.27	6.34	7.25	8.03	9.10	9.03

注:重点服务业统计开始于 2012 年,由于列统单位数每年均有增减变动。为便于对比,2011 年数据是按照 2012 年实际列统单位数统计的,2012 年数据是根据 2013 年实际列统单位数统计的,以此类推,而 2015 年和 2016 年数据均是 2016 年实际统计数据。

全市规模以上服务业企业

表 10–34

项　　目	单位数(个)	全部资产合计			流动资产		
		2016年	2015年	增长(%)	2016年	2015年	增长(%)
总　　计	**633**	**4424.78**	**3814.56**	**16.0**	**2186.82**	**1554.06**	**40.7**
一、按单位规模分							
大　型	14	1795.67	1619.06	10.9	627.48	466.34	34.6
中　型	50	305.58	273.71	11.6	108.72	86.87	25.1
小　型	362	1577.65	1336.59	18.0	1081.76	772.52	40.0
微　型	89	18.00	18.61	-3.2	10.30	4.79	114.8
二、按登记注册类型分							
内资企业	618	4332.97	3709.79	16.8	2172.60	1540.47	41.0
国有企业	30	230.71	190.84	20.9	199.80	155.06	28.9
集体企业	10	8.87	8.64	2.6	4.16	3.95	5.3
股份合作企业	2	0.12	0.13	-1.7	0.05	0.03	83.4
有限责任公司	149	3849.12	3268.41	17.8	1896.42	1327.85	42.8
股份有限公司	23	158.98	162.46	-2.1	29.27	15.07	94.2
私营企业	332	68.26	63.86	6.9	36.55	32.11	13.8
其他企业	72	16.91	15.46	9.4	6.35	6.41	-1.0
港、澳、台商投资企业	8	22.95	36.26	-36.7	7.67	7.13	7.5
与港澳台商合资经营企业	2	3.43	2.31	48.8	2.64	1.44	83.0
港澳台商独资经营企业	5	14.14	28.16	-49.8	3.69	4.23	-12.9
港澳台商投资股份有限公司	1	5.39	5.79	-7.0	1.34	1.46	-7.9
外商投资企业	7	68.86	68.51	0.5	6.56	6.45	1.7
中外合资经营企业	6	64.14	63.68	0.7	6.24	6.19	0.8
外资企业	1	4.72	4.83	-2.3	0.32	0.26	22.3
三、企业控股情况							
国有控股	133	4104.92	3531.09	16.3	2092.65	1479.26	41.5
集体控股	23	20.60	19.19	7.3	8.06	7.32	10.1
私人控股	388	198.67	154.06	29.0	64.57	47.78	35.1
港澳台商控股	6	19.52	33.96	-42.5	5.03	5.69	-11.6
外商控股	2	29.75	30.51	-2.5	1.51	1.43	5.5
其　他	77	47.36	42.71	10.9	13.06	10.81	20.8
四、隶属关系							
中　央	15	154.82	129.01	20.0	110.98	77.70	42.8
省	19	42.74	38.72	10.4	11.28	8.55	31.9
市	51	2379.25	2105.50	13.0	1021.20	805.19	26.8
县　区	53	1182.07	989.01	19.5	795.34	569.41	39.7
街道乡镇		27.45	19.47	41.0	6.02	7.75	-22.3
其　他	482	638.46	532.85	19.8	242.00	85.45	183.2

分类型主要经济指标(一)

单位:亿元

固定资产原价			累计固定资产折旧			本年固定资产折旧		
2016年	2015年	增长(%)	2016年	2015年	增长(%)	2016年	2015年	增长(%)
629.48	**586.38**	**7.4**	**164.24**	**104.96**	**56.5**	**30.05**	**29.66**	**1.3**
276.12	244.36	13.0	43.58	27.13	60.6	7.57	7.03	7.8
192.77	194.03	-0.7	82.99	46.85	77.1	12.41	12.22	1.5
89.68	86.92	3.2	20.48	17.35	18.1	6.10	6.68	-8.6
4.56	4.96	-8.0	1.38	1.10	25.5	0.44	0.52	-14.6
547.15	510.63	7.2	142.79	87.38	63.4	26.31	26.03	1.1
18.78	17.40	7.9	5.87	5.24	11.8	0.81	0.72	12.8
5.48	5.59	-2.0	0.97	0.83	16.2	0.25	0.26	-1.4
0.23	0.25	-7.6	0.16	0.17	-9.2	0.01	0.01	-31.9
344.13	316.20	8.8	57.35	37.04	54.8	13.86	13.95	-0.6
140.53	137.00	2.6	67.44	35.34	90.8	8.68	8.20	5.8
28.64	26.47	8.2	8.39	6.56	27.9	2.02	2.29	-11.6
9.36	7.71	21.5	2.62	2.19	19.9	0.67	0.60	11.5
22.23	19.21	15.7	11.61	10.23	13.5	1.23	1.32	-7.2
0.96	0.96	0.1	0.51	0.43	17.7	0.08	0.08	-3.2
13.28	10.29	29.1	7.09	6.13	15.8	0.81	0.90	-10.2
7.99	7.96	0.4	4.01	3.67	9.2	0.34	0.34	-0.3
60.10	56.54	6.3	9.83	7.35	33.8	2.52	2.31	9.0
56.70	53.30	6.4	9.10	6.91	31.8	2.23	2.13	4.8
3.40	3.24	5.1	0.73	0.44	65.7	0.29	0.18	57.8
520.65	487.07	6.9	133.81	79.72	67.9	23.37	22.42	4.2
9.03	8.82	2.3	2.13	1.74	22.5	0.79	0.71	11.3
40.59	38.15	6.4	10.87	8.56	27.1	2.97	3.11	-4.3
21.26	18.25	16.5	11.10	9.80	13.3	1.15	1.24	-7.5
27.94	25.65	9.0	3.01	1.90	58.8	1.14	1.00	13.4
7.73	7.18	7.6	2.52	2.55	-1.2	0.45	1.05	-56.6
70.68	65.95	7.2	36.41	7.91	360.2	4.77	4.22	12.9
56.59	51.63	9.6	29.62	24.09	23.0	5.69	4.77	19.4
305.72	281.95	8.4	51.94	33.77	53.8	9.72	9.92	-2.0
40.70	42.18	-3.5	5.19	4.80	8.3	2.23	2.55	-12.6
4.03	3.95	2.2	1.22	1.04	17.0	0.21	0.23	-5.6
151.75	140.72	7.8	39.86	33.36	19.5	7.42	7.98	-6.9

表 10-34 续表 1

项目	单位数(个)	负债总计			所有者权益		
		2016年	2015年	增长(%)	2016年	2015年	增长(%)
总计	**633**	**2543.66**	**2002.09**	**27.1**	**1881.12**	**1812.47**	**3.8**
一、按单位规模分							
大型	14	1178.75	948.74	24.2	616.91	670.31	-8.0
中型	50	231.11	198.64	16.3	74.46	75.07	-0.8
小型	362	731.78	575.87	27.1	845.87	760.72	11.2
微型	89	11.33	12.11	-6.5	6.68	6.49	2.9
二、按登记注册类型分							
内资企业	618	2492.86	1936.14	28.8	1840.11	1773.65	3.7
国有企业	30	191.16	152.24	25.6	39.55	38.61	2.4
集体企业	10	6.67	6.46	3.3	2.19	2.18	0.6
股份合作企业	2	0.22	0.20	5.6	-0.09	-0.08	17.3
有限责任公司	149	2149.29	1637.72	31.2	1699.82	1630.69	4.2
股份有限公司	23	96.53	95.46	1.1	62.45	67.00	-6.8
私营企业	332	41.83	38.66	8.2	26.44	25.20	4.9
其他企业	72	7.15	5.40	32.4	9.75	10.06	-3.0
港、澳、台商投资企业	8	12.80	27.27	-53.1	10.15	9.00	12.8
与港澳台商合资经营企业	2	0.87	0.88	-0.7	2.56	1.43	79.3
港澳台商独资经营企业	5	11.35	25.48	-55.5	2.79	2.69	3.7
港澳台商投资股份有限公司	1	0.58	0.91	-36.2	4.81	4.88	-1.6
外商投资企业	7	38.00	38.69	-1.8	30.86	29.82	3.5
中外合资经营企业	6	35.06	35.64	-1.6	29.08	28.03	3.7
外资企业	1	2.94	3.04	-3.3	1.78	1.79	-0.6
三、企业控股情况							
国有控股	133	2372.32	1852.88	28.0	1732.61	1678.22	3.2
集体控股	23	11.81	11.60	1.7	8.79	7.59	15.9
私人控股	388	94.90	61.96	53.2	103.76	92.10	12.7
港澳台商控股	6	11.93	26.39	-54.8	7.59	7.57	0.3
外商控股	2	14.60	15.76	-7.3	15.14	14.75	2.7
其他	77	36.60	32.53	12.5	10.76	10.18	5.7
四、隶属关系							
中央	15	119.04	95.81	24.2	35.78	33.20	7.8
省	19	20.33	17.46	16.4	22.41	21.26	5.4
市	51	1551.12	1253.57	23.7	828.13	851.93	-2.8
县区	53	557.41	424.89	31.2	624.66	564.12	10.7
街道乡镇		17.94	11.54	55.5	9.51	7.93	19.9
其他	482	277.81	198.82	39.7	360.65	334.03	8.0

分类型主要经济指标(二)

单位:亿元

营业收入			主营业务收入			营业外收入		
2016年	2015年	增长(%)	2016年	2015年	增长(%)	2016年	2015年	增长(%)
550.58	**497.69**	**10.6**	**508.52**	**478.33**	**6.3**	**23.82**	**21.15**	**12.6**
203.77	177.14	15.0	183.10	165.74	10.5	13.12	8.29	58.3
100.41	91.60	9.6	86.40	88.70	-2.6	2.60	4.33	-39.9
179.14	165.78	8.1	173.51	161.90	7.2	6.19	8.00	-22.7
20.59	18.80	9.5	20.42	18.73	9.0	0.07	0.10	-34.9
532.34	477.50	11.5	490.53	458.38	7.0	23.62	20.41	15.7
31.48	30.24	4.1	27.91	27.35	2.1	2.99	1.83	63.7
4.31	4.17	3.4	4.31	4.15	3.9	0.01	0.02	-46.3
0.10	0.10	1.2	0.10	0.10	1.5	0.00	0.00	
338.56	297.40	13.8	306.24	285.11	7.4	19.48	16.01	21.7
46.52	45.74	1.7	46.09	45.53	1.2	0.69	2.30	-70.0
94.00	85.33	10.2	89.71	82.15	9.2	0.32	0.23	37.0
17.37	14.52	19.6	16.17	14.00	15.5	0.13	0.02	473.0
9.02	9.61	-6.1	8.80	9.39	-6.3	0.12	0.30	-61.4
2.28	3.46	-34.1	2.27	3.44	-34.2	0.02	0.06	-66.7
4.22	3.63	16.4	4.01	3.42	17.4	0.06	0.22	-73.1
2.52	2.52	-0.3	2.52	2.52	-0.3	0.04	0.02	74.4
9.23	10.59	-12.8	9.19	10.56	-13.0	0.08	0.43	-82.0
8.51	10.03	-15.1	8.48	10.01	-15.3	0.07	0.41	-81.9
0.71	0.55	28.9	0.71	0.55	28.9	0.00	0.02	-83.4
390.29	352.81	10.6	356.26	337.55	5.5	22.69	20.42	11.1
10.84	9.83	10.3	10.01	9.28	7.8	0.23	0.05	334.9
109.75	100.80	8.9	104.54	97.50	7.2	0.65	0.34	89.5
6.74	6.15	9.5	6.53	5.94	9.9	0.10	0.24	-60.0
2.39	1.97	21.4	2.38	1.97	20.6	0.00	0.06	-92.9
27.29	23.43	16.5	25.53	23.39	9.1	0.15	0.03	366.1
48.77	49.16	-0.8	45.72	46.74	-2.2	0.50	0.65	-23.5
30.77	28.95	6.3	29.38	27.96	5.1	0.54	1.86	-71.2
239.88	212.18	13.1	209.55	199.98	4.8	21.16	15.05	40.6
66.29	57.39	15.5	65.73	57.30	14.7	0.16	1.99	-92.1
3.50	2.91	20.4	3.50	2.91	20.3	0.04	0.15	-70.1
161.36	147.10	9.7	154.64	143.43	7.8	1.42	1.46	-2.5

表 10-34 续表 2

项目	单位数(个)	营业成本			主营业务成本		
		2016年	2015年	增长(%)	2016年	2015年	增长(%)
总计	**633**	**443.35**	**393.80**	**12.6**	**412.00**	**374.28**	**10.1**
一、按单位规模分							
大型	14	168.43	142.32	18.4	160.31	136.70	17.3
中型	50	75.77	66.71	13.6	63.04	62.01	1.7
小型	362	147.43	135.50	8.8	138.61	127.50	8.7
微型	89	18.17	16.49	10.2	17.73	16.26	9.0
二、按登记注册类型分							
内资企业	618	428.90	379.92	12.9	399.96	362.34	10.4
国有企业	30	28.57	25.82	10.6	27.62	25.02	10.4
集体企业	10	3.49	3.34	4.6	3.46	3.31	4.6
股份合作企业	2	0.09	0.09	9.3	0.04	0.03	35.9
有限责任公司	149	269.53	237.33	13.6	250.96	229.73	9.2
股份有限公司	23	34.70	30.33	14.4	30.96	26.29	17.7
私营企业	332	79.43	72.42	9.7	74.51	67.73	10.0
其他企业	72	13.08	10.59	23.5	12.40	10.23	21.2
港、澳、台商投资企业	8	8.01	7.74	3.5	7.00	7.50	-6.7
与港澳台商合资经营企业	2	2.24	3.08	-27.4	2.24	3.08	-27.4
港澳台商独资经营企业	5	3.79	2.84	33.4	2.78	2.60	6.7
港澳台商投资股份有限公司	1	1.99	1.82	9.2	1.99	1.82	9.2
外商投资企业	7	6.44	6.14	4.8	5.04	4.43	13.8
中外合资经营企业	6	6.09	5.91	3.1	4.70	4.20	11.8
外资企业	1	0.35	0.23	49.7	0.35	0.23	49.7
三、企业控股情况							
国有控股	133	313.24	276.38	13.3	290.67	263.22	10.4
集体控股	23	8.38	7.81	7.2	8.02	7.35	9.2
私人控股	388	89.79	83.06	8.1	84.16	77.95	8.0
港澳台商控股	6	5.78	4.66	24.0	4.76	4.42	7.7
外商控股	2	1.97	1.70	16.3	1.97	1.70	16.3
其他	77	21.84	18.35	19.1	20.09	17.82	12.8
四、隶属关系							
中央	15	40.14	40.03	0.3	34.72	35.93	-3.4
省	19	21.24	17.40	22.1	19.06	14.98	27.2
市	51	199.17	170.84	16.6	184.16	164.46	12.0
县区	53	51.27	45.19	13.5	50.51	44.25	14.1
街道乡镇		2.80	2.11	32.4	2.80	2.11	32.4
其他	482	128.72	118.21	8.9	120.75	112.54	7.3

分类型主要经济指标（三）

单位：亿元

营业外支出			营业税金及附加			销售费用		
2016年	2015年	增长(%)	2016年	2015年	增长(%)	2016年	2015年	增长(%)
2.54	**2.02**	**25.9**	**5.30**	**6.19**	**−14.4**	**13.21**	**12.95**	**2.0**
0.67	0.84	−19.6	1.79	2.61	−31.6	1.98	1.09	80.7
0.78	0.68	13.8	0.58	0.72	−18.8	6.00	7.23	−16.9
0.35	0.31	10.8	2.26	2.00	13.2	3.41	3.09	10.5
0.00	0.00	33.5	0.22	0.22	1.9	0.30	0.25	21.7
2.47	1.94	27.8	5.24	6.14	−14.8	12.34	12.20	1.1
0.38	0.25	56.5	0.10	0.18	−41.7	0.88	0.45	95.5
0.01	0.00	278.8	0.07	0.08	−14.3	0.01	0.01	−8.2
0.00	0.00		0.00	0.00	−28.6	0.01	0.01	−37.6
0.98	1.25	−22.0	3.85	4.54	−15.2	4.05	3.03	33.7
0.37	0.16	129.2	0.16	0.29	−43.6	4.00	5.79	−30.9
0.06	0.07	−11.3	0.94	0.95	−1.9	3.07	2.63	16.9
0.68	0.21	228.0	0.11	0.10	13.3	0.33	0.29	13.5
0.02	0.08	−75.2	0.04	0.03	27.1	0.77	0.66	16.3
0.00	0.00	−82.7	0.01	0.00	31.5	0.12	0.15	−15.9
0.02	0.06	−72.0	0.03	0.02	56.4	0.64	0.51	25.6
0.00	0.01	−91.5	0.01	0.01	−34.0	0.00	0.00	
0.05	0.01	428.0	0.03	0.02	17.8	0.10	0.09	17.2
0.02	0.01	76.4	0.02	0.02	20.9	0.08	0.07	17.9
0.03	0.00		0.00	0.00	−1.2	0.02	0.02	14.5
1.67	1.63	2.0	3.85	4.53	−15.0	8.50	8.82	−3.7
0.01	0.03	−58.3	0.12	0.20	−38.6	0.07	0.08	−4.6
0.08	0.08	−5.1	1.14	1.24	−8.4	3.45	2.86	20.7
0.02	0.07	−74.9	0.03	0.02	26.4	0.64	0.51	25.6
0.03	0.00	16865.0	0.01	0.01	−27.3	0.02	0.02	14.5
0.74	0.18	304.5	0.14	0.18	−21.4	0.50	0.64	−22.0
0.35	0.13	173.7	0.12	0.23	−46.8	2.50	2.38	4.8
0.25	0.15	73.6	0.10	0.19	−48.5	2.31	4.23	−45.3
0.80	1.15	−29.8	1.86	2.78	−33.2	2.35	1.36	72.4
0.70	0.17	302.7	1.65	1.35	22.9	1.04	0.69	51.0
0.01	0.05	−67.6	0.04	0.05	−20.2	0.17	0.05	226.6
0.42	0.38	9.5	1.53	1.60	−4.4	4.84	4.23	14.5

表10-34续表3

项　　目	单位数(个)	管理费用			管理费用之税金		
		2016年	2015年	增长(%)	2016年	2015年	增长(%)
总　　计	**633**	**56.87**	**50.10**	**13.5**	**3.32**	**3.99**	**-16.8**
一、按单位规模分							
大　型	14	25.30	21.19	19.4	2.60	3.10	-16.1
中　型	50	9.23	9.28	-0.6	0.11	0.15	-28.7
小　型	362	13.02	12.31	5.7	0.44	0.59	-25.8
微　型	89	1.07	1.04	2.5	0.02	0.02	-3.2
二、按登记注册类型分							
内资企业	618	55.38	48.80	13.5	3.27	3.95	-17.1
国有企业	30	2.93	3.03	-3.3	0.01	0.02	-47.4
集体企业	10	0.83	0.86	-3.0	0.00	0.00	2.4
股份合作企业	2	0.01	0.01	1.2	0.00	0.00	
有限责任公司	149	39.97	33.60	18.9	2.99	3.66	-18.4
股份有限公司	23	5.07	5.25	-3.4	0.08	0.11	-28.1
私营企业	332	5.35	4.93	8.4	0.17	0.13	31.2
其他企业	72	1.22	1.12	9.2	0.02	0.02	-13.4
港、澳、台商投资企业	8	0.56	0.42	33.9	0.02	0.01	26.1
与港澳台商合资经营企业	2	0.06	0.04	31.4	0.00	0.00	
港澳台商独资经营企业	5	0.27	0.20	31.9	0.01	0.01	86.6
港澳台商投资股份有限公司	1	0.24	0.18	36.7	0.00	0.00	-23.9
外商投资企业	7	0.92	0.87	5.7	0.03	0.02	17.7
中外合资经营企业	6	0.79	0.75	6.1	0.03	0.02	17.7
外资企业	1	0.13	0.12	3.5	0.00	0.00	
三、企业控股情况							
国有控股	133	43.85	38.38	14.3	3.06	3.77	-18.8
集体控股	23	1.33	1.34	-1.1	0.01	0.02	-10.4
私人控股	388	8.74	7.87	11.1	0.20	0.16	24.0
港澳台商控股	6	0.51	0.38	34.2	0.02	0.01	45.5
外商控股	2	0.26	0.24	8.6	0.01	0.01	12.4
其　他	77	1.65	1.41	17.4	0.02	0.02	-10.1
四、隶属关系							
中　央	15	4.61	4.87	-5.4	0.02	0.05	
省	19	2.27	2.37	-4.4	0.04	0.04	-8.5
市	51	31.75	27.44	15.7	2.78	3.32	-16.2
县　区	53	4.65	3.98	16.8	0.13	0.28	-53.2
街道乡镇		0.37	0.32	15.7	0.00	0.00	19.0
其　他	482	13.22	11.11	19.0	0.35	0.29	19.3

分类型主要经济指标（四）

单位：亿元

财务费用			应交所得税			应交增值税		
2016年	2015年	增长(%)	2016年	2015年	增长(%)	2016年	2015年	增长(%)
24.56	**18.45**	**33.1**	**6.97**	**7.63**	**-8.7**	**5.48**	**6.65**	**-17.5**
15.80	10.79	46.4	1.62	2.14	-24.1	1.33	2.03	-34.3
4.05	3.73	8.7	1.98	2.56	-22.4	1.64	2.41	-32.1
3.10	2.68	15.5	2.76	2.46	11.8	1.78	1.83	-2.7
0.07	0.10	-26.6	0.15	0.15	-0.3	0.09	0.10	-7.0
22.69	16.38	38.5	6.80	7.33	-7.2	5.23	6.44	-18.8
1.71	1.49	15.1	0.04	0.17	-76.8	0.21	0.19	7.8
0.01	0.01	-24.9	0.02	0.02	-3.6	0.09	0.08	15.3
0.00	0.00		0.00	0.00	0.0	0.00	0.00	-33.3
19.13	13.10	46.0	4.47	4.31	3.8	2.66	3.32	-19.8
0.71	0.73	-3.1	1.36	1.97	-31.0	1.06	1.87	-43.4
0.93	0.89	4.9	0.78	0.73	6.2	1.05	0.83	27.1
0.19	0.16	21.7	0.14	0.14	3.1	0.16	0.15	6.7
0.31	0.25	22.7	0.07	0.23	-68.3	0.14	0.12	15.2
-0.01	0.04		-0.03	0.05		0.03	0.05	-43.6
0.33	0.21	57.3	0.02	0.01	115.8	0.06	0.01	
-0.01	0.00		0.09	0.17	-47.3	0.05	0.06	-28.0
1.56	1.82	-14.3	0.09	0.07	27.5	0.12	0.09	25.9
1.37	1.65	-17.3	0.09	0.07	34.9	0.08	0.06	29.9
0.20	0.17	14.6	0.00	0.00		0.03	0.03	16.9
21.82	16.33	33.6	4.87	5.82	-16.2	3.58	5.08	-29.5
0.01	0.02	-47.6	0.23	0.16	43.1	0.18	0.14	28.7
1.58	1.00	57.8	1.16	0.96	20.3	1.34	1.08	23.1
0.32	0.21	52.9	0.11	0.18	-40.8	0.11	0.07	53.9
0.70	0.77	-8.4	0.00	0.00		0.06	0.07	-13.7
0.11	0.12	-10.0	0.60	0.51	18.4	0.18	0.18	2.0
1.57	1.32	19.5	0.01	0.41	-98.3	0.14	0.66	-78.4
-0.06	-0.02		1.09	1.53	-28.8	1.31	1.42	-7.8
17.56	12.32	42.6	1.67	2.15	-22.2	1.95	2.85	-31.4
1.07	0.89	20.5	1.57	1.36	15.4	0.10	0.11	-4.2
0.08	0.25	-66.0	0.03	0.04	-22.8	0.01	0.01	-11.3
4.33	3.71	16.7	2.60	2.15	21.0	1.96	1.60	22.5

表 10–34 续表 4

项　　目	单位数（个）	投资收益			营业利润		
		2016年	2015年	增长(%)	2016年	2015年	增长(%)
总　　计	**633**	**3.76**	**8.03**	**–53.2**	**19.48**	**32.58**	**–40.2**
一、按单位规模分							
大　型	14	2.00	6.54	–69.5	–4.01	8.01	
中　型	50	0.06	0.51	–87.8	9.07	7.46	21.5
小　型	362	0.32	0.53	–40.0	11.43	13.64	–16.2
微　型	89	–0.01	–0.02		0.89	0.89	–0.6
二、按登记注册类型分							
内资企业	618	3.73	8.00	–53.4	19.27	32.57	–40.8
国有企业	30	–0.13	0.25		–2.36	–0.59	
集体企业	10		0.00		–0.23	–0.10	
股份合作企业	2				–0.01	0.01	
有限责任公司	149	3.25	7.20	–54.9	9.75	19.98	–51.2
股份有限公司	23	0.53	0.49	8.2	5.35	6.91	–22.6
私营企业	332	0.10	0.07	45.2	4.70	4.38	7.4
其他企业	72	–0.01			2.08	1.98	4.8
港、澳、台商投资企业	8	0.03	0.02	59.3	0.03	0.45	–92.3
与港澳台商合资经营企业	2	0.00	0.01	–30.0	–0.16	0.14	
港澳台商独资经营企业	5	0.02	0.01	97.9	–0.10	–0.20	
港澳台商投资股份有限公司	1				0.29	0.51	–42.9
外商投资企业	7		0.01	–63.1	0.17	–0.43	
中外合资经营企业	6		0.01	–63.1	0.15	–0.44	
外资企业	1				0.02	0.01	233.2
三、企业控股情况							
国有控股	133	2.46	7.71	–68.1	9.08	23.43	–61.3
集体控股	23	0.02	0.06	–66.2	0.35	0.39	–10.3
私人控股	388	1.20	0.17		6.48	5.71	13.4
港澳台商控股	6	0.02	0.01	97.9	0.19	0.31	–38.0
外商控股	2				–0.57	–0.76	
其　他	77	0.06	0.08	–27.7	3.59	3.15	14.2
四、隶属关系							
中　央	15	0.03	0.43	–93.6	3.02	4.06	–25.6
省	19	–0.31	0.01		4.39	4.68	–6.0
市	51	2.27	6.95	–67.3	–6.67	8.93	
县　区	53	0.04	0.05	–23.0	6.88	5.21	32.1
街道乡镇					0.03	0.14	–78.8
其　他	482	1.74	0.59	193.4	11.83	9.57	23.6

分类型主要经济指标（五）

单位:亿元

利润总额			应付职工薪酬			从业人员平均人数(人)		
2016年	2015年	增长(%)	2016年	2015年	增长(%)	2016年	2015年	增长(%)
40.86	**50.60**	**-19.3**	**70.74**	**66.06**	**7.1**	**90335**	**90973**	**-0.7**
8.61	15.98	-46.1	29.44	27.15	8.4	27090	27963	-3.1
10.73	10.68	0.5	14.24	13.75	3.6	19126	18773	1.9
17.36	20.26	-14.3	15.26	14.50	5.2	27908	28563	-2.3
0.95	0.89	6.6	0.89	1.00	-10.2	2362	2455	-3.8
40.53	49.94	-18.9	68.69	64.28	6.9	88366	89037	-0.8
0.34	0.99	-66.2	5.91	5.23	12.9	6045	6170	-2.0
-0.23	-0.10		2.10	2.10	0.4	4205	4998	-15.9
-0.01	0.00		0.05	0.06	-2.4	166	172	-3.5
28.26	34.46	-18.0	39.60	36.11	9.7	42170	42384	-0.5
5.67	8.50	-33.3	8.22	8.82	-6.8	8306	8293	0.2
4.96	4.28	15.9	9.74	9.17	6.3	21449	21109	1.6
1.54	1.81	-15.0	3.06	2.81	9.1	6025	5911	1.9
0.13	0.67	-80.5	1.04	0.85	22.4	973	1000	-2.7
-0.14	0.20		0.08	0.09	-15.2	129	145	-11.0
-0.06	-0.05		0.47	0.30	53.0	526	538	-2.2
0.33	0.52	-37.1	0.49	0.45	9.5	318	317	0.3
0.20	-0.01		1.02	0.93	9.4	996	936	6.4
0.21	-0.04		0.98	0.90	8.2	975	917	6.3
-0.01	0.03		0.04	0.02	57.0	21	19	10.5
30.19	41.40	-27.1	49.37	46.07	7.2	49222	49092	0.3
0.57	0.46	24.5	4.21	3.91	7.8	6139	6970	-11.9
7.05	5.61	25.6	12.07	11.19	7.9	27057	26491	2.1
0.27	0.47	-43.5	0.96	0.75	27.1	844	855	-1.3
-0.60	-0.70		0.32	0.29	10.5	183	171	7.0
3.02	3.03	-0.5	3.01	3.09	-2.5	5754	6302	-8.7
3.17	4.08	-22.4	7.17	7.71	-6.9	5304	5013	5.8
4.68	6.35	-26.4	5.75	5.05	13.9	4587	4771	-3.9
13.78	22.30	-38.2	32.69	29.87	9.4	33133	33432	-0.9
6.33	7.34	-13.8	5.34	5.15	3.5	10203	10818	-5.7
0.06	0.18	-67.3	0.37	0.33	13.6	723	749	-3.5
12.85	10.34	24.2	19.42	17.95	8.2	36385	36190	0.5

全市规模以上服务业企业

表 10-35

项　　目	单位数（个）	全部资产合计			流动资产		
		2016年	2015年	增长(%)	2016年	2015年	增长(%)
总　　计	**633**	**4424.78**	**3814.56**	**16.0**	**2186.82**	**1554.06**	**40.7**
1、交通运输、仓储和邮政业	**269**	**920.75**	**862.78**	**6.7**	**341.44**	**241.79**	**41.2**
道路运输业	137	40.44	38.01	6.4	18.24	14.87	22.6
水上运输业	19	598.29	561.18	6.6	148.47	139.21	6.7
航空运输业	1	2.23	2.58	–13.6	0.56	1.63	–65.6
装卸搬运和运输代理业	84	200.57	202.05	–0.7	107.07	38.22	180.1
仓储业	12	73.16	55.90	30.9	62.39	46.25	34.9
邮政业	16	6.06	3.08	97.0	4.71	1.61	192.3
2、信息传输、软件和信息技术服务业	**27**	**60.70**	**59.28**	**2.4**	**7.29**	**7.57**	**–3.7**
电信、广播电视和卫星传输服务	9	57.05	55.73	2.4	4.31	4.68	–8.0
互联网和相关服务	4	0.45	0.45	0.5	0.41	0.43	–4.2
软件和信息技术服务业	14	3.20	3.09	3.4	2.57	2.46	4.6
3、房地产业	**34**	**5.41**	**7.61**	**–29.0**	**3.97**	**2.74**	**45.1**
4、租赁和商务服务业	**105**	**2836.86**	**2444.55**	**16.0**	**1606.31**	**1128.23**	**42.4**
租赁业	8	1.07	0.94	13.7	0.21	0.18	19.3
商务服务业	97	2835.79	2443.61	16.0	1606.10	1128.05	42.4
5、科学研究和技术服务业	**95**	**509.79**	**367.87**	**38.6**	**193.48**	**144.19**	**34.2**
研究和试验发展	3	64.19	56.10	14.4	47.33	31.44	50.5
专业技术服务业	36	434.63	301.23	44.3	143.60	110.23	30.3
科技推广和应用服务业	56	10.96	10.54	4.0	2.54	2.52	0.9
6、水利、环境和公共设施管理业	**17**	**54.16**	**41.36**	**30.9**	**18.08**	**15.32**	**18.0**
水利管理业	1	0.37	0.21	73.0	0.25	0.17	45.9
生态保护和环境治理业	2	2.77	2.41	14.6	0.42	0.07	513.4
公共设施管理业	14	51.03	38.74	31.7	17.40	15.07	15.4
7、居民服务、修理和其他服务业	**15**	**2.42**	**2.15**	**12.2**	**1.41**	**0.99**	**43.0**
居民服务业	6	1.03	0.94	8.9	0.42	0.33	27.0
机动车、电子产品和日用产品修理业	6	0.91	0.74	22.5	0.58	0.21	178.7
其他服务业	3	0.48	0.47	2.3	0.41	0.45	–8.8
8、教育	**40**	**9.88**	**9.06**	**9.0**	**2.28**	**2.82**	**–19.2**
9、卫生和社会工作	**22**	**12.78**	**10.88**	**17.5**	**4.68**	**5.02**	**–6.8**
卫生	22	12.78	10.88	17.5	4.68	5.02	–6.8
10、文化、体育和娱乐业	**9**	**12.04**	**9.02**	**33.5**	**7.88**	**5.40**	**46.0**
新闻和出版业	1	1.84	1.05	76.1	0.44	0.43	3.3
广播、电视、电影和影视录音制作业	3	9.21	7.07	30.3	6.66	4.28	55.6
文化艺术业	2	0.35	0.39	–8.8	0.18	0.20	–12.2
娱乐业	3	0.63	0.52	21.7	0.61	0.49	23.5

分行业主要经济指标(一)

单位:亿元

固定资产原价			累计固定资产折旧			本年固定资产折旧		
2016年	2015年	增长(%)	2016年	2015年	增长(%)	2016年	2015年	增长(%)
629.48	**586.38**	**7.4**	**164.24**	**104.96**	**56.5**	**30.05**	**29.66**	**1.3**
334.59	**282.10**	**18.6**	**66.09**	**46.76**	**41.3**	**11.84**	**11.56**	**2.5**
21.96	21.52	2.0	7.83	5.79	35.4	2.31	1.93	20.1
233.98	178.76	30.9	35.12	19.39	81.1	6.67	5.97	11.7
1.26	1.22	2.6	0.64	0.56	14.3	0.08	0.07	18.3
68.19	72.12	−5.5	19.42	18.16	6.9	2.28	3.09	−26.2
7.09	6.33	12.0	1.98	1.74	13.9	0.41	0.38	7.6
2.12	2.14	−1.2	1.08	1.12	−2.9	0.09	0.13	−27.4
106.66	**97.87**	**9.0**	**60.12**	**27.20**	**121.0**	**8.72**	**7.64**	**14.2**
106.06	97.24	9.1	59.89	27.06	121.3	8.67	7.59	14.3
0.05	0.04	13.4	0.02	0.01	10.7	0.00	0.00	5.5
0.55	0.59	−7.0	0.21	0.13	64.7	0.05	0.05	0.7
1.36	1.37	−0.5	0.23	0.20	12.6	0.11	0.09	19.8
108.13	**149.58**	**−27.7**	**17.67**	**16.00**	**10.4**	**4.85**	**6.55**	**−25.9**
1.15	1.12	2.4	0.35	0.05	642.0	0.11	0.11	−4.1
106.98	148.45	−27.9	17.32	15.96	8.5	4.74	6.44	−26.3
49.54	**31.88**	**55.4**	**13.16**	**9.25**	**42.2**	**2.83**	**2.26**	**25.1**
18.51	15.84	16.8	7.28	6.14	18.5	1.51	1.32	14.6
26.15	11.14	134.7	4.57	1.93	136.9	1.00	0.59	68.1
4.87	4.90	−0.4	1.31	1.18	11.1	0.32	0.35	−8.1
9.12	**7.69**	**18.7**	**1.66**	**1.40**	**18.4**	**0.56**	**0.40**	**41.3**
0.08	0.08	0.0	0.04	0.01	465.7	0.01	0.01	−15.9
2.25	0.98	130.3	0.25	0.13	88.7	0.24	0.13	88.5
6.79	6.63	2.5	1.37	1.26	8.4	0.31	0.26	19.5
1.11	**0.99**	**12.4**	**0.27**	**0.23**	**19.7**	**0.18**	**0.05**	**240.6**
0.67	0.65	2.7	0.16	0.13	23.8	0.16	0.03	387.0
0.35	0.25	38.8	0.09	0.08	10.2	0.01	0.01	14.0
0.10	0.09	8.8	0.03	0.02	29.2	0.01	0.01	3.1
7.96	**5.97**	**33.2**	**2.34**	**1.62**	**44.6**	**0.40**	**0.41**	**−1.6**
7.68	**5.87**	**30.8**	**2.38**	**2.11**	**12.4**	**0.46**	**0.40**	**16.2**
7.68	5.87	30.8	2.38	2.11	12.4	0.46	0.40	16.2
3.34	**3.06**	**9.2**	**0.32**	**0.18**	**81.8**	**0.09**	**0.30**	**−70.9**
1.05	0.82	28.3	0.00	0.00		0.05	0.04	28.3
1.89	1.86	1.7	0.12	0.01	2111.3	0.02	0.11	−85.8
0.37	0.35	4.3	0.19	0.17	15.7	0.03	0.16	−83.6
0.03	0.03	13.2	0.01	0.01	30.9	0.00	0.00	−35.4

表 10-35 续表 1

项目	单位数(个)	负债总计			所有者权益		
		2016年	2015年	增长(%)	2016年	2015年	增长(%)
总计	**633**	**2543.66**	**2002.09**	**27.1**	**1881.12**	**1812.47**	**3.8**
1、交通运输、仓储和邮政业	**269**	**559.33**	**535.89**	**4.4**	**361.42**	**326.89**	**10.6**
道路运输业	137	25.94	25.08	3.5	14.50	12.93	12.1
水上运输业	19	388.45	377.98	2.8	209.84	183.20	14.5
航空运输业	1	2.28	2.41	-5.4	-0.05	0.17	
装卸搬运和运输代理业	84	72.62	80.01	-9.2	127.95	122.03	4.8
仓储业	12	65.43	48.64	34.5	7.73	7.25	6.6
邮政业	16	4.60	1.77	159.8	1.46	1.30	11.7
2、信息传输、软件和信息技术服务业	**27**	**43.18**	**40.88**	**5.6**	**17.52**	**18.40**	**-4.8**
电信、广播电视和卫星传输服务	9	41.85	39.72	5.4	15.20	16.01	-5.1
互联网和相关服务	4	0.18	0.20	-9.9	0.27	0.25	9.2
软件和信息技术服务业	14	1.14	0.95	20.9	2.06	2.15	-4.3
3、房地产业	**34**	**6.57**	**6.01**	**9.4**	**-1.17**	**1.60**	
4、租赁和商务服务业	**105**	**1568.94**	**1162.87**	**34.9**	**1267.92**	**1281.68**	**-1.1**
租赁业	8	0.42	0.39	7.3	0.65	0.55	18.4
商务服务业	97	1568.52	1162.48	34.9	1267.27	1281.13	-1.1
5、科学研究和技术服务业	**95**	**307.57**	**215.04**	**43.0**	**202.22**	**152.83**	**32.3**
研究和试验发展	3	32.12	27.71	15.9	32.07	28.39	13.0
专业技术服务业	36	273.49	185.43	47.5	161.15	115.80	39.2
科技推广和应用服务业	56	1.96	1.90	3.1	9.00	8.64	4.2
6、水利、环境和公共设施管理业	**17**	**35.04**	**24.58**	**42.6**	**19.12**	**16.79**	**13.9**
水利管理业	1	0.17	0.08	103.8	0.20	0.13	53.5
生态保护和环境治理业	2	0.61	0.81	-25.6	2.16	1.60	35.1
公共设施管理业	14	34.26	23.68	44.7	16.76	15.06	11.3
7、居民服务、修理和其他服务业	**15**	**1.11**	**0.84**	**32.2**	**1.30**	**1.31**	**-0.6**
居民服务业	6	0.47	0.35	35.7	0.55	0.59	-6.8
机动车、电子产品和日用产品修理业	6	0.60	0.43	37.6	0.32	0.31	1.6
其他服务业	3	0.04	0.06	-27.5	0.43	0.41	6.6
8、教育	**40**	**5.32**	**3.82**	**39.2**	**4.56**	**5.24**	**-12.9**
9、卫生和社会工作	**22**	**8.12**	**6.26**	**29.7**	**4.67**	**4.62**	**1.0**
卫生	22	8.12	6.26	29.7	4.67	4.62	1.0
10、文化、体育和娱乐业	**9**	**8.48**	**5.90**	**43.6**	**3.56**	**3.12**	**14.3**
新闻和出版业	1	1.10	0.99	11.8	0.74	0.06	1143.5
广播、电视、电影和影视录音制作业	3	6.72	4.62	45.3	2.49	2.44	2.1
文化艺术业	2	0.06	0.04	32.2	0.30	0.34	-14.0
娱乐业	3	0.60	0.25	140.3	0.03	0.27	-88.0

分行业主要经济指标（二）

单位：亿元

营业收入			主营业务收入			营业外收入		
2016年	2015年	增长(%)	2016年	2015年	增长(%)	2016年	2015年	增长(%)
550.58	**497.69**	**10.6**	**508.52**	**478.33**	**6.3**	**23.82**	**21.15**	**12.6**
251.70	**240.03**	**4.9**	**232.44**	**224.42**	**3.6**	**12.68**	**8.00**	**58.6**
41.76	39.55	5.6	41.53	39.38	5.5	1.20	0.96	24.5
123.97	110.83	11.9	111.68	100.85	10.7	9.79	5.39	81.5
0.41	0.32	26.6	0.32	0.28	14.5	1.22	1.08	13.8
64.26	67.39	–4.7	61.93	64.38	–3.8	0.24	0.36	–33.7
14.06	15.76	–10.8	11.06	13.38	–17.4	0.23	0.20	12.3
7.24	6.17	17.2	5.92	6.15	–3.6			
39.17	**36.67**	**6.8**	**38.47**	**36.24**	**6.2**	**0.68**	**2.35**	**–70.9**
33.79	31.91	5.9	33.10	31.48	5.1	0.52	2.23	–76.8
0.89	0.98	–9.4	0.89	0.98	–9.4	0.01	0.00	
4.50	3.77	19.3	4.48	3.77	18.9	0.15	0.12	31.3
5.44	**4.54**	**19.8**	**5.25**	**4.49**	**17.1**	**0.03**	**0.02**	**45.6**
153.89	**140.54**	**9.5**	**134.68**	**138.57**	**–2.8**	**8.17**	**8.35**	**–2.2**
0.89	1.02	–12.6	0.89	1.02	–12.6	0.00	0.00	
153.00	139.52	9.7	133.79	137.55	–2.7	8.17	8.35	–2.2
70.99	**51.56**	**37.7**	**70.37**	**51.34**	**37.1**	**1.74**	**2.04**	**–15.0**
18.75	19.23	–2.5	18.74	19.20	–2.4	0.03	0.04	–32.6
41.33	23.24	77.9	41.17	23.05	78.6	1.67	2.00	–16.2
10.91	9.09	20.0	10.46	9.09	15.0	0.03		
5.24	**4.13**	**26.8**	**4.84**	**4.10**	**18.0**	**0.15**	**0.16**	**–7.0**
0.39	0.33	19.0	0.00	0.33				
1.19	0.56	112.0	1.19	0.56	112.0	0.09	0.02	
3.66	3.24	12.9	3.65	3.21	13.8	0.06	0.14	–56.5
7.20	**5.32**	**35.2**	**6.79**	**5.26**	**28.9**	**0.01**	**0.01**	**–15.2**
3.26	2.46	32.7	2.88	2.43	18.5			27.0
2.76	1.60	72.2	2.75	1.60	71.9	0.01	0.01	–17.0
1.18	1.26	–6.8	1.15	1.23	–6.4	0.00	0.00	
5.80	**5.16**	**12.3**	**4.93**	**4.57**	**8.1**	**0.05**	**0.04**	**19.8**
8.94	**7.54**	**18.6**	**8.89**	**7.48**	**18.9**	**0.07**	**0.01**	
8.94	7.54	18.6	8.89	7.48	18.9	0.07	0.01	
2.22	**2.20**	**0.7**	**1.86**	**1.87**	**–0.8**	**0.23**	**0.16**	**47.5**
0.72	0.71	1.6	0.72	0.71	1.6	0.05	0.04	31.7
1.33	1.32	0.7	0.96	0.99	–2.3	0.00		64.6
0.08	0.08	–6.1	0.08	0.08	–6.1	0.18	0.12	51.9
0.10	0.09	1.3	0.10	0.09	1.3			

表10-35续表2

项目	单位数(个)	营业成本			主营业务成本		
		2016年	2015年	增长(%)	2016年	2015年	增长(%)
总计	**633**	**443.35**	**393.80**	**12.6**	**412.00**	**374.28**	**10.1**
1、交通运输、仓储和邮政业	**269**	**217.65**	**201.85**	**7.8**	**202.27**	**190.06**	**6.4**
道路运输业	137	34.63	32.50	6.6	34.21	32.10	6.6
水上运输业	19	108.89	93.37	16.6	97.59	85.59	14.0
航空运输业	1	1.84	1.46	26.7	1.75	1.45	20.7
装卸搬运和运输代理业	84	55.26	56.61	-2.4	52.92	53.02	-0.2
仓储业	12	10.79	12.66	-14.8	10.79	12.66	-14.8
邮政业	16	6.23	5.25	18.8	5.01	5.24	-4.5
2、信息传输、软件和信息技术服务业	**27**	**31.27**	**25.23**	**23.9**	**26.78**	**21.15**	**26.6**
电信、广播电视和卫星传输服务	9	27.17	21.51	26.3	23.01	17.82	29.1
互联网和相关服务	4	0.78	0.89	-13.0	0.44	0.50	-13.0
软件和信息技术服务业	14	3.33	2.83	17.5	3.33	2.83	17.5
3、房地产业	**34**	**3.98**	**3.44**	**15.7**	**3.72**	**3.16**	**17.7**
4、租赁和商务服务业	**105**	**115.38**	**107.15**	**7.7**	**106.96**	**106.19**	**0.7**
租赁业	8	0.65	0.75	-12.9	0.65	0.75	-12.9
商务服务业	97	114.73	106.40	7.8	106.31	105.44	0.8
5、科学研究和技术服务业	**95**	**52.75**	**38.11**	**38.4**	**51.79**	**37.69**	**37.4**
研究和试验发展	3	12.82	13.34	-3.9	12.61	13.32	-5.3
专业技术服务业	36	31.27	17.83	75.4	30.82	17.45	76.6
科技推广和应用服务业	56	8.66	6.94	24.8	8.35	6.91	20.9
6、水利、环境和公共设施管理业	**17**	**3.74**	**2.86**	**30.7**	**3.73**	**2.85**	**30.8**
水利管理业	1	0.31	0.25	25.3	0.31	0.25	25.3
生态保护和环境治理业	2	0.48	0.30	58.5	0.48	0.30	58.5
公共设施管理业	14	2.96	2.32	27.7	2.94	2.30	27.8
7、居民服务、修理和其他服务业	**15**	**6.16**	**4.34**	**41.9**	**5.82**	**3.76**	**54.7**
居民服务业	6	2.50	1.78	40.3	2.22	1.78	24.9
机动车、电子产品和日用产品修理业	6	2.65	1.54	72.0	2.65	1.06	150.7
其他服务业	3	1.01	1.02	-0.8	0.96	0.93	2.7
8、教育	**40**	**3.98**	**3.55**	**11.9**	**3.36**	**2.91**	**15.3**
9、卫生和社会工作	**22**	**6.53**	**5.48**	**19.1**	**6.18**	**5.20**	**18.9**
卫生	22	6.53	5.48	19.1	6.18	5.20	18.9
10、文化、体育和娱乐业	**9**	**1.91**	**1.79**	**7.1**	**1.40**	**1.31**	**6.9**
新闻和出版业	1	0.51	0.47	8.9	0.00	0.00	
广播、电视、电影和影视录音制作业	3	1.21	1.17	3.7	1.21	1.16	4.0
文化艺术业	2	0.13	0.09	45.7	0.13	0.09	45.7
娱乐业	3	0.06	0.06	3.7	0.06	0.06	3.7

分行业主要经济指标(三)

单位:亿元

营业外支出			营业税金及附加			销售费用		
2016年	2015年	增长(%)	2016年	2015年	增长(%)	2016年	2015年	增长(%)
2.54	**2.02**	**25.9**	**5.30**	**6.19**	**−14.4**	**13.21**	**12.95**	**2.0**
0.78	**0.79**	**−1.7**	**1.19**	**1.61**	**−26.2**	**2.79**	**2.47**	**13.0**
0.05	0.13	−62.6	0.46	0.49	−6.7	1.32	1.17	13.0
0.60	0.62	−2.7	0.37	0.82	−55.1	0.07	0.06	6.2
0.01	0.00	114.3	0.00	0.00	−10.6	0.00	0.00	
0.09	0.04	142.8	0.34	0.28	21.6	0.73	0.97	−24.9
0.00	0.01	−64.7	0.01	0.01	−15.7	0.65	0.25	159.4
0.03	0.00		0.02	0.01	30.4	0.03	0.02	40.3
0.40	**0.24**	**70.5**	**0.10**	**0.15**	**−31.5**	**4.86**	**6.78**	**−28.3**
0.40	0.21	96.1	0.08	0.13	−40.4	4.65	6.61	−29.7
0.00	0.00		0.01	0.01	5.5	0.04	0.04	2.8
0.00	0.03		0.02	0.01	59.3	0.17	0.13	34.4
0.00	0.00	23.6	0.16	0.20	−18.1	0.11	0.08	29.8
0.55	**0.67**	**−17.7**	**3.10**	**3.37**	**−7.9**	**3.76**	**2.32**	**61.9**
0.00	0.00		0.01	0.01	15.5	0.03	0.03	−12.1
0.55	0.67	−17.5	3.09	3.36	−8.0	3.73	2.28	63.1
0.10	**0.08**	**27.3**	**0.45**	**0.40**	**13.0**	**0.63**	**0.41**	**55.7**
0.01	0.01	89.9	0.03	0.06	−55.6	0.06	0.08	−27.5
0.09	0.04	102.8	0.34	0.26	30.9	0.32	0.11	196.9
0.00	0.03		0.08	0.08	7.1	0.25	0.21	17.0
0.01	**0.05**	**−88.8**	**0.09**	**0.11**	**−18.8**	**0.10**	**0.04**	**164.6**
0.00	0.00		0.02	0.02	−12.6	0.00	0.00	
0.00	0.00		0.01	0.00	332.2	0.00	0.00	
0.00	0.05	−90.1	0.06	0.09	−33.1	0.10	0.04	
0.00	**0.00**		**0.08**	**0.19**	**−56.3**	**0.11**	**0.09**	**18.6**
0.00	0.00		0.05	0.12	−60.6	0.08	0.07	20.3
0.00	0.00		0.00	0.00	−0.4	0.03	0.03	11.5
0.00	0.00		0.03	0.07	−50.3	0.00	0.00	
0.07	**0.03**	**137.5**	**0.07**	**0.10**	**−29.1**	**0.34**	**0.33**	**5.3**
0.63	**0.16**		**0.01**	**0.01**	**27.6**	**0.37**	**0.31**	**20.4**
0.63	0.16		0.01	0.01	27.6	0.37	0.31	20.4
0.01	**0.00**	**30.8**	**0.04**	**0.06**	**−34.3**	**0.14**	**0.13**	**12.3**
0.00	0.00	0.0	0.01	0.01	6.2	0.11	0.10	2.5
0.00	0.00		0.02	0.04	−48.4	0.02	0.01	
0.00	0.00		0.00	0.00	1.3	0.01	0.01	33.6
0.00	0.00		0.00	0.00	−6.4	0.01	0.01	13.5

表10-35续表3

项目	单位数(个)	管理费用			管理费用之税金		
		2016年	2015年	增长(%)	2016年	2015年	增长(%)
总计	**633**	**56.87**	**50.10**	**13.5**	**3.32**	**3.99**	**-16.8**
1、交通运输、仓储和邮政业	**269**	**22.03**	**21.04**	**4.7**	**1.18**	**1.20**	**-1.3**
道路运输业	137	3.42	3.13	9.2	0.06	0.07	-4.1
水上运输业	19	12.40	11.20	10.8	0.86	0.86	0.8
航空运输业	1	0.10	0.09	16.7	0.00	0.00	-78.4
装卸搬运和运输代理业	84	4.63	4.88	-5.0	0.23	0.25	-4.4
仓储业	12	0.80	1.03	-22.2	0.01	0.01	-20.9
邮政业	16	0.66	0.71	-6.8	0.01	0.02	-35.5
2、信息传输、软件和信息技术服务业	**27**	**2.60**	**2.79**	**-6.8**	**0.05**	**0.07**	**-27.5**
电信、广播电视和卫星传输服务	9	1.92	2.16	-11.2	0.04	0.06	-33.5
互联网和相关服务	4	0.06	0.04	38.8	0.00	0.00	-26.9
软件和信息技术服务业	14	0.62	0.59	6.0	0.01	0.01	12.9
3、房地产业	**34**	**1.13**	**1.00**	**13.1**	**0.00**	**0.00**	**10.8**
4、租赁和商务服务业	**105**	**18.87**	**15.74**	**19.9**	**1.91**	**2.26**	**-15.5**
租赁业	8	0.08	0.10	-14.8	0.00	0.00	10.7
商务服务业	97	18.79	15.64	20.1	1.90	2.25	-15.6
5、科学研究和技术服务业	**95**	**8.19**	**6.04**	**35.7**	**0.13**	**0.42**	**-69.7**
研究和试验发展	3	2.89	2.85	1.4	0.00	0.00	
专业技术服务业	36	4.96	2.89	71.8	0.11	0.40	-72.5
科技推广和应用服务业	56	0.34	0.30	14.1	0.02	0.02	-11.6
6、水利、环境和公共设施管理业	**17**	**0.81**	**0.63**	**28.9**	**0.01**	**0.01**	**112.6**
水利管理业	1	0.04	0.03	22.5	0.00	0.00	-1.6
生态保护和环境治理业	2	0.11	0.04	158.7	0.01	0.00	
公共设施管理业	14	0.66	0.56	19.7	0.01	0.00	19.7
7、居民服务、修理和其他服务业	**15**	**0.60**	**0.48**	**23.9**	**0.01**	**0.01**	**12.0**
居民服务业	6	0.48	0.40	19.3	0.01	0.01	15.2
机动车、电子产品和日用产品修理业	6	0.04	0.03	38.3	0.00	0.00	36.4
其他服务业	3	0.08	0.05	51.5	0.00	0.00	-47.8
8、教育	**40**	**0.93**	**0.74**	**25.4**	**0.02**	**0.02**	**9.1**
9、卫生和社会工作	**22**	**1.31**	**1.24**	**5.3**	**0.00**	**0.00**	**-52.6**
卫生	22	1.31	1.24	5.3	0.00	0.00	-52.6
10、文化、体育和娱乐业	**9**	**0.40**	**0.40**	**1.5**	**0.00**	**0.00**	**-13.4**
新闻和出版业	1	0.20	0.19	5.6	0.00	0.00	
广播、电视、电影和影视录音制作业	3	0.05	0.06	-26.3	0.00	0.00	-16.5
文化艺术业	2	0.14	0.12	12.0	0.00	0.00	-30.0
娱乐业	3	0.03	0.03	-9.1	0.00	0.00	4.3

分行业主要经济指标（四）

单位：亿元

财务费用			应交所得税			应交增值税		
2016年	2015年	增长（%）	2016年	2015年	增长（%）	2016年	2015年	增长（%）
24.56	**18.45**	**33.1**	**6.97**	**7.63**	**-8.7**	**5.48**	**6.65**	**-17.5**
13.00	**11.55**	**12.6**	**1.94**	**1.98**	**-1.8**	**2.65**	**3.58**	**-26.2**
0.46	0.42	9.7	0.48	0.48	0.5	0.92	0.69	33.0
9.43	8.38	12.6	0.80	0.91	-12.2	1.23	2.05	-40.2
0.07	0.03	132.1	0.00	0.00		0.01	0.01	-30.0
1.28	1.14	12.2	0.58	0.53	9.8	0.39	0.70	-43.7
1.77	1.59	11.1	0.07	0.07	-2.6	0.04	0.03	20.4
-0.00	-0.01	-86.2	0.01	-0.01		0.06	0.10	-38.7
0.02	**0.10**	**-78.2**	**0.92**	**1.63**	**-43.4**	**1.10**	**1.85**	**-40.6**
0.02	0.10	-82.5	0.85	1.58	-46.1	1.01	1.80	-44.0
0.00	0.00	21.7	0.01	0.01	-2.9	0.00	0.00	-7.8
0.00	0.00	117.4	0.06	0.04	56.6	0.08	0.04	103.6
0.02	**0.04**	**-44.6**	**0.04**	**0.05**	**-24.8**	**0.05**	**0.02**	
4.83	**4.41**	**9.5**	**3.22**	**3.12**	**3.1**	**0.93**	**0.69**	**34.4**
0.00	0.00	-83.3	0.01	0.02	-38.0	0.01	0.02	-13.2
4.83	4.40	9.6	3.21	3.11	3.3	0.91	0.67	35.6
6.29	**1.95**	**223.5**	**0.63**	**0.63**	**0.7**	**0.49**	**0.43**	**14.7**
-0.10	-0.19	-48.2	0.00	0.11	-97.2	0.09	0.04	
6.26	2.02	210.3	0.49	0.39	27.5	0.29	0.27	6.8
0.13	0.12	7.7	0.14	0.13	3.2	0.12	0.12	-4.8
0.10	**0.24**	**-57.5**	**0.12**	**0.12**	**-0.5**	**0.18**	**0.01**	
0.00	-0.00		0.00	0.01	-46.6	0.00	0.00	
0.03	-0.00		0.06	0.03	85.1	0.15	0.00	
0.07	0.24	-71.6	0.06	0.08	-28.3	0.03	0.01	
0.01	**0.01**	**77.5**	**0.06**	**0.07**	**-15.9**	**0.03**	**0.02**	**7.3**
0.00	0.00		0.02	0.02	-8.0	0.00	0.00	
0.00	0.00	3.7	0.00	0.00	-19.3	0.02	0.02	10.7
0.00	-0.00		0.03	0.04	-20.2	0.01	0.01	0.0
0.07	**0.04**	**66.3**	**0.04**	**0.03**	**24.7**	**0.05**	**0.03**	**84.4**
0.16	**0.08**	**87.3**	**0.00**	**0.01**	**-69.9**	**0.00**	**0.00**	
0.16	0.08	87.3	0.00	0.01	-69.9	0.00	0.00	
0.05	**0.04**	**35.9**	**0.01**	**0.01**	**-10.8**	**0.01**	**0.02**	**-24.1**
0.05	0.04	36.3	0.00	0.00		0.01	0.01	-13.2
0.00	0.00	0.0	0.01	0.01	-9.1	0.00	0.01	-43.5
-0.00	-0.00	13.3	0.00	0.00	-23.8	0.00	0.00	
0.00	0.00		0.00	0.00	-25.6	0.00	0.00	

表 10-35 续表 4

项目	单位数(个)	投资收益			营业利润		
		2016年	2015年	增长(%)	2016年	2015年	增长(%)
总计	**633**	**3.76**	**8.03**	**-53.2**	**19.48**	**32.58**	**-40.2**
1、交通运输、仓储和邮政业	**269**	**2.43**	**2.57**	**-5.5**	**-2.30**	**6.13**	
道路运输业	137	0.11	0.07	46.2	1.51	1.93	-21.8
水上运输业	19	1.77	1.96	-9.5	-5.36	-1.16	
航空运输业	1	0.00	0.00		-1.44	-1.25	
装卸搬运和运输代理业	84	0.55	0.54	2.1	2.54	6.14	-58.6
仓储业	12	0.00	0.00		0.10	0.27	-62.9
邮政业	16	0.00	0.00		0.34	0.20	72.7
2、信息传输、软件和信息技术服务业	**27**	**0.01**	**0.00**	**77.3**	**3.80**	**4.99**	**-23.9**
电信、广播电视和卫星传输服务	9	0.00	0.00		3.41	4.72	-27.8
互联网和相关服务	4	0.00	0.00		0.04	0.04	-2.6
软件和信息技术服务业	14	0.01	0.00	77.3	0.35	0.23	53.9
3、房地产业	**34**	**-0.01**	**0.00**		**0.21**	**0.13**	**60.2**
4、租赁和商务服务业	**105**	**1.32**	**5.21**	**-74.6**	**9.98**	**12.50**	**-20.2**
租赁业	8	0.00	0.00		0.16	0.19	-17.7
商务服务业	97	1.32	5.21	-74.6	9.82	12.31	-20.2
5、科学研究和技术服务业	**95**	**-0.00**	**0.23**		**7.06**	**7.84**	**-9.9**
研究和试验发展	3	-0.06	0.16		2.99	3.27	-8.8
专业技术服务业	36	0.06	0.07	-9.3	2.56	3.13	-18.4
科技推广和应用服务业	56	-0.01	0.00		1.52	1.43	6.3
6、水利、环境和公共设施管理业	**17**	**0.00**	**0.00**		**0.47**	**0.24**	**95.7**
水利管理业	1	0.00	0.00		0.02	0.03	-44.3
生态保护和环境治理业	2	0.00	0.00		0.55	0.21	156.8
公共设施管理业	14	0.00	0.00		-0.09	-0.00	
7、居民服务、修理和其他服务业	**15**	**0.00**	**0.00**		**0.22**	**0.31**	**-29.4**
居民服务业	6	0.00	0.00		0.09	0.09	3.6
机动车、电子产品和日用产品修理业	6	0.00	0.00		0.01	0.00	249.8
其他服务业	3	0.00	0.00		0.12	0.22	-45.6
8、教育	**40**	**0.00**	**0.00**		**-0.13**	**0.11**	
9、卫生和社会工作	**22**	**0.01**	**0.01**	**1.0**	**0.44**	**0.52**	**-14.5**
卫生	22	0.01	0.01	1.0	0.44	0.52	-14.5
10、文化、体育和娱乐业	**9**	**0.00**	**0.01**	**-76.9**	**-0.28**	**-0.19**	
新闻和出版业	1	0.00	0.00		-0.10	-0.08	
广播、电视、电影和影视录音制作业	3	0.00	0.00		0.02	0.03	-36.0
文化艺术业	2	0.00	0.01	-76.9	-0.20	-0.13	
娱乐业	3	0.00	0.00		-0.00	-0.00	

分行业主要经济指标（五）

单位：亿元

利润总额			应付职工薪酬			从业人员平均人数(人)		
2016年	2015年	增长(%)	2016年	2015年	增长(%)	2016年	2015年	增长(%)
40.86	**50.60**	**-19.3**	**70.74**	**66.06**	**7.1**	**90335**	**90973**	**-0.7**
9.69	**12.96**	**-25.3**	**34.57**	**33.07**	**4.5**	**38226**	**38205**	**0.1**
2.66	2.62	1.5	6.65	6.48	2.7	11808	11337	4.2
3.83	3.41	12.2	16.20	15.35	5.6	13440	13816	-2.7
-0.22	-0.18		0.32	0.20	64.8	315	270	16.7
2.69	6.44	-58.3	7.97	7.95	0.3	9471	9478	-0.1
0.41	0.47	-13.3	0.69	0.54	27.7	691	651	6.1
0.32	0.19	63.4	2.72	2.56	6.4	2501	2653	-5.7
4.08	**6.57**	**-37.9**	**3.89**	**4.30**	**-9.7**	**4005**	**4119**	**-2.8**
3.52	6.21	-43.3	3.28	3.76	-12.8	3256	3312	-1.7
0.06	0.05	21.8	0.05	0.04	32.7	102	87	17.2
0.50	0.31	59.0	0.55	0.50	9.9	647	720	-10.1
0.23	**0.16**	**44.1**	**1.77**	**1.61**	**9.6**	**5537**	**5040**	**9.9**
17.60	**19.92**	**-11.6**	**12.00**	**10.87**	**10.3**	**19650**	**20993**	**-6.4**
0.16	0.19	-17.1	0.15	0.17	-15.6	386	443	-12.9
17.45	19.73	-11.6	11.85	10.70	10.7	19264	20550	-6.3
8.70	**9.87**	**-11.9**	**8.52**	**7.35**	**15.9**	**8298**	**8008**	**3.6**
3.00	3.35	-10.5	4.06	3.92	3.7	1858	1801	3.2
4.15	5.10	-18.7	3.15	2.11	49.1	3304	2993	10.4
1.55	1.41	9.6	1.31	1.32	-1.0	3136	3214	-2.4
0.62	**0.35**	**77.8**	**1.29**	**1.06**	**21.4**	**1764**	**1812**	**-2.6**
0.02	0.03	-44.1	0.08	0.08	1.3	50	75	-33.3
0.64	0.24	169.6	0.13	0.08	69.3	119	83	43.4
-0.04	0.08		1.08	0.91	19.2	1595	1654	-3.6
0.23	**0.32**	**-28.8**	**2.64**	**2.45**	**7.6**	**2707**	**2810**	**-3.7**
0.09	0.09	4.4	1.65	1.53	8.1	1737	1811	-4.1
0.02	0.02	12.6	0.10	0.10	0.3	229	240	-4.6
0.12	0.22	-45.6	0.89	0.83	7.5	741	759	-2.4
-0.13	**0.14**		**2.80**	**2.43**	**15.6**	**4964**	**5057**	**-1.8**
-0.11	**0.36**		**2.51**	**2.19**	**14.7**	**4000**	**3766**	**6.2**
-0.11	0.36		2.51	2.19	14.7	4000	3766	6.2
-0.06	**-0.04**		**0.76**	**0.72**	**6.3**	**1184**	**1163**	**1.8**
-0.05	-0.05		0.19	0.19	-2.0	250	275	-9.1
0.02	0.03	-28.1	0.44	0.41	7.4	532	531	0.2
-0.02	-0.02		0.10	0.08	19.9	262	217	20.7
-0.00	-0.00		0.03	0.03	6.4	140	140	0.0

全市规模以上服务业企业

表 10-36

项　　目	单位数（个）	全部资产合计			流动资产		
		2016年	2015年	增长(%)	2016年	2015年	增长(%)
总　　计	**633**	**4424.78**	**3814.56**	**16.0**	**2186.82**	**1554.06**	**40.7**
市　区	**389**	**3654.83**	**3150.88**	**16.0**	**1765.71**	**1330.95**	**32.7**
连云区	75	793.15	723.82	9.6	324.01	276.50	17.2
海州区	99	777.95	647.84	20.1	364.88	226.30	61.2
赣榆区	127	387.52	367.07	5.6	247.09	217.66	13.5
开发区	61	584.95	469.58	24.6	371.05	276.23	34.3
高新区	21	647.69	614.66	5.4	301.76	211.26	42.8
徐圩新区	5	457.79	322.16	42.1	153.57	119.68	28.3
云台山风景区	1	5.78	5.74	0.7	3.35	3.33	0.4
三　县	**244**	**769.96**	**663.69**	**16.0**	**421.11**	**223.10**	**88.8**
东海县	139	268.37	238.56	12.5	80.29	51.91	54.7
灌云县	72	311.94	242.61	28.6	177.21		
灌南县	33	189.64	182.51	3.9	163.61	160.55	1.9

分区县主要经济指标(一)

单位:亿元

固定资产原价			累计固定资产折旧			本年固定资产折旧		
2016年	2015年	增长(%)	2016年	2015年	增长(%)	2016年	2015年	增长(%)
629.48	**586.38**	**7.4**	**164.24**	**104.96**	**56.5**	**30.05**	**29.66**	**1.3**
553.36	**513.31**	**7.8**	**153.65**	**95.91**	**60.2**	**26.27**	**25.93**	**1.3**
227.23	179.66	26.5	43.19	28.69	50.5	6.18	6.24	-1.1
158.08	162.60	-2.8	77.10	41.60	85.3	12.35	11.85	4.3
25.39	22.47	13.0	6.76	5.66	19.4	1.41	1.28	10.2
70.87	66.55	6.5	13.31	11.05	20.5	3.06	3.72	-17.7
49.83	74.91	-33.5	9.95	7.72	29.0	2.69	2.66	0.9
19.47	4.58		3.27	1.05		0.57	0.17	
2.49	2.55	-2.4	0.05	0.14		0.02	0.02	9.9
76.13	**73.06**	**4.2**	**10.59**	**9.05**	**17.0**	**3.78**	**3.73**	**1.4**
30.07	28.96	3.8	4.78	3.71	28.8	1.53	1.40	9.4
35.23	33.88	4.0	3.73	3.36	11.2	1.71	1.67	2.6
10.83	10.23	5.9	2.08	1.99	4.8	0.54	0.66	-18.3

表 10-36 续表 1

项　　目	单位数(个)	负债总计			所有者权益		
		2016年	2015年	增长(%)	2016年	2015年	增长(%)
总　　计	**633**	**2543.66**	**2002.09**	**27.1**	**1881.12**	**1812.47**	**3.8**
市　区	**389**	**2207.30**	**1739.98**	**26.9**	**1447.53**	**1410.89**	**2.6**
连云区	75	484.08	449.91	7.6	309.07	273.91	12.8
海州区	99	536.73	377.76	42.1	241.21	270.09	-10.7
赣榆区	127	188.86	147.60	28.0	198.66	219.47	-9.5
开发区	61	350.98	296.18	18.5	233.97	173.40	34.9
高新区	21	360.25	264.92	36.0	287.43	349.75	-17.8
徐圩新区	5	281.63	198.99	41.5	176.17	123.17	43.0
云台山风景区	1	4.77	4.64	2.8	1.02	1.11	-8.1
三　县	**244**	**336.36**	**262.11**	**28.3**	**433.60**	**401.58**	**8.0**
东海县	139	156.57	129.49	20.9	111.80	109.08	2.5
灌云县	72	110.08	67.45	63.2	201.86	175.17	15.2
灌南县	33	69.71	65.17	7.0	119.93	117.34	2.2

分区县主要经济指标(二)

单位:亿元

营业收入			主营业务收入			营业外收入		
2016年	2015年	增长(%)	2016年	2015年	增长(%)	2016年	2015年	增长(%)
550.58	**497.69**	**10.6**	**508.52**	**478.33**	**6.3**	**23.82**	**21.15**	**12.6**
453.25	**415.69**	**9.0**	**412.61**	**396.82**	**4.0**	**22.13**	**19.66**	**12.5**
166.39	158.06	5.3	152.16	145.18	4.8	10.03	5.37	86.9
100.59	92.92	8.3	85.29	90.40	−5.7	3.96	4.54	−12.8
37.08	27.79	33.4	35.21	27.74	26.9	0.05	0.14	−66.3
70.20	78.89	−11.0	67.00	76.47	−12.4	4.32	6.66	−35.1
42.75	39.87	7.2	36.77	38.89	−5.5	2.29	1.00	127.4
34.92	17.13	103.9	34.87	17.11	103.8	1.48	1.94	−23.6
1.32	1.04	27.5	1.32	1.02	29.1	0.01	0.01	−45.4
97.33	**82.00**	**18.7**	**95.91**	**81.51**	**17.7**	**1.69**	**1.48**	**13.8**
44.24	35.94	23.1	43.09	35.74	20.6	1.44	1.28	12.5
37.65	31.13	21.0	37.63	31.09	21.0	0.05	0.02	163.4
15.44	14.93	3.4	15.20	14.68	3.5	0.20	0.18	8.2

表 10-36 续表 2

项　　目	单位数（个）	营业成本			主营业务成本		
		2016年	2015 年	增长(%)	2016年	2015年	增长(%)
总　　计	**633**	**443.35**	**393.80**	**12.6**	**412.00**	**374.28**	**10.1**
市　区	**389**	**371.05**	**331.82**	**11.8**	**341.47**	**313.66**	**8.9**
连云区	75	148.31	134.15	10.6	137.52	125.06	10.0
海州区	99	76.72	65.67	16.8	63.42	60.30	5.2
赣榆区	127	28.44	20.60	38.0	25.52	20.55	24.2
开发区	61	59.69	67.50	-11.6	57.75	64.43	-10.4
高新区	21	29.34	28.36	3.5	28.74	27.78	3.5
徐圩新区	5	27.33	14.66	86.4	27.29	14.66	86.2
云台山风景区	1	1.22	0.88	38.6	1.22	0.88	38.6
三　县	**244**	**72.29**	**61.98**	**16.6**	**70.53**	**60.61**	**16.4**
东海县	139	32.11	26.64	20.6	31.02	25.84	20.1
灌云县	72	29.06	24.70	17.6	28.85	24.45	18.0
灌南县	33	11.12	10.64	4.5	10.66	10.33	3.2

分区县主要经济指标（三）

单位:亿元

营业外支出			营业税金及附加			销售费用		
2016年	2015年	增长(%)	2016年	2015年	增长(%)	2016年	2015年	增长(%)
2.54	**2.02**	**25.9**	**5.30**	**6.19**	**(14.4)**	**13.21**	**12.95**	**2.0**
1.70	**1.79**	**-5.4**	**3.15**	**4.20**	**-25.0**	10.46	**10.78**	**-3.0**
0.67	0.67	0.5	0.71	1.13	-36.7	0.32	0.57	-44.8
0.70	0.75	-6.9	0.87	1.41	-38.2	7.01	8.35	-16.0
0.04	0.02	96.4	0.34	0.41	-17.2	0.69	0.58	17.9
0.05	0.16	-70.1	0.38	0.36	3.2	1.18	0.85	39.3
0.21	0.15	39.0	0.56	0.69	-19.5	1.01	0.42	142.5
0.02	0.03	-37.0	0.26	0.16	57.1	0.24	0.00	
0.00	0.00	-10.4	0.04	0.04	8.1	0.01	0.01	-8.2
0.85	**0.23**	**269.5**	**2.15**	**1.99**	**7.8**	**2.75**	**2.17**	**26.9**
0.08	0.04	95.4	0.85	0.87	-2.1	1.84	1.47	25.6
0.07	0.00		1.15	0.92	24.9	0.82	0.63	29.9
0.70	0.19	272.2	0.14	0.20	-28.1	0.09	0.07	27.6

表 10-36 续表 3

项目	单位数(个)	管理费用			管理费用之税金		
		2016年	2015 年	增长(%)	2016年	2015年	增长(%)
总计	**633**	**56.87**	**50.10**	**13.5**	**3.32**	**3.99**	**(16.8)**
市区	**389**	**48.96**	**43.84**	**11.7**	**3.05**	**3.77**	**-19.3**
连云区	75	15.77	14.88	6.0	0.89	1.04	-14.1
海州区	99	14.71	14.54	1.1	0.44	0.36	21.8
赣榆区	127	2.70	2.29	18.1	0.12	0.14	-11.3
开发区	61	4.52	4.36	3.5	0.04	0.06	-35.9
高新区	21	7.28	5.50	32.5	1.34	1.66	-19.1
徐圩新区	5	3.68	2.00	83.8	0.21	0.52	-59.5
云台山风景区	1	0.30	0.27	11.1	0.00	0.00	
三县	**244**	**7.91**	**6.26**	**26.4**	**0.27**	**0.21**	**27.6**
东海县	139	4.60	3.22	42.8	0.17	0.14	22.0
灌云县	72	1.40	1.08	28.7	0.09	0.06	45.1
灌南县	33	1.92	1.95	-1.8	0.01	0.01	-5.3

分区县主要经济指标（四）

单位：亿元

财务费用			应交所得税			应交增值税		
2016年	2015年	增长（%）	2016年	2015年	增长（%）	2016年	2015年	增长（%）
24.56	**18.45**	**33.1**	**6.97**	**7.63**	**(8.7)**	**5.48**	**6.65**	**(17.5)**
22.41	**16.60**	**35.0**	**4.81**	**5.77**	**–16.6**	**4.11**	**5.63**	**–27.0**
8.66	7.67	12.9	1.03	1.13	–8.8	1.15	2.06	–44.0
1.49	1.59	–6.3	1.62	2.60	–37.9	2.28	2.56	–11.0
0.66	0.44	50.1	0.60	0.53	14.2	0.13	0.20	–33.9
4.51	4.41	2.3	0.62	0.70	–11.9	0.43	0.43	0.4
0.81	0.61	32.6	0.78	0.66	17.2	0.09	0.03	196.8
6.28	1.88	233.4	0.16	0.14	14.5	0.01	0.35	–98.0
0.00	0.00	–50.0	0.00	0.00		0.02	0.00	
2.15	**1.85**	**16.0**	**2.16**	**1.87**	**15.8**	**1.37**	**1.02**	**35.3**
0.99	0.89	11.9	1.03	0.91	12.4	0.73	0.62	17.2
1.06	0.85	24.1	0.80	0.64	25.7	0.47	0.32	46.5
0.10	0.11	–13.2	0.34	0.32	5.7	0.17	0.07	146.4

表 10-36 续表 4

项　　目	单位数（个）	投资收益			营业利润		
		2016年	2015年	增长(%)	2016年	2015年	增长(%)
总　　计	**633**	**3.76**	**8.03**	**(53.2)**	**19.48**	**32.58**	**(40.2)**
市　区	**389**	**3.75**	**8.02**	**-53.3**	**9.22**	**24.12**	**-61.8**
连云区	75	2.39	2.57	-6.7	-4.84	0.45	
海州区	99	0.75	4.90	-84.7	5.28	9.37	-43.7
赣榆区	127	0.10	0.08	28.5	4.44	3.37	31.7
开发区	61	0.03	0.02	30.6	0.49	2.10	-76.7
高新区	21	0.42	0.42	-0.8	2.81	3.58	-21.4
徐圩新区	5	0.06	0.04	51.3	1.29	5.38	-76.1
云台山风景区	1	0.00	0.00		-0.25	-0.14	
三　县	**244**	**0.01**	**0.01**	**77.1**	**10.26**	**8.46**	**21.2**
东海县	139	0.00	0.00		3.95	3.56	10.8
灌云县	72	0.01	0.00		4.15	2.89	43.3
灌南县	33	0.01	0.01	1.0	2.16	2.01	7.6

分区县主要经济指标(五)

单位:亿元

利润总额			应付职工薪酬			从业人员平均人数(人)		
2016年	2015年	增长(%)	2016年	2015年	增长(%)	2016年	2015年	增长(%)
40.86	**50.60**	**(19.3)**	**70.74**	**66.06**	**7.1**	**90335**	**90973**	**(0.7)**
29.75	**40.69**	**-26.9**	**58.88**	**54.94**	**7.2**	**68310**	**68487**	**-0.3**
4.51	4.93	-8.4	23.14	22.08	4.8	22114	22423	-1.4
8.54	12.70	-32.7	17.95	17.45	2.8	24355	24854	-2.0
4.44	3.41	30.2	5.60	5.54	1.1	9823	10452	-6.0
4.76	7.53	-36.8	3.38	3.01	12.6	3645	3442	5.9
4.97	4.97	0.1	6.46	5.70	13.4	6215	5374	15.6
2.75	7.29	-62.3	1.65	0.59	180.6	1325	1021	29.8
-0.24	-0.14		0.69	0.57	20.6	833	921	-9.6
11.11	**9.91**	**12.1**	**11.87**	**11.11**	**6.8**	**22025**	**22486**	**-2.1**
5.31	4.75	11.9	6.33	5.85	8.1	11996	12482	-3.9
4.12	3.22	27.9	2.07	1.99	3.7	4706	4497	4.6
1.67	1.94	-13.5	3.47	3.27	6.3	5323	5507	-3.3

表 10-37

项　　目	统计单位数(家)			使用计算机数(台)		
	2016年	2015年	增长(%)	2016年	2015年	增长(%)
总　　计	**3683**	**3483**	**5.7**	**120801**	**108155**	**11.7**
一、按单位规模分						
大　型	52	51	2.0	35104	33967	3.3
中　型	546	557	-2.0	34801	30813	12.9
小　型	2659	2494	6.6	35342	33164	6.6
微　型	376	340	10.6	7338	4243	72.9
二、按登记注册类型分						
1、内资企业	3462	3256	6.3	108106	96636	11.9
国有企业	63	72	-12.5	5270	5233	0.7
集体企业	37	40	-7.5	546	736	-25.8
股份合作企业	4	4	0.0	132	205	-35.6
有限责任公司	686	658	4.3	45412	40746	11.5
股份有限公司	70	70	0.0	13006	9328	39.4
私营企业	2521	2330	8.2	40152	38880	3.3
其他企业	81	82	-1.2	3588	1508	137.9
2、港澳台商投资企业	90	85	5.9	4346	3284	32.3
与港澳台商合资经营企业	34	32	6.3	1108	1095	1.2
与港澳台商合作经营企业	1	1	0.0	27	27	0.0
港澳台商独资经营企业	50	46	8.7	2874	1496	92.1
港澳台商投资股份有限公司	5	6	-16.7	337	666	-49.4
3、外商投资企业	131	142	-7.7	8349	8235	1.4
中外合资经营企业	60	64	-6.3	3088	3038	1.6
外资企业	68	74	-8.1	2522	2396	5.3
外商投资股份有限公司	3	4	-25.0	2739	2801	-2.2
三、按企业控股情况分						
国有控股	272	260	4.6	42704	34994	22.0
集体控股	77	86	-10.5	3929	2325	69.0
私人控股	3013	2811	7.2	55987	53918	3.8
港澳台商控股	80	79	1.3	4123	3070	34.3
外商控股	106	112	-5.4	7178	7052	1.8
其　他	131	130	0.8	6290	6116	2.8
四、隶属关系						
中　央	28	29	-3.4	13710	9802	39.9
省	40	40	0.0	10867	7161	51.8
市	145	142	2.1	25929	24593	5.4
县　区	147	157	-6.4	5014	4735	5.9
其　他	3293	3115	5.7	64681	61864	4.6

及电子商务主要指标（一）

从事信息技术工作人数(人)			企业全部信息化投入(万元)			一次性信息化投入(万元)		
2016年	2015年	增长(%)	2016年	2015年	增长(%)	2016年	2015年	增长(%)
7813	**7414**	**5.4**	**58080**	**60680**	**-4.3**	**38581**	**42339**	**-8.9**
723	712	1.5	17317	17339	-0.1	12800	11760	8.8
1617	1685	-4.0	18103	13652	32.6	9724	9083	7.1
3686	4399	-16.2	18807	26926	-30.2	13801	19462	-29.1
1632	519	214.5	2701	1973	36.9	1453	1459	-0.4
7419	6827	8.7	49964	50759	-1.6	33610	36807	-8.7
146	170	-14.1	2954	2413	22.4	2031	1886	7.7
57	64	-10.9	189	120	57.5	121	68	77.9
5	9	-44.4	9	76	-88.2	1	51	-98.0
2976	1770	68.1	19092	18895	1.0	13510	14175	-4.7
313	437	-28.4	6776	3598	88.3	2768	2733	1.3
3792	4230	-10.4	19751	24998	-21.0	14309	17357	-17.6
130	147	-11.6	1193	659	81.0	870	537	62.0
166	254	-34.6	2722	2124	28.2	1815	1462	24.1
56	54	3.7	459	785	-41.5	344	606	-43.2
1	1	0.0	8	10	-20.0	8	8	0.0
101	75	34.7	2199	251		1440	161	
8	124	-93.5	56	1078	-94.8	23	687	-96.7
228	333	-31.5	5394	7797	-30.8	3156	4070	-22.5
105	108	-2.8	3681	4073	-9.6	2668	2746	-2.8
89	116	-23.3	1310	1064	23.1	288	566	-49.1
34	109	-68.8	403	2660	-84.8	200	758	-73.6
2253	1276	76.6	22609	19360	16.8	14454	14784	-2.2
192	152	26.3	1023	1874	-45.4	678	1662	-59.2
4706	5091	-7.6	23842	30013	-20.6	17379	21048	-17.4
164	250	-34.4	4642	1746	165.9	3686	1125	227.6
180	277	-35.0	2970	4986	-40.4	843	1778	-52.6
306	353	-13.3	2827	2533	11.6	1431	1825	-21.6
1154	145	695.9	5775	5712	1.1	3862	4100	-5.8
300	456	-34.2	6277	4486	39.9	2343	2200	6.5
780	730	6.8	11312	11517	-1.8	8989	8934	0.6
226	275	-17.8	2304	1527	50.9	1741	1168	49.1
5306	5808	-8.6	32262	37438	-13.8	21561	25937	-16.9

全市全部网报企业分类型信息化

表 10-38

项　　目	其中:运营维护投入(万元)			其中:硬件投入(万元)		
	2016年	2015年	增长(%)	2016年	2015年	增长(%)
总　　计	**19498**	**18341**	**6.3**	**23285**	**27921**	**-16.6**
一、按单位规模分						
大　型	4517	5579	-19.0	6151	6107	0.7
中　型	8379	4569	83.4	6082	5990	1.5
小　型	5005	7464	-32.9	9652	14607	-33.9
微　型	1248	514	142.8	917	721	27.2
二、按登记注册类型分						
1、内资企业	16353	13952	17.2	19653	24139	-18.6
国有企业	923	527	75.1	1273	1207	5.5
集体企业	68	52	30.8	89	50	78.0
股份合作企业	8	25	-68.0	1	41	-97.6
有限责任公司	5582	4720	18.3	5974	7559	-21.0
股份有限公司	4008	865	363.4	2060	1963	4.9
私营企业	5441	7641	-28.8	9726	12836	-24.2
其他企业	323	122	164.8	530	483	9.7
2、港澳台商投资企业	907	662	37.0	1081	696	55.3
与港澳台商合资经营企业	115	179	-35.8	239	304	-21.4
与港澳台商合作经营企业		2	-100.0	8	8	0.0
港澳台商独资经营企业	759	90	743.3	820	122	
港澳台商投资股份有限公司	33	391	-91.6	14	262	-94.7
3、外商投资企业	2238	3727	-40.0	2551	3086	-17.3
中外合资经营企业	1013	1327	-23.7	2234	2193	1.9
外资企业	1022	498	105.2	219	344	-36.3
外商投资股份有限公司	203	1902	-89.3	98	549	-82.1
三、按企业控股情况分						
国有控股	8155	4576	78.2	6896	8941	-22.9
集体控股	345	212	62.7	437	972	-55.0
私人控股	6462	8965	-27.9	11751	15264	-23.0
港澳台商控股	956	621	53.9	2753	546	404.2
外商控股	2127	3208	-33.7	554	1192	-53.5
其　他	1396	708	97.2	810	899	-9.9
四、隶属关系						
中　央	1913	1612	18.7	1473	2007	-26.6
省	3934	2286	72.1	1979	1909	3.7
市	2323	2583	-10.1	5165	5598	-7.7
县　区	563	359	56.8	1084	960	12.9
其　他	10700	11501	-7.0	13531	17447	-22.4

及电子商务主要指标(二)

其中:软件投入(万元)			拥有网站数量(个)			电子商务自有交易平台(个)		
2016年	2015年	增长(%)	2016年	2015年	增长(%)	2016年	2015年	增长(%)
15299	**14417**	**6.1**	**1882**	**1887**	**-0.3**	**8**	**2**	**300.0**
6649	5653	17.6	68	70	-2.9	4		
3642	3093	17.7	344	390	-11.8	1	1	
4152	4855	-14.5	1296	1267	2.3	3	1	
536	737	-27.3	136	125	8.8			
13960	12667	10.2	1726	1722	0.2	8	2	
758	679	11.6	42	47	-10.6			
32	18	77.8	13	15	-13.3			
	10	-100.0	2	2	0.0			
7539	6616	14.0	402	397	1.3	3		
708	770	-8.1	48	54	-11.1			
4583	4520	1.4	1185	1174	0.9	5	2	
340	54		34	33	3.0			
734	766	-4.2	57	58	-1.7			
105	302	-65.2	22	26	-15.4			
620	39		31	27	14.8			
9	425	-97.9	4	5	-20.0			
605	984	-38.5	99	107	-7.5			
434	553	-21.5	47	54	-13.0			
69	222	-68.9	45	44	2.3			
102	209	-51.2	7	9	-22.2			
7561	5843	29.4	212	213	-0.5			
241	690	-65.1	34	39	-12.8			
5628	5783	-2.7	1424	1415	0.6	8	2	
933	579	61.1	54	60	-10.0			
289	586	-50.7	80	84	-4.8			
621	926	-32.9	73	70	4.3			
2389	2093	14.1	24	25	-4.0			
364	291	25.1	34	35	-2.9			
3827	3336	14.7	136	135	0.7	3		
657	208	215.9	80	97	-17.5			
8030	8489	-5.4	1589	1595	-0.4	5	2	

全市全部网报企业分类型信息化

表 10-39

项目	电子商务交易总额(万元)			全年电子商务销售(万元)		
	2016年	2015年	增长(%)	2016年	2015年	增长(%)
总计	**1088912**	**735347**	**48.1**	**620625**	**438048**	**41.7**
一、按单位规模分						
大型	625042	279995	123.2	329246	158476	107.8
中型	168603	235430	-28.4	110361	137832	-19.9
小型	287525	210285	36.7	176089	136490	29.0
微型	7561	9584	-21.1	4769	5215	-8.6
二、按登记注册类型分						
1、内资企业	1073951	694091	54.7	607844	406437	49.6
国有企业	397297	568		199690	440	
集体企业		272			147	
股份合作企业						
有限责任公司	247783	343442	-27.9	143858	186690	-22.9
股份有限公司	960	6990	-86.3	926	5675	-83.7
私营企业	427907	342804	24.8	263366	213470	23.4
其他企业	4	15	-73.3	4	15	-73.3
2、港澳台商投资企业	12436	24297	-48.8	10730	19233	-44.2
与港澳台商合资经营企业	1071	9564	-88.8	656	7863	-91.7
与港澳台商合作经营企业						
港澳台商独资经营企业	3440	2506	37.3	2149	943	127.9
港澳台商投资股份有限公司	7925	12227	-35.2	7925	10427	-24.0
3、外商投资企业	2525	16959	-85.1	2051	12378	-83.4
中外合资经营企业	2248	2419	-7.1	1931	2273	-15.0
外资企业	277	6620	-95.8	120	2185	-94.5
外商投资股份有限公司		7920			7920	
三、按企业控股情况分						
国有控股	632607	277512	128.0	332183	149449	122.3
集体控股		280			149	
私人控股	437739	413396	5.9	271869	256971	5.8
港澳台商控股	13233	22497	-41.2	11422	18324	-37.7
外商控股	277	16350	-98.3	120	11797	-99.0
其他	5056	5312	-4.8	5031	1358	270.5
四、隶属关系						
中央	404869	232129	74.4	199946	132614	50.8
省	1134	17573	-93.5	819	8893	-90.8
市	232634	11931		137401	11097	
县区	736	8803	-91.6	192	3009	-93.6
其他	448484	464911	-3.5	281612	282435	-0.3

及电子商务主要指标（三）

其中：对境外销售（万元）			全年电子商务采购（万元）			其中：对境外采购（万元）		
2016年	2015年	增长（%）	2016年	2015年	增长（%）	2016年	2015年	增长（%）
73515	**92007**	**-20.1**	**468287**	**297299**	**57.5**	**2102**	**4336**	**-51.5**
31102	54420	-42.8	295796	121519	143.4			
335	18161	-98.2	58242	97598	-40.3	180	1080	-83.3
42018	19022	120.9	111436	73795	51.0	1904	3256	-41.5
60	404	-85.1	2792	4369	-36.1	18		
65588	81255	-19.3	466107	287654	62.0	2099	4036	-48.0
35	31	12.9	197607	128				
				125				
31532	52350	-39.8	103925	156752	-33.7	238	1060	-77.5
	900		34	1315	-97.4			
34021	27974	21.6	164541	129334	27.2	1861	2976	-37.5
7925	10052	-21.2	1706	5064	-66.3		300	
	1525		415	1701	-75.6			
	100		1291	1563	-17.4			
7925	8427	-6.0		1800			300	
2	700	-99.7	474	4581	-89.7	3		
2	500	-99.6	317	146	117.1	3		
	200		157	4435	-96.5			
31137	42351	-26.5	300424	128063	134.6		820	
				131				
34431	39899	-13.7	165870	156425	6.0	2059	3156	-34.8
7945	8557	-7.2	1811	4173	-56.6	40	360	-88.9
	700	-100.0	157	4553	-96.6			
2	500	-99.6	25	3954	-99.4	3		
	41220		204923	99515	105.9			
	150		315	8680	-96.4		20	
31402	10200	207.9	95233	834		180	180	0.0
20	531	-96.2	544	5794	-90.6	40	60	-33.3
42093	39906	5.5	166872	182476	-8.6	1882	4076	-53.8

全市全部网报企业分行业信息化

表 10-40

项目	统计单位数(家)			使用计算机数(台)		
	2016年	2015年	增长(%)	2016年	2015年	增长(%)
总计	**3683**	**3483**	**5.7**	**120801**	**108155**	**11.7**
采矿业	**24**	**25**	**-4.0**	**1509**	**1453**	**3.9**
# 非金属矿采选业	20	21	-4.8	1465	1414	3.6
制造业	**1752**	**1629**	**7.6**	**45196**	**42136**	**7.3**
农副食品加工业	187	174	7.5	2262	2353	-3.9
食品制造业	37	31	19.4	922	583	58.1
酒、饮料和精制茶制造业	18	17	5.9	525	434	21.0
纺织业	39	35	11.4	623	590	5.6
纺织服装、服饰业	112	98	14.3	950	964	-1.5
皮革、毛皮、羽毛及其制品和制鞋业	29	21	38.1	237	254	-6.7
木材加工和木、竹、藤、棕、草制品业	50	55	-9.1	526	764	-31.2
家具制造业	14	12	16.7	143	142	0.7
造纸和纸制品业	20	21	-4.8	172	129	33.3
印刷和记录媒介复制业	43	42	2.4	322	336	-4.2
文教、工美、体育和娱乐用品制造业	59	49	20.4	850	752	13.0
石油加工、炼焦和核燃料加工业	6	5	20.0	224	213	5.2
化学原料和化学制品制造业	286	275	4.0	7298	6985	4.5
医药制造业	53	58	-8.6	12595	11350	11.0
化学纤维制造业	5	6	-16.7	347	294	18.0
橡胶和塑料制品业	52	42	23.8	445	401	11.0
非金属矿物制品业	314	288	9.0	4017	3605	11.4
黑色金属冶炼和压延加工业	43	44	-2.3	1705	1874	-9.0
有色金属冶炼和压延加工业	21	20	5.0	285	316	-9.8
金属制品业	66	63	4.8	1236	1143	8.1
通用设备制造业	39	36	8.3	1061	1108	-4.2
专用设备制造业	78	73	6.8	2003	2256	-11.2
汽车制造业	17	18	-5.6	424	238	78.2
铁路、船舶、航空航天和其他运输设备制造业	12	13	-7.7	627	751	-16.5
电气机械和器材制造业	91	77	18.2	3256	2419	34.6
计算机、通信和其他电子设备制造业	38	30	26.7	1648	1382	19.2
仪器仪表制造业	6	5	20.0	310	300	3.3
其他制造业	5	6	-16.7	14	29	-51.7
废弃资源综合利用业	12	15	-20.0	169	171	-1.2

及电子商务主要指标(一)

从事信息技术工作人数(人)			企业全部信息化投入(万元)			一次性信息化投入(万元)		
2016年	2015年	增长(%)	2016年	2015年	增长(%)	2016年	2015年	增长(%)
7813	**7414**	**5.4**	**58080**	**60680**	**-4.3**	**38581**	**42339**	**-8.9**
38	**44**	**-13.6**	**468**	**1080**	**-56.7**	**376**	**982**	**-61.7**
34	37	-8.1	461	1076	-57.2	372	980	-62.0
2954	**3576**	**-17.4**	**24922**	**24794**	**0.5**	**17185**	**16214**	**6.0**
244	318	-23.3	1140	1471	-22.5	744	887	-16.1
58	67	-13.4	1074	292	267.8	332	212	56.6
34	39	-12.8	379	720	-47.4	327	526	-37.8
47	57	-17.5	295	308	-4.2	234	245	-4.5
136	162	-16.0	402	518	-22.4	289	396	-27.0
41	36	13.9	195	100	95.0	159	75	112.0
83	111	-25.2	126	539	-76.6	71	388	-81.7
16	20	-20.0	48	60	-20.0	33	51	-35.3
31	48	-35.4	137	113	21.2	95	76	25.0
50	73	-31.5	142	108	31.5	110	68	61.8
76	101	-24.8	358	441	-18.8	263	333	-21.0
55	10	450.0	101	128	-21.1	35	69	-49.3
520	553	-6.0	6019	3547	69.7	4820	2364	103.9
294	373	-21.2	4434	6324	-29.9	2587	3514	-26.4
8	10	-20.0	60	71	-15.5	45	29	55.2
63	72	-12.5	291	331	-12.1	213	233	-8.6
427	582	-26.6	2131	2337	-8.8	1582	1549	2.1
72	77	-6.5	879	812	8.3	464	524	-11.5
23	31	-25.8	111	155	-28.4	81	83	-2.4
164	97	69.1	477	685	-30.4	283	457	-38.1
57	80	-28.8	776	959	-19.1	522	692	-24.6
125	150	-16.7	1769	1961	-9.8	1548	1662	-6.9
28	32	-12.5	563	100	463.0	453	85	
72	83	-13.3	81	107	-24.3	55	82	-32.9
144	185	-22.2	1834	1576	16.4	1452	1143	27.0
54	159	-66.0	755	672	12.4	154	194	-20.6
12	12	0.0	247	144	71.5	170	121	40.5
6	9	-33.3	23	51	-54.9	19	32	-40.6
14	29	-51.7	75	164	-54.3	45	124	-63.7

表 10-40 续表 1

项　　目	统计单位数(家)			使用计算机数(台)		
	2016年	2015年	增长(%)	2016年	2015年	增长(%)
总　　计	**3683**	**3483**	**5.7**	**120801**	**108155**	**11.7**
电力、热力、燃气及水生产和供应业	**34**	**26**	**30.8**	**6013**	**5389**	**11.6**
电力、热力生产和供应业	21	15	40.0	5389	4799	12.3
燃气生产和供应业	4	4		110	89	23.6
水的生产和供应业	9	7	28.6	514	501	2.6
建筑业	**316**	**319**	**-0.9**	**9498**	**10061**	**-5.6**
房屋建筑业	154	155	-0.6	4630	5154	-10.2
土木工程建筑业	71	73	-2.7	2792	2921	-4.4
建筑安装业	33	33		1100	1062	3.6
建筑装饰和其他建筑业	58	58		976	924	5.6
批发和零售业	**522**	**529**	**-1.3**	**8556**	**8923**	**-4.1**
批发业	229	238	-3.8	3513	3987	-11.9
零售业	293	291	0.7	5043	4936	2.2
交通运输、仓储和邮政业	**269**	**245**	**9.8**	**11821**	**11092**	**6.6**
道路运输业	137	120	14.2	2650	1619	63.7
水上运输业	19	19	0.0	5343	5325	0.3
航空运输业	1	1	0.0	48	60	-20.0
装卸搬运和运输代理业	84	78	7.7	2416	2833	-14.7
仓储业	12	12	0.0	377	325	16.0
邮政业	16	15	6.7	987	930	6.1
住宿和餐饮业	**102**	**104**	**-1.9**	**1979**	**1904**	**3.9**
住宿业	47	51	-7.8	1542	1443	6.9
餐饮业	55	53	3.8	437	461	-5.2
信息传输、软件和信息技术服务业	**27**	**22**	**22.7**	**8139**	**4668**	**74.4**
电信、广播电视和卫星传输服务	9	9	0.0	7345	4076	80.2
互联网和相关服务	4	3	33.3	171	37	362.2
软件和信息技术服务业	14	10	40.0	623	555	12.3
房地产业	**334**	**310**	**7.7**	**3946**	**4080**	**-3.3**
房地产开发经营	300	266	12.8	3405	3433	-0.8
物业管理	33	29	13.8	539	526	2.5
自有房地产经营活动	1			2		

从事信息技术工作人数(人)			企业全部信息化投入(万元)			一次性信息化投入(万元)		
2016年	2015年	增长(%)	2016年	2015年	增长(%)	2016年	2015年	增长(%)
7813	**7414**	**5.4**	**58080**	**60680**	**-4.3**	**38581**	**42339**	**-8.9**
91	**71**	**28.2**	**4083**	**3532**	**15.6**	**2787**	**2460**	**13.3**
59	40	47.5	3760	3222	16.7	2596	2213	17.3
4	5	-20.0	11	15	-26.7	6	12	-50.0
28	26	7.7	312	295	5.8	185	235	-21.3
641	**507**	**26.4**	**4353**	**7183**	**-39.4**	**3060**	**4103**	**-25.4**
284	243	16.9	2692	1633	64.8	1888	926	103.9
130	133	-2.3	763	887	-14.0	575	666	-13.7
121	52	132.7	280	115	143.5	185	79	134.2
106	79	34.2	618	4548	-86.4	412	2432	-83.1
749	**854**	**-12.3**	**4078**	**3461**	**17.8**	**2765**	**2428**	**13.9**
291	360	-19.2	1975	1603	23.2	1234	1168	5.7
458	494	-7.3	2103	1858	13.2	1531	1260	21.5
617	**603**	**2.3**	**6784**	**8193**	**-17.2**	**4634**	**6336**	**-26.9**
212	192	10.4	485	573	-15.4	275	327	-15.9
235	232	1.3	4663	3898	19.6	3209	2924	9.7
3	5	-40.0	3	5	-40.0	2	5	-60.0
105	113	-7.1	730	3177	-77.0	483	2743	-82.4
16	18	-11.1	309	39	692.3	289	23	1156.5
46	43	7.0	594	501	18.6	376	314	19.7
137	**165**	**-17.0**	**310**	**384**	**-19.3**	**209**	**256**	**-18.4**
70	84	-16.7	179	175	2.3	119	113	5.3
67	81	-17.3	131	209	-37.3	90	143	-37.1
469	**546**	**-14.1**	**6679**	**2762**	**141.8**	**2940**	**2207**	**33.2**
198	305	-35.1	4951	1502	229.6	1443	1166	23.8
74	5		71	11	545.5	51	6	750.0
197	236	-16.5	1657	1249	32.7	1446	1035	39.7
411	**383**	**7.3**	**1044**	**1192**	**-12.4**	**750**	**819**	**-8.4**
365	323	13.0	927	1025	-9.6	667	704	-5.3
44	44	0.0	115	127	-9.4	81	89	-9.0
2			2			2		

表 10-40 续表 2

项　　目	统计单位数(家)			使用计算机数(台)		
	2016年	2015年	增长(%)	2016年	2015年	增长(%)
总　　计	**3683**	**3483**	**5.7**	**120801**	**108155**	**11.7**
租赁和商务服务业	**103**	**89**	**15.7**	**5692**	**5581**	**2.0**
租赁业	8	8	0.0	25	36	-30.6
商务服务业	95	81	17.3	5667	5545	2.2
科学研究和技术服务业	**94**	**93**	**1.1**	**5345**	**2952**	**81.1**
研究和试验发展	3	2	50.0	3408	585	482.6
专业技术服务业	36	35	2.9	1622	2017	-19.6
科技推广和应用服务业	55	56	-1.8	315	350	-10.0
水利、环境和公共设施管理业	**20**	**15**	**33.3**	**711**	**268**	**165.3**
水利管理业	1	1	0.0	45	50	-10.0
生态保护和环境治理业	2	1	100.0	75	40	87.5
公共设施管理业	17	13	30.8	591	178	232.0
居民服务、修理和其他服务业	**15**	**14**	**7.1**	**1333**	**856**	**55.7**
居民服务业	6	7	-14.3	791	563	40.5
机动车、电子产品和日用产品修理业	6	5	20.0	78	69	13.0
其他服务业	3	2	50.0	464	224	107.1
教　育	**40**	**36**	**11.1**	**8594**	**6632**	**29.6**
教育	40	36	11.1	8594	6632	29.6
卫生和社会工作	**22**	**18**	**22.2**	**1640**	**1271**	**29.0**
卫生	22	18	22.2	1640	1271	29.0
文化、体育和娱乐业	**9**	**9**		**829**	**889**	**-6.7**
新闻和出版业	1	1		200	285	-29.8
广播、电视、电影和影视录音制作业	3	3		544	527	3.2
文化艺术业	2	2		64	45	42.2
娱乐业	3	3		21	32	-34.4
附:按主要产业分						
第二产业	**2126**	**1999**	**6.4**	**62216**	**59039**	**5.4**
# 工　业	1810	1680	7.7	52718	48978	7.6
第三产业	**1557**	**1469**	**6.0**	**58585**	**48995**	**19.6**
# 规上服务业	633	570	11.1	44645	34735	28.5

从事信息技术工作人数(人)			企业全部信息化投入(万元)			一次性信息化投入(万元)		
2016年	2015年	增长(%)	2016年	2015年	增长(%)	2016年	2015年	增长(%)
7813	**7414**	**5.4**	**58080**	**60680**	**–4.3**	**38581**	**42339**	**–8.9**
251	**242**	**3.7**	**1040**	**2124**	**–51.0**	**628**	**1411**	**–55.5**
8	18	–55.6	18	20	–10.0	11	13	–15.4
243	224	8.5	1022	2104	–51.4	617	1398	–55.9
1165	**192**	**506.8**	**2089**	**2279**	**–8.3**	**1710**	**2114**	**–19.1**
1006	6		783	503	55.7	663	462	43.5
89	90	–1.1	1094	1576	–30.6	913	1519	–39.9
70	96	–27.1	212	200	6.0	134	133	0.8
23	**24**	**–4.2**	**125**	**99**	**26.3**	**89**	**64**	**39.1**
1	2	–50.0	5	20	–75.0	3	10	–70.0
2	1		15	20	–25.0	13	15	–13.3
20	21	–4.8	105	59	78.0	73	39	87.2
51	**24**	**112.5**	**288**	**111**	**159.5**	**195**	**86**	**126.7**
21	17	23.5	85	69	23.2	64	53	20.8
5	5		9	15	–40.0	7	11	–36.4
25	2		194	27	618.5	124	22	463.6
147	**110**	**33.6**	**1102**	**2491**	**–55.8**	**746**	**2082**	**–64.2**
147	110	33.6	1102	2491	–55.8	746	2082	–64.2
47	**35**	**34.3**	**634**	**734**	**–13.6**	**441**	**539**	**–18.2**
47	35	34.3	634	734	–13.6	441	539	–18.2
22	**38**	**–42.1**	**81**	**261**	**–69.0**	**66**	**238**	**–72.3**
3	18	–83.3	14	220	–93.6	12	202	–94.1
13	11	18.2	50	25	100.0	46	23	100.0
2	3	–33.3	12	10	20.0	5	9	–44.4
4	6	–33.3	5	6	–16.7	3	4	–25.0
3724	**4198**	**–11.3**	**33826**	**36589**	**–7.6**	**23408**	**23759**	**–1.5**
3083	3691	–16.5	29473	29406	0.2	20348	19656	3.5
4089	**3200**	**27.8**	**24254**	**24051**	**0.8**	**15173**	**18554**	**–18.2**
2838	1858	52.7	18939	19181	–1.3	11532	15166	–24.0

表 10-41

项　　目	其中：运营维护投入(万元)			其中：硬件投入(万元)		
	2016年	2015年	增长(%)	2016年	2015年	增长(%)
总　　计	**19498**	**18341**	**6.3**	**23285**	**27921**	**-16.6**
采矿业	**92**	**98**	**-6.1**	**98**	**674**	**-85.5**
# 非金属矿采选业	89	96	-7.3	95	673	-85.9
制造业	**7737**	**8580**	**-9.8**	**11395**	**10393**	**9.6**
农副食品加工业	396	584	-32.2	532	646	-17.6
食品制造业	742	80		150	146	2.7
酒、饮料和精制茶制造业	52	194	-73.2	124	289	-57.1
纺织业	61	63	-3.2	171	190	-10.0
纺织服装、服饰业	113	122	-7.4	221	334	-33.8
皮革、毛皮、羽毛及其制品和制鞋业	36	25	44.0	142	66	115.2
木材加工和木、竹、藤、棕、草制品业	55	151	-63.6	45	369	-87.8
家具制造业	15	9	66.7	29	42	-31.0
造纸和纸制品业	42	37	13.5	35	56	-37.5
印刷和记录媒介复制业	32	40	-20.0	77	52	48.1
文教、工美、体育和娱乐用品制造业	95	108	-12.0	157	231	-32.0
石油加工、炼焦和核燃料加工业	66	59	11.9	13	38	-65.8
化学原料和化学制品制造业	1199	1183	1.4	3803	1634	132.7
医药制造业	1847	2810	-34.3	1450	1929	-24.8
化学纤维制造业	15	42	-64.3	32	23	39.1
橡胶和塑料制品业	78	98	-20.4	132	147	-10.2
非金属矿物制品业	549	788	-30.3	1063	1149	-7.5
黑色金属冶炼和压延加工业	415	288	44.1	279	387	-27.9
有色金属冶炼和压延加工业	30	72	-58.3	73	61	19.7
金属制品业	194	228	-14.9	167	283	-41.0
通用设备制造业	254	267	-4.9	278	450	-38.2
专用设备制造业	221	299	-26.1	644	769	-16.3
汽车制造业	110	15		324	64	406.3
铁路、船舶、航空航天和其他运输设备制造业	26	25	4.0	44	65	-32.3
电气机械和器材制造业	382	433	-11.8	1120	612	83.0
计算机、通信和其他电子设备制造业	601	478	25.7	87	143	-39.2
仪器仪表制造业	77	23	234.8	152	89	70.8
其他制造业	4	19	-78.9	14	28	-50.0
废弃资源综合利用业	30	40	-25.0	37	101	-63.4

及电子商务主要指标（二）

其中：软件投入(万元)			拥有网站数量(个)			电子商务自有交易平台(个)		
2016年	2015年	增长(%)	2016年	2015年	增长(%)	2016年	2015年	增长(%)
15299	**14417**	**6.1**	**1882**	**1887**	**-0.3**	**8**	**2**	**300.0**
278	**308**	**-9.7**	**9**	**13**	**-30.8**			
277	307	-9.8	8	12	-33.3			
5790	**5821**	**-0.5**	**928**	**929**	**-0.1**	**3**		
212	241	-12.0	92	103	-10.7			
182	66	175.8	28	21	33.3			
203	237	-14.3	4	4	0.0			
63	55	14.5	18	16	12.5			
68	62	9.7	51	42	21.4			
17	9	88.9	7	7	0.0			
26	19	36.8	28	30	-6.7			
4	9	-55.6	8	6	33.3			
60	20	200.0	10	9	11.1			
33	16	106.3	13	12	8.3			
106	102	3.9	21	17	23.5			
22	31	-29.0	4	4	0.0			
1017	730	39.3	172	181	-5.0			
1137	1585	-28.3	45	43	4.7	3		
13	6	116.7	3	5	-40.0			
81	86	-5.8	26	25	4.0			
519	400	29.8	146	142	2.8			
185	137	35.0	19	21	-9.5			
8	22	-63.6	10	11	-9.1			
116	174	-33.3	26	28	-7.1			
244	242	0.8	27	28	-3.6			
904	893	1.2	48	59	-18.6			
129	21	514.3	14	13	7.7			
11	17	-35.3	10	11	-9.1			
332	531	-37.5	64	54	18.5			
67	51	31.4	25	21	19.0			
18	32	-43.8	5	7	-28.6			
5	4	25.0	1	3	-66.7			
8	23	-65.2	3	6	-50.0			

表 10-41 续表 1

项目	其中:运营维护投入(万元)			其中:硬件投入(万元)		
	2016年	2015年	增长(%)	2016年	2015年	增长(%)
总计	**19498**	**18341**	**6.3**	**23285**	**27921**	**-16.6**
电力、热力、燃气及水生产和供应业	**1296**	**1072**	**20.9**	**769**	**1053**	**-27.0**
电力、热力生产和供应业	1164	1009	15.4	724	985	-26.5
燃气生产和供应业	5	3	66.7	5	11	-54.5
水的生产和供应业	127	60	111.7	40	57	-29.8
建筑业	**1293**	**3080**	**-58.0**	**1752**	**3457**	**-49.3**
房屋建筑业	804	707	13.7	1028	633	62.4
土木工程建筑业	188	221	-14.9	332	490	-32.2
建筑安装业	95	36	163.9	129	52	148.1
建筑装饰和其他建筑业	206	2116	-90.3	263	2282	-88.5
批发和零售业	**1313**	**1033**	**27.1**	**1909**	**1703**	**12.1**
批发业	741	435	70.3	725	753	-3.7
零售业	572	598	-4.3	1184	950	24.6
交通运输、仓储和邮政业	**2150**	**1857**	**15.8**	**2428**	**4026**	**-39.7**
道路运输业	210	246	-14.6	202	255	-20.8
水上运输业	1454	974	49.3	1274	1285	-0.9
航空运输业	1			2	5	-60.0
装卸搬运和运输代理业	247	434	-43.1	382	2171	-82.4
仓储业	20	16	25.0	199	18	
邮政业	218	187	16.6	369	292	26.4
住宿和餐饮业	**101**	**128**	**-21.1**	**168**	**189**	**-11.1**
住宿业	60	62	-3.2	93	78	19.2
餐饮业	41	66	-37.9	75	111	-32.4
信息传输、软件和信息技术服务业	**3739**	**555**	**573.7**	**1879**	**1453**	**29.3**
电信、广播电视和卫星传输服务	3508	336		1421	1029	38.1
互联网和相关服务	20	5	300.0	42	4	
软件和信息技术服务业	211	214	-1.4	416	420	-1.0
房地产业	**294**	**373**	**-21.2**	**590**	**618**	**-4.5**
房地产开发经营	260	321	-19.0	527	534	-1.3
物业管理	34	38	-10.5	61	63	-3.2
自有房地产经营活动				2		

其中:软件投入(万元)			拥有网站数量(个)			电子商务自有交易平台(个)		
2016年	2015年	增长(%)	2016年	2015年	增长(%)	2016年	2015年	增长(%)
15299	**14417**	**6.1**	**1882**	**1887**	**–0.3**	**8**	**2**	**300.0**
2018	**1407**	**43.4**	**16**	**11**	**45.5**			
1872	1228	52.4	12	7	71.4			
1	**1**	**0.0**	**1**	**2**	**–50.0**			
145	178	–18.5	3	2	50.0			
1308	**646**	**102.5**	**135**	**135**				
860	293	193.5	65	62	4.8			
243	176	38.1	23	21	9.5			
56	27	107.4	16	18	–11.1			
149	150	–0.7	31	34	–8.8			
856	**724**	**18.2**	**216**	**236**	**–8.5**	**3**		
509	414	22.9	88	84	4.8			
347	310	11.9	128	152	–15.8	3		
2206	**2310**	**–4.5**	**157**	**141**	**11.3**			
73	72	1.4	65	53	22.6			
1935	1639	18.1	17	17	0.0			
			1	1	0.0			
101	572	–82.3	54	53	1.9			
90	5		9	8	12.5			
7	22	–68.2	11	9	22.2			
41	**67**	**–38.8**	**58**	**57**	**1.8**			
26	35	–25.7	37	37	0.0			
15	32	–53.1	21	20	5.0			
1061	**754**	**40.7**	**35**	**34**	**2.9**	**1**	**2**	
22	137	–83.9	8	13	–38.5			
9	2	350.0	6	3	100.0			
1030	615	67.5	21	18	16.7	1	2	
160	**201**	**–20.4**	**142**	**159**	**–10.7**			
140	170	–17.6	125	138	–9.4			
20	26	–23.1	17	15	13.3			

表 10-41 续表 2

项　　目	其中：运营维护投入(万元)			其中：硬件投入(万元)		
	2016年	2015年	增长(%)	2016年	2015年	增长(%)
总　　计	**19498**	**18341**	**6.3**	**23285**	**27921**	**-16.6**
租赁和商务服务业	**411**	**713**	**-42.4**	**490**	**997**	**-50.9**
租赁业	7	7	0.0	8	12	-33.3
商务服务业	404	706	-42.8	482	985	-51.1
科学研究和技术服务业	**379**	**165**	**129.7**	**809**	**1159**	**-30.2**
研究和试验发展	120	41	192.7	335	141	137.6
专业技术服务业	181	57	217.5	382	922	-58.6
科技推广和应用服务业	78	67	16.4	92	96	-4.2
水利、环境和公共设施管理业	**36**	**35**	**2.9**	**84**	**42**	**100.0**
水利管理业	2	10	-80.0	3		
生态保护和环境治理业	2	5	-60.0	12	10	20.0
公共设施管理业	32	20	60.0	69	32	115.6
居民服务、修理和其他服务业	**93**	**25**	**272.0**	**142**	**55**	**158.2**
居民服务业	21	16	31.3	46	32	43.8
机动车、电子产品和日用产品修理业	2	4	-50.0	5	6	-16.7
其他服务业	70	5		91	17	435.3
教　育	**356**	**409**	**-13.0**	**521**	**1437**	**-63.7**
教育	356	409	-13.0	521	1437	-63.7
卫生和社会工作	**193**	**195**	**-1.0**	**228**	**450**	**-49.3**
卫生	193	195	-1.0	228	450	-49.3
文化、体育和娱乐业	**15**	**23**	**-34.8**	**23**	**215**	**-89.3**
新闻和出版业	2	18	-88.9	10	188	-94.7
广播、电视、电影和影视录音制作业	4	2	100.0	6	16	-62.5
文化艺术业	7	1	600.0	5	8	-37.5
娱乐业	2	2	0.0	2	3	-33.3
附：按主要产业分						
第二产业	**10418**	**12830**	**-18.8**	**14014**	**15577**	**-10.0**
#工　业	9125	9750	-6.4	12262	12120	1.2
第三产业	**9080**	**5497**	**65.2**	**9271**	**12323**	**-24.8**
#规上服务业	7406	4015	84.5	6667	9897	-32.6

其中:软件投入(万元)			拥有网站数量(个)			电子商务自有交易平台(个)		
2016年	2015年	增长(%)	2016年	2015年	增长(%)	2016年	2015年	增长(%)
15299	**14417**	**6.1**	**1882**	**1887**	**-0.3**	**8**	**2**	**300.0**
141	**414**	**-65.9**	**58**	**60**	**-3.3**	**1**		
3	1	200.0	1	1	0.0			
138	413	-66.6	57	59	-3.4	1		
901	**955**	**-5.7**	**50**	**44**	**13.6**			
328	321	2.2	4	3	33.3			
531	597	-11.1	29	25	16.0			
42	37	13.5	17	16	6.3			
5	**22**	**-77.3**	**10**	**8**	**25.0**			
	10	-100.0		1	-100.0			
1	5	-80.0	1					
4	7	-42.9	9	7	28.6			
53	**31**	**71.0**	**6**	**4**	**50.0**			
18	21	-14.3	4	3	33.3			
2	5	-60.0	2	1	100.0			
33	5	560.0						
225	**645**	**-65.1**	**34**	**34**	**0.0**			
225	645	-65.1	34	34	0.0			
213	**89**	**139.3**	**17**	**14**	**21.4**			
213	89	139.3	17	14	21.4			
43	**23**	**87.0**	**11**	**8**	**37.5**			
2	14	-85.7	1	1				
40	7	471.4	3	4	-25.0			
	1	-100.0	5	1	400.0			
1	1	0.0	2	2				
9394	**8182**	**14.8**	**1088**	**1088**		**3**		
8086	7536	7.3	953	953		3		
5905	**6230**	**-5.2**	**794**	**793**	**0.1**	**5**	**2**	**150.0**
4868	5269	-7.6	395	362	9.1	2	2	

全市全部网报企业分行业信息化

表 10–42

项目	电子商务交易总额(万元)			全年电子商务销售(万元)		
	2016年	2015年	增长(%)	2016年	2015年	增长(%)
总计	**1088912**	**735347**	**48.1**	**620625**	**438048**	**41.7**
采矿业	**210**	**320**	**–34.4**	**90**	**120**	**–25.0**
# 非金属矿采选业	210	320	–34.4	90	120	–25.0
制造业	**541282**	**604078**	**–10.4**	**305134**	**345648**	**–11.7**
农副食品加工业	54614	25374	115.2	18921	17034	11.1
食品制造业	16981	15300	11.0	14654	12888	13.7
酒、饮料和精制茶制造业	340	22500	–98.5	330	1500	–78.0
纺织业	2240			2090		
纺织服装、服饰业	6351	16864	–62.3	3755	11427	–67.1
皮革、毛皮、羽毛及其制品和制鞋业		112				
木材加工和木、竹、藤、棕、草制品业	90	8				
家具制造业						
造纸和纸制品业	23516	9054	159.7	18949	5054	274.9
印刷和记录媒介复制业	80	200	–60.0	50	180	–72.2
文教、工美、体育和娱乐用品制造业	4357	7188	–39.4	2705	2467	9.6
石油加工、炼焦和核燃料加工业						
化学原料和化学制品制造业	252600	282318	–10.5	147111	160816	–8.5
医药制造业	5248	10329	–49.2	4248	9484	–55.2
化学纤维制造业	95	11	763.6	93	10	
橡胶和塑料制品业	350	178	96.6	200	145	37.9
非金属矿物制品业	76872	98813	–22.2	43754	56285	–22.3
黑色金属冶炼和压延加工业		1323			602	
有色金属冶炼和压延加工业		513			510	
金属制品业	465	2813	–83.5	350	1800	–80.6
通用设备制造业	4770	2700	76.7	120	1350	–91.1
专用设备制造业	2278	14105	–83.8	2009	13245	–84.8
汽车制造业	29	1332	–97.8	5	884	–99.4
铁路、船舶、航空航天和其他运输设备制造业	518	335	54.6	308	307	0.3
电气机械和器材制造业	31196	35809	–12.9	6455	11621	–44.5
计算机、通信和其他电子设备制造业	57862	56451	2.5	38777	37771	2.7
仪器仪表制造业	430	448	–4.0	250	268	–6.7
其他制造业						
废弃资源综合利用业						

及电子商务主要指标（三）

其中：对境外销售(万元)			全年电子商务采购(万元)			其中：对境外采购(万元)		
2016年	2015年	增长(%)	2016年	2015年	增长(%)	2016年	2015年	增长(%)
73515	**92007**	**-20.1**	**468287**	**297299**	**57.5**	**2102**	**4336**	**-51.5**
20	**30**	**-33.3**	**120**	**200**	**-40.0**	**40**	**60**	**-33.3**
20	30	-33.3	120	200	-40.0	40	60	-33.3
67350	**83342**	**-19.2**	**236148**	**258430**	**-8.6**	**2044**	**4274**	**-52.2**
	150		35693	8340	328.0	0	20	
13166	11378	15.7	2327	2412	-3.5	1800	2200	-18.2
			10	21000				
960			150	0				
	4725		2596	5437	-52.3			
				112			10	
			90	8	1025.0			
8456	1043		4567	4000	14.2		10	
			30	20	50.0			
100	50	100.0	1652	4721	-65.0		50	
33879	43231	-21.6	105489	121502	-13.2	61	901	-93.2
1032	520	98.5	1000	845	18.3			
			2	1	100.0			
	2		150	33	354.5			
300	909	-67.0	33118	42528	-22.1		900	
				721				
	500			3				
	200		115	1013	-88.6			
			4650	1350	244.4			
1332	11025	-87.9	269	860	-68.7	3		
	80		24	448	-94.6			
			210	28	650.0			
	902		24741	24188	2.3		3	
7925	8427	-6.0	19085	18680	2.2			
200	200	0.0	180	180	0.0	180	180	

表 10-42 续表 1

项　　目	电子商务交易总额(万元)			全年电子商务销售(万元)		
	2016年	2015年	增长(%)	2016年	2015年	增长(%)
总　　计	**1088912**	**735347**	**48.1**	**620625**	**438048**	**41.7**
电力、热力、燃气及水生产和供应业	**3177**	**2178**	**45.9**			
电力、热力生产和供应业	3177	2178	45.9			
燃气生产和供应业						
水的生产和供应业						
建筑业	**197**	**1743**	**–88.7**	**16**	**80**	**–80.0**
房屋建筑业	111	1451	–92.4		14	
土木工程建筑业		8				
建筑安装业	8	32	–75.0			
建筑装饰和其他建筑业	78	252	–69.0	16	66	–75.8
批发和零售业	**523383**	**95748**	**446.6**	**297168**	**67317**	**341.4**
批发业	434348	27714		231019	26474	772.6
零售业	89035	68034	30.9	66149	40843	62.0
交通运输、仓储和邮政业	**6674**	**141**		**6260**	**71**	
道路运输业		21			20	
水上运输业						
航空运输业		3				
装卸搬运和运输代理业	278			124		
仓储业	2906			2906		
邮政业	3490	117		3230	51	
住宿和餐饮业	**2261**	**2553**	**–11.4**	**1893**	**2158**	**–12.3**
住宿业	2099	1783	17.7	1758	1594	10.3
餐饮业	162	770	–79.0	135	564	–76.1
信息传输、软件和信息技术服务业	**9783**	**8420**	**16.2**	**8887**	**8032**	**10.6**
电信、广播电视和卫星传输服务	2220	1185	87.3	1526	817	86.8
互联网和相关服务	916			830		
软件和信息技术服务业	6647	7235	–8.1	6531	7215	–9.5
房地产业	**87**	**19029**	**–99.5**	**2**	**13596**	
房地产开发经营	87	19027	–99.5	2	13596	
物业管理		2				
自有房地产经营活动						

其中:对境外销售(万元)			全年电子商务采购(万元)			其中:对境外采购(万元)		
2016年	2015年	增长(%)	2016年	2015年	增长(%)	2016年	2015年	增长(%)
73515	**92007**	**-20.1**	**468287**	**297299**	**57.5**	**2102**	**4336**	**-51.5**
			3177	**2178**	**45.9**			
			3177	2178	45.9			
			181	**1663**	**-89.1**			
			111	1437	-92.3			
				8				
			8	32	-75.0			
			62	186	-66.7			
3050	**8593**	**-64.5**	**226215**	**28431**	**695.7**			
3000	8199	-63.4	203329	1240				
50	394	-87.3	22886	27191	-15.8			
3000	**11**		**414**	**70**	**491.4**		2	
				1				
				3				
			154					
3000	11		260	66	293.9		2	
	1		**368**	**395**	**-6.8**			
	1		341	189	80.4			
			27	206	-86.9			
60			**896**	**388**	**130.9**	**18**		
			694	368	88.6			
60			86			18		
			116	20	480.0			
			85	**5433**	**-98.4**			
			85	5431	-98.4			
				2				

表 10-42 续表 2

项　　目	电子商务交易总额(万元)			全年电子商务销售(万元)		
	2016年	2015年	增长(%)	2016年	2015年	增长(%)
总　　计	**1088912**	**735347**	**48.1**	**620625**	**438048**	**41.7**
租赁和商务服务业	**1319**	**471**	**180.0**	**903**	**383**	**135.8**
租赁业						
商务服务业	1319	471	180.0	903	383	135.8
科学研究和技术服务业	**25**	**5**	**400.0**	**4**		
研究和试验发展	20	5	300.0			
专业技术服务业	1					
科技推广和应用服务业	4			4		
水利、环境和公共设施管理业	**10**	**5**	**100.0**	**5**	**5**	
水利管理业						
生态保护和环境治理业						
公共设施管理业	10	5	100.0	5	5	
居民服务、修理和其他服务业	**320**	**0**		**100**		
居民服务业						
机动车、电子产品和日用产品修理业	320			100		
其他服务业						
教　育	**177**	**43**	**311.6**	**160**	**35**	**357.1**
教育	177	43	311.6	160	35	357.1
卫生和社会工作	**4**	**10**	**-60.0**			
卫生	4	10	-60.0			
文化、体育和娱乐业	**3**	**603**	**-99.5**	**3**	**603**	**-99.5**
新闻和出版业						
广播、电视、电影和影视录音制作业		603			603	
文化艺术业	3			3		
娱乐业						
附:按主要产业分						
第二产业	**544866**	**608319**	**-10.4**	**305240**	**345848**	**-11.7**
# 工　业	544669	606576	-10.2	305224	345768	-11.7
第三产业	**544046**	**127028**	**328.3**	**315385**	**92200**	**242.1**
# 规上服务业	18315	9700	88.8	16322	9129	78.8

及电子商务主要指标

从事信息技术工作人数(人)			企业全部信息化投入(万元)			一次性信息化投入(万元)		
2016年	2015年	增长(%)	2016年	2015年	增长(%)	2016年	2015年	增长(%)
7813	**7414**	**5.4**	**58080**	**60680**	**-4.3**	**38581**	**42339**	**-8.9**
5323	**4554**	**16.9**	**45672**	**45382**	**0.6**	**30086**	**31481**	**-4.4**
35	26	34.6	3669	3046	20.5	2579	2093	23.2
545	527	3.4	9210	8369	10.0	7345	6499	13.0
1442	1809	-20.3	15285	19412	-21.3	8933	12345	-27.6
1317	1281	2.8	4283	4700	-8.9	3136	3439	-8.8
581	827	-29.7	7637	9335	-18.2	4800	6747	-28.9
1299			3264			1598		
100	80	25.0	2313	496	366.3	1688	346	387.9
4	4	0.0	11	24	-54.2	7	12	-41.7
2490	**2860**	**-12.9**	**12408**	**15298**	**-18.9**	**8495**	**10858**	**-21.8**
1285	1544	-16.8	5888	6471	-9.0	3973	4347	-8.6
635	742	-14.4	2517	2370	6.2	1712	1698	0.8
570	574	-0.7	4003	6457	-38.0	2810	4813	-41.6

表 10-43 续表 1

	其中:运营维护投入(万元)			其中:硬件投入(万元)		
	2016年	2015年	增长(%)	2016年	2015年	增长(%)
总　　计	**19498**	**18341**	**6.3**	**23285**	**27921**	**-16.6**
市　区	**15585**	**13901**	**12.1**	**17449**	**19972**	**-12.6**
市直管	1090	953	14.4	641	872	-26.5
连云区	1865	1870	-0.3	4157	3889	6.9
海州区	6351	7067	-10.1	5354	8509	-37.1
赣榆区	1147	1261	-9.0	2451	2814	-12.9
开发区	2837	2588	9.6	2928	3603	-18.7
高新区	1666			950		
徐圩新区	625	150	316.7	961	276	248.2
云台山风景区	4	12	-66.7	7	9	-22.2
三　县	**3913**	**4440**	**-11.9**	**5836**	**7949**	**-26.6**
东海县	1915	2124	-9.8	2632	3381	-22.2
灌云县	805	672	19.8	1313	1352	-2.9
灌南县	1193	1644	-27.4	1891	3216	-41.2

其中:软件投入(万元)			拥有网站数量(个)			电子商务自有交易平台(个)		
2016年	2015年	增长(%)	2016年	2015年	增长(%)	2016年	2015年	增长(%)
15299	**14417**	**6.1**	**1882**	**1887**	**-0.3**	**8**	**2**	**300.0**
12640	**11508**	**9.8**	**1107**	**1145**	**-3.3**	**7**	**2**	
1938	1221	58.7	1	1	0.0			
3188	2609	22.2	156	164	-4.9	1		
3582	3836	-6.6	403	446	-9.6	2	2	
685	625	9.6	335	331	1.2	1		
1872	3144	-40.5	128	190	-32.6	3		
648			66					
727	70		18	13	38.5			
	3	-100.0						
2659	**2909**	**-8.6**	**775**	**742**	**4.4**	**1**		
1341	966	38.8	413	402	2.7	1		
399	346	15.3	177	163	8.6			
919	1597	-42.5	185	177	4.5			

表 10–43 续表 2

	电子商务交易总额(万元)			全年电子商务销售(万元)		
	2016年	2015年	增长(%)	2016年	2015年	增长(%)
总　　计	**1088912**	**735347**	**48.1**	**620625**	**438048**	**41.7**
市　区	**906502**	**519111**	**74.6**	**510633**	**314658**	**62.3**
市直管	229002	231688	–1.2	130825	132214	–1.1
连云区	14361	21023	–31.7	8736	11510	–24.1
海州区	478398	108035		277684	89323	210.9
赣榆区	110955	72752	52.5	30042	24465	22.8
开发区	46779	76559	–38.9	41105	52092	–21.1
高新区	3491			3292		
徐圩新区	23516	9054	159.7	18949	5054	274.9
云台山风景区						
三　县	**182410**	**216236**	**–15.6**	**109992**	**123390**	**–10.9**
东海县	149560	139893	6.9	90008	90753	–0.8
灌云县	2764	12575	–78.0	2111	10484	–79.9
灌南县	30086	63768	–52.8	17873	22153	–19.3

其中:对境外销售(万元)			全年电子商务采购(万元)			其中:对境外采购(万元)		
2016年	2015年	增长(%)	2016年	2015年	增长(%)	2016年	2015年	增长(%)
73515	**92007**	**-20.1**	**468287**	**297299**	**57.5**	**2102**	**4336**	**-51.5**
66800	**84268**	**-20.7**	**395869**	**204453**	**93.6**	**262**	**1961**	**-86.6**
31102	41220	-24.5	98177	99474	-1.3			
3000	310		5625	9513	-40.9			
5772	21498	-73.2	200714	18712		181	251	-27.9
1492	4172	-64.2	80913	48287	67.6			
16883	16025	5.4	5674	24467	-76.8	63	1700	-96.3
95			199			18		
8456	1043	710.7	4567	4000	14.2		10	
6715	**7739**	**-13.2**	**72418**	**92846**	**-22.0**	**1840**	**2375**	**-22.5**
5190	6717	-22.7	59552	49140	21.2	1840	2365	-22.2
50			653	2091	-68.8			
1475	1022	44.3	12213	41615	-70.7		10	

全市分县区规模以上服务业历年营业收入

表 10-44　　　　单位：亿元

	2011	2012	2013	2014	2015	2016
单位数(个)	368	533	563	570	633	633
营业收入	**303.86**	**357.70**	**417.29**	**455.83**	**497.69**	**550.58**
市　区	**279.71**	**319.50**	**358.80**	**389.26**	**415.69**	**453.25**
连云区	130.46	148.50	155.18	161.77	158.06	166.39
海州区	79.56	95.50	101.74	112.18	92.92	100.59
赣榆区	12.90	21.20	18.36	22.60	27.79	37.08
开发区	56.79	54.30	69.49	71.30	78.89	70.20
高新区					39.87	42.75
徐圩新区			13.83	21.16	17.13	34.92
云台山风景区			0.19	0.25	1.04	1.32
三　县	**24.15**	**38.10**	**58.49**	**66.57**	**82.00**	**97.33**
东海县	6.36	13.90	24.70	29.07	35.94	44.24
灌云县	14.96	17.60	20.79	23.85	31.13	37.65
灌南县	2.82	6.60	12.99	13.65	14.93	15.44

11

批发零售、住宿餐饮

主要年份分地区社会消费品零售总额

表 11-1　　　　　　　　　　　　　　　　　　　　　　　　　　　　　　　单位:万元

指　　　　标	全　市	市　区	#赣榆区	东海县	灌云县	灌南县
1978	37173	18299	6519	8299	6542	4033
1980	51221	26979	10450	9823	8607	5812
1983	73638	27130	13877	13131	12092	7408
1985	108209	60986	18662	19650	15583	11990
1990	216207	131920	36989	32767	34289	17231
1991	236932	101467	39433	41039	36197	18796
1992	266492	114543	44789	47136	39069	20955
1993	386841	218295	86626	67363	64898	36285
1994	545278	293398	119604	100777	105478	45625
1995	697327	380162	152031	136092	125569	55504
1996	829642	472640	172747	152373	143182	61447
1997	891542	494240	186210	168113	155941	73248
1998	941915	512329	197268	184712	164115	80759
1999	993713	541300	209316	192547	172608	87258
2000	1065701	588467	225034	207739	172900	96595
2001	1147574	636548	239748	223653	182423	104950
2002	1260330	718070	258194	237799	190470	113991
2003	1378617	806223	272735	248428	202142	121824
2004	1574788	934668	304645	277872	225870	136378
2005	1820800	1089308	348819	318163	257040	156289
2006	2115302	1266276	404867	369510	297979	181537
2007	2490785	1491870	476805	435152	350361	213401
2008	3104447	1846338	595029	549666	439840	268603
2009	3626978	2145889	664633	641612	489338	350139
2010	4306460	2548578	788181	762295	580179	415409
2011	5002331	2915503	945271	931645	686767	468415
2012	5754940	3348982	1082792	1078900	786918	540140
2013	6555728	3836304	1236395	1208892	895713	614819
2014	7404732	4320999	1365086	1389772	948965	744996
2015	8307149	4835675	1534357	1562104	1065688	835140
2016	9333099	5444381	1724614	1758934	1194538	935246

注:2014 年分县区数据有所调整。

社 会 消 费 品 零 售 总 额

表 11-2　　(2016 年)　　单位:万元

类型或行业	全市	市区	东海县	灌云县	灌南县
社会消费品零售总额	**9333099**	**5444381**	**1758934**	**1194538**	**935246**
一、按销售在地分组:					
1、城镇	7776955	5099084	1251553	731692	694626
其中:城区	4946864	4582275	227018	86700	50872
2、乡村	1556143	345298	507381	462845	240619
二、按行业分组:					
(一)批发业	839239	522015	138155	45150	133918
1、限额以上企业	295284	256048	19287	1594	18356
2、限额以下企业和个体	543955	265968	118869	43556	115562
(1)限额以下企业	83217	59272	23944		
(2)个体	460738	206696	94924	43556	115562
(二)零售业	7457171	4343520	1402448	992839	718364
1、限额以上企业	3658232	2590589	630835	220432	216377
2、限额以下企业和个体	3798939	1752932	771613	772407	501987
(1)限额以下企业	1475371	599823	352134	369518	153897
(2)个体	2323568	1153109	419480	402890	348090
(三)住宿业	138645	68378	35716	21048	13503
1、限额以上企业	32632	20186	6607	3885	1955
2、限额以下企业和个体	106013	48193	29109	17163	11548
(1)限额以下企业	14115	4910	3967	154	5084
(2)个体	91898	43283	25143	17009	6464
(四)餐饮业	898044	510468	182615	135500	69461
1、限额以上企业	251934	147512	67219	22926	14278
2、限额以下企业和个体	646110	362956	115397	112574	55183
(1)限额以下企业	151764	89165	18404	19900	24295
(2)个体	494346	273791	96993	92674	30889

注:限额以上企业含限额以上个体户。

市区社会消费品零售总额

表 11-3　　　　(2016 年)　　　　单位:万元

类型或行业	市区	连云区	海州区	赣榆区	开发区
社会消费品零售总额	**5444381**	**723447**	**2708604**	**1713914**	**207978**
一、按销售在地分组:					
1、城镇	5099084	723447	2708604	1368617	207978
其中:城区	4582275	723447	2684542	1068493	15355
2、乡村	345298			345298	
二、按行业分组:					
(一)批发业	522015	88118	90346	241630	101922
1、限额以上企业	256048	4135	20492	131395	100026
2、限额以下企业和个体	265968	83983	69854	110235	1897
(1)限额以下企业	59272		18041	41232	
(2)个体	206696	83983	51813	69003	1897
(二)零售业	4343520	465955	2400081	1283432	103614
1、限额以上企业	2590589	244083	1732050	431419	92598
2、限额以下企业和个体	1752932	221871	668031	852013	11017
(1)限额以下企业	599823	4154	263325	332345	
(2)个体	1153109	217718	404706	519668	11017
(三)住宿业	68378	18494	40128	9657	100
1、星级以上企业	20186	8386	10349	1450	
2、星级以下企业和个体	48193	10107	29779	8207	100
(1)星级以下企业	4910		4794	116	
(2)个体	43283	10107	24985	8091	100
(四)餐饮业	510468	150882	178050	179196	2341
1、限额以上企业	147512	28006	66522	52504	480
2、限额以下企业和个体	362956	122875	111528	126691	1861
(1)限额以下企业	89165	32370	52744	4051	
(2)个体	273791	90505	58784	122640	1861

批发和零售业商品销售表

表 11-4　　(2016 年)　　单位:万元

	销售总额合计	批发总额合计	零售总额合计
总　　计	**31945389**	**24121518**	**7823871**
1、限额以上	8406174	4925197	3480977
2、限额以下	23539215	19196321	4342894
一、批发业	19223374	18384135	839239
1、限额以上	5599392	4762690	836702
2、限额以下	13623982	13621445	2537
二、零售业	12722015	5737383	6984632
1、限额以上	2806782	162507	2644275
2、限额以下	9915233	5574876	4340357

住宿和餐饮业经营情况表

表 11-5　　单位:万元

	住宿和餐饮业合计	住 宿 业	餐 饮 业
营业额总计	1536392	378558	1157835
(一)限额以上营业额	311334	68585	242750
1、客房收入	43377	33263	10114
2、餐费收入	243456	29120	214335
3、商品销售额	19310	2429	16881
4、其他收入	5192	3773	1419
(二)限额以下营业额	1225058	309973	915085
其中:餐费收入和商品销售额	752122	106013	646110

注:限额以上包含本地限上法人、限上个体和限上产业活动单位。

限额以上批发和零售业基本情况

表 11-6　　(2016 年)

类型或行业	法人单位(个)	经营网点(个)	零售企业营业面积(平方米)	从业人员(人)	销售额(万元)
批发和零售贸易业合计	**522**	**788**	**555529**	**27731**	**8276630**
市　区	313	578	398751	21821	6873407
连云区	28	104	67134	1941	881416
海州区	133	318	270523	7204	3593827
赣榆区	120	124	45196	2677	962916
开发区	28	28	4998	9639	218169
东 海 县	110	111	102641	3655	713542
灌 云 县	47	47	20872	1025	276879
灌 南 县	52	52	33265	1230	412802
(一)批发业	229	230	47482	15541	5599392
市　区	138	139	30247	13362	4722975
连云区	20	20	7912	373	585483
海州区	50	50	9648	2097	1692398
赣榆区	45	46	7563	1381	744746
开发区	22	22	3124	9468	1121781
东 海 县	42	42	8438	1269	389947
灌 云 县	25	25	4370	533	198526
灌 南 县	24	24	4427	377	287944
(二)零售业	293	558	508047	12190	2677238
市　区	175	439	368504	8459	2150431
连云区	8	84	59222	1568	295933
海州区	83	268	260875	5107	1901429
赣榆区	75	78	37633	1296	218169
开发区	6	6	1874	171	198676
东 海 县	68	69	94203	2386	323595
灌 云 县	22	22	16502	492	78353
灌 南 县	28	28	28838	853	124859
在零售业中					
1.按经营方式	293	558	508047	12190	2677238
独立商店	280	388	421369	9727	2411476
连锁店总店	4	111	48638	1377	136392
连锁店分店	1	51	28869	873	59322
其　　它	8	8	9171	213	70048
2.按业态分	293	558	508047	12190	2677238
有店铺零售	287	552	506727	11873	2614871
食杂店	1	1	510	40	2232
便利店	3	17	11280	104	10603
超市	17	18	25307	666	31673
大型超市	7	119	105498	3094	206932
百货店	18	18	85801	860	162334
专业店	159	297	164991	4442	1381057
专卖店	71	71	97960	2426	550807
家具建材商店	6	6	7280	103	238230
购物中心					
厂家直销中心	5	5	8100	138	31004
无店铺零售	6	6	1320	317	62367
网上商店	6	6	1320	317	62367

限额以上住宿和餐饮业基本情况

表 11-7 (2016 年)

类型或行业	法人单位（个）	经营网点（个）	零售企业营业面积（平方米）	从业人员（人）	销售额（万元）
住宿和餐饮业合计	**102**	**103**	**187537**	**6695**	**143533**
市　区	80	81	121575	4851	91054
连云区	16	16	33417	1331	19539
海州区	48	49	57124	2421	51976
赣榆区	13	13	19099	472	12544
开发区					
东海县	13	13	41974	1225	40119
灌云县	5	5	14988	364	7958
灌南县	4	4	9000	255	4402
(一)住宿业	47	47	92461	4037	66570
市　区	35	35	59625	2840	46239
连云区	12	12	24610	1184	17287
海州区	19	19	26315	1121	22228
赣榆区	3	3	5100	185	2238
开发区					
东海县	6	6	16398	739	12762
灌云县	3	3	9438	229	4993
灌南县	3	3	7000	229	2577
(二)餐饮业	55	56	95076	2658	76963
市　区	45	46	61950	2011	44815
连云区	4	4	8807	147	2252
海州区	29	30	30809	1300	29747
赣榆区	10	10	13999	287	10306
开发区					
东海县	7	7	25576	486	27357
灌云县	2	2	5550	135	2965
灌南县	1	1	2000	26	1825
在住宿业中					
按星级等级分组	47	47	92461	4037	66570
一星					
二星	5	5	1830	143	2324
三星	18	18	33916	774	16127
四星	6	6	25100	726	9816
五星	3	3	12380	840	13576
其他	15	15	19235	1554	24727
在餐饮业中					
按国民经济行业分组	55	56	95076	2658	76963
正餐服务	49	49	87978	2306	63141
快餐服务	5	6	6858	332	10209
饮料及冷饮服务					
其他餐饮服务	1	1	240	20	3614

限额以上批发和零售业商品购进、销售、库存总额

表 11-8　　(2016 年)　　单位:万元

项　　目	购进总额	#从生产者购进	#进　　口
批发和零售贸易业总计	**7112618**	**7090132**	**22486**
市　区			
连云区	812587	812587	
海州区	3084417	3079301	5116
赣榆区	883599	883599	
开发区	986744	969589	17155
东海县	626335	626120	215
灌云县	225680	225680	
灌南县	382565	382565	
一、批发业	4793573	4775843	17730
其中:国有控股	639228	639228	
1、按登记注册类型分组			
内资企业	4543624	4525894	17730
国有企业	336311	336311	
集体企业	12693	12693	
有限责任公司	1817926	1817408	518
国有独资公司	145460	145460	
其他有限责任公司	1672466	1671948	518
股份有限公司			
私营企业	2373708	2356496	17212
私营有限责任公司	2301783	2284570	17212
私营股份有限公司	17004	17004	
2、按国民经济行业分组			
农畜产品批发	298579	298579	
谷物、豆及薯类批发	182779	182779	
种子、饲料批发	41410	41410	
棉、麻批发	53846	53846	
食品、饮料及烟草制品批发	493614	493614	
米、面制品及食用油批发	234504	234504	
果品、蔬菜批发	16826	16826	
肉、禽、蛋及水产品批发	17923	17923	
盐及调味品批发	4591	4591	
饮料及茶叶批发	6593	6593	
烟草制品批发	196113	196113	
医药及医疗器材批发	208163	208163	
西药批发	178276	178276	

表 11-8 续表 1　　　　(2016 年)　　　　单位:万元

项　　目	购进总额	#从生产者购进	#进　　口
中药材及中成药批发	19764	19764	
矿产品、建材及化工产品批发	3256176	3238504	17672
煤炭及制品批发	284555	284555	
石油及制品批发	1703050	1703050	
非金属矿及制品批发	29004	11849	17155
金属及金属矿批发	958017	958017	
建材批发	70161	70161	
化肥批发	52722	52722	
其他化工产品批发	154922	154404	518
机械设备、五金交电及电子产品批发	167221	167221	
农业机械批发	68776	68776	
汽车、摩托车及零配件批发	10508	10508	
五金、交电批发	70022	70022	
通讯及广播电视设备批发			
其他批发	127911	127853	57
再生物资回收与批发	58329	58329	
二、零售业	2319045	2314289	4756
其中:国有控股	417846	417846	
1、按登记注册类型分组			
内资企业	2293055	2288298	4757
国有企业	45178	45178	
集体企业	35820	35820	
股份合作企业			
有限责任公司	612553	612450	103
国有独资公司	19944	19944	
其他有限责任公司	592609	592506	103

表 11-8 续表 2　　(2016 年)　　单位:万元

项　　目	购进总额	#从生产者购进	#进　　口
股份有限公司	385983	385983	
私营企业	1204204	1199550	4654
私营独资企业	29075	28860	215
私营合伙企业			
私营有限责任公司	1131137	1126699	4438
私营股份有限公司	43992	43992	
其他	9317	9317	
港、澳、台商投资企业	19037	19037	
2、按国民经济行业分组			
综合零售	326417	326417	
百货零售	164930	164930	
超级市场零售	157025	157025	
其他综合零售	4463	4463	
食品、饮料及烟草制品专门零售	141793	141793	
饮料及茶叶零售	112072	112072	
烟草制品零售			
其他食品零售	9986	9986	
纺织、服装及日用品专门零售	21093	21093	
服装零售	2570	2570	
文化、体育用品及器材专门零售	155566	155351	215
图书零售	29006	29006	
珠宝首饰零售	69395	69282	113
医药及医疗器材专门零售	359896	359896	
药品零售	359349	359349	
汽车、摩托车、燃料及零配件专门零售	940181	935640	4541
汽车零售	579695	575154	4541
汽车零配件零售	6491	6491	
机动车燃料零售	345013	345013	
家用电器及电子产品专门零售	94544	94544	

表 11-8 续表 3　　(2016 年)　　单位:万元

项　　目	购进总额	#从生产者购进	#进　口
家用电器零售	66879	66879	
计算机、软件及辅助设备零售	5130	5130	
无店铺及其他零售	13590	13590	
生活用燃料零售	9150	9150	
3、按经营方式分组			
独立门店	2139300	2134543	4757
连锁总店(总部)	74160	74160	
连锁门店	52063	52063	
其他	53522	53522	
4、按零售业态分组			
超市	26254	26254	
大型超市	144163	144163	
百货店	153166	153166	
专业店	1195034	1195034	
专卖店	470377	465620	4757
购物中心			
厂家直销中心	24838	24838	
补充资料			
批发业:其他有限责任公司	1672466	1671948	518
其中:1、国有控股	157457	157457	
2、集体控股			
股份有限公司			
其中:1、国有控股			
2、集体控股			
零售业:其他有限责任公司	592609	592506	103
其中:1、国有控股	8524	8524	
2、集体控股	48670	48670	
股份有限公司	385983	385983	

表 11-8 续表 4　　(2016 年)　　单位:万元

项　　目	销售总额	批发	出口	零售	期末库存总额
批发和零售贸易业总计	**8276630**	**5038643**	**271380**	**3237987**	**424268**
市　区					
连云区	881416	585483	3640	295933	52796
海州区	3593827	1692398	218691	1901429	253386
赣榆区	962916	744746	25392	218169	20595
开发区	218169	1121781	13231	198676	30167
东海县	713542	389947	4670	323595	31352
灌云县	276879	198526		78353	14375
灌南县	412802	287944	5756	124859	15892
一、批发业	5599392	4762690	271100	836702	245013
其中:国有控股	776781	607218		169564	69100
1、按登记注册类型分组					
内资企业	5331056	4562932	271100	768124	243668
国有企业	472769	433575		39194	34385
集体企业	14067	14067			694
有限责任公司	2134760	1542530	33651	592230	165596
国有独资公司	136665	10304		126361	30412
其他有限责任公司	1998095	1532226	33651	465869	135183
股份有限公司					
私营企业	2705830	2569130	237448	136700	42933
私营有限责任公司	2624774	2488074	224217	136700	41782
私营股份有限公司	20039	20039	13231		431
2、按国民经济行业分组					
农畜产品批发	352337	337834	5034	14503	20222
谷物、豆及薯类批发	201085	186738		14347	17069
种子、饲料批发	48181	48181			1703
棉、麻批发	75489	75489			558
食品、饮料及烟草制品批发	657475	587110	24748	70365	24584
米、面制品及食用油批发	246510	177932		68578	2138
果品、蔬菜批发	23338	21551		1787	503
肉、禽、蛋及水产品批发	24709	24709	20358		896
盐及调味品批发	8866	8866			774
饮料及茶叶批发	5621	5621			1270
烟草制品批发	324490	324490			16523
医药及医疗器材批发	361908	360537	6370	1371	21538
西药批发	329076	328091		985	20317

表 11-8 续表 5　　　　　　　　（2016 年）　　　　　　　　单位：万元

项　　目	销售总额	批发	出口	零售	期末库存总额
中药材及中成药批发	20899	20513		386	1171
矿产品、建材及化工产品批发	3520237	2874355	63297	645882	165155
煤炭及制品批发	283395	156452		126943	31583
石油及制品批发	1825464	1333020		492444	105259
非金属矿及制品批发	39169	38885		283	761
金属及金属矿批发	1045170	1036585		8585	18478
建材批发	82239	72787	18987	9452	1109
化肥批发	57183	57057		127	3680
其他化工产品批发	182535	174486	44310	8049	4155
机械设备、五金交电及电子产品批发	265902	214292	3640	51611	5173
农业机械批发	82847	73308		9539	1838
汽车、摩托车及零配件批发	52082	48031		4051	1839
五金、交电批发	111592	80145	3640	31447	355
通讯及广播电视设备批发					
其他批发	160581	129499	7424	31081	5179
再生物资回收与批发	74157	71869		2288	2008
二、零售业	2677238	275953	280	2401285	179255
其中：国有控股	461755	74457		387298	36829
1、按登记注册类型分组					
内资企业	2651807	275953	280	2375854	177035
国有企业	44937			44937	2475
集体企业	40111	6908		33203	1404
股份合作企业					
有限责任公司	689435	78036		611399	75227
国有独资公司	29274			29274	11607
其他有限责任公司	660161	78036		582125	63620

表 11-8 续表 6　　　　（2016 年）　　　　单位：万元

项　目	销售总额	批发	出口	零售	期末库存总额
股份有限公司	423086	72398		350688	23879
私营企业	1443587	118611	280	1324976	73845
私营独资企业	32893	3274		29620	2376
私营合伙企业					
私营有限责任公司	1360414	114330	280	1246084	68342
私营股份有限公司	50280	1007		49272	3127
其他	10652			10652	205
港、澳、台商投资企业	17525			17525	2012
2、按国民经济行业分组					
综合零售	402494	13357		389137	36133
百货零售	174646	6944		167702	16861
超级市场零售	223210	5604		217606	18908
其他综合零售	4639	809		3829	364
食品、饮料及烟草制品专门零售	159381	42784		116597	3650
饮料及茶叶零售	121660	38089		83571	2113
烟草制品零售					
其他食品零售	13589	3225		10364	865
纺织、服装及日用品专门零售	28330	320		28010	1856
服装零售	3879			3879	212
文化、体育用品及器材专门零售	187848	27816	280	160032	30903
图书零售	39685			39685	15971
珠宝首饰零售	83873	927	280	82946	9122
医药及医疗器材专门零售	375843	74140		301703	30691
药品零售	375248	74140		301108	30650
汽车、摩托车、燃料及零配件专门零售	1094260	99571		994689	59423
汽车零售	695957	26057		669900	40241
汽车零配件零售	7239	1115		6124	323
机动车燃料零售	380259	72398		307861	18281
家用电器及电子产品专门零售	144796	17044		127752	7327

表 11-8 续表 7　　(2016 年)　　单位:万元

项　　目	销售总额	批发	出口	零售	期末库存总额
家用电器零售	113491	14087		99404	5881
计算机、软件及辅助设备零售	5945	813		5132	409
无店铺及其他零售	15592	159		15432	580
生活用燃料零售	10614	77		10537	360
3、按经营方式分组					
独立门店	2411476	239136	280	2172340	159580
连锁总店(总部)	136392	5509		130884	10293
连锁门店	59322			59322	7259
其他	70048	31309		38739	2124
4、按零售业态分组					
超市	31673	1140		30533	4673
大型超市	206932	5509		201423	15703
百货店	162334	6708		155625	15982
专业店	1381057	205580	280	1175477	92477
专卖店	550807	17435		533372	37287
购物中心					
厂家直销中心	31004	13164		17840	1143
补充资料					
批发业:其他有限责任公司	1998095	1532226	33651	465869	135183
其中:1、国有控股	167347	163339		4009	4303
2、集体控股					
股份有限公司					
其中:1、国有控股					
2、集体控股					
零售业:其他有限责任公司	660161	78036		582125	63620
其中:1、国有控股	8249	2059		6190	2635
2、集体控股	38670			38670	12000
股份有限公司	423086	72398		350688	23879

星级住宿业和限额以上餐饮业财务状况

表 11-9　　(2016 年)　　单位:万元

指标名称	流动资产合计	固定资产原价	累计折旧	本年折旧	资产总计	负债合计
总　　计	**55367**	**131480**	**58573**	**9620**	**205684**	**111925**
一、住宿业	32747	99333	47547	7763	120536	83860
1、按登记注册类型分组						
内资企业	32747	99333	47547	7763	120536	83860
国有企业	4297	14862	8191	883	11991	7805
集体企业	62	516	496	46	991	763
股份合作企业						
有限责任公司	11553	59755	27861	5517	58800	37778
股份有限公司						
私营企业	16835	24200	11000	1317	48754	37513
港、澳、台商投资企业						
2、按国民经济行业分组						
旅游饭店	31715	98439	47310	7672	117842	80058
一般旅馆	926	805	201	55	2535	3700
其他住宿服务	106	90	36	36	160	102
3、按星级等级分组						
二星	873	1182	559	499	1829	994
三星	12271	15139	8704	2414	20889	11482
四星	4348	27829	11994	910	22441	16585
五星	6365	38823	19773	2934	39340	26820
其他	8891	16361	6517	1006	36037	27980
二、餐饮业	22620	32147	11026	1858	85148	28065
1、按登记注册类型分组						
内资企业	22496	31121	10282	1837	84278	27489
有限责任公司	971	5818	2988	107	3880	4416
股份有限公司	202	174	34	2	341	100
私营企业	21177	25124	7260	1728	79905	22865
港、澳、台商投资企业	124	1025	744	21	870	577
2、按国民经济行业分组						
正餐服务	19178	29549	9465	1551	80175	25696
快餐服务	2989	2239	1348	238	3949	2181
其他餐饮服务	452	359	213	69	1024	188
3、按经营方式						
独立经营	19814	29581	9486	1563	79211	23421
连锁经营分店	2740	2442	1426	290	5842	4599
其他	66	124	114	4	95	45

表 11-9 续表 1　　　　(2016 年)　　　　单位:万元

指标名称	所有者权益合计	实收资本	营业收入合计	营业成本合计	主营业务税金及附加
总　计	**93759**	**61875**	**113787**	**65443**	**3032**
一、住宿业	36676	43094	59199	30335	1287
1、按登记注册类型分组					
内资企业	36676	43094	59199	30335	1287
国有企业	4185	8718	5844	3061	119
集体企业	228	200	454	291	14
股份合作企业					
有限责任公司	21022	22584	26229	12463	438
股份有限公司					
私营企业	11241	11593	26672	14520	716
港、澳、台商投资企业					
2、按国民经济行业分组					
旅游饭店	37784	42363	53297	27558	1161
一般旅馆	-1166	681	4094	2029	98
其他住宿服务	58	50	1808	748	29
3、按星级等级分组					
二星	836	777	2324	1609	109
三星	9407	5226	15316	8249	288
四星	5857	10687	9816	5210	186
五星	12520	15910	13323	4900	246
其他	8057	10494	18420	10368	458
二、餐饮业	57083	18780	54588	35108	1745
1、按登记注册类型分组					
内资企业	56790	17402	53725	34661	1727
有限责任公司	-536	520	5172	3681	482
股份有限公司	242	30	897	522	5
私营企业	57040	16842	47306	30120	1240
港、澳、台商投资企业	293	1378	862	447	18
2、按国民经济行业分组					
正餐服务	54479	17681	45155	29514	1551
快餐服务	1768	949	5819	3064	140
其他餐饮服务	836	150	3614	2529	55
3、按经营方式					
独立经营	55790	17841	45656	30137	1562
连锁经营分店	1243	889	6467	2983	159
其他	50	50	2464	1988	25

指标名称	其他业务利润	营业费用	管理费用	财务费用	营业利润
总　计	**466**	**22174**	**19796**	**1079**	**2254**
一、住宿业	366	12485	15590	666	-1172
1、按登记注册类型分组					
内资企业	366	12485	15590	666	-1172
国有企业		969	1720	156	-180
集体企业			121	15	14
股份合作企业					
有限责任公司	30	6682	8968	97	-2419
股份有限公司					
私营企业	336	4834	4783	399	1413
港、澳、台商投资企业					
2、按国民经济行业分组					
旅游饭店	366	10705	14292	643	-1069
一般旅馆		978	1241	18	-271
其他住宿服务		802	57	5	167
3、按星级等级分组					
二星		297	97	15	198
三星		3040	2642	182	907
四星		2002	2592	325	-498
五星	30	4267	6468	54	-2612
其他	336	2879	3791	89	834
二、餐饮业	100	9689	4206	414	3426
1、按登记注册类型分组					
内资企业	100	9545	3887	410	3496
有限责任公司		274	466	17	253
股份有限公司		186	162	3	19
私营企业	100	9085	3259	390	3212
港、澳、台商投资企业		144	319	4	-70
2、按国民经济行业分组					
正餐服务	100	8038	3364	380	2309
快餐服务		1573	819	29	193
其他餐饮服务		79	23	4	924
3、按经营方式					
独立经营	100	6774	3318	296	3569
连锁经营分店		2606	808	117	-206
其他		310	80	0	63

表 11-9 续表 3　　(2016 年)　　单位：万元

指标名称	利润总额	应交所得税	应付职工薪酬	企业亏损数（个）	亏损总额
总　计	**2387**	**829**	**19985**	**28**	**7658**
一、住宿业	-1115	487	12440	15	5643
1、按登记注册类型分组					
内资企业	-1115	487	12440	15	5643
国有企业	-178	21	1476	2	508
集体企业	14	6	105		
股份合作企业					
有限责任公司	-2417	200	6222	4	3766
股份有限公司					
私营企业	1467	261	4637	9	1368
港、澳、台商投资企业					
2、按国民经济行业分组					
旅游饭店	-1010	465	11137	12	5117
一般旅馆	-270	19	848	3	525
其他住宿服务	165	4	455		
3、按星级等级分组					
二星	198	8	860		
三星	912	204	1926	6	401
四星	-471	17	2451	3	935
五星	-2611	152	2710	1	3205
其他	858	106	4493	5	1101
二、餐饮业	3502	342	7546	13	2015
1、按登记注册类型分组					
内资企业	3572	328	7359	11	1863
有限责任公司	344	9	866	2	89
股份有限公司	19	5	124		
私营企业	3198	314	6290	9	1774
港、澳、台商投资企业	-70	14	187	2	152
2、按国民经济行业分组					
正餐服务	2411	287	6614	12	1997
快餐服务	193	30	811	1	18
其他餐饮服务	898	26	121		
3、按经营方式					
独立经营	3645	311	6569	12	1634
连锁经营分店	-206	31	925	1	381
其他	63	1	52		

限额以上批发零售贸易业财务状况

表 11-10　　(2016 年)　　单位:万元

指标名称	流动资产合计	应收帐款	存货	固定资产合计	固定资产原价	累计折旧	本年折旧
总　　计	**1686655**	**472595**	**316654**	**316285**	**476143**	**173396**	**29190**
一、批发业	1130702	339834	177354	165842	255576	96624	15342
1、按登记注册类型分组							
内资企业	1082069	321680	176356	164553	252885	95223	15268
国有企业	179520	11864	32767	31291	61665	30374	2913
集体企业	1849	415	814	868	1229	361	54
有限责任公司	488950	182467	64932	45912	70845	29434	4420
股份有限公司							
私营企业	410885	126362	77782	85621	118257	35026	7866
二、零售业	555953	132761	139300	150443	220567	76772	13848
1、按登记注册类型分类							
内资企业	541779	130990	137288	140298	209351	71548	12861
国有企业	3695		2475	3955	3377	427	3
集体企业	1588	308	732	1126	1562	436	45
股份合作企业							
有限责任公司	250626	77119	52225	31857	50604	18913	3653
股份有限公司	27620	1700	19382	29149	51341	21070	2423
私营企业	254805	51509	62198	69554	96627	29518	6456
2、按国民经济行业分组							
综合零售	76794	3762	21517	29341	44381	20521	2399
百货零售	28877	1413	3855	17582	25817	13561	830
超级市场零售	45656	2280	17303	11619	18397	6932	1561
3、按经营方式分组							
独立经营	503309	127363	121074	142759	207546	71435	13196
连锁经营总店	25717	2388	9556	3850	8563	4713	506
连锁经营分店	10025	77	6526	1651	1651		
4、按零售业态分组							
超市	15198	893	4803	2463	3354	1066	516
大型超市	44966	2531	13595	17507	22955	9666	1481
百货店	18376	798	3395	9722	18765	10130	477
专业店	323194	102025	75748	87526	125939	39158	8061
专卖店	115534	18745	33776	27963	42050	14395	2933

表 11-10 续表 1　　(2016 年)　　单位:万元

指标名称	资产总计	流动负债合计	非流动负债合计	负债合计	所有者权益合计	实收资本
总　　计	**2400461**	**1540863**	**58245**	**1599385**	**801076**	**399115**
一、批发业	1594840	1093030	40793	1134101	460739	214721
1、按登记注册类型分组						
内资企业	1460441	967592	40793	1008663	451778	207693
国有企业	233853	77791	13154	90945	142908	14719
集体企业	2717	761		761	1955	1620
有限责任公司	685190	557569	11561	569130	116060	88330
股份有限公司						
私营企业	536954	330734	16078	347090	189864	103002
二、零售业	805621	447833	17452	465284	340337	184394
1、按登记注册类型分类						
内资企业	778943	426915	17452	444366	334576	181604
国有企业	7650	6159		6159	1490	130
集体企业	2910	1341		1341	1569	1037
股份合作企业						
有限责任公司	309062	233235	7177	240412	68649	44329
股份有限公司	84974	-12214	2783	-9431	94406	12310
私营企业	360543	197484	7451	204935	155608	114615
2、按国民经济行业分组						
综合零售	123233	90081	3191	93273	29961	21735
百货零售	51092	32349	1431	33779	17313	15473
超级市场零售	68949	56176	1761	57937	11012	5972
3、按经营方式分组						
独立经营	735311	391397	15608	407005	328306	178568
连锁经营总店	31194	25880	445	26325	4869	1980
连锁经营分店	19501	15647	1249	16896	2605	200
4、按零售业态分组						
超市	18886	13712	587	14299	4587	3737
大型超市	76054	61387	1711	63099	12955	5382
百货店	30293	16084	894	16978	13315	13004
专业店	468551	231548	11942	243490	225060	98192
专卖店	157116	108242	946	109188	47928	32732

表 11-10 续表 2　　(2016 年)　　单位:万元

指标名称	主营业务收入	主营业务成本	营业税金及附加	主营业务税金及附加	其他业务利润	销售费用
总　计	**6818481**	**6137651**	**58223**	**58156**	**5943**	**289988**
一、批发业	4784950	4350535	51606	51569	5190	183679
1、按登记注册类型分组						
内资企业	4711595	4279338	51340	51303	5068	183678
国有企业	407434	309594	39719	39719	80	8199
集体企业	12297	10323	25	25		694
有限责任公司	1860467	1702513	3082	3074	4168	122994
股份有限公司						
私营企业	2428383	2254651	8454	8424	820	51669
二、零售业	2033531	1787116	6617	6587	752	106308
1、按登记注册类型分类						
内资企业	2014823	1773295	6544	6513	752	102170
国有企业	43628	41375	1	1		
集体企业	38081	35574	460	448	81	648
股份合作企业						
有限责任公司	563352	502507	1477	1477	517	34063
股份有限公司	362687	328719	598	598		15738
私营企业	996864	856695	3955	3936	155	51434
2、按国民经济行业分组						
综合零售	274112	217070	1356	1344	287	27863
百货零售	124811	112071	938	927	73	2883
超级市场零售	144832	100724	384	384	215	24891
3、按经营方式分组						
独立经营	1852648	1652939	6203	6174	752	82722
连锁经营总店	78780	47886	222	222		11945
连锁经营分店	41844	32605	122	122		8708
4、按零售业态分组						
超市	26403	22025	204	204	11	1742
大型超市	130194	88266	352	352	204	23624
百货店	114980	103845	791	779	73	2383
专业店	1210878	1065366	3801	3787	366	60841
专卖店	435246	403151	1192	1192	99	13153

表 11-10 续表 3　　(2016 年)　　单位:万元

指标名称	管理费用	财务费用	营业利润	营业外收入	利润总额
总　计	**96084**	**26055**	**207994**	**9504**	**206126**
一、批发业	55418	15681	126206	7182	125293
1、按登记注册类型分组					
内资企业	55258	15601	124555	7068	123549
国有企业	17236	-2335	34885	4671	36423
集体企业	502	122	632		632
有限责任公司	17341	9852	4011	1427	4730
股份有限公司					
私营企业	20055	7931	84608	967	81346
二、零售业	40666	10374	81788	2322	80833
1、按登记注册类型分类					
内资企业	40660	10327	81167	2313	80203
国有企业	1246	101	905		905
集体企业	249	144	1007		1006
股份合作企业					
有限责任公司	12651	3272	10059	709	9480
股份有限公司	4337	400	12821	16	12743
私营企业	21774	6292	55449	1588	55149
2、按国民经济行业分组					
综合零售	5688	894	21446	596	20828
百货零售	3403	395	5120	6	4984
超级市场零售	2242	479	16317	591	15500
3、按经营方式分组					
独立经营	36563	9867	64974	1760	64807
连锁经营总店	2927	421	15380	483	15299
连锁经营分店	438	-9	-21	74	-731
4、按零售业态分组					
超市	846	145	1440	9	1315
大型超市	1772	495	15889	582	15197
百货店	3321	281	4360	6	4221
专业店	25594	5908	48402	1249	48088
专卖店	6488	2964	8397	201	8336

表 11-10 续表 4　　（2016 年）　　单位：万元

指标名称	应交所得税	应付职工薪酬	应交增值税	亏损企业数（个）	亏损总额
总　计	**27345**	**175170**	**107329**	**50**	**14665**
一、批发业	19814	131279	61817	24	9966
1、按登记注册类型分组					
内资企业	19562	131187	61586	24	9966
国有企业	7507	21769	14368		
集体企业	78	118	5		
有限责任公司	1559	91197	21328	7	7660
股份有限公司					
私营企业	10409	17957	25376	17	2306
二、零售业	7532	43891	45512	26	4699
1、按登记注册类型分类					
内资企业	7514	42109	45172	26	4699
国有企业	2	1154	49		
集体企业	122	312	138		
股份合作企业					
有限责任公司	1666	11844	4700	11	3089
股份有限公司	203	2073	24011		
私营企业	5395	26163	16203	15	1611
2、按国民经济行业分组					
综合零售	1553	11564	1969	6	1455
百货零售	760	4359	501	1	441
超级市场零售	787	6998	1416	5	1014
3、按经营方式分组					
独立经营	6564	37105	43738	24	3966
连锁经营总店	897	4456	1372		
连锁经营分店	-48	1380	13	1	731
4、按零售业态分组					
超市	65	2055	266	3	266
大型超市	763	6528	1207	2	748
百货店	765	3199	468	1	441
专业店	4598	20030	37087	12	2163
专卖店	1145	9495	5690	8	1081

星级住宿业和限额以上餐饮业经营情况

表 11-11　　(2015 年)　　单位:万元

指标名称	营业额	客房收入	餐费收入	商品销售收入	床位数(个)	餐位数(位)
一、合　计	**143533**	**38741**	**94244**	**6486**	**13190**	**46449**
(一)住宿业	66570	31168	29466	2335	10998	18364
其中:国有控股	27085	11528	12102	948	4458	6905
1、按登记注册类型分组						
内资企业	66570	31168	29466	2335	10998	18364
国有企业	5844	2892	1627	13	1455	1500
集体企业	454	232	161	62	69	37
股份合作企业						
联营企业						
有限责任公司	27492	11284	14023	982	3959	7700
国有独资公司	6488	2735	3243	230	1166	1600
其他有限责任公司	21004	8549	10780	752	2793	6100
股份有限公司						
私营企业	32779	16761	13654	1279	5515	9127
私营独资企业	5336	1434	3318	400	541	2300
私营合伙企业						
私营有限责任公司	22563	12786	8875	519	4379	5323
私营股份有限公司	4880	2541	1461	361	595	1504
与港澳台商合资经营企业						
港、澳、台商独资经营企业						
其他港澳台投资						
外商投资企业						
中外合作经营企业						

表 11-11 续表 1　　　　　　　　　　　　（2016 年）　　　　　　　　　　　　单位：万元

指标名称	营业额	客房收入	餐费收入	商品销售收入	床位数（个）	餐位数（位）
2、按国民经济行业分组						
旅游饭店	60233	27974	26849	1866	9447	16038
一般旅馆	4529	2279	1738	454	949	1420
3、按星级等级分组						
一星						
二星	2324	1237	1044	39	518	826
三星	16127	7030	7347	744	2807	6305
四星	9816	3800	4350	173	1446	3980
五星	13576	5711	6568	441	1554	2027
其他	24727	13391	10158	938	4673	5226
4、按单位规模分						
大型						
中型	26036	11140	12127	750	3076	4887
小型	31778	15474	13880	1051	6589	12135
微型	1446	625	407	368	238	252
（二）餐饮业	76963	7573	64778	4151	2192	28085
其中：国有控股	18141	386	17592	54	170	9700
1、按登记注册类型分组						
内资企业	76088	7546	64044	4038	2137	27528
国有企业	16747		16731	15		9300
集体企业						
股份合作企业	4322		4322			2000
联营企业						
有限责任公司	5172	925	3734	369	260	1596
其他有限责任公司	5172	925	3734	369	260	1596

表 11-11 续表 2　　(2016 年)　　单位:万元

指标名称	营业额	客房收入	餐费收入	商品销售收入	床位数(个)	餐位数(位)
股份有限公司	951		913	38		700
私营企业	48897	6621	38345	3615	1877	13932
私营独资企业	5880	475	5104	274	104	1956
私营合伙企业						
私营有限责任公司	35622	4563	28174	2763	1253	8966
私营股份有限公司	7395	1584	5067	577	520	3010
港、澳、台商投资企业	875	27	734	113	55	557
与港澳台商合资经营企业	321		265	56		300
与港澳台商合作经营企业						
外商投资企业						
中外合资经营企业						
2、按国民经济行业分组						
正餐服务	63141	6208	52991	3481	2132	23727
快餐服务	10209		10176	33		4108
其他餐饮服务	3614	1365	1611	638	60	250
3、按经营方式分组						
独立门店	67052	7098	55421	4097	2088	26120
连锁总店(总部)						
连锁门店	7447	475	6893	54	104	1885
其他	2464		2463	1		80
4、按单位规模分组						
大型						
中型	8245	1023	6674	545	150	2150
小型	43632	5795	34062	3377	1888	14263
微型	3389	279	2857	216	50	987

12

科技、教育、文化、卫生

科学技术基本情况

表12-1 (2016年)

项目	单位	全市	市区	#赣榆区	东海县	灌云县	灌南县
一、科技活动机构							
1.独立科研机构	个	30	18	2	6	6	3
2.大中型企业科技活动机构	个						
二、科技活动人员							
1.独立科研机构	人	828	685	37	70	61	12
2.大中型企业科技活动机构	人						
三、科学研究成果							
通过鉴定项目	项	96	83	8	8	3	2
#达到国际水平	项	4	4	1			
达到国内先进水平	项	60	55	2	3		2
达到省内先进水平	项	32	24	5	5	3	
填补市内空白	项						
获市级以上科技进步奖	项	80	68	4	8	1	3
技术成交项目	项						
技术成交额	万元						
四、科技活动经费							
经费支出(独立科研机构)	万元	9148.3	8205.3	202.9	334.2	298.6	107.3
经费收入(独立科研机构)	万元	11092	9509.9	187.7	746.3	521	127.1
五、专利申请情况	**项**						
发明专利	项	1760	1473	112	73	144	70
实用新型专利	项	2990	2126	269	379	176	309
外观设计专利	项	4030	2442	1013	502	780	306
六、专利授权	**项**						
发明专利	项	453	375	31	34	11	33
实用新型专利	项	1656	1207	132	224	45	180
外观设计专利	项	2490	1738	627	246	39	467

全部工业法人单位基本情况

表 12-2　　(2016年)

项　　目	单位数(个)	有R&D活动单位数(个)	有研发机构单位数(个)	其中:享受研究开发费用加计扣除的企业数(个)	从业人员期末人数(人)	从业人员平均人数(人)
总　　计	**1815**	**466**	**479**	**72**	**298858**	**294321**
一、按企业规模分组						
大型	26	25	23	9	80197	76985
中型	112	96	99	27	58107	57447
小型	1630	344	356	35	159969	159218
微型	47	1	1	1	585	671
二、按隶属关系分组						
中央	9	6	4	3	6029	6101
省(自治区、直辖市)	5	2	2	1	9682	9143
地(区、市、州、盟)	34	17	17	7	25092	24881
县(区、市、旗)	23	7	6		3696	3671
街道	1				116	114
镇	5	1	1	1	630	616
乡	7	3	2	1	3029	3090
社区(居委会)						
村委会	1				17	16
其他	1730	430	447	59	250567	246689
三、按登记注册类型分组						
内资企业	1626	408	419	57	241108	237894
国有企业	4				438	435
集体企业	1				65	65
股份合作企业	1				115	115
联营企业						
国有联营企业						
集体联营企业						
国有与集体联营企业						
其他联营企业						
有限责任公司	281	100	98	12	55525	55407
国有独资公司	17	6	5	1	9654	9650
其他有限责任公司	264	94	93	11	45871	45757
股份有限公司	27	13	13	8	9979	9799
私营企业	1312	295	308	37	174986	172073
私营独资企业	127	22	22	2	14298	14247
私营合伙企业	1				293	430
私营有限责任公司	1148	258	271	32	153223	150454
私营股份有限公司	36	15	15	3	7172	6942
其他企业						

表 12-2 续表 1

(2016 年)

项　　　　目	单位数(个)	有 R&D 活动单位数(个)	有研发机构单位数(个)	其中:享受研究开发费用加计扣除的企业数(个)	从业人员期末人数(人)	从业人员平均人数(人)
港、澳、台商投资企业	70	22	24	7	20778	20211
与港澳台商合资经营企业	27	8	9	3	6070	6147
与港澳台商合作经营企业	1	1	1	1	381	319
港澳台商独资经营企业	38	12	12	3	13830	13253
港澳台商投资股份有限公司	4	1	2		497	492
其他港澳台投资企业						
外商投资企业	119	36	36	8	36972	36216
中外合资经营企业	50	17	17	4	11464	11396
中外合作经营企业						
外资企业	66	17	18	3	16940	16768
外商投资股份有限公司	3	2	1	1	8568	8052
其他外商投资企业						
四、按国民经济行业大类分组						
采矿业	24	5	5		8556	8549
煤炭开采和洗选业						
石油和天然气开采业						
黑色金属矿采选业	1				23	15
有色金属矿采选业	2				84	79
非金属矿采选业	20	5	5		8175	8183
开采辅助活动	1				274	272
其他采矿业						
制造业	1757	456	468	70	284039	279669
农副食品加工业	189	23	23		17189	17262
食品制造业	37	11	10	1	5538	5458
酒、饮料和精制茶制造业	18	5	5	1	3581	3576
烟草制品业						
纺织业	39	6	11	3	6967	6926
纺织服装、服饰业	112	16	15		19592	19327
皮革、毛皮、羽毛及其制品和制鞋业	29	3	3		4250	4212
木材加工和木、竹、藤、棕、草制品业	52	5	8	2	5299	5284
家具制造业	14	1	1		982	1002
造纸和纸制品业	20				1816	1809
印刷和记录媒介复制业	43	4	5	1	3735	3719
文教、工美、体育和娱乐用品制造业	59	7	6		8729	8754
石油加工、炼焦和核燃料加工业	6	1	1		2218	2219
化学原料和化学制品制造业	286	102	102	10	41701	41898
医药制造业	54	22	22	7	31071	29899
化学纤维制造业	5	1	1		817	782

表 12-2 续表 2　　(2016 年)

项　目	单位数(个)	有 R&D 活动单位数(个)	有研发机构单位数(个)	其中:享受研究开发费用加计扣除的企业数(个)	从业人员期末人数(人)	从业人员平均人数(人)
橡胶和塑料制品业	52	9	7		3912	3855
非金属矿物制品业	314	89	90	12	38728	38482
黑色金属冶炼和压延加工业	43	9	9		23690	21229
有色金属冶炼和压延加工业	21	4	4	2	2470	2451
金属制品业	66	21	22	4	7704	7496
通用设备制造业	39	7	8	1	6575	6666
专用设备制造业	78	34	36	9	9225	9149
汽车制造业	17	8	9	3	2566	2417
铁路、船舶、航空航天和其他运输设备制造业	12	9	9	1	9503	9521
电气机械和器材制造业	91	38	38	7	15810	16153
计算机、通信和其他电子设备制造业	38	15	16	3	8189	8040
仪器仪表制造业	6	2	3	2	838	848
其他制造业	5				384	384
废弃资源综合利用业	12	4	4	1	960	851
金属制品、机械和设备修理业						
电力、热力、燃气及水生产和供应业	34	5	6	2	6263	6103
电力、热力生产和供应业	21	2	3	1	4809	4655
燃气生产和供应业	4	1	1		336	334
水的生产和供应业	9	2	2	1	1118	1114
五、按经济成分分组						
公有经济	50	24	20	7	25411	25450
非公有经济	1765	442	459	65	273447	268871
六、按企业控股情况分组						
国有控股	46	23	19	7	23322	23360
集体控股	4	1	1		2089	2090
私人控股	1581	380	395	47	216363	212925
港澳台商控股	63	21	23	4	20065	19642
外商控股	100	30	30	9	32933	32253
其他	21	11	11	5	4086	4051
七、按地区分组						
连云区	63	11	9	1	14235	13922
海州区	103	36	43	16	31429	30804
赣榆区	507	57	67	11	56715	55055
东海县	546	165	170	23	76371	75753
灌云县	279	90	86	1	38610	38374
灌南县	192	64	62	4	36028	35332
连云港经济技术开发区	109	35	33	13	39513	39041
连云港高新技术产业开发区	14	6	7	2	5748	5828

表 12-2 续表 3　　　　　　　　　　　　　　　　(2016 年)

项　　　　　目	资产总计(万元)	主营业务收入(万元)	利润总额(万元)	工业总产值(万元)	出口交货值(万元)
总　　计	**36505971**	**59464114**	**4965261**	**59748125**	**2077458**
一、按企业规模分组					
大型	18145458	18867013	2046949	18935550	178937
中型	6472439	14277355	976796	14052954	1250317
小型	11522317	25820872	1776257	26271609	644208
微型	365757	498874	165259	488013	3996
二、按隶属关系分组					
中央	6457992	1091818	278521	1003900	98524
省(自治区、直辖市)	2045351	1655410	463977	1538290	
地(区、市、州、盟)	4481456	2776071	411585	3162124	127957
县(区、市、旗)	650562	447718	10511	393041	90123
街道	3199	36980	1307	39257	
镇	37914	29765	1437	30641	755
乡	284415	311294	23894	297231	117790
社区(居委会)					
村委会	343	2095	4	2095	
其他	22544739	53112962	3774025	53281546	1642310
三、按登记注册类型分组					
内资企业	30625113	46487421	3750023	47073841	815187
国有企业	37933	38292	2477	39052	
集体企业	511	3849	225	3849	
股份合作企业	2725	13000	678	14231	
联营企业					
国有联营企业					
集体联营企业					
国有与集体联营企业					
其他联营企业					
有限责任公司	12797755	9714210	833958	9973705	277689
国有独资公司	1796810	525978	10755	485682	32773
其他有限责任公司	11000945	9188233	823203	9488024	244916
股份有限公司	3156117	1967541	424796	2271407	31605
私营企业	14630071	34750530	2487890	34771597	505893
私营独资企业	594310	2572284	183571	2519726	88770
私营合伙企业	6540	67289	5493	65012	
私营有限责任公司	13484999	30564643	2171667	30622937	409289
私营股份有限公司	544222	1546314	127159	1563922	7834
其他企业					

表 12-2 续表 4　　　　（2016 年）

项　　目	资产总计（万元）	主营业务收入（万元）	利润总额（万元）	工业总产值（万元）	出口交货值（万元）
港、澳、台商投资企业	1586374	2419953	272246	2444090	243118
与港澳台商合资经营企业	435408	664359	38264	685479	148232
与港澳台商合作经营企业	68051	202668	26604	202668	
港澳台商独资经营企业	1016038	1438210	208450	1424851	73679
港澳台商投资股份有限公司	66877	114716	-1072	131092	21207
其他港澳台投资企业					
外商投资企业	4294484	10556740	942992	10230194	1019153
中外合资经营企业	1664842	5145923	356852	4925347	445351
中外合作经营企业					
外资企业	1594942	4166228	195709	4149721	548354
外商投资股份有限公司	1034700	1244589	390431	1155126	25448
其他外商投资企业					
四、按国民经济行业大类分组					
采矿业	1284466	707151	29208	654835	1058
煤炭开采和洗选业					
石油和天然气开采业					
黑色金属矿采选业	1713	3698	32	3705	
有色金属矿采选业	15169	64934	-2124	48707	
非金属矿采选业	1223806	602465	27072	566370	1058
开采辅助活动	43778	36054	4229	36054	
其他采矿业					
制造业	27634615	57502258	4594834	57861990	2076400
农副食品加工业	1543421	4736978	343790	4607777	84492
食品制造业	524217	1441060	52306	1459475	190497
酒、饮料和精制茶制造业	405920	897646	78007	896162	
烟草制品业					
纺织业	270958	479759	33794	488723	71490
纺织服装、服饰业	412649	1543056	137093	1541557	162135
皮革、毛皮、羽毛及其制品和制鞋业	175124	323467	20042	328957	16095
木材加工和木、竹、藤、棕、草制品业	206248	772608	49877	784270	42110
家具制造业	65025	182003	15677	182412	8814
造纸和纸制品业	92152	208403	13190	236958	8815
印刷和记录媒介复制业	207497	503709	39366	498558	
文教、工美、体育和娱乐用品制造业	386329	893187	74218	891846	89133
石油加工、炼焦和核燃料加工业	863444	2333581	48469	2372862	
化学原料和化学制品制造业	5902066	9761085	718134	10086051	502562
医药制造业	4103260	5221844	1172548	5595554	32194
化学纤维制造业	93709	44606	1556	47819	2517

表 12-2 续表 5　　　　　　　　　　　　　　（2016 年）

项　　　　　目	资产总计（万元）	主营业务收入（万元）	利润总额（万元）	工业总产值（万元）	出口交货值（万元）
橡胶和塑料制品业	246237	702214	52611	703598	4578
非金属矿物制品业	2766244	6309640	434582	6326747	268683
黑色金属冶炼和压延加工业	3323827	7289510	421583	7184611	70273
有色金属冶炼和压延加工业	266596	1506127	61759	1472288	90552
金属制品业	712426	2774016	175668	2726499	6512
通用设备制造业	887875	1218248	87548	1134769	112324
专用设备制造业	988425	1687625	123700	1688997	118061
汽车制造业	193549	575045	35183	573983	516
铁路、船舶、航空航天和其他运输设备制造业	490778	1136889	57348	1134977	3800
电气机械和器材制造业	1714904	2971467	194534	2839805	110332
计算机、通信和其他电子设备制造业	537584	1466875	100735	1515904	74483
仪器仪表制造业	80427	39268	1796	45200	5435
其他制造业	28452	84322	11296	86059	
废弃资源综合利用业	145273	398020	38426	409572	
金属制品、机械和设备修理业					
电力、热力、燃气及水生产和供应业	7586891	1254706	341219	1231300	
电力、热力生产和供应业	7294383	1110539	322180	1083420	
燃气生产和供应业	41997	104096	11824	106767	
水的生产和供应业	250511	40070	7215	41113	
五、按经济成分分组					
公有经济	11005078	5971918	513391	5745529	207145
非公有经济	25500893	53492197	4451869	54002596	1870313
六、按企业控股情况分组					
国有控股	10165471	3720540	472655	3455246	207145
集体控股	839608	2251377	40737	2290283	
私人控股	19097009	41542480	3193484	42329977	937880
港澳台商控股	1598031	2264609	235891	2282499	170119
外商控股	3797786	9014888	837327	8711168	750280
其他	1008067	670220	185167	678952	12034
七、按地区分组					
连云区	9555857	2682725	383410	2895790	100584
海州区	5333117	3590311	561529	3521317	204909
赣榆区	5891676	16007309	1071929	15840928	532188
东海县	4335517	11087494	743285	10857497	453810
灌云县	1927331	7157712	449898	7621391	86812
灌南县	3153483	6126071	468300	6171755	67326
连云港经济技术开发区	5553639	10720357	1171717	10720436	501057
连云港高新技术产业开发区	694679	2044873	109357	2068461	130773

全部工业法人单位 R&D 人员情况

表 12-3　　(2016 年)

指　　标	R&D人员合计(人)	#1.参加项目人员	2.管理和服务人员	#女性	#研究人员	#1.全时人员	2.非全时人员
总　　计	**14984**	**14026**	**958**	**4255**	**5719**	**10719**	**4265**
一、按企业规模分组							
大型	5287	5009	278	1892	2335	3841	1446
中型	3321	3015	306	803	1080	2392	929
小型	6130	5756	374	1468	2202	4265	1865
微型	246	246		92	102	221	25
二、按隶属关系分组							
中央	389	383	6	50	180	157	232
省(自治区、直辖市)	759	759		310	343	682	77
地(区、市、州、盟)	2650	2416	234	1051	1217	1674	976
县(区、市、旗)	233	211	22	69	66	161	72
街道							
镇	41	40	1	4	19	17	24
乡	211	179	32	78	41	185	26
社区(居委会)							
村委会							
其他	10701	10038	663	2693	3853	7843	2858
三、按登记注册类型分组							
内资企业	11520	10724	796	3210	4367	7864	3656
国有企业							
集体企业							
股份合作企业							
联营企业							
国有联营企业							
集体联营企业							
国有与集体联营企业							
其他联营企业							
有限责任公司	3421	3220	201	894	1291	2157	1264
国有独资公司	401	331	70	84	112	192	209
其他有限责任公司	3020	2889	131	810	1179	1965	1055
股份有限公司	1961	1862	99	809	941	1321	640
私营企业	6138	5642	496	1507	2135	4386	1752
私营独资企业	301	273	28	68	119	225	76
私营合伙企业							
私营有限责任公司	5452	5017	435	1311	1895	3846	1606
私营股份有限公司	385	352	33	128	121	315	70
其他企业							

表 12-3 续表 1　　　　　　　　　　(2016 年)

指　　　标	R&D人员合计(人)	#1.参加项目人员	2.管理和服务人员	#女性	#研究人员	#1.全时人员	2.非全时人员
港、澳、台商投资企业	1446	1375	71	453	633	1227	219
与港澳台商合资经营企业	384	344	40	143	94	322	62
与港澳台商合作经营企业	12	12		3	5	11	1
港澳台商独资经营企业	1042	1011	31	305	532	887	155
港澳台商投资股份有限公司	8	8		2	2	7	1
其他港澳台投资企业							
外商投资企业	2018	1927	91	592	719	1628	390
中外合资经营企业	618	545	73	121	178	423	195
中外合作经营企业							
外资企业	586	568	18	155	178	476	110
外商投资股份有限公司	814	814		316	363	729	85
其他外商投资企业							
四、按国民经济行业大类分组							
采矿业	180	116	64	51	92	100	80
煤炭开采和洗选业							
石油和天然气开采业							
黑色金属矿采选业							
有色金属矿采选业							
非金属矿采选业	180	116	64	51	92	100	80
开采辅助活动							
其他采矿业							
制造业	14596	13706	890	4181	5523	10589	4007
农副食品加工业	262	233	29	62	90	208	54
食品制造业	172	154	18	44	57	122	50
酒、饮料和精制茶制造业	331	327	4	93	80	236	95
烟草制品业							
纺织业	98	97	1	33	28	71	27
纺织服装、服饰业	210	199	11	113	54	138	72
皮革、毛皮、羽毛及其制品和制鞋业	51	50	1	22	12	35	16
木材加工和木、竹、藤、棕、草制品业	78	71	7	26	21	50	28
家具制造业	25	25		8	7	6	19
造纸和纸制品业							
印刷和记录媒介复制业	51	48	3	13	19	37	14
文教、工美、体育和娱乐用品制造业	130	121	9	36	52	86	44
石油加工、炼焦和核燃料加工业	126	126		4	37	8	118
化学原料和化学制品制造业	2650	2480	170	522	774	1798	852
医药制造业	4082	3957	125	1670	1988	3198	884
化学纤维制造业	68	67	1	6	30	40	28

表 12-3 续表 2 (2016 年)

指标	R&D人员合计(人)	#1.参加项目人员	2.管理和服务人员	#女性	#研究人员	#1.全时人员	2.非全时人员
橡胶和塑料制品业	151	144	7	31	49	113	38
非金属矿物制品业	1842	1615	227	528	707	1332	510
黑色金属冶炼和压延加工业	364	328	36	113	102	249	115
有色金属冶炼和压延加工业	139	129	10	31	60	114	25
金属制品业	458	448	10	77	140	277	181
通用设备制造业	204	197	7	30	84	141	63
专用设备制造业	1005	951	54	210	357	738	267
汽车制造业	222	172	50	73	95	155	67
铁路、船舶、航空航天和其他运输设备制造业	157	153	4	34	53	114	43
电气机械和器材制造业	1065	975	90	281	403	785	280
计算机、通信和其他电子设备制造业	579	563	16	103	202	482	97
仪器仪表制造业	24	24		5	3	16	8
其他制造业							
废弃资源综合利用业	52	52		13	19	40	12
金属制品、机械和设备修理业							
电力、热力、燃气及水生产和供应业	208	204	4	23	104	30	178
电力、热力生产和供应业	167	165	2	9	87	4	163
燃气生产和供应业	17	15	2	5	6	10	7
水的生产和供应业	24	24		9	11	16	8
五、按经济成分分组							
公有经济	1501	1385	116	252	535	826	675
非公有经济	13483	12641	842	4003	5184	9893	3590
六、按企业控股情况分组							
国有控股	1375	1259	116	248	498	818	557
集体控股	126	126		4	37	8	118
私人控股	9621	8938	683	2816	3670	6736	2885
港澳台商控股	1398	1318	80	421	622	1176	222
外商控股	1735	1678	57	551	617	1430	305
其他	729	707	22	215	275	551	178
七、按地区分组							
连云区	575	552	23	93	153	216	359
海州区	2157	2015	142	619	835	1648	509
赣榆区	1618	1451	167	441	512	1009	609
东海县	2980	2638	342	816	1188	2174	806
灌云县	1344	1298	46	279	512	1017	327
灌南县	1921	1853	68	469	460	1279	642
连云港经济技术开发区	4062	3894	168	1464	1918	3087	975
连云港高新技术产业开发区	288	286	2	72	125	254	34

表 12-3 续表 3　　(2016 年)

指　　标	R&D人员折合全时当量合计（人年）	#研究人员	#1.基础研究人员	2.应用研究人员	3.试验发展人员
总　计	**11986.8**	**4706.1**	**6.4**	**159.8**	**11820.6**
一、按企业规模分组					
大型	4598.6	2085.8	6.4	22.3	4569.9
中型	2532.8	827.5		33.7	2499.1
小型	4609.3	1690.7		103.7	4505.6
微型	246	102			246
二、按隶属关系分组					
中央	229.9	101.5		2.4	227.5
省(自治区、直辖市)	698.6	315.6			698.6
地(区、市、州、盟)	2225.3	1056.7	6.4		2218.9
县(区、市、旗)	85.6	25.7		10.3	75.4
街道					
镇	41	19			41
乡	200.3	38.2			200.3
社区(居委会)					
村委会					
其他	8506	3149.4		147.1	8358.9
三、按登记注册类型分组					
内资企业	8956.4	3495	6.4	135.8	8814.2
国有企业					
集体企业					
股份合作企业					
联营企业					
国有联营企业					
集体联营企业					
国有与集体联营企业					
其他联营企业					
有限责任公司	2404.4	921.1	6.4	72.2	2325.9
国有独资公司	191	49.4			191
其他有限责任公司	2213.4	871.8	6.4	72.2	2134.8
股份有限公司	1865.7	905.4		1.9	1863.9
私营企业	4686.3	1668.5		61.8	4624.5
私营独资企业	237.4	91.8		13.5	223.9
私营合伙企业					
私营有限责任公司	4155.5	1479.4		48.2	4107.3
私营股份有限公司	293.3	97.2			293.3
其他企业					

表 12-3 续表 4　　　　　　　　(2016 年)

指　　标	R&D人员折合全时当量合计(人年)	#研究人员	#1.基础研究人员	2.应用研究人员	3.试验发展人员
港、澳、台商投资企业	1340.5	600.4			1340.5
与港澳台商合资经营企业	327.6	79.9			327.6
与港澳台商合作经营企业	8.9	3.7			8.9
港澳台商独资经营企业	1000.3	515.8			1000.3
港澳台商投资股份有限公司	3.7	0.9			3.7
其他港澳台投资企业					
外商投资企业	1689.8	610.7		24	1665.8
中外合资经营企业	452.3	128.6			452.3
中外合作经营企业					
外资企业	504.8	154.2		24	480.8
外商投资股份有限公司	732.8	327.9			732.8
其他外商投资企业					
四、按国民经济行业大类分组					
采矿业	94.8	47.6		1.7	93.1
煤炭开采和洗选业					
石油和天然气开采业					
黑色金属矿采选业					
有色金属矿采选业					
非金属矿采选业	94.8	47.6		1.7	93.1
开采辅助活动					
其他采矿业					
制造业	11804.4	4616.1	6.4	155.7	11642.3
农副食品加工业	187.1	60.7			187.1
食品制造业	111.3	40.7		6.2	105.1
酒、饮料和精制茶制造业	269.6	67.6			269.6
烟草制品业					
纺织业	61.8	18.4			61.8
纺织服装、服饰业	152.4	39.7			152.4
皮革、毛皮、羽毛及其制品和制鞋业	41.5	9.2			41.5
木材加工和木、竹、藤、棕、草制品业	61.6	17.3		6.9	54.6
家具制造业	8.9	2.5			8.9
造纸和纸制品业					
印刷和记录媒介复制业	39.9	14.7			39.9
文教、工美、体育和娱乐用品制造业	84.4	34.4			84.4
石油加工、炼焦和核燃料加工业	119.4	35.1			119.4
化学原料和化学制品制造业	1897.8	591.1		56.6	1841.2
医药制造业	3840.1	1882.4	6.4		3833.7
化学纤维制造业	28.7	12.7			28.7

表 12-3 续表 4　　　　　　　　　　　(2016 年)

指　　　　标	R&D人员折合全时当量合计（人年）	#研究人员	#1.基础研究人员	2.应用研究人员	3.试验发展人员
橡胶和塑料制品业	117.6	39.8			117.6
非金属矿物制品业	1487.5	562.2		14.1	1473.4
黑色金属冶炼和压延加工业	203.1	57.5		22.2	180.9
有色金属冶炼和压延加工业	93.9	41.3			93.9
金属制品业	387.6	112.6		1.9	385.8
通用设备制造业	186.6	79.2		10.2	176.4
专用设备制造业	817.1	294			817.1
汽车制造业	142.7	63.8			142.7
铁路、船舶、航空航天和其他运输设备制造业	129.3	40.1			129.3
电气机械和器材制造业	800.6	324		29.8	770.7
计算机、通信和其他电子设备制造业	467.8	156.1			467.8
仪器仪表制造业	19.3	2			19.3
其他制造业					
废弃资源综合利用业	46.7	17		7.8	38.9
金属制品、机械和设备修理业					
电力、热力、燃气及水生产和供应业	87.6	42.4		2.4	85.2
电力、热力生产和供应业	55.2	28.9		2.4	52.8
燃气生产和供应业	16.7	5.9			16.7
水的生产和供应业	15.7	7.5			15.7
五、按经济成分分组					
公有经济	847.9	285.3		3	845
非公有经济	11138.8	4420.8	6.4	156.8	10975.6
六、按企业控股情况分组					
国有控股	728.5	250.2		3	725.5
集体控股	119.4	35.1			119.4
私人控股	7754.7	3060.7	6.4	122.5	7625.8
港澳台商控股	1306.6	595.5		1.7	1304.9
外商控股	1495.9	537.6		24	1471.9
其他	581.6	226.9		8.6	573
七、按地区分组					
连云区	318.7	78.4		4.7	314
海州区	1855.8	710			1855.8
赣榆区	1004.5	335.3		30.1	974.4
东海县	2462.9	987.5		15.2	2447.7
灌云县	1158.6	447.1		57.8	1100.8
灌南县	1309.5	312.1		25.6	1283.9
连云港经济技术开发区	3634.9	1735.5	6.4	2.4	3626.1
连云港高新技术产业开发区	219.1	92.4		24	195.1

全部工业法人单位 R&D 经费情况

表 12-4　　(2016 年)　　单位:万元

指　　标	R&D经费内部支出合计	(一)按活动类型分组 #1. 基础研究支出	2. 应用研究支出	3.试验发展支出	(二)按支出用途分组 1.经常费支出	#人员劳务费
总　　计	**415272**	**139**	**5152**	**409981**	**364475**	**120321**
一、按企业规模分组						
大型	190104	139	1041	188924	173208	60248
中型	88638		1207	87431	74277	20179
小型	122788		2904	119884	108297	37978
微型	13743			13743	8694	1916
二、按隶属关系分组						
中央	14859		37	14823	12923	2438
省(自治区、直辖市)	53909			53909	49127	12854
地(区、市、州、盟)	85059	139		84920	74970	30076
县(区、市、旗)	10648		405	10243	10456	757
街道						
镇	621			621	511	87
乡	1328			1328	1209	426
社区(居委会)						
村委会						
其他	248848		4710	244137	215280	73683
三、按登记注册类型分组						
内资企业	296456	139	4533	291784	254544	85420
国有企业						
集体企业						
股份合作企业						
联营企业						
国有联营企业						
集体联营企业						
国有与集体联营企业						
其他联营企业						
有限责任公司	100690	139	2029	98522	82712	19979
国有独资公司	5432			5432	4756	1552
其他有限责任公司	95257	139	2029	93090	77956	18428
股份有限公司	70072		111	69960	62012	27130
私营企业	125695		2393	123302	109820	38310
私营独资企业	7056		518	6538	5925	2211
私营合伙企业						
私营有限责任公司	110107		1875	108232	96641	33865
私营股份有限公司	8532			8532	7254	2235
其他企业						

表 12-4 续表 1　　　　　　　　　　　　　　（2016 年）　　　　　　　　　　　　　　单位：万元

指　　标	R&D经费内部支出合计	（一）按活动类型分组			（二）按支出用途分组	
		#1. 基础研究支出	2. 应用研究支出	3.试验发展支出	1.经常费支出	#人员劳务费
港、澳、台商投资企业	36104			36104	34868	12073
与港澳台商合资经营企业	4127			4127	3633	1391
与港澳台商合作经营企业	331			331	319	101
港澳台商独资经营企业	31592			31592	30863	10558
港澳台商投资股份有限公司	53			53	53	22
其他港澳台投资企业						
外商投资企业	82712		619	82094	75063	22828
中外合资经营企业	17265			17265	15234	3723
中外合作经营企业						
外资企业	11085		619	10466	10257	5948
外商投资股份有限公司	54363			54363	49572	13158
其他外商投资企业						
四、按国民经济行业大类分组						
采矿业	2213		2	2211	1807	681
煤炭开采和洗选业						
石油和天然气开采业						
黑色金属矿采选业						
有色金属矿采选业						
非金属矿采选业	2213		2	2211	1807	681
开采辅助活动						
其他采矿业						
制造业	411209	139	5113	405957	360866	118929
农副食品加工业	4872			4872	4337	1457
食品制造业	3213		100	3113	2641	662
酒、饮料和精制茶制造业	2938			2938	2552	877
烟草制品业						
纺织业	1315			1315	1143	528
纺织服装、服饰业	3334			3334	2742	1137
皮革、毛皮、羽毛及其制品和制鞋业	1175			1175	941	365
木材加工和木、竹、藤、棕、草制品业	1704		275	1429	1626	341
家具制造业	912			912	879	206
造纸和纸制品业						
印刷和记录媒介复制业	967			967	886	374
文教、工美、体育和娱乐用品制造业	2265			2265	2146	646
石油加工、炼焦和核燃料加工业	7320			7320	7215	1877
化学原料和化学制品制造业	65724		1537	64187	58883	17965
医药制造业	173360	139		173221	154334	52295
化学纤维制造业	1525			1525	1182	380

表 12-4 续表 2　　　　(2016 年)　　　　单位:万元

指　　标	R&D经费内部支出合计	(一)按活动类型分组			(二)按支出用途分组	
		#1. 基础研究支出	2. 应用研究支出	3.试验发展支出	1.经常费支出	#人员劳务费
橡胶和塑料制品业	3813			3813	3386	1011
非金属矿物制品业	34577		640	33938	24264	9901
黑色金属冶炼和压延加工业	11174		1133	10041	8648	2721
有色金属冶炼和压延加工业	2371			2371	2045	716
金属制品业	8572		111	8461	7810	2432
通用设备制造业	14467		276	14191	12376	2060
专用设备制造业	19323			19323	18419	5605
汽车制造业	3438			3438	2669	1046
铁路、船舶、航空航天和其他运输设备制造业	2316			2316	2221	884
电气机械和器材制造业	27116		858	26258	25109	6518
计算机、通信和其他电子设备制造业	11890			11890	10960	6328
仪器仪表制造业	325			325	290	126
其他制造业						
废弃资源综合利用业	1203		184	1020	1164	473
金属制品、机械和设备修理业						
电力、热力、燃气及水生产和供应业	1850		37	1813	1803	711
电力、热力生产和供应业	1179		37	1142	1179	568
燃气生产和供应业	432			432	432	101
水的生产和供应业	240			240	192	42
五、按经济成分分组						
公有经济	50175		158	50017	40723	9611
非公有经济	365097	139	4994	359965	323752	110710
六、按企业控股情况分组						
国有控股	42855		158	42697	33509	7734
集体控股	7320			7320	7215	1877
私人控股	232232	139	3970	228123	204041	73386
港澳台商控股	35129		2	35127	33758	11635
外商控股	75351		619	74732	69212	21070
其他	22385		403	21982	16741	4619
七、按地区分组						
连云区	10279		165	10114	8848	3449
海州区	76976			76976	69922	20025
赣榆区	48124		1280	46844	42430	10282
东海县	49212		520	48692	41286	17527
灌云县	37144		1430	35714	35565	10584
灌南县	33226		905	32321	29243	9206
连云港经济技术开发区	150044	139	233	149672	127565	44018
连云港高新技术产业开发区	8583		619	7965	7934	4873

表 12-4 续表 3　　(2016 年)　　单位:万元

指标	(二)按支出用途分组			(三)按资金来源分组			
	2.资产性支出	#①土建工程	②仪器设备	1.政府资金	2.企业资金	3.境外资金	4.其他资金
总计	**50796**	**882**	**49914**	**18938**	**390966**	**808**	**4559**
一、按企业规模分组							
大型	16896	70	16826	8098	181745		260
中型	14361	204	14157	4556	79808	642	3632
小型	14491	608	13882	6284	115670	167	667
微型	5049		5049		13743		
二、按隶属关系分组							
中央	1937	4	1933	669	14191		
省(自治区、直辖市)	4782		4782	413	53496		
地(区、市、州、盟)	10088	54	10035	5870	78629		560
县(区、市、旗)	193	7	186	4	10645		
街道							
镇	110	7	104		621		
乡	119	12	107	207	1121		
社区(居委会)							
村委会							
其他	33568	799	32768	11776	232264	808	3999
三、按登记注册类型分组							
内资企业	41912	707	41204	15175	277150	375	3756
国有企业							
集体企业							
股份合作企业							
联营企业							
国有联营企业							
集体联营企业							
国有与集体联营企业							
其他联营企业							
有限责任公司	17977	105	17872	5708	91631		3351
国有独资公司	676	29	647	725	4447		260
其他有限责任公司	17301	77	17225	4983	87184		3091
股份有限公司	8060	29	8030	2521	67551		
私营企业	15875	573	15302	6947	117967	375	405
私营独资企业	1131	49	1082	41	7015		
私营合伙企业							
私营有限责任公司	13466	488	12978	6753	102573	375	405
私营股份有限公司	1278	36	1242	152	8379		
其他企业							

表 12-4 续表 4　　(2016 年)　　单位:万元

指标	(二)按支出用途分组			(三)按资金来源分组			
	2.资产性支出	#①土建工程	②仪器设备	1.政府资金	2.企业资金	3.境外资金	4.其他资金
港、澳、台商投资企业	1235	120	1116	2030	33812		262
与港澳台商合资经营企业	494	14	480	297	3830		
与港澳台商合作经营企业	12	12		8	323		
港澳台商独资经营企业	729	93	636	1725	29605		262
港澳台商投资股份有限公司					53		
其他港澳台投资企业							
外商投资企业	7649	55	7594	1733	80005	433	541
中外合资经营企业	2031	22	2009	1083	15882		300
中外合作经营企业							
外资企业	828	32	795	237	10408	433	7
外商投资股份有限公司	4791	1	4790	413	53715		235
其他外商投资企业							
四、按国民经济行业大类分组							
采矿业	406	2	405	725	1227		260
煤炭开采和洗选业							
石油和天然气开采业							
黑色金属矿采选业							
有色金属矿采选业							
非金属矿采选业	406	2	405	725	1227		260
开采辅助活动							
其他采矿业							
制造业	50343	880	49462	18208	387894	808	4299
农副食品加工业	535	31	504	256	4614		2
食品制造业	572	65	507	175	3038		
酒、饮料和精制茶制造业	386	23	363	18	2921		
烟草制品业							
纺织业	172	3	168	90	1225		
纺织服装、服饰业	592	13	579	196	3132		7
皮革、毛皮、羽毛及其制品和制鞋业	234	2	232		1175		
木材加工和木、竹、藤、棕、草制品业	78	1	77		1704		
家具制造业	33	2	31	301	611		
造纸和纸制品业							
印刷和记录媒介复制业	82	3	79		967		
文教、工美、体育和娱乐用品制造业	119	7	112		2030		235
石油加工、炼焦和核燃料加工业	105		105	300	7020		
化学原料和化学制品制造业	6841	216	6625	975	63821	167	762
医药制造业	19026	7	19019	6254	167106		
化学纤维制造业	343		343	700	567		258

表 12-4 续表 5　　　　(2016 年)　　　　单位:万元

指　　标	(二)按支出用途分组			(三)按资金来源分组			
	2.资产性支出	#①土建工程	②仪器设备	1.政府资金	2.企业资金	3.境外资金	4.其他资金
橡胶和塑料制品业	427	13	414	250	3563		
非金属矿物制品业	10314	253	10061	3113	28891		2573
黑色金属冶炼和压延加工业	2525	6	2520	991	10183		
有色金属冶炼和压延加工业	326	14	312	288	2083		
金属制品业	763	26	737	581	7615		376
通用设备制造业	2091	8	2083	690	13607	171	
专用设备制造业	904	35	869	1577	17746		
汽车制造业	769	4	766	413	3026		
铁路、船舶、航空航天和其他运输设备制造业	94	5	89		2278	38	
电气机械和器材制造业	2008	87	1921	746	25852	433	85
计算机、通信和其他电子设备制造业	931	45	886	262	11628		
仪器仪表制造业	35	1	35	22	304		
其他制造业							
废弃资源综合利用业	39	12	27	12	1191		
金属制品、机械和设备修理业							
电力、热力、燃气及水生产和供应业	48		48	5	1845		
电力、热力生产和供应业					1179		
燃气生产和供应业					432		
水的生产和供应业	48		48	5	235		
五、按经济成分分组							
公有经济	9452	48	9403	3840	43243		3092
非公有经济	41345	834	40511	15098	347723	808	1467
六、按企业控股情况分组							
国有控股	9347	48	9298	3540	36223		3092
集体控股	105		105	300	7020		
私人控股	28191	653	27538	11736	219715	375	405
港澳台商控股	1371	107	1264	1932	32935		262
外商控股	6139	53	6085	808	73827	433	283
其他	5644	21	5624	622	21246		517
七、按地区分组							
连云区	1431	30	1402	58	10130		92
海州区	7054	64	6990	2933	73742		302
赣榆区	5694	129	5566	2296	45658	171	
东海县	7926	434	7492	4522	44688		2
灌云县	1579	33	1546	187	36957		
灌南县	3983	171	3812	224	31854	167	982
连云港经济技术开发区	22478	19	22459	8619	138205	38	3181
连云港高新技术产业开发区	649	3	646		8150	433	

表 12–4 续表 6　　　　　　　　　　　　(2016 年)　　　　　　　　　　　　单位:万元

指　　　　标	R&D经费外部支出合计	对境内研究机构支出	对境内高等学校支出	对境内企业支出	对境外支出
总　　计	**51802**	**40524**	**3945**	**5069**	**2264**
一、按企业规模分组					
大型	43075	35541	1167	4535	1833
中型	2277	997	553	411	316
小型	4375	2451	1685	124	116
微型	2075	1536	539		
二、按隶属关系分组					
中央	2535	67		2346	122
省(自治区、直辖市)	19276	16279	512	1170	1316
地(区、市、州、盟)	20303	18743	479	874	208
县(区、市、旗)	67	42	11	14	
街道					
镇					
乡					
社区(居委会)					
村委会					
其他	9621	5394	2943	665	619
三、按登记注册类型分组					
内资企业	31216	23820	3226	3563	607
国有企业					
集体企业					
股份合作企业					
联营企业					
国有联营企业					
集体联营企业					
国有与集体联营企业					
其他联营企业					
有限责任公司	8621	3311	1412	3381	517
国有独资公司	99	87		12	
其他有限责任公司	8522	3224	1412	3369	517
股份有限公司	17893	17797	92	2	2
私营企业	4702	2712	1721	180	89
私营独资企业					
私营合伙企业					
私营有限责任公司	4501	2636	1626	150	89
私营股份有限公司	201	76	95	30	
其他企业					

表 12-4 续表 7　　(2016 年)　　单位:万元

指　　标	R&D经费外部支出合计	对境内研究机构支出	对境内高等学校支出	对境内企业支出	对境外支出
港、澳、台商投资企业	295	140	109	21	25
与港澳台商合资经营企业	76	15	16	21	25
与港澳台商合作经营企业					
港澳台商独资经营企业	219	125	93		
港澳台商投资股份有限公司					
其他港澳台投资企业					
外商投资企业	20292	16564	610	1485	1632
中外合资经营企业	873	189	98	315	270
中外合作经营企业					
外资企业	96	96			
外商投资股份有限公司	19322	16279	512	1170	1362
其他外商投资企业					
四、按国民经济行业大类分组					
采矿业	55	30		25	
煤炭开采和洗选业					
石油和天然气开采业					
黑色金属矿采选业					
有色金属矿采选业					
非金属矿采选业	55	30		25	
开采辅助活动					
其他采矿业					
制造业	49401	40495	3945	2698	2264
农副食品加工业	65		54	11	
食品制造业	214	154	30	30	
酒、饮料和精制茶制造业	141	111	30		
烟草制品业					
纺织业	76	15	16	21	25
纺织服装、服饰业	276	74	198	4	
皮革、毛皮、羽毛及其制品和制鞋业					
木材加工和木、竹、藤、棕、草制品业					
家具制造业					
造纸和纸制品业					
印刷和记录媒介复制业					
文教、工美、体育和娱乐用品制造业	46				46
石油加工、炼焦和核燃料加工业	724	280	117	140	187
化学原料和化学制品制造业	1648	545	499	317	287
医药制造业	42172	36998	1625	2026	1523
化学纤维制造业	32	32			

表 12-4 续表 8　　(2016 年)　　单位:万元

指　　标	R&D经费外部支出合计	对境内研究机构支出	对境内高等学校支出	对境内企业支出	对境外支出
橡胶和塑料制品业	110	110			
非金属矿物制品业	998	678	320		
黑色金属冶炼和压延加工业	95		33		62
有色金属冶炼和压延加工业	85	65	20		
金属制品业	309	222	1	87	
通用设备制造业	189	67			122
专用设备制造业	1169	578	549	33	9
汽车制造业	345	65	280		
铁路、船舶、航空航天和其他运输设备制造业					
电气机械和器材制造业	508	334	174		
计算机、通信和其他电子设备制造业	171	167	0	2	2
仪器仪表制造业	0		0		
其他制造业					
废弃资源综合利用业	28			28	
金属制品、机械和设备修理业					
电力、热力、燃气及水生产和供应业	2346			2346	
电力、热力生产和供应业	2346			2346	
燃气生产和供应业					
水的生产和供应业					
五、按经济成分分组					
公有经济	3402	477	117	2498	309
非公有经济	48401	40047	3828	2571	1955
六、按企业控股情况分组					
国有控股	2677	197		2358	122
集体控股	724	280	117	140	187
私人控股	25573	21638	2591	1048	297
港澳台商控股	224	125	93	5	
外商控股	20089	16393	533	1506	1657
其他	2515	1891	611	12	2
七、按地区分组					
连云区	2403	57		2346	
海州区	20022	16543	964	1198	1316
赣榆区	1372	464	393	257	259
东海县	3116	1942	1124	26	25
灌云县	220	216		4	
灌南县	937	475	380	65	17
连云港经济技术开发区	23673	20799	1053	1173	648
连云港高新技术产业开发区					

全部工业法人单位办研发机构情况

表 12-5　　(2016 年)

指　　标	机构数(个)	机构人员合计(人)	博士毕业	硕士毕业
总　　计	**655**	**15759**	**630**	**2846**
一、按企业规模分组				
大型	44	6236	291	1845
中型	147	3544	108	330
小型	463	5699	231	649
微型	1	280		22
二、按隶属关系分组				
中央	7	458	1	52
省(自治区、直辖市)	2	836	28	463
地(区、市、州、盟)	34	3412	224	1023
县(区、市、旗)	10	194	3	18
街道				
镇	1	87	12	5
乡	2	218	1	12
社区(居委会)				
村委会				
其他	599	10554	361	1273
三、按登记注册类型分组				
内资企业	581	11983	525	1924
国有企业				
集体企业				
股份合作企业				
联营企业				
国有联营企业				
集体联营企业				
国有与集体联营企业				
其他联营企业				
有限责任公司	138	3517	92	456
国有独资公司	8	167	3	37
其他有限责任公司	130	3350	89	419
股份有限公司	25	2576	181	820
私营企业	418	5890	252	648
私营独资企业	26	305	5	45
私营合伙企业				
私营有限责任公司	371	5218	232	557
私营股份有限公司	21	367	15	46
其他企业				

表 12-5 续表 1　　　　　　　　　　　　(2016 年)

指　　　　标	机构数(个)	机构人员合计(人)	博士毕业	硕士毕业
港、澳、台商投资企业	26	1293	35	253
与港澳台商合资经营企业	9	452	6	36
与港澳台商合作经营企业	1	12		5
港澳台商独资经营企业	14	767	29	212
港澳台商投资股份有限公司	2	62		
其他港澳台投资企业				
外商投资企业	48	2483	70	669
中外合资经营企业	23	810	22	67
中外合作经营企业				
外资企业	24	840	20	142
外商投资股份有限公司	1	833	28	460
其他外商投资企业				
四、按国民经济行业大类分组				
采矿业	8	124	3	26
煤炭开采和洗选业				
石油和天然气开采业				
黑色金属矿采选业				
有色金属矿采选业				
非金属矿采选业	8	124	3	26
开采辅助活动				
其他采矿业				
制造业	641	15475	626	2785
农副食品加工业	25	347	19	45
食品制造业	13	109	1	11
酒、饮料和精制茶制造业	11	267	3	25
烟草制品业				
纺织业	13	179	17	30
纺织服装、服饰业	16	170	4	16
皮革、毛皮、羽毛及其制品和制鞋业	4	46		
木材加工和木、竹、藤、棕、草制品业	8	218	3	8
家具制造业	1	25		3
造纸和纸制品业				
印刷和记录媒介复制业	8	66	4	11
文教、工美、体育和娱乐用品制造业	6	81	1	3
石油加工、炼焦和核燃料加工业	3	323	15	10
化学原料和化学制品制造业	150	2069	89	222
医药制造业	34	4620	264	1634
化学纤维制造业	1	80		9

表 12-5 续表 2　　　　　　　　　　　　　（2016 年）

指　　　　标	机构数(个)	机构人员合 计(人)	博士毕业	硕士毕业
橡胶和塑料制品业	9	77	6	7
非金属矿物制品业	114	1853	97	276
黑色金属冶炼和压延加工业	13	503	8	27
有色金属冶炼和压延加工业	5	126	4	9
金属制品业	30	461	13	36
通用设备制造业	14	416	3	33
专用设备制造业	48	1194	14	86
汽车制造业	16	177	9	32
铁路、船舶、航空航天和其他运输设备制造业	12	125	1	11
电气机械和器材制造业	58	965	41	101
计算机、通信和其他电子设备制造业	21	792	9	133
仪器仪表制造业	4	126		
其他制造业				
废弃资源综合利用业	4	60	1	7
金属制品、机械和设备修理业				
电力、热力、燃气及水生产和供应业	6	160	1	35
电力、热力生产和供应业	3	111	1	24
燃气生产和供应业	1	19		1
水的生产和供应业	2	30		10
五、按经济成分分组				
公有经济	34	1393	22	151
非公有经济	621	14366	608	2695
六、按企业控股情况分组				
国有控股	31	1070	7	141
集体控股	3	323	15	10
私人控股	526	10353	504	1733
港澳台商控股	34	1229	37	242
外商控股	41	2104	60	643
其他	20	680	7	77
七、按地区分组				
连云区	10	346	7	59
海州区	58	2756	71	590
赣榆区	97	1871	70	132
东海县	239	2856	178	496
灌云县	92	1162	17	116
灌南县	90	1464	44	99
连云港经济技术开发区	55	4804	243	1252
连云港高新技术产业开发区	9	461		101

表 12-5 续表 3 （2016 年）

指标	企业在境外设立的研发机构数(个)	机构经费支出(万元)	机构仪器和设备原价(万元)	进口
总计	**12**	**398490**	**321901**	**45110**
一、按企业规模分组				
大型	7	235139	147031	23453
中型	2	57111	61333	7057
小型	3	87845	97005	8927
微型		18396	16532	5673
二、按隶属关系分组				
中央	1	12647	7332	
省(自治区、直辖市)	1	54887	30618	11216
地(区、市、州、盟)	2	106308	61091	4914
县(区、市、旗)		3327	2768	480
街道				
镇		426	1883	
乡		585	4631	1860
社区(居委会)				
村委会				
其他	8	220312	213578	26640
三、按登记注册类型分组				
内资企业	7	284792	241592	28247
国有企业				
集体企业				
股份合作企业				
联营企业				
国有联营企业				
集体联营企业				
国有与集体联营企业				
其他联营企业				
有限责任公司	3	112595	114845	19207
国有独资公司		2345	1754	416
其他有限责任公司	3	110250	113091	18791
股份有限公司	2	86996	34511	476
私营企业	2	85201	92236	8564
私营独资企业		5881	4654	585
私营合伙企业				
私营有限责任公司	1	74849	84276	7829
私营股份有限公司	1	4471	3306	151
其他企业				

表 12-5 续表 4 （2016 年）

指 标	企业在境外设立的研发机构数(个)	机构经费支出(万元)	机构仪器和设备原价(万元)	
				进 口
港、澳、台商投资企业	2	34944	29226	3358
与港澳台商合资经营企业	1	3559	7469	2328
与港澳台商合作经营企业		157	87	
港澳台商独资经营企业	1	30727	21348	1030
港澳台商投资股份有限公司		501	322	
其他港澳台投资企业				
外商投资企业	3	78755	51083	13505
中外合资经营企业		10351	14839	1917
中外合作经营企业				
外资企业	2	13533	6425	373
外商投资股份有限公司	1	54871	29818	11216
其他外商投资企业				
四、按国民经济行业大类分组				
采矿业		1767	1466	416
煤炭开采和洗选业				
石油和天然气开采业				
黑色金属矿采选业				
有色金属矿采选业				
非金属矿采选业		1767	1466	416
开采辅助活动				
其他采矿业				
制造业	12	395888	317948	44234
农副食品加工业		4767	5175	395
食品制造业		1514	701	30
酒、饮料和精制茶制造业		1795	17281	765
烟草制品业				
纺织业	3	1561	844	152
纺织服装、服饰业		2208	1622	2
皮革、毛皮、羽毛及其制品和制鞋业		791	309	
木材加工和木、竹、藤、棕、草制品业		2177	2080	0
家具制造业		1	864	
造纸和纸制品业				
印刷和记录媒介复制业		1051	1235	
文教、工美、体育和娱乐用品制造业		1320	761	202
石油加工、炼焦和核燃料加工业		30422	13620	6020
化学原料和化学制品制造业	1	41701	33454	1832
医药制造业	4	202761	122065	20830
化学纤维制造业		1420	1041	416

表 12-5 续表 5　　　　　　　　　　　　(2016 年)

指　　　标	企业在境外设立的研发机构数(个)	机构经费支出(万元)	机构仪器和设备原价(万元)	
				进　口
橡胶和塑料制品业		1109	1085	60
非金属矿物制品业		19998	38547	7165
黑色金属冶炼和压延加工业		8322	9606	
有色金属冶炼和压延加工业		1313	1028	36
金属制品业		7370	8821	882
通用设备制造业	1	12989	6926	
专用设备制造业	1	16237	21873	1996
汽车制造业	1	1867	3378	1137
铁路、船舶、航空航天和其他运输设备制造业		2026	1665	98
电气机械和器材制造业	1	15115	14701	1375
计算机、通信和其他电子设备制造业		13455	7441	841
仪器仪表制造业		1541	1540	
其他制造业				
废弃资源综合利用业		1059	285	
金属制品、机械和设备修理业				
电力、热力、燃气及水生产和供应业		835	2487	460
电力、热力生产和供应业		265	1541	
燃气生产和供应业		432	111	
水的生产和供应业		139	835	460
五、按经济成分分组				
公有经济	1	52441	38955	9819
非公有经济	11	346049	282946	35290
六、按企业控股情况分组				
国有控股	1	22020	25335	3799
集体控股		30422	13620	6020
私人控股	5	215154	179691	12778
港澳台商控股	1	33916	28799	3343
外商控股	4	71711	44569	13095
其他	1	25268	29887	6076
七、按地区分组				
连云区		4147	4481	
海州区	3	77822	71049	13848
赣榆区		51707	48715	7622
东海县	3	33179	42458	8373
灌云县		33163	14153	21
灌南县	2	20586	28840	1691
连云港经济技术开发区	4	165544	104417	12738
连云港高新技术产业开发区		10662	5490	817

全部工业法人单位自主知识产权保护情况

表 12-6

(2016 年)

指标	专利申请数(件)	发明专利	有效发明专利数(件)	境外授权	已被实施
总计	**1718**	**990**	**2543**	**311**	**1445**
一、按企业规模分组					
大型	645	546	958	261	877
中型	399	179	654	3	226
小型	644	235	909	45	326
微型	30	30	22	2	16
二、按隶属关系分组					
中央	98	38	80	4	80
省(自治区、直辖市)	137	125	206	33	164
地(区、市、州、盟)	348	305	671	167	513
县(区、市、旗)	21	8	19		13
街道					
镇	6	2	11		11
乡			7		7
社区(居委会)					
村委会					
其他	1108	512	1549	107	657
三、按登记注册类型分组					
内资企业	1269	699	1800	195	1027
国有企业					
集体企业					
股份合作企业					
联营企业					
国有联营企业					
集体联营企业					
国有与集体联营企业					
其他联营企业					
有限责任公司	461	279	778	66	546
国有独资公司	44	15	57		40
其他有限责任公司	417	264	721	66	506
股份有限公司	234	181	258	107	202
私营企业	574	239	764	22	279
私营独资企业	22	7	17		
私营合伙企业					
私营有限责任公司	495	208	712	22	270
私营股份有限公司	57	24	35		9
其他企业					

表 12-6 续表 1

(2016 年)

指　　　标	专利申请数(件)		有效发明专利数(件)		
		发明专利		境外授权	已被实施
港、澳、台商投资企业	186	113	436	82	
与港澳台商合资经营企业	52	21	240		19
与港澳台商合作经营企业	5	3	3		
港澳台商独资经营企业	128	88	190	82	170
港澳台商投资股份有限公司	1	1	3		
其他港澳台投资企业					
外商投资企业	263	178	307	34	229
中外合资经营企业	36	8	47	1	29
中外合作经营企业					
外资企业	84	37	46		28
外商投资股份有限公司	143	133	214	33	172
其他外商投资企业					
四、按国民经济行业大类分组					
采矿业	17	9	16		12
煤炭开采和洗选业					
石油和天然气开采业					
黑色金属矿采选业					
有色金属矿采选业					
非金属矿采选业	17	9	16		12
开采辅助活动					
其他采矿业					
制造业	1655	956	2510	309	1417
农副食品加工业	52	12	70		33
食品制造业	4	3	20		3
酒、饮料和精制茶制造业	17	10	18		
烟草制品业					
纺织业	23	10	10		6
纺织服装、服饰业	11	1	2		1
皮革、毛皮、羽毛及其制品和制鞋业			3		2
木材加工和木、竹、藤、棕、草制品业	14	3	13		6
家具制造业					
造纸和纸制品业					
印刷和记录媒介复制业	3				
文教、工美、体育和娱乐用品制造业	9	9	15		14
石油加工、炼焦和核燃料加工业	8	2	2		2
化学原料和化学制品制造业	156	82	282	4	150
医药制造业	559	531	917	259	815
化学纤维制造业	7	2	3		3

表 12-6 续表 2　　　　　　　　　　　　　　(2016 年)

指　　　标	专利申请数(件)	发明专利	有效发明专利数(件)	境外授权	已被实施
橡胶和塑料制品业	7	1	5		2
非金属矿物制品业	147	77	258	2	83
黑色金属冶炼和压延加工业	16	13	19		17
有色金属冶炼和压延加工业	12	7	11		2
金属制品业	64	15	90		15
通用设备制造业	28	9	56	2	54
专用设备制造业	262	70	428	42	75
汽车制造业	26	7	38		21
铁路、船舶、航空航天和其他运输设备制造业	31	9	20		20
电气机械和器材制造业	98	38	96		68
计算机、通信和其他电子设备制造业	84	35	125		21
仪器仪表制造业	9	4	2		2
其他制造业					
废弃资源综合利用业	8	6	7		2
金属制品、机械和设备修理业					
电力、热力、燃气及水生产和供应业	46	25	17	2	16
电力、热力生产和供应业	42	22	13	2	13
燃气生产和供应业	1	1	1		
水的生产和供应业	3	2	3		3
五、按经济成分分组					
公有经济	218	86	262	4	155
非公有经济	1500	904	2281	307	1290
六、按企业控股情况分组					
国有控股	210	84	260	4	153
集体控股	8	2	2		2
私人控股	1036	586	1671	189	832
港澳台商控股	142	93	224	82	186
外商控股	239	177	289	34	227
其他	83	48	97	2	45
七、按地区分组					
连云区	56	30	61	2	42
海州区	425	224	627	60	347
赣榆区	145	76	152	20	71
东海县	181	65	211		73
灌云县	137	49	95		48
灌南县	97	43	169		68
连云港经济技术开发区	614	476	1139	229	792
连云港高新技术产业开发区	53	25	72		1

表 12-6 续表 3 （2016 年）

指标	专利所有权转让及许可数(项)	专利所有权转让及许可收入(万元)	发表科技论文(篇)	拥有注册商标数(件)	境外注册	形成国家或行业标准数(项)
总计	**37**	**14867**	**333**	**2086**	**17**	**43**
一、按企业规模分组						
大型	14	8776	224	1588	13	8
中型	16	3	60	284	1	16
小型	7	6087	49	213	3	17
微型				1		2
二、按隶属关系分组						
中央	3		32	1		
省(自治区、直辖市)	11	8776	26	915	1	3
地(区、市、州、盟)			185	407		5
县(区、市、旗)	2	0	10	3		
街道						
镇				4		
乡				7	1	
社区(居委会)						
村委会						
其他	21	6090	80	749	15	35
三、按登记注册类型分组						
内资企业	26	6090	288	976	12	37
国有企业						
集体企业						
股份合作企业						
联营企业						
国有联营企业						
集体联营企业						
国有与集体联营企业						
其他联营企业						
有限责任公司	5	3	234	552		12
国有独资公司			33	17		
其他有限责任公司	5	3	201	535		12
股份有限公司			13	155	10	
私营企业	21	6087	41	269	2	25
私营独资企业				3		
私营合伙企业						
私营有限责任公司	12	6087	38	264	2	25
私营股份有限公司	9		3	2		
其他企业						

表 12-6 续表 4

（2016 年）

指　　　　标	专利所有权转让及许可数(项)	专利所有权转让及许可收入(万元)	发表科技论文(篇)	拥有注册商标数(件)	境外注册	形成国家或行业标准数(项)
港、澳、台商投资企业				176	3	2
与港澳台商合资经营企业				22	3	1
与港澳台商合作经营企业						
港澳台商独资经营企业				154		1
港澳台商投资股份有限公司						
其他港澳台投资企业						
外商投资企业	11	8776	45	934	2	4
中外合资经营企业			18	11	1	
中外合作经营企业						
外资企业			1	8		1
外商投资股份有限公司	11	8776	26	915	1	3
其他外商投资企业						
四、按国民经济行业大类分组						
采矿业	2	0	15	14		
煤炭开采和洗选业						
石油和天然气开采业						
黑色金属矿采选业						
有色金属矿采选业						
非金属矿采选业	2	0	15	14		
开采辅助活动						
其他采矿业						
制造业	35	14867	301	2072	17	43
农副食品加工业				7	1	
食品制造业				1		
酒、饮料和精制茶制造业			4	324		
烟草制品业						
纺织业			1	6		
纺织服装、服饰业				1		
皮革、毛皮、羽毛及其制品和制鞋业						
木材加工和木、竹、藤、棕、草制品业	2		1	49		
家具制造业						
造纸和纸制品业						
印刷和记录媒介复制业						
文教、工美、体育和娱乐用品制造业				1		
石油加工、炼焦和核燃料加工业			1			
化学原料和化学制品制造业	7	6090	36	126	1	14
医药制造业	11	8776	145	1318	1	10
化学纤维制造业			13	9		1

表 12-6 续表 5　　　　　　　　　　　　　　(2016 年)

指　　　　标	专利所有权转让及许可数(项)	专利所有权转让及许可收入(万元)	发表科技论文(篇)	拥有注册商标数(件)	境外注册	形成国家或行业标准数(项)
橡胶和塑料制品业				2		
非金属矿物制品业			11	36	1	12
黑色金属冶炼和压延加工业			10	7		
有色金属冶炼和压延加工业	9			1		
金属制品业			5	5		1
通用设备制造业	3		19	1		
专用设备制造业			12	98	2	5
汽车制造业				3		
铁路、船舶、航空航天和其他运输设备制造业			3	19	1	
电气机械和器材制造业	3	0	24	50	10	
计算机、通信和其他电子设备制造业			16	5		
仪器仪表制造业				3		
其他制造业						
废弃资源综合利用业						
金属制品、机械和设备修理业						
电力、热力、燃气及水生产和供应业			17			
电力、热力生产和供应业			15			
燃气生产和供应业						
水的生产和供应业			2			
五、按经济成分分组						
公有经济	3		112	123		4
非公有经济	34	14867	221	1963	17	39
六、按企业控股情况分组						
国有控股	3		111	123		4
集体控股			1			
私人控股	21	6087	177	811	4	32
港澳台商控股	2	3		163	1	1
外商控股	11	8776	32	932	2	4
其他			12	57	10	2
七、按地区分组						
连云区			41	6		
海州区	13	8776	67	1223	11	4
赣榆区	14	0	18	46	1	
东海县	2	3	3	46	1	12
灌云县			14	8		1
灌南县	5	6087	11	317		13
连云港经济技术开发区	3		164	430	4	13
连云港高新技术产业开发区			15			

全部工业法人单位新产品开发、生产及销售情况

表 12-7　　　　(2016 年)

指　　标	新产品开发项目数(项)	新产品开发经费支出(万元)	新产品产值(万元)	新产品销售收入(万元)	出　口
总　　计	**1367**	**445837**	**7747227**	**7515786**	**830298**
一、按企业规模分组					
大型	254	241446	3927292	3787416	177312
中型	338	81876	2351373	2334931	592981
小型	740	104120	1270563	1208805	60005
微型	35	18396	198000	184633	
二、按隶属关系分组					
中央	29	17132	340679	383985	96230
省(自治区、直辖市)	56	68100	665758	675718	
地(区、市、州、盟)	207	107401	1644981	1482512	64991
县(区、市、旗)	15	9942	217423	204366	74265
街道					
镇	5	857	13415	12862	755
乡	9	1473	29332	29332	11396
社区(居委会)					
村委会					
其他	1046	240933	4835640	4727011	582662
三、按登记注册类型分组					
内资企业	1114	315001	5428164	5193050	343702
国有企业					
集体企业					
股份合作企业					
联营企业					
国有联营企业					
集体联营企业					
国有与集体联营企业					
其他联营企业					
有限责任公司	334	126355	1593710	1472763	175404
国有独资公司	30	3210	43106	34965	1310
其他有限责任公司	304	123145	1550605	1437799	174094
股份有限公司	103	89458	1098283	1067791	51457
私营企业	677	99187	2736171	2652497	116841
私营独资企业	39	5773	77172	75016	
私营合伙企业					
私营有限责任公司	595	87381	2283253	2203696	113424
私营股份有限公司	43	6034	375746	373784	3417
其他企业					

表 12-7 续表 1　　　　　　　　　　（2016 年）

指　　　标	新产品开发项目数(项)	新产品开发经费支出(万元)	新产品产值(万元)	新产品销售收入(万元)	出　口
港、澳、台商投资企业	88	34115	661078	656537	40573
与港澳台商合资经营企业	27	2984	48495	48252	12365
与港澳台商合作经营企业			360	360	
港澳台商独资经营企业	59	30743	586994	582424	4407
港澳台商投资股份有限公司	2	388	25229	25501	23801
其他港澳台投资企业					
外商投资企业	165	96722	1657986	1666198	446023
中外合资经营企业	63	14407	697203	693283	352717
中外合作经营企业					
外资企业	34	13089	274331	276716	72826
外商投资股份有限公司	68	69227	686453	696199	20481
其他外商投资企业					
四、按国民经济行业大类分组					
采矿业	21	2421	35637	34168	1310
煤炭开采和洗选业					
石油和天然气开采业					
黑色金属矿采选业					
有色金属矿采选业					
非金属矿采选业	21	2421	35637	34168	1310
开采辅助活动					
其他采矿业					
制造业	1339	442942	7704224	7474252	828988
农副食品加工业	29	3936	72636	73054	3
食品制造业	9	1773	23389	25437	21320
酒、饮料和精制茶制造业	14	2592	33342	33284	
烟草制品业					
纺织业	11	2361	76173	75517	1738
纺织服装、服饰业	14	2093	77454	78694	
皮革、毛皮、羽毛及其制品和制鞋业	4	1175	24115	15370	
木材加工和木、竹、藤、棕、草制品业	6	942	37245	36176	
家具制造业			56970	56970	
造纸和纸制品业					
印刷和记录媒介复制业	5	967	11320	11087	
文教、工美、体育和娱乐用品制造业	18	2821	50252	52957	20481
石油加工、炼焦和核燃料加工业	8	30131	82000	79000	
化学原料和化学制品制造业	217	43467	1251336	1226002	303419
医药制造业	277	213277	2989274	2829707	46043
化学纤维制造业	12	1832	25883	26142	1301

表 12-7 续表 2 （2016 年）

指　　标	新产品开发项目数(项)	新产品开发经费支出(万元)	新产品产值(万元)	新产品销售收入(万元)	
					出　口
橡胶和塑料制品业	7	2216	8009	6688	1206
非金属矿物制品业	230	33467	419029	413987	25207
黑色金属冶炼和压延加工业	9	4703	374278	378375	14620
有色金属冶炼和压延加工业	16	2098	324557	323257	22793
金属制品业	40	7426	178237	171488	49472
通用设备制造业	24	17357	367365	417180	96230
专用设备制造业	140	22086	245055	231444	2509
汽车制造业	34	3178	62759	58947	1754
铁路、船舶、航空航天和其他运输设备制造业	34	2141	20804	13908	2458
电气机械和器材制造业	103	23559	554598	528135	136944
计算机、通信和其他电子设备制造业	58	15619	311546	285764	78815
仪器仪表制造业	17	1395	15622	14709	2676
其他制造业					
废弃资源综合利用业	3	331	10976	10976	
金属制品、机械和设备修理业					
电力、热力、燃气及水生产和供应业	7	475	7366	7366	
电力、热力生产和供应业	2	206	6855	6855	
燃气生产和供应业			511	511	
水的生产和供应业	5	270			
五、按经济成分分组					
公有经济	124	74057	778776	783134	215068
非公有经济	1243	371781	6968451	6732651	615230
六、按企业控股情况分组					
国有控股	116	43925	696776	704134	215068
集体控股	8	30131	82000	79000	
私人控股	949	222129	4926246	4695995	433130
港澳台商控股	78	33296	662153	657436	39604
外商控股	141	91559	1067345	1079692	133211
其他	75	24798	312707	299529	9285
七、按地区分组					
连云区	17	2891	24359	29653	15520
海州区	246	96944	1149560	1135937	21976
赣榆区	111	59380	2172719	2153276	344553
东海县	351	41479	707141	672118	38347
灌云县	112	29539	142348	138067	
灌南县	146	20860	320786	299126	25855
连云港经济技术开发区	338	182614	2975149	2852844	307618
连云港高新技术产业开发区	42	11126	253482	233161	76431

全部工业法人单位政府相关政策落实情况

表 12-8　　　　　　　　　　（2016 年）

指　　标	使用来自政府部门的研发资金	研究开发费用加计扣除减免税	高新技术企业减免税
总　　计	**24179**	**56411**	**86997**
一、按企业规模分组			
大型	11063	44493	60669
中型	5955	5758	6355
小型	7161	4696	4370
微型		1463	15603
二、按隶属关系分组			
中央	682	1939	294
省(自治区、直辖市)	413	4520	9157
地(区、市、州、盟)	9167	37195	31476
县(区、市、旗)	4		
街道			
镇		344	211
乡	207	96	995
社区(居委会)			
村委会			
其他	13706	12318	44866
三、按登记注册类型分组			
内资企业	19775	48194	56974
国有企业			
集体企业			
股份合作企业			
联营企业			
国有联营企业			
集体联营企业			
国有与集体联营企业			
其他联营企业			
有限责任公司	8280	5537	21374
国有独资公司	725	555	294
其他有限责任公司	7555	4981	21081
股份有限公司	3205	36874	29096
私营企业	8290	5784	6504
私营独资企业	41	399	210
私营合伙企业			
私营有限责任公司	8097	5251	6274
私营股份有限公司	152	134	20
其他企业			

表 12-8 续表 1 (2016 年)

指标	使用来自政府部门的研发资金	研究开发费用加计扣除减免税	高新技术企业减免税
港、澳、台商投资企业	2041	2057	17962
与港澳台商合资经营企业	297	176	1270
与港澳台商合作经营企业	8	3	2
港澳台商独资经营企业	1736	1877	16690
港澳台商投资股份有限公司			
其他港澳台投资企业			
外商投资企业	2363	6160	12061
中外合资经营企业	1228	608	1598
中外合作经营企业			
外资企业	722	1033	1307
外商投资股份有限公司	413	4520	9157
其他外商投资企业			
四、按国民经济行业大类分组			
采矿业	725		
煤炭开采和洗选业			
石油和天然气开采业			
黑色金属矿采选业			
有色金属矿采选业			
非金属矿采选业	725		
开采辅助活动			
其他采矿业			
制造业	23449	55385	86997
农副食品加工业	257		22
食品制造业	175	24	
酒、饮料和精制茶制造业	18	4	
烟草制品业			
纺织业	575	611	150
纺织服装、服饰业	196		
皮革、毛皮、羽毛及其制品和制鞋业			
木材加工和木、竹、藤、棕、草制品业	100	34	20
家具制造业	301		
造纸和纸制品业			
印刷和记录媒介复制业	79	333	167
文教、工美、体育和娱乐用品制造业			
石油加工、炼焦和核燃料加工业	300		
化学原料和化学制品制造业	1166	1413	3934
医药制造业	9220	44169	70789
化学纤维制造业	718		

表 12-8 续表 2　　　　　　　　　　　　（2016 年）

指　　　标	使用来自政府部门的研发资金	研究开发费用加计扣除减免税	高新技术企业减免税
橡胶和塑料制品业	250		
非金属矿物制品业	3472	2512	3437
黑色金属冶炼和压延加工业	991		
有色金属冶炼和压延加工业	288	178	98
金属制品业	588	240	986
通用设备制造业	703	593	
专用设备制造业	2066	2140	2326
汽车制造业	506	830	194
铁路、船舶、航空航天和其他运输设备制造业		555	294
电气机械和器材制造业	861	1002	2564
计算机、通信和其他电子设备制造业	512	643	1940
仪器仪表制造业	95	100	75
其他制造业			
废弃资源综合利用业	13	3	2
金属制品、机械和设备修理业			
电力、热力、燃气及水生产和供应业	5	1026	
电力、热力生产和供应业		790	
燃气生产和供应业			
水的生产和供应业	5	235	
五、按经济成分分组			
公有经济	3904	2232	1062
非公有经济	20275	54179	85935
六、按企业控股情况分组			
国有控股	3604	2232	1062
集体控股	300		
私人控股	16268	43728	37901
港澳台商控股	1943	1973	17685
外商控股	1438	6185	12061
其他	627	2292	18289
七、按地区分组			
连云区	58	790	
海州区	4330	8174	14461
赣榆区	2297	1168	601
东海县	5287	3826	3974
灌云县	187	181	203
灌南县	250	400	2038
连云港经济技术开发区	11671	41289	63351
连云港高新技术产业开发区		471	1818

全部工业法人单位技术获取和技术改造情况

表 12-9　　(2016 年)　　单位:万元

指　　标	引进境外技术经费支出	引进境外技术的消化吸收经费支出	购买国内技术经费支出	技术改造经费支出
总　　计	**2452**	**1177**	**30179**	**109711**
一、按企业规模分组				
大型	1955	1072	28843	54275
中型	290	25	865	35558
小型	207	80	471	19088
微型				790
二、按隶属关系分组				
中央	349	320	191	9623
省(自治区、直辖市)	1449		22909	22679
地(区、市、州、盟)			5511	35711
县(区、市、旗)				
街道				
镇				702
乡				1700
社区(居委会)				
村委会				
其他	654	857	1568	39296
三、按登记注册类型分组				
内资企业	689	1140	7054	80925
国有企业				
集体企业				
股份合作企业				
联营企业				
国有联营企业				
集体联营企业				
国有与集体联营企业				
其他联营企业				
有限责任公司	349	320	5961	34555
国有独资公司				11579
其他有限责任公司	349	320	5961	22977
股份有限公司	157	752	228	28915
私营企业	183	69	865	17455
私营独资企业				212
私营合伙企业				
私营有限责任公司	183	69	865	14132
私营股份有限公司				3111
其他企业				

表 12-9 续表 1　　　　　　　　　　　　　(2016 年)　　　　　　　　　　　　　单位:万元

指　　　标	引进境外技术经费支出	引进境外技术的消化吸收经费支出	购买国内技术经费支出	技术改造经费支出
港、澳、台商投资企业	24	12	13	1964
与港澳台商合资经营企业	24	12	13	1896
与港澳台商合作经营企业				68
港澳台商独资经营企业				
港澳台商投资股份有限公司				
其他港澳台投资企业				
外商投资企业	1739	25	23112	26822
中外合资经营企业	258		106	23676
中外合作经营企业				
外资企业	32	25	98	34
外商投资股份有限公司	1449		22909	3112
其他外商投资企业				
四、按国民经济行业大类分组				
采矿业				11579
煤炭开采和洗选业				
石油和天然气开采业				
黑色金属矿采选业				
有色金属矿采选业				
非金属矿采选业				11579
开采辅助活动				
其他采矿业				
制造业	2452	1177	30179	71749
农副食品加工业			9	189
食品制造业				
酒、饮料和精制茶制造业				630
烟草制品业				
纺织业	56	37	34	26
纺织服装、服饰业				
皮革、毛皮、羽毛及其制品和制鞋业				
木材加工和木、竹、藤、棕、草制品业				
家具制造业				
造纸和纸制品业				
印刷和记录媒介复制业				
文教、工美、体育和娱乐用品制造业				76
石油加工、炼焦和核燃料加工业				
化学原料和化学制品制造业			609	24527
医药制造业	1449		29098	11292
化学纤维制造业			4	11539

表 12-9 续表 2　　(2016 年)　　单位:万元

指　　标	引进境外技术经费支出	引进境外技术的消化吸收经费支出	购买国内技术经费支出	技术改造经费支出
橡胶和塑料制品业				
非金属矿物制品业	133	69		6294
黑色金属冶炼和压延加工业				877
有色金属冶炼和压延加工业	50			1786
金属制品业				235
通用设备制造业	349	320	191	2806
专用设备制造业			6	1804
汽车制造业				
铁路、船舶、航空航天和其他运输设备制造业				
电气机械和器材制造业	415	752	228	8666
计算机、通信和其他电子设备制造业				611
仪器仪表制造业				322
其他制造业				
废弃资源综合利用业				68
金属制品、机械和设备修理业				
电力、热力、燃气及水生产和供应业				26383
电力、热力生产和供应业				26383
燃气生产和供应业				
水的生产和供应业				
五、按经济成分分组				
公有经济	349	320	195	52523
非公有经济	2103	857	29984	57188
六、按企业控股情况分组				
国有控股	349	320	195	52523
集体控股				
私人控股	183	69	6728	32740
港澳台商控股	258			5294
外商控股	1505	37	23028	9249
其他	157	752	228	9906
七、按地区分组				
连云区				7268
海州区	1606	752	23136	47786
赣榆区			177	7304
东海县	497	106	34	8402
灌云县			340	5222
灌南县			98	8615
连云港经济技术开发区	349	320	6394	21614
连云港高新技术产业开发区				

全社会 R&D 经费情况

表 12-10

年　　份	R&D经费支出(亿元)	R&D经费支出占 GDP 比重(%)
2009	10.56	1.12
2010	13.50	1.17
2011	18.16	1.29
2012	22.38	1.40
2013	27.32	1.51
2014	31.65	1.61
2015	36.95	1.71
2016	43.95	1.85

各级各类学校数

表 12-11　　单位:所

年份	普通高等学校	中等专业学校	普通中学	高中	初中
1985	2	5	329	63	266
1990	3	7	326	59	267
1991	3	7	322	59	263
1992	3	7	318	55	263
1993	3	7	307	55	252
1994	3	7	296	56	240
1995	3	8	280	51	229
1996	3	8	277	57	220
1997	3	8	274	61	213
1998	3	8	246	47	199
1999	3	7	229	42	187
2000	4	5	225	41	184
2001	4	5	207	42	165
2002	3	5	202	42	160
2003	3	5	189	46	143
2004	3	4	212	49	163
2005	3	4	214	57	157
2006	3	4	214	57	157
2007	3	5	206	55	151
2008	3	5	200	52	148
2009	3	5	205	51	154
2010	3	8	189	47	142
2011	3	8	179	40	139
2012	3	9	179	36	143
2013	4	9	176	35	141
2014	4	9	173	36	137
2015	5	10	174	36	138
2016	5	9	174	37	137

表 12-11 续表 单位:所

年　　份	技工学校	职业学校	小　　学	特殊教育学校	#盲聋哑学校
1985	3	10	1995	2	2
1990	4	27	1892	4	4
1991	4	32	1871	5	4
1992	5	29	1864	6	4
1993	5	25	1847	6	4
1994	5	28	1829	6	4
1995	5	27	1820	6	4
1996	6	28	1795	7	5
1997	6	29	1783	7	5
1998	6	23	1764	7	5
1999	5	20	1699	7	5
2000	5	17	1641	7	5
2001	5	16	1475	8	5
2002	4	14	1368	8	5
2003	4	14	1465	7	5
2004	5	13	469	7	5
2005	5	16	487	7	5
2006	5	17	490	7	5
2007	7	16	488	7	5
2008	7	12	494	7	5
2009	7	13	503	7	5
2010	9	7	443	7	5
2011	9	7	432	7	5
2012	12	5	435	7	5
2013	13	5	439	7	7
2014	13	5	449	7	7
2015	9	5	447	7	7
2016	11	5	451	7	7

各级各类学校在校学生数

表 12-12 单位:人

年份	普通高等学校	中等专业学校	普通中学	高中	初中
1990	3190	4330	168494	22144	146350
1991	3150	4076	171329	22018	149311
1992	3596	4323	172432	22300	150132
1993	5316	5629	176597	21709	154888
1994	5981	7337	189174	21759	167415
1995	6351	10416	212732	23286	189446
1996	6871	16135	240003	27499	212504
1997	8926	20925	263635	33393	230242
1998	9428	23325	265209	38001	227208
1999	12307	22848	229940	42651	187289
2000	16159	17007	239500	48256	191244
2001	19298	16180	264222	56444	207778
2002	22428	14024	304960	66081	238879
2003	24247	14081	354980	74734	280246
2004	25064	18544	390503	86574	303929
2005	27510	26372	396120	96550	299570
2006	28063	38068	384191	109928	274263
2007	30228	47781	370361	121263	249098
2008	27637	53308	356523	120424	236099
2009	29192	55503	332519	112473	220046
2010	34508	53172	309140	108386	200754
2011	33862	48118	286107	106472	179635
2012	33841	50567	268494	102895	165599
2013	37591	42981	231466	86090	145376
2014	38042	36268	225305	80525	144780
2015	38619	34768	224826	76254	148572
2016	38647	37474	230091	74489	155602

每一专任教师平均负担学生数

表 12-14 单位：人

年份	普通高等学校	中等专业学校	技工学校	职业中学	普通中学	小学
1990	7.18	10.38	8.97	14.87	17.77	21.93
1991	7.16	9.85	12.07	15.64	17.52	22.70
1992	7.75	10.70	10.56	14.13	17.33	23.53
1993	11.14	13.12	11.17	15.94	17.53	25.34
1994	11.39	15.92	11.05	14.63	18.05	26.88
1995	11.70	20.96	11.65	14.26	18.62	27.83
1996	11.23	30.67	14.48	13.34	19.68	28.65
1997	13.67	39.63	12.67	11.92	20.29	29.88
1998	13.34	53.25	14.86	10.40	19.87	30.48
1999	7.68	52.40	9.12	8.38	16.77	30.82
2000	11.78	80.60	7.98	11.02	17.13	28.95
2001	13.15	65.51	9.79	13.96	18.07	27.08
2002	16.36	53.12	11.95	14.77	19.47	25.87
2003	16.93	47.89	15.10	16.03	70.92	24.53
2004	16.81	48.41	16.29	16.45	21.34	21.72
2005	16.98	63.85	20.12	19.25	20.02	20.40
2006	16.33	85.55	27.85	16.51	18.92	18.60
2007	16.39	67.30	14.24	17.63	18.17	17.15
2008	15.61	68.61	14.76	15.18	17.18	15.89
2009	16.39	66.87	11.5	11.52	15.88	15.58
2010	19.33	35.78	11.6	11.46	14.64	15.76
2011	19.01	31.16	12.45	7.49	12.86	16.58
2012	19.01	32.09	12.65	6.89	12.11	17.61
2013	19.65	26.8	12.6	15.68	11.12	17.03
2014	19.85	22.61	11.33	10.84	11.02	18.14
2015	17.83	22.78	8.61	9.35	11.39	18.7
2016	18.16	24.80	9.33	7.14	11.53	18.29

各类学校和在校学生数

表 12-15 (2016年)

项 目	全 市	市 区	#赣榆区	东海县	灌云县	灌南县
一、各类学校数(所)						
1.高等学校	5	5				
2.中等专业学校	9	8	2			1
3.普通中学	174	75	38	38	30	31
高 中	37	20	9	8	5	4
初 中	137	55	29	30	25	27
4.职业中学	5	3		1	1	
5.技工学校	11	8	1	2	1	
6.小 学	451	175	107	118	111	47
二、在校学生数(人)						
1.高等学校	38647	38647				
2.中等专业学校	37474	21997	6363	2884	3990	8603
3.普通中学	230091	102895	55878	52511	41358	33327
高 中	74489	36523	20439	16402	12461	9103
初 中	155602	66372	35439	36109	28897	24224
4.职业中学	7952	5583		2269		
5.技工学校	7751	6863		418	470	
6.小 学	432004	181180	101312	118178	70112	62534

各类学校招生数和毕业生数

表 12-16　　(2016 年)

项　　目	全　市	市　区	# 赣榆区	东海县	灌云县	灌南县
一、各类学校招生数(人)						
1.高等学校	11545	11545				
2.中等专业学校	13734	8110	2892	1473	1197	2954
3.普通中学	80877	35465	18666	19094	14666	11652
高　中	25806	12434	6598	5672	4680	3020
初　中	55071	23031	12068	13422	9986	8632
4.职业中学	2499	1904		595		
5.技工学校	3004	2583		221	200	
6.小　学	77416	32611	17758	21016	12395	11394
二、各类学校毕业生数(人)						
1.高等学校	10734	10734				
2.中等专业学校	10162	6037	2199	891	1024	2210
3.普通中学	74667	34527	19054	16447	13204	10489
高　中	26187	13366	7746	6426	3390	3005
初　中	48480	21161	11308	10021	9814	7484
4.职业中学	3731	2759		972		
5.技工学校	2086	1728		142	216	
6.小　学	56281	23124	12673	13616	10433	9108

各类学校教职员工数和专任教师数

表 12-17　　(2016 年)　　单位:人

项目	全市	市区	#赣榆区	东海县	灌云县	灌南县
一、教职员工数						
1.高等学校	3095	3095				
2.中等专业学校	1867	1512	474			355
3.普通中学	24022	11389	6368	5183	3572	3878
4.技工学校	981	682		33	266	
5.职业中学	1251	797		249	205	
6.小　学	23026	10155	5813	5960	3404	3507
二、各类学校专任教师数						
1.高等学校	2128	2128				
2.中等专业学校	1511	1169	381			342
3.普通中学	19959	9608	5353	4512	3086	2753
4.技工学校	831	559		19	253	
5.职业中学	1113	692		230	191	
6.小　学	23614	10389	5961	6086	3333	3806

入学率和升学率

表 12-18

指标	2016			2015		
	学龄儿童入学率	小学毕业生升学率	初中毕业生升学率	学龄儿童入学率	小学毕业生升学率	初中毕业生升学率
总计	**100**	**97.85**	**97.46**	**100**	**98.02**	**96.71**
市区	100	99.60	97.69	100	100.87	96.76
赣榆区	100	95.23	97.69	100	99.16	96.79
东海县	100	98.58	97.56	100	98.83	96.74
灌云县	100	95.72	97.08	100	96.41	96.57
灌南县	100	94.77	97.19	100	83.73	96.69

注:小学毕业生升学率和初中毕业生升学率不含赣榆区数据。

成人教育基本情况

表 12-19　　(2016年)　　单位:人

指标	学校数(所)	在校学生数	毕业生数	教职员工数	#专任教师
一、成人高等学校					
淮海工学院		5683	1884		
广播电视大学					
师专成教院		2928	787		
职技院成教部		748	207		
二、成人中等学校					
成人中等专业学校		2293	473		
成人中学	58	3368	2843	538	376
三、成人初等学校					
四、其他成人教育学校	**522**	**440767**	**436377**	**1365**	**965**

幼儿教育基本情况

表 12-20　　(2016年)　　单位:人

指标	幼儿园（个）	在园幼儿	教职工数		
				教师	保健人员
总　　计	**589**	**238971**	**18462**	**10796**	**468**
市　　区	232	98411	10076	5707	302
赣 榆 区	102	56811	5720	3340	157
东 海 县	136	62386	5614	3468	74
灌 云 县	123	45787	867	540	33
灌 南 县	98	32387	1905	1081	59

艺 术 事 业 基 本 情 况

表 12–21　　　　(2016 年)

指　　标	单位	全 市	市 区	# 赣榆区	东海县	灌云县	灌南县
一、艺术表演团体	个	7	4	1	1	1	1
京 剧 团	个	3	1			1	1
二、演职员工数	人	1		1			
三、艺术演出场次	场	225	146	22	33	16	30
四、剧场、影剧院	个	1040	400	158	266	88	286
五、座 席 数	个	7	3	1	1	2	1
六、观众人数	千人次	7190	3461	1344	1283	1165	1281
附:群众文化事业		612	408	2	27	79	98
文 化 馆	个	6	3	1	1	1	1
文 化 站(机构)	个	88	45	15	19	13	11

图 书 馆、博 物 馆 基 本 情 况

表 12–22　　　　(2016 年)

指　　标	单位	全 市	市 区	# 赣榆区	东海县	灌云县	灌南县
一、公共图书馆	**间**	**8**	**5**	**1**	**1**	**1**	**1**
公共图书馆藏书	册	2652552	1472404	253083	748152	249196	182800
# 古　　籍	册	4301	3110		595	196	400
累计发放有效借书证	个	112377	72907	5501	31320	600	7550
图书流通人次	人次	2746006	1525176	64303	1060000	65400	95430
图书流通册次	册次	2282680	1012410	62582	1052300	110120	107850
阅览座席数	个	2324	1524	274	320	240	240
二、博物馆	**个**	**6**	**3**	**1**	**1**	**1**	**1**
文物藏品件数(实际数量)	件	16892	10217	545	2079	3286	1310
# 一级品	件	28	24	1	4		
参观人数	人次	475500	303000	25000	54500	110000	8000

电视台及节目制作情况

表 12-23

指标	单位	2016 全市	2016 市区	2015 全市	2015 市区
一、电视台数	**座**	**5**	**1**	**5**	**1**
发射台及转播台	座	7	3	7	3
节目套数	套	7	2	6	2
平均每周播出时间	小时	688	257	817	370
电视人口复盖率	%	100	100	100	100
卫星电视地面站	座				
二、制作节目时间	**小时**	**7776**	**6080**	**8463**	**6591**
# 新闻资讯类	小时	2590	2084	1707	1205
综艺益智类	小时	582	249	932	351
三、有线电视台数	**座**	**1**	**1**	1	1
节目	套				
有线电视入户数	万户	104	36	100	100

广播电台及节目制作情况

表 12-24

指标	单位	2016 全市	2016 市区	2015 全市	2015 市区
一、电台	**座**	**5**	**1**	**5**	**1**
发射台及转播台	座	7	3	7	3
# 调频广播	座	6	2	6	2
节目套数	套	7	3	7	3
平均每日播音时间	小时	106	56	111	
广播人口覆盖率	%	100	100	100	100
二、制作节目时间	**小时**	22592	13074	**21247**	**13130**
# 新闻资讯类	小时	5432	3419	4313	2392
综艺益智类	小时	2797	576	1953	423

主要年份卫生机构、床位、人员数

表 12-25

年份	卫生机构数（个）	医院（含卫生院）	医院床位数（张）	卫生技术人员数（人）	医师	每万人拥有医院床位数（张）	每万人拥有医生数（人）
1985	622	132	5325	8082	3102	15.0	8.7
1990	659	139	6195	9922	4347	15.6	11.0
1991	690	139	6398	10480	4563	15.7	11.2
1992	690	140	6559	10951	4656	15.8	11.2
1993	665	141	6452	11040	4850	15.4	11.6
1994	663	146	6433	11390	5037	15.2	11.9
1995	663	146	6501	12000	5230	15.3	12.3
1996	797	147	6603	12164	5130	15.3	11.9
1997	806	147	6712	12587	5421	15.4	12.5
1998	838	147	6739	12690	5593	15.3	12.7
1999	731	149	6882	12336	5531	15.4	12.4
2000	670	149	6962	12050	5276	15.4	11.7
2001	708	147	6983	12244	5497	15.2	11.9
2002	705	154	7336	11831	5115	15.8	11.0
2003	790	150	7419	12072	5346	15.9	11.5
2004	867	150	7672	11675	5236	18.8	11.2
2005	923	158	8240	11829	5248	18.2	11.5
2006	982	166	8979	12468	5455	18.7	11.4
2007	826	168	9248	13095	5481	20.7	12.3
2008	800	164	10453	13369	5465	23.5	12.3
2009	820	170	11085	14566	5748	24.5	12.5
2010	2620	205	11799	15774	6009	24.6	12.6
2011	2666	179	12555	17247	6409	28.6	14.6
2012	2619	179	15682	19040	7333	35.6	16.6
2013	2616	181	17141	20453	7647	38.7	17.3
2014	2702	184	17672	21896	8065	39.7	18.1
2015	2708	187	18572	23056	8701	41.5	19.4
2016	2726	197	22663	26152	10979	50.4	24.4

注：1、在1996年份后机构数中均包括个体办诊所。2、医院数包括医院、卫生院、社区卫生服务中心，妇幼保健院。3、医院床位同。4、卫生机构数含村卫生室。

全市卫生机构、床位、人员数

表 12-26　　(2016年)

指　　标	机构数(个)	床位数(张)	卫生技术人员数(人)	执业医师数(人)	注册护士(人)
总　　计	**2726**	**23281**	**26152**	**10979**	**10947**
市　　区	1395	12611	15186	6090	6696
赣 榆 区	718	4077	4701	2025	1848
东 海 县	549	3902	4054	1883	1520
灌 云 县	415	3368	3350	1471	1308
灌 南 县	367	3400	3562	1535	1423
一、医院合计	80	16606	13910	4705	7042
综合医院	52	12031	10719	3672	5528
中医医院	6	2127	2144	739	958
专科医院	15	1239	861	239	438
二、基层医疗卫生机构	2559	5500	10420	5572	3295
社区卫生服务中心	25	646	841	327	320
卫 生 院	91	4840	5707	2665	1858
村卫生室	1707		1501	1351	150
门诊部	76		697	334	289
诊所、卫生所、医务室	610		1415	766	571
三、专业公共卫生机构	83	757	1702	672	538
1、疾病预防控制中心	9		357	216	26
2、专科疾病防治所、站	1	200	2	2	
3、妇幼保健所、站	9	557	922	350	422
4、急救中心	1		51	26	23
5、采供血机构	1		85	4	54
6、卫生监管所	7		154		
7、计划生育服务机构	55		131	74	13
四、其他卫生机构	4	418	120	30	72
疗养院	1	418	71	19	35

注:2002年起执行新的卫生统计制度,卫生学校不列入卫生机构,医院不含疗养院数。

分 县 卫 生 机 构 情 况

表 12-27　　(2016年)　　单位:个

指标	全市	市区	#赣榆区	东海县	灌云县	灌南县
总计	**2726**	**1395**	**718**	**549**	**415**	**367**
#1.医院	80	48	13	9	12	11
#综合医院	52	30	7	6	8	8
中医医院	6	3	1	1	1	1
中西医结合医院						
专科医院	15	10	2	2	3	
2.妇幼保健院	1	1				
3.卫生院	91	34	26	21	19	17
4、社区卫生服务中心	25	25				
5.疗养院	1	1				

分 县 床 位 数

表 12-28　　(2016年)　　单位:张

指标	全市	市区	#赣榆区	东海县	灌云县	灌南县
总计	**23281**	**12611**	**4077**	**3902**	**3368**	**3400**
#1.医院	16606	9427	2884	2876	2201	2102
#综合医院	12031	6377	1970	2428	1678	1548
中医医院	2127	1068	423	342	363	354
中西医结合医院						
专科医院	1239	973	120	106	160	
2.妇幼保健院	401	401				
3.卫生院	4840	1425	1113	1026	1122	1267
4、社区卫生服务中心	646	646				
5.疗养院	418	418				

各类卫生技术人员数

表 12–29　　(2016年)　　单位:人

指　　标	全 市	市 区	# 赣榆区	东海县	灌云县	灌南县
1、卫生技术人员总计	**26152**	**15186**	**4701**	**4054**	**3350**	**3562**
# 医院、卫生院	19617	10846	4034	3024	2895	2852
执业医师	10979	6090	2025	1883	1471	1535
# 医院、卫生院	7370	4052	1625	1132	1174	1012
注册护士	10947	6696	1848	1520	1308	1423
药剂人员	1201	736	219	211	144	110
技师	1231	740	203	189	149	153
其他人员	1794	924	406	251	278	341
2、其他技术人员	1279	645	261	227	194	213
3、管理人员	1190	732	186	201	181	76
4、工勤人员	3008	1467	604	597	349	595

医　院　工　作　情　况

表 12-30

年　　份	医院数（个）	诊疗人次（万人）			健康检查（万人）	入院人数（人）	出院人数（人）
			#门 诊	急 诊			
2000	36	255.4	219.6	26.4	4.2	82327	82538
2001	36	267.3	225.7	24.7	7.3	87543	87150
2002	45	276.3	236.3	25.1	4.6	97580	97337
2003	43	229.7	208.9	20.8	12.1	109165	108613
2004	47	280.3	236.2	19.7	11.7	134948	134126
2005	53	316.2	302.7	22.8	15.5	154965	154408
2006	60	322.7	280.8	24.0	13.4	170547	169744
2007							
2007	62	380.6	312.6	28.6	26.5	198855	198066
2008	58	392.9	348.2	31.3	21.5	215493	216242
2009	56	430.1	378.8	36.7	25.2	242195	241643
2010	59	454.5	396.5	38.6	34.9	257629	259755
2011	64	481.4	423.2	40.5	34.1	287311	278885
2012	65	544.5	477.6	48.4	38.9	332991	332450
2013	66	612.1	527.7	61.8	41.0	376026	373476
2014	68	652.7	579.9	51.1	42.5	407816	408093
2015	70	670.4	588.3	58.7	42.0	424640	423209
2016	80	659.8	575.8	59.6	47.7	453053	450546

表 12-30 续表

年 份	年底实有医院床位数（张）	平均开放病床数（张）	病床周转次数（次/年）	病床工作日（日）	病床使用率（%）	出院者平均住院日（日）
2000	4695	4695	18.0	190.0	52.0	10.0
2001	4690	4691	19.0	192.0	53.0	10.0
2002	5943	5487	21.3	218.9	60.0	10.7
2003	5160	4903	22.6	234.3	64.2	9.9
2004	5386	4867	27.6	298.3	81.7	10.3
2005	5780	5580	27.7	294.6	80.7	9.9
2006	6495	6381	26.6	286.5	78.5	9.8
2007						
2007	6763	6542	30.3	310.0	85.0	10.1
2008	7743	7084	30.5	301.7	82.7	9.9
2009	7958	7904	30.6	299.7	82.1	9.7
2010	8518	8259	31.5	296.0	81.1	9.2
2011	8804	8488	32.9	299.9	82.2	9.0
2012	11597	10720	31.0	273.9	74.8	8.7
2013	12213	11487	32.5	293.2	80.1	8.9
2014	12484	11907	34.3	298.6	81.8	8.9
2015	13256	13164	32.1	277.0	75.9	8.5
2016	16606	13749	32.8	280.6	76.9	8.4

医院、卫生院运营情况

表 12-31　　　　(2016 年)

指　　标	单位	医　院	综合医院	中医院	专科医院	卫生院	社区服务中心
机构数	个	80	52	6	15	91	25
诊疗人次	万人	659.8	501.4	133.7	24.2	667.9	85.6
#门诊人次	万人	575.8	431.8	120.2	23.5	637.9	75.1
急诊人次	万人	59.6	50.3	8.9	0.4	20.2	7.4
健康检查	万人	47.7	40.8	6.2	0.6	66.3	10.0
入院人数	人	453053	377297	59758	14578	111620	3957
出院人数	人	450546	374476	60333	14354	111835	3917
年底实有床位数	张	16606	12031	2127	1239	4840	646
平均开放病床数	张	13749	10297	2080	1194	4522	519
病床周转次数	次/年	32.8	36.4	29	12	24.7	7.5
病床工作日	日	280.6	291.7	244.4	259	186.7	60.4
病床使用率	%	76.9	79.93	66.95	70.95	51.15	16.56
出院者平均住院日	日	8.4	7.9	8.3	19.3	7	7.6

注：相对指标不含疗养数字

13

民政、司法、城建、环保

优抚、社会救济和扶贫情况

表 13-1

指　　标	单位	2016		2015	
		全　市	市　区	全　市	市　区
一、优抚事业					
优抚收养单位数	个	3		3	
优抚收养单位床位数	张	140		140	
年末优抚收养人数	人	100		100	
优抚对象人数	人	22018	6341	22191	6376
#革命伤残人员	人	2514	1033	2591	1056
烈军属人数	人	548	142	581	164
在乡复员、退伍军人	人	5771	1364	5909	1405
优待烈军属户数	户	3585	1139	4425	1956
优抚事业费用	万元	24430	9144	21832	8078
二、社会救济					
城镇居民最低生活保障对象人数	人	11595	6004	12140	6549
城镇居民最低生活保障对象户数	户	5777	2977	5981	3218
农村居民最低生活保障对象人数	人	105125	28185	107233	27534
农村居民最低生活保障对象户数	户	58125	14289	59163	13936
农村五保供养人数	人	7146	2162	7429	2286
其中:集中供养	人	2226	456	2433	520
分散供养	人	4920	1706	4996	1766

社 会 福 利 事 业 基 本 情 况

表 13-2　　　　　　　　　　　　　　　　(2016 年)

指　　　　标	单位	全 市	市 区	#赣榆区	东海县	灌云县	灌南县
一、社会福利院	个	**5**	**3**	**1**		**1**	**1**
社会福利院床位数	张	868	768	258		50	50
#民政部门办社会福利院	个	868	768	258		50	50
工作人员	人	173	163	11		5	5
床　　位	张	868	768	258		50	50
年末收养人数	人	319	290	20		23	6
二、城镇收养性老年福利机构	个	**39**	**28**	**1**	**5**	**2**	**4**
工作人员	人	339	295	6	15	9	20
床　　位	张	4643	2672	60	626	460	885
年末收养人数	人	1461	941	11	237	118	165
三、农村收养性老年福利机构	个	**99**	**23**	**16**	**19**	**18**	**37**
工作人员	人	579	240	198	56	92	185
床　　位	张	12294	4252	3540	2941	2449	2570
年末收养人数	人	3040	575	387	935	539	960

社会福利企业基本情况

表 13-3

指　　　　标	2016年			2015		
	企业个数（个）	职工人数（人）	残疾职工	企业个数（个）	职工人数（人）	残疾职工
总　　计				**39**	**1655**	**574**
一、民政部门办社会福利企业						
工　　厂				39	1655	574
商业服务业						
二、社会办社会福利企业						

婚姻登记情况

表 13-4　　单位:对

地　　区	2016年			2015		
	登记结婚对　数	复婚	登记离婚对　数	登记结婚对　数	复婚	登记离婚对　数
全　　市	**49061**	**2783**	**13556**	**53172**	**2059**	**12051**
一、市　　区	19501	1163	5609	21131	1239	4921
市本级(涉外)						
连 云 区	2133	275	863	2335	210	811
赣 榆 区	10801	289	1997	11581	428	1589
海 州 区	6567	599	2749	7215	601	2521
开 发 区						
二、三　　县	29560	1620	7947	32041	1375	7130
东 海 县	11035	616	2915	12154	555	2858
灌 云 县	9894	481	2657	10440	397	2313
灌 南 县	8631	523	2375	9447	423	1959

律 师 公 证 和 调 解 工 作

表 13-5

指标	单位	2016		2015	
		全市	#市区	全市	#市区
一、律师机构人员					
律师事务所	所	57	44	54	41
律师	人	609	489	572	470
#专职律师	人	577	470	540	451
#女性	人	126	110	105	93
兼职律师	人	19	19	19	19
聘请担任常年法律顾问的单位	个	3250	2780	3183	2761
#担任政府法律顾问	个	170	132	155	124
民事诉讼代理	件	14566	10196	11181	8204
经济诉讼代理	件	5989	4192	4626	3823
刑事辩护及代理	件	2173	1521	1747	1066
行政诉讼代理	件	362	286	255	187
非诉讼事件	件	7306	6223	6957	5978
代理法律援助	件	2420	1331	2783	1518
12348 公共法律服务热线接听量	人次	7563	5126	6587	3030
二、公证工作					
公证处	个	7	4	7	4
公证人员	人	82	48	85	51
#公证员	人	32	21	35	24
公证员助理	人	42	24	39	19
办理公证文书	件	33336	20773	27074	16237
国内民事	件	14196	8229	8872	5488
国内经济	件	12382	8335	10830	6494
涉外(涉港澳台)	件	6758	4209	7372	4255
三、人民调解工作					
司法所人员	人	564	261	558	257
#司法行政专编	人	85	77	85	77
人民调解委员会	个	2031	902	1996	898
人民调解员	人	9736	3735	9559	3716
#专职人民调解员	人	2210	1187	2165	1110
调解民事纠纷	件	16898	6109	17190	6218

社 会 治 安 主 要 指 标

表 13-6　　(2016年)

指标	单位	全市	市区	#赣榆区	东海县	灌云县	灌南县
一、刑事案件(法院数)							
刑事案件立案数(受理)	件	4033	1389	763	810	510	461
罪犯人数	人	3790	1018	813	949	697	493
民事案件发案数(受理)	件	46053	14109	10750	8913	5870	6411
二、治安案件							
受理数	件	30325	17724	7163	6023	4303	2275
查处数	件	29308	16710	7163	6022	4302	2274
三、城市交通事故							
交通事故	件	399	190	89	77	71	61
受伤人数	人	286	156	76	32	49	49
死亡人数	人	228	87	43	66	48	27
损失金额	万元	122.1	101.5	13.7	7.3	5.6	7.7
四、火　　灾							
火灾事故	件	1362	591	217	323	172	276
死亡人数	人	6	4	1	1		
受伤人数	人						
损失金额	万元	1241	1012	108	115	71	44

城市建设用地和市政设施情况

表 13-7

指　　　标	2000	2005	2010	2011	2012	2013	2014	2015	2016
一、建设用地情况									
城市面积(平方公里)	880	1022	7434	7223	7223	7223	7223	7223	7223
建成区面积(平方公里)	51.4	77.69	216.8	230	245.5	261.5	275	288.7	297
城市建设用地(平方公里)	51.1	77.69	263.81	274	283.27	294.46	307.38	321.22	330.92
#居住用地	11.3	26.62	112.78	116	115.72	119.06	122.6	125.21	126.58
公共设施用地	4.7	8.06	31.15	32	21.34	21.94	22.89	23.99	24.25
工业用地	10.4	16.9	50.97	56	55.83	60.2	64.22	66.81	68.85
仓储用地	4.2	4.18	10.93	11.05	11.75	12.38	14.41	15.37	17.12
交通设施用地	9.4	7.23	10.04	10.19	31.13	31.95	32.8	36.34	46.52
市政设施用地	0.9	2.61	4.87	4.78	4.72	4.96	5.13	5.42	7.6
二、市政设施情况									
道路长度(公里)	511	668.94	1854	1914.56	1948.53	1992.96	2026.61	2077.24	2162.6
道路面积(万 M_2)	500.95	959.3	3155	3275	3358.51	3463.76	3561.93	3811.93	4016.41
人均道路面积(M_2)	10.65	13.67	22.03	20.35	20.12	20.27	20.58	21.08	22.05
人行道面积(万 M_2)	92.59	178.1	547	573	583.45	601.56	620.35	672.75	907.26
桥梁数(座)	89	101	217	232	239	258	267	268	280
排水管道长度(公里)	375.54	575.67	2147	2296	2473.49	2563.7	2669.38	2808.04	3037.63
路灯盏数(盏)	14113	39763	101947	106003	110749	122289	120432	137613	141803
污水日处理能力(万 M_3)	12.4	12.6	19.5	27.8	31.8	31.8	34.3	40.3	40.6
污水年处理量(万 M_3)	3912	5608	6390	7201	7224	9156	9479	11405	11761
防洪堤长度(公里)	147.4	99.52	71	24	52				

说明：城市建设方面从 2009 年开始改为全市数，以前年份为市区数。

城市园林绿化和环境卫生情况

表 13-8

指　　标	2000	2005	2010	2011	2012	2013	2014	2015	2016
一、园林绿化									
建成区园林绿地面积(公顷)	1315	2526	7378	8303	9713	9556	10203	10798	11144.2
#公共绿地	317.7	527.04	1606	1918	2060	2138	2295	2379	2448.61
建成区绿化覆盖面积(公顷)	1629	2883	8235	8975	8997	10348	10993	11617	11978.8
建城区绿化覆盖率(%)	31.69	37.1	37.98	39.6	36.65	36.54	39.98	40.24	40.37
人均公共绿地面积(m^2)	6.76	7.51	10.82	11.92	12.34	12.51	13.26	13.16	13.44
城市公园数(个)	8	10	28	32	34	37	39	39	39
公园面积(公顷)	87.52	183.97	590	691	822	878	894	987	999.3
公园游人数(万人次)	200	200	240		218.5	284.6	301	336	385
二、环境卫生									
实际清扫面积(万 m^2)	270	933.1	2289	3228	2464	2851	2913	3206	4252
生活垃圾清运量(万吨)	18.07	29	49.65	48.26	51.82	52	54	66.11	67.7
粪便清运量(万吨)	3.1	2.5	4.41	3.62	4.67	4.77	7.63	7.37	4.29
垃圾无害化处理厂(座)	2	2	2	2	3	3	3	4	4
无害化处理能力(吨/日)	495	795	1600	1400	1880	1800	2100	2100	2600
垃圾无害化处理量(万吨)	18.07	29	18.34	18.56	36.9	42.85	51.35	66.11	67.7

城市供水和城市燃气情况

表 13-9

指　　　标	2000	2005	2010	2011	2012	2013	2014	2015	2016
一、城市供水									
水厂个数(个)	3	3	3	3	3	3	3	3	11
水厂综合生产能力(万吨/日)	32.1	38	55.7	55.8	64.3	66.3	78.3	78.3	79.7
供水管道长度(公里)	606	839.82	2594.87	3325.55	3461.17	3641.19	3901.97	4012.51	4146.82
供水总量(万吨)	7710	9046	14172	15017	14498.59	14783	15641.85	16859.22	16102.86
#生产用水	3072	3412	4185	4792	4810.92	5023	4890.09	5243.76	3814.38
#家庭用水	3114	3073	4027	4367	4784.29	5056	5347.67	5751.19	6072.57
用水人口	55.61	67.62	147.75	160.41	166.52	170.75	172.95	180.52	181.51
人均日生活用水量(升)	192.40	159.27	103.34	113.11	118.68	119.33	119	127.93	128
自来水普及率(%)	98.11	96.37	103.13	100	100	100	100	100	100
二、节约用水									
计划用水量(万立方米)	2681	5889	16682	20080	22719	29642	160207	162190	166139
取水量(万立方米)	1502	7488	9345	9753	10800	10853	11774	12098	13043
生产用水重复利用量(万立方米)	3653	3338	7337	10327	11919	18789	148433	150092	153096
节约用水量(万立方米)	1179	1739	7690	1899	3737	3978	4078	4252	4354
三、城市燃气									
液化石油气供气总量(吨)	15265	22000	30705	32643	32967	31400	31924	33492.5	33710
#家庭用气	15265	19850	19544	20202	20515	20469	21662	22150	22799
家庭用气户数(户)	121257	132333	242429	230623	234239	224622	225580	211346	211316
用气人口(万人)	42.44	42.61	86.88	79.66	78.25	80.37	74.62	73.05	72.22
天然气供气总量(万立方米)		730.98	7604	8623	9211	10703	12637	13400	14591.32
#家庭用气		417.21	2006	2694	3039	3414	6072	6181	6741
家庭用气户数(户)		53200	183284	224528	247619	271895	296115	296663	326949
用气人口(万人)		17.1	57.04	71.92	82.23	85.83	95.34	106.96	107.98
天然气供气管道长度(公里)	60	242.97	1127	1363	1554.6	1816.83	1988.97	2111.66	2148.22
煤气、液化气普及率(%)	90.22	99.9	100	100	100	100	100	100	100

工 业"三 废"排 放 及 处 理 情 况

表 13-10

(2016 年)

指标	单位	全市	市区	#赣榆区	东海县	灌云县	灌南县
一、废水排放量							
工业废水排放总量	万吨	6769	3843	2024	809	965	1152
二、废气排放量							
工业烟(粉)尘产生量	吨	1668463	1426680	461291	53117	30365	158301
工业烟(粉)尘排放量	吨	30797	15008	102881	2579	2248	10963
工业二氧化硫产生量	吨	87830	70273	29621	3398	1827	12331
工业二氧化硫排放量	吨	36705	25296	16086	30295	1709	6671
工业化学需氧量排放量	吨	9314	4641	3033	2065	1482	1126
工业氮氧化物排放量	吨	26243	19277	4613	2138	1432	3396
三、工业固体废物产生量							
一般工业固体废物综合利用率	%	93.55	92.12	97.13	92.57	94.33	98.65

此表统计范围包括有污染排放的工业企业和生活及其他排污单位。

14

江苏市县社会经济

三大区域主要经济指标

表 14-1

(2016 年)

指　　标	苏　南	苏　中	苏　北
年末常住人口(万人)	3333.60	1643.92	3021.08
土地面积(平方公里)	28084	22927	54865
地区生产总值(亿元)	44795.83	15319.36	18160.20
第一产业	899.99	858.05	1978.19
第二产业	20294.42	7301.82	8021.89
第三产业	23601.42	7159.49	8160.12
# 工业	18425.16	6238.81	6794.96
人均地区生产总值(元)	134569	93228	60225
地区生产总值指数(上年=100)	107.9	109.4	109.9
粮食产量(万吨)	477.37	938.52	2360.35
油料产量(万吨)	18.83	54.88	62.60
棉花产量(万吨)	0.49	2.67	3.32
规模以上工业利润总额(亿元)	5007.55	2651.66	2871.03
固定资产投资额(亿元)	22454.26	11256.51	15660.09
社会消费品零售总额(亿元)	16584.16	5110.01	7012.94
进出口总额(亿美元)	4316.78	508.65	271.58
# 出口	2642.56	369.45	182.39
实际使用外资(亿美元)	167.46	49.36	43.74
一般公共预算收入(亿元)	4520.94	1256.66	1696.30
一般公共预算支出(亿元)	4529.36	1677.12	2809.48
金融机构存款余额(亿元)	80846.02	21734.91	18525.64
# 住户存款	23921.70	10590.58	9388.22
金融机构贷款余额(亿元)	63476.16	14000.39	13631.05
居民人均可支配收入(元)	42795	29138	22174
城镇常住居民人均可支配收入(元)	49920	37585	28515
农村常住居民人均可支配收入(元)	24638	18320	15102

沿海地区主要指标

表 14-2 (2016年)

指　　标	年末户籍人口(万人)	土地面积(平方公里)	人口密度(人/平方里)	从业人员(万人)	#第二产业	#第三产业
沿海三市合计	**2131.18**	**35095**	**542**	**1154.50**	**453.5**	**416.2**
沿海地带合计	**1671.04**	**28887**	**528**	**928.01**	**366.72**	**340.74**
南通市市区	213.57	2140	1097	135.80	58.75	59.80
海　安　县	93.83	1184	731	54.20	28.55	14.35
如　东　县	103.53	2791	352	62.00	30.70	17.95
启　东　市	111.95	1715	555	67.00	29.20	19.50
海　门　市	100.10	1144	791	64.70	31.20	17.00
连云港市区	222.69	3012	693	109.60	39.01	44.20
灌　云　县	105.21	1538	523	47.87	12.92	16.46
灌　南　县	82.64	1028	618	36.44	10.96	10.39
盐城市市区	243.34	5129	463	143.08	54.01	62.61
响　水　县	62.49	1474	340	28.74	9.97	10.56
滨　海　县	123.00	1950	479	56.40	18.77	20.78
射　阳　县	96.23	2606	339	57.01	19.55	21.42
东　台　市	112.46	3176	309	65.17	23.13	25.72

表 14-2 续表 1　　　　　　　　　　　　　　（2016 年）

指　　标	地区生产总值（亿元）	第一产业	第二产业	第三产业	#工　业	人均地区生产总值（元）
沿海三市合计	**13720.76**	**1202.13**	**6270.22**	**6248.41**	**5256.56**	**72147**
沿海地带合计	**11522.52**	**970.53**	**5282.55**	**5269.44**	**4433.40**	**75649**
南通市市区	2475.03	59.97	1113.84	1301.22	933.36	105599
海　安　县	755.29	55.97	354.15	345.17	290.67	87201
如　东　县	746.69	67.87	340.57	338.25	286.80	76045
启　东　市	881.85	66.58	422.85	392.42	336.94	92534
海　门　市	1005.06	53.28	504.53	447.25	420.99	111099
连云港市区	1307.59	118.67	575.43	613.49	453.52	62788
灌　云　县	328.66	64.10	143.12	121.44	109.30	40926
灌　南　县	306.80	51.51	144.78	110.51	125.92	48429
盐城市市区	1884.64	160.69	951.98	771.97	831.76	80122
响　水　县	270.64	41.42	126.77	102.45	113.66	53971
滨　海　县	391.61	57.99	156.72	176.90	132.74	41761
射　阳　县	441.65	81.01	155.78	204.86	142.01	49749
东　台　市	727.01	91.47	292.03	343.51	255.73	73902

表 14-2 续表 2　　　　　　　　　　　　　　　（2016 年）　　　　　　　　　　　　　　　单位：%

指　　标	三次产业占 GDP 比重				一般公共预算收入占 GDP 比重	外贸依存度
	第一产业	第二产业	第三产业	#工　业		
沿海三市合计	**8.8**	**45.7**	**45.5**	**38.3**	**8.9**	**22.2**
沿海地带合计	**8.4**	**45.8**	**45.7**	**38.5**	**9.1**	**24.4**
南通市市区	2.4	45.0	52.6	37.7	10.6	46.2
海　安　县	7.4	46.9	45.7	38.5	7.6	14.6
如　东　县	9.1	45.6	45.3	38.4	7.3	22.3
启　东　市	7.6	48.0	44.5	38.2	8.1	22.8
海　门　市	5.3	50.2	44.5	41.9	7.2	25.9
连云港市区	9.1	44.0	46.9	34.7	11.1	31.1
灌　云　县	19.5	43.5	37.0	33.3	6.5	4.7
灌　南　县	16.8	47.2	36.0	41.0	7.3	4.9
盐城市市区	8.5	50.5	41.0	44.1	10.5	19.3
响　水　县	15.3	46.8	37.9	42.0	10.9	11.9
滨　海　县	14.8	40.0	45.2	33.9	8.7	6.4
射　阳　县	18.3	35.3	46.4	32.2	4.9	4.3
东　台　市	12.6	40.2	47.2	35.2	8.3	6.7

表 14-2 续表 3　　　　　　　　　　　（2016 年）

指　　　标	规模以上工业企业个数(个)	工业总产值(亿元)	# 制造业	资产合计(亿元)	主营业务收入(亿元)	利润总额(亿元)
沿海三市合计	**10071**	**29681.37**	**29576.84**	**17714.26**	**29467.68**	**2090.63**
沿海地带合计	**7991**	**25352.43**	**24842.03**	**15642.76**	**24982.76**	**1796.04**
南通市市区	1515	4771.88	4679.92	3367.16	4688.23	332.71
海　安　县	895	2204.77	2194.69	1060.75	2213.06	159.99
如　东　县	689	1896.41	1840.26	1200.34	1883.91	147.18
启　东　市	503	1829.18	1777.07	1200.83	1839.18	130.52
海　门　市	650	2053.24	2047.58	1017.11	2072.14	220.61
连云港市区	798	3663.54	3547.13	2708.96	3627.12	323.48
灌　云　县	279	762.14	742.69	192.73	715.77	44.99
灌　南　县	192	671.18	670.38	315.35	666.61	46.83
盐城市市区	1204	3932.36	3878.79	2298.20	3791.86	202.25
响　水　县	166	924.82	888.47	767.14	922.06	53.93
滨　海　县	228	705.15	689.86	418.51	685.29	35.01
射　阳　县	312	751.19	711.71	383.45	731.74	32.58
东　台　市	560	1186.59	1173.50	712.24	1145.78	65.96

表 14-2 续表 4　　　　（2016 年）

指　　标	固定资产投　资（亿元）	#房地产开　发	社会消费品零售总额（亿元）	进出口总额（亿美元）	# 出口	实际使用外　资（亿美元）
沿海三市合计	**11079.94**	**1178.12**	**5197.06**	**458.50**	**314.34**	**36.44**
沿海地带合计	**9495.89**	**1063.76**	**4376.69**	**422.83**	**285.37**	**32.06**
南通市市区	1878.80	351.37	1029.13	172.29	119.11	9.96
海　安　县	584.46	52.44	273.74	16.55	14.05	2.96
如　东　县	545.42	22.24	318.62	25.10	14.51	2.94
启　东　市	614.84	55.63	324.57	30.22	26.51	2.84
海　门　市	613.19	49.77	344.60	39.14	35.79	2.40
连云港市区	1564.32	165.86	544.44	61.23	29.43	4.29
灌　云　县	272.19	27.26	119.45	2.33	2.03	0.24
灌　南　县	218.06	22.51	93.52	2.25	1.70	0.03
盐城市市区	1658.29	209.37	730.21	54.87	25.45	4.51
响　水　县	287.25	11.07	66.52	4.86	4.70	0.29
滨　海　县	377.87	21.34	110.46	3.77	3.08	0.53
射　阳　县	300.16	26.21	167.90	2.84	1.95	0.45
东　台　市	581.03	48.68	253.53	7.37	7.07	0.62

表 14-2 续表 5　　(2016 年)　　单位:亿元

指　　标	一般公共预算收入	# 税收收入	一般公共预算支出	年末金融机构存款余　额	#住户存款	年末金融机构贷款余　额
沿海三市合计	**1216.83**	**952.24**	**1852.67**	**18854.65**	**9406.06**	**12581.71**
沿海地带合计	**1051.76**	**825.22**	**1548.44**	**16598.95**	**7600.31**	**11080.74**
南通市市区	263.54	201.73	294.55	5064.90	2005.85	3302.70
海　安　县	57.58	48.16	81.35	1286.53	696.77	798.77
如　东　县	54.41	44.44	102.16	1010.55	601.62	494.56
启　东　市	71.03	54.95	89.03	1232.03	767.24	705.13
海　门　市	72.41	53.23	85.75	1368.55	766.55	824.32
连云港市区	144.91	115.24	217.35	1743.70	470.61	1480.37
灌　云　县	21.52	17.64	49.64	260.88	82.62	183.80
灌　南　县	22.43	19.33	48.04	179.88	77.90	134.05
盐城市市区	198.42	156.94	299.37	2835.08	1072.21	2108.63
响　水　县	29.60	20.39	50.13	178.13	93.58	139.77
滨　海　县	34.07	25.08	70.89	308.75	176.66	249.46
射　阳　县	21.58	17.40	64.60	413.98	277.99	264.42
东　台　市	60.26	50.70	95.58	715.99	510.70	394.75

表 14-2 续表 6 （2016 年）

指　　标	公路里程（公里）	民用汽车拥有量（万辆）	公路客运量（万人）	公路货运量（万吨）	全社会用电量（亿千瓦时）	#工业用电
沿海三市合计	**50022**	**258.38**	**21141**	**24989**	**830.23**	**577.02**
沿海地带合计	**40047**	**214.79**	**18650**	**20572**	**663.05**	**283.22**
南通市市区	3976	53.11	4754	4941	151.50	19.73
海 安 县	2374	12.89	544	1794	46.72	5.30
如 东 县	2691	15.03	679	1335	49.12	6.29
启 东 市	3595	16.03	1198	548	31.02	6.79
海 门 市	2521	16.39	482	780	38.60	6.48
连云港市区	4489	27.04	3359	5006	63.68	41.30
灌 云 县	2649	7.29	439	873	12.83	6.05
灌 南 县	1921	4.97	359	694	31.48	24.87
盐城市市区	6105	32.59	3824	1650	107.02	70.56
响 水 县	1806	4.08	426	359	42.08	36.08
滨 海 县	2158	7.67	900	1052	26.26	17.22
射 阳 县	2498	8.06	796	672	21.64	12.42
东 台 市	3264	9.64	890	868	41.10	30.12

沿东陇海线地区主要指标

表 14-3　　(2016 年)

指　　标	年末户籍人口(万人)	土地面积(平方公里)	人口密度(人/平方公里)	从业人员(万人)	#第二产业	#第三产业
东陇海合计	**992.02**	**11789**	**736**	**466.15**	**154.35**	**186.46**
徐州市市区	338.09	3063	1067	156.82	48.89	74.58
新　沂　市	113.69	1592	572	55.35	18.87	18.65
邳　州　市	194.10	2085	690	87.79	29.77	28.88
连云港市区	222.69	3012	693	109.60	39.01	44.20
东　海　县	123.45	2037	475	56.59	17.81	20.15

表 14-3 续表 1　　(2016 年)

指　　标	地区生产总值(亿元)	第一产业	第二产业	第三产业	#工　业	人均地区生产总值(元)
东陇海合计	**6179.40**	**462.33**	**2762.71**	**2916.10**	**2386.95**	**71439**
徐州市市区	3072.18	109.01	1442.79	1520.39	1268.39	94402
新　沂　市	562.06	64.91	232.17	264.98	198.89	61765
邳　州　市	804.14	111.92	347.27	344.95	303.07	55960
连云港市区	1307.59	113.91	550.35	612.33	453.52	62788
东　海　县	433.43	62.58	190.13	173.45	163.08	44871

表 14-3 续表 2　　(2016 年)

指　　标	规模以上工业企业个数(个)	工业总产值(亿元)	# 制造业	资产合计(亿元)	主营业务收入(亿元)	利润总额(亿元)
东陇海合计	**3151**	**14894.75**	**12571.20**	**9137.26**	**15163.22**	**1230.27**
徐州市市区	779	5701.27	4999.47	4615.69	5888.95	488.16
新　沂　市	504	1812.43	1709.27	539.15	1861.13	138.29
邳　州　市	524	2592.57	2400.59	839.90	2676.86	206.01
连云港市区	798	3663.54	2453.97	2708.96	3627.12	323.48
东　海　县	546	1124.94	1007.90	433.55	1109.15	74.33

表 14-3 续表 3　　(2016 年)

指　　标	固定资产投　资(亿元)	#房地产开　发	社会消费品零售总额(亿元)	进出口总额(亿美元)	# 出口	实际使用外　资(亿美元)
东陇海合计	**5560.31**	**633.94**	**2803.51**	**116.16**	**75.04**	**17.38**
徐州市市区	2352.23	326.39	1655.21	35.45	29.78	9.31
新　沂　市	550.05	49.08	174.56	4.58	2.98	1.00
邳　州　市	763.12	72.83	253.41	10.32	9.16	1.83
连云港市区	1564.32	165.86	544.44	61.23	29.43	4.29
东　海　县	330.59	19.77	175.89	4.58	3.68	0.94

表 14-3 续表 4　　(2016 年)　　单位:亿元

指　　标	一般公共预算收入	# 税收收入	一般公共预算支出	年末金融机构存款余　额	#住户存款	年末金融机构贷款余　额
东陇海合计	**548.38**	**421.05**	**827.46**	**6346.25**	**2860.83**	**4725.00**
徐州市市区	268.56	201.42	350.13	3372.86	1649.21	2383.41
新　沂　市	49.91	37.71	91.82	386.97	217.87	246.38
邳　州　市	62.40	48.10	110.08	525.34	361.35	366.13
连云港市区	144.91	115.24	217.35	1743.70	470.61	1480.37
东　海　县	22.61	18.59	58.09	317.38	161.78	248.71

表 14-3 续表 5　　(2016 年)

指　　标	公路里程(公里)	民用汽车拥有量(万辆)	公路客运量(万人)	公路货运量(万吨)	全社会用电量(亿千瓦时)	#工业用电
东陇海合计	**17207**	**111.84**	**14582**	**19698**	**358.65**	**252.44**
徐州市市区	3882	54.79	9093	9423	204.08	150.60
新　沂　市	2719	7.32	889	1510	39.27	30.97
邳　州　市	3118	11.71	744	1954	28.40	15.88
连云港市区	4489	27.04	3359	5006	63.68	41.30
东　海　县	2999	10.98	497	1805	23.22	13.69

各市市区主要指标

表 14-4

(2016 年)

城　　市	土地面积(平方公里)	年末户籍人口(万人)	#女	当年出生人口(万人)	当年死亡人口(万人)	年末常住人口(万人)
南京市区	6587	662.79	331.93	8.03	3.72	827.00
无锡市区	1643	253.06	128.40	2.40	1.51	363.31
徐州市区	3063	338.09	164.72	3.28	0.66	326.89
常州市区	2838	294.95	150.03	2.90	1.91	394.67
苏州市区	4653	348.02	176.80	4.33	2.08	551.03
南通市区	2140	213.57	109.23	1.75	1.63	234.72
连云港市区	3012	222.69	107.31	2.55	0.58	208.78
淮安市区	4476	335.75	163.52	3.73	1.21	305.67
盐城市区	5129	243.34	119.08	2.59	1.54	237.22
扬州市区	2306	232.47	117.14	2.00	1.71	242.75
镇江市区	1088	103.42	52.13	0.83	0.57	123.13
泰州市区	1567	163.98	81.83	1.58	1.31	162.60
宿迁市区	2154	176.14	85.50	2.77	0.63	159.74

表 14-4 续表 1　　(2016 年)　　单位:万人

城　市	年末从业人员	#城镇私营企业从业人员	#城镇个体从业人员	从业人员按三次产业分		
				第一产业	第二产业	第三产业
南京市区	456.00	371.68	94.60	46.00	148.90	261.10
无锡市区	214.09	129.20	34.32	3.62	113.51	96.96
徐州市区	156.82	45.63	28.80	33.34	48.89	74.58
常州市区	231.56	142.29	47.35	18.44	116.73	96.39
苏州市区	347.41	184.21	59.17	10.81	200.21	136.39
南通市区	135.80	43.51	20.52	17.25	58.75	59.80
连云港市区	109.60	27.62	12.61	26.39	39.01	44.20
淮安市区	176.93	34.99	22.55	43.88	58.23	74.82
盐城市区	143.08	40.99	16.70	26.46	54.01	62.61
扬州市区	137.15	67.00	24.89	13.17	62.04	61.94
镇江市区	69.74	28.27	13.51	5.52	26.97	37.25
泰州市区	97.50	42.93	16.23	14.30	39.70	43.50
宿迁市区	101.15	22.23	15.76	28.62	38.43	34.10

表 14-4 续表 2　　　　　　　　　　　　（2016 年）

城　　市	地区生产总值（亿元）				人均地区生产总值Θ（元）	地区生产总值指数（上年=100）
		第一产业	第二产业	第三产业		
南京市区	10503.02	252.54	4117.32	6133.16	127264	108.0
无锡市区	4749.02	42.11	1956.28	2750.63	130935	107.7
徐州市区	3072.18	109.01	1442.79	1520.39	94402	106.0
常州市区	4985.66	104.37	2291.09	2590.20	126424	108.4
苏州市区	8008.45	80.88	3685.44	4242.13	145576	107.5
南通市区	2475.03	59.97	1113.84	1301.22	105599	109.2
连云港市区	1307.59	118.67	575.43	613.49	62788	107.7
淮安市区	2062.33	180.66	890.03	991.64	67635	108.9
盐城市区	1884.64	160.69	951.98	771.97	80122	109.0
扬州市区	2900.30	91.21	1420.61	1388.48	119578	109.3
镇江市区	1711.60	29.33	829.74	852.53	139126	109.3
泰州市区	1718.27	60.95	863.57	793.75	105789	110.5
宿迁市区	860.43	63.11	423.53	373.79	54078	109.6

表 14-4 续表 3　　(2016 年)　　单位:亿元

城　　市	固定资产投　资	房地产开发投　资		新增固定资　产	商品房屋销售建筑面积(万平方米))	
			#住　宅			#住　宅
南京市区	5533.56	1845.60	1392.76	3019.53	1558.18	1406.29
无锡市区	3124.91	663.82	419.29	2554.07	908.23	836.46
徐州市区	2352.23	326.39	232.66	1573.19	483.96	405.52
常州市区	3118.52	402.64	280.97	2310.20	857.66	739.31
苏州市区	3156.39	1381.20	1060.20	1784.23	1272.75	1147.67
南通市区	1878.80	351.37	243.40	1192.78	676.56	621.95
连云港市区	1564.32	165.86	129.91	907.44	344.63	331.99
淮安市区	1653.71	240.04	173.23	934.62	603.22	543.78
盐城市区	1658.29	209.37	157.24	1048.70	435.83	386.73
扬州市区	1989.33	315.84	208.16	987.87	449.08	409.95
镇江市区	1693.52	239.59	169.67	1152.88	329.93	312.38
泰州市区	1557.00	125.45	98.39	1267.67	378.09	355.52
宿迁市区	784.91	120.80	85.96	521.02	286.92	261.64

表 14-4 续表 4　　(2016 年)　　单位:亿元

城　　市	工业企业单位数(个)	#大中型企业	资产总计	负债合计	主营业务收入	利税总额
南京市区	2661	510	11448.85	6166.10	12442.36	959.35
无锡市区	2664	384	6547.51	3182.08	6280.65	493.08
徐州市区	779	212	4615.69	2315.80	5888.95	488.16
常州市区	3746	495	7997.81	4304.61	11086.35	646.19
苏州市区	4358	932	11988.01	5998.26	11725.75	758.36
南通市区	1515	200	3367.16	1685.69	4688.23	332.71
连云港市区	798	77	2708.96	1436.46	3627.12	323.48
淮安市区	1481	131	2138.44	913.41	4623.62	301.67
盐城市区	1204	192	2298.20	1249.27	3791.86	202.25
扬州市区	1385	374	2891.00	1514.09	5775.55	334.19
镇江市区	906	146	2465.13	1265.82	3464.56	256.80
泰州市区	1210	129	2711.41	1405.59	5394.22	407.02
宿迁市区	643	80	1338.15	595.83	1185.78	156.38

表 14-4 续表 5　　（2016 年）　　单位：亿元

城　　市	工业总产值	内资企业	外商港澳台投资企业	# 国有控股⊖企　业	# 大中型企　业	#制造业
南京市区	12945.02	7554.24	5390.78	4920.80	8824.62	12654.34
无锡市区	6388.09	2805.23	3582.86	537.95	4269.48	6321.33
徐州市区	5701.27	4999.47	701.80	860.44	4286.46	5379.14
常州市区	10733.40	7127.29	3606.11	400.60	6699.83	10607.49
苏州市区	12046.53	3643.57	8402.96	304.54	8786.00	11847.14
南通市区	4771.88	2719.32	2052.55	437.11	2766.38	4679.92
连云港市区	3663.54	2453.97	1209.57	340.15	2594.41	3547.13
淮安市区	4557.09	3522.15	1034.94	331.19	1807.91	4406.12
盐城市区	3932.36	2450.59	1481.76	178.16	2469.97	3878.79
扬州市区	5918.50	4193.99	1724.51	551.96	3936.22	5803.45
镇江市区	3421.62	1869.55	1552.07	461.47	2507.00	3297.97
泰州市区	5489.57	4321.77	1167.80	445.26	3016.22	5403.02
宿迁市区	1267.78	1031.40	236.38	65.04	736.17	1254.64

表 14-4 续表 6 （2016 年） 单位：亿元

城市	一般公共预算收入	#税收收入	一般公共预算支出	存款余额	#住户存款	贷款余额
南京市区	1142.60	956.62	1173.84	27633.55	5894.47	21681.28
无锡市区	536.44	423.62	523.68	8688.75	2829.11	6300.99
徐州市区	268.56	201.42	350.13	3372.86	1649.21	2383.41
常州市区	421.29	336.45	438.67	7546.00	2888.34	5244.21
苏州市区	919.82	805.59	888.72	15705.43	4025.00	13993.25
南通市区	263.54	201.73	294.55	5064.90	2005.85	3302.70
连云港市区	144.91	115.24	217.35	1743.70	470.61	1480.37
淮安市区	233.75	169.45	322.87	2298.81	889.05	1722.04
盐城市区	198.42	156.94	299.37	2835.08	1072.21	2108.63
扬州市区	235.63	173.45	306.71	3724.09	1632.92	2548.23
镇江市区	154.48	114.07	191.74	2457.48	748.20	1487.41
泰州市区	174.41	138.43	226.10	2742.07	1053.58	1952.97
宿迁市区	101.24	80.91	170.41	1125.67	375.58	953.40

表 14-4 续表 7　　　　（2016 年）

城　　市	社会消费品零售总额（亿元）	进出口总额（亿美元）	出　口	进　口	实际使用外　资（亿美元）	星级饭店数（个）
南京市区	5088.20	502.14	295.94	206.20	34.79	79
无锡市区	1787.14	462.28	279.70	182.58	21.99	22
徐州市区	1655.21	35.45	29.78	5.66	9.31	59
常州市区	1899.81	267.54	201.14	66.40	21.64	31
苏州市区	2558.50	1432.59	846.31	586.28	33.12	62
南通市区	1029.13	172.29	119.11	53.18	9.96	28
连云港市区	544.44	61.23	29.43	31.81	4.29	34
淮安市区	739.14	25.98	18.92	7.06	7.80	32
盐城市区	730.21	54.87	25.45	29.41	4.51	11
扬州市区	928.61	70.09	55.20	14.89	9.75	37
镇江市区	638.23	66.07	38.87	27.20	6.90	9
泰州市区	556.91	45.64	30.16	15.48	7.86	12
宿迁市区	301.98	12.65	8.82	3.84	1.21	13

表 14-4 续表 8　　　　　　　　　　　　　　（2016 年）

城　　市	邮电业务收入（亿元）	固定电话用户（万户）	年末移动电话用户（万户）	互联网宽带接入用户（万户）	全年用电量（亿千瓦时）	#城乡居民生活用电
南京市区	203.16	243.50	1114.72	373.66	524.79	76.45
无锡市区	106.51	95.45	528.57	178.33	301.50	35.34
徐州市区	41.86	61.30	403.30	105.26	204.08	23.20
常州市区	56.43	104.64	452.62	186.67	357.18	36.12
苏州市区	188.75	139.25	916.79	240.70	607.00	58.10
南通市区	67.53	63.83	331.38	43.11	151.50	19.73
连云港市区	26.32	42.18	231.40	68.22	63.68	8.89
淮安市区	32.68	54.19	172.80	29.03	118.22	29.98
盐城市区	28.84	37.81	253.29	70.11	107.02	16.29
扬州市区	76.60	74.81	164.61	57.83	132.73	20.99
镇江市区	18.10	33.53	132.19	46.99	116.56	10.82
泰州市区	21.71	37.79	192.16	57.19	84.13	12.83
宿迁市区	15.45	15.67	153.55	42.50	78.36	8.92

表 14-4 续表 9

城　　市	城市常住居民人均可支配收入	城市常住居民人均消费性支出	食品烟酒	衣　着	居　住
南京市区	49997	29772	7642	2192	6514
无锡市区	46979	29332	8259	2432	6180
徐州市区	31763	20963	6068	1545	3585
常州市区	46611	27159	7395	2043	5603
苏州市区	54200	33497	9077	2036	8317
南通市区	41628	24382	7064	1761	5728
连云港市区	30120	18700	5416	1655	3977
淮安市区	31221	16474	4941	1538	3057
盐城市区	34005	19727	5808	1661	3512
扬州市区	38475	25918	8003	2059	5015
镇江市区	41324	25717	7300	2026	5302
泰州市区	37459	22680	6700	1913	5259
宿迁市区	25095	15578	5253	1204	2776

(2016年) 单位:元

生活用品及服务	交通通信	教育文化娱乐	医疗保健	其他用品和服务	人均住房建筑面积(平方米)	居民消费价格指数(上年=100)
1792	3710	5311	1734	877	36.7	102.7
1593	4305	3787	1800	976	42.5	102.3
1626	3002	2234	2280	623	33.8	102.3
1673	4204	3832	1718	691	45.4	102.5
1669	5952	4244	1285	917	38.6	102.7
1446	3542	2529	1580	732	43.0	102.3
1420	1968	2366	1359	539	46.6	102.1
1195	1636	2544	1142	421	43.0	102.2
1296	3514	2068	1115	753	41.6	102.1
1412	2971	4135	1484	839	43.2	102.4
1507	3746	3824	1104	908	40.8	102.2
1189	2877	2684	1368	690	50.0	102.1
1012	1484	2659	971	219	45.6	102.0

表 14-4 续表 10　　(2016 年)

城　　市	高等学校在校学生数(万人)	专利申请受理量(件)	公共图书馆图书藏量(千册)	卫生机构数(个)	卫生机构床位数(万张)	执业(助理)医师(万人)
南京市区	82.78	65198	19886	2383	4.99	2.53
无锡市区	10.23	45782	3755	1281	2.63	1.14
徐州市区	14.08	14639	1628	1571	2.96	1.05
常州市区	12.34	42425	4102	1015	2.24	1.06
苏州市区	16.12	64855	10940	1514	3.48	1.39
南通市区	9.48	18101	2085	991	1.68	0.76
连云港市区	3.86	6041	1472	1395	1.26	0.61
淮安市区	6.95	11817	2173	1261	1.83	0.83
盐城市区	6.87	13611	1945	1044	1.42	0.67
扬州市区	7.44	15802	2717	1045	1.33	0.64
镇江市区	8.75	15994	1935	420	0.85	0.41
泰州市区	5.92	16893	1523	640	0.99	0.44
宿迁市区	1.99	3608	580	671	0.88	0.33

市 辖 区 主 要 指 标

表 14-5 (2016 年)

市辖区	年末户籍人口(万人)	土地面积(平方公里)	地区生产总值(亿元)	#第二产业	#第三产业
南京市					
玄武区	47.87	75	590.20	18.83	571.37
秦淮区	69.46	49	690.22	54.81	635.41
建邺区	31.59	83	325.47	51.07	274.40
鼓楼区	92.49	53	1123.03	84.93	1038.10
浦口区	66.69	910	820.34	394.12	384.90
栖霞区	46.70	395	927.23	565.87	353.76
雨花台区	26.92	132	444.69	74.70	369.14
江宁区	102.52	1563	1680.52	892.56	727.08
六合区	90.89	1471	804.54	421.44	321.35
溧水区	43.37	1064	624.96	328.53	256.38
高淳区	44.29	790	573.73	285.61	247.99
无锡市					
锡山区	44.33	399	708.25	368.54	322.26
惠山区	46.83	325	722.40	427.18	278.45
滨湖区	49.26	628	829.07	364.37	460.49
梁溪区	77.23	71	1071.30	170.30	901.00
新吴区	35.41	220	1408.01	883.88	521.40
徐州市					
鼓楼区	31.10	66	232.40	49.50	182.75
云龙区	34.84	120	279.27	31.59	246.92
贾汪区	52.57	620	284.25	142.30	119.72
泉山区	56.96	100	519.60	77.16	442.03
铜山区	132.26	1871	974.81	505.35	391.47

表 14-5 续表 1　　　　　　　　　　（2016 年）

市辖区	年末户籍人口（万人）	土地面积（平方公里）	地区生产总值（亿元）	#第二产业	#第三产业
常州市					
天宁区	46.71	155	694.51	196.42	488.93
钟楼区	42.57	133	649.73	217.76	428.90
新北区	56.30	509	1155.03	606.44	530.51
武进区	94.32	1065	1968.99	1074.23	854.54
金坛区	55.04	976	600.02	302.26	263.93
苏州市					
虎丘区	37.53	332	1066.41	673.28	390.84
吴中区	64.73	2231	1010.72	469.99	517.60
相城区	41.33	490	633.75	308.66	313.71
姑苏区	73.21	83	622.30	66.32	555.98
吴江区	82.45	1237	1628.33	834.85	750.67
南通市					
崇川区	52.61	160	682.69	170.45	512.11
港闸区	19.40	152	337.27	190.60	144.80
通州区	126.42	267	1026.66	507.36	462.89
连云港市					
连云区	17.74	797	126.81	47.39	73.89
海州区	76.64	701	310.73	87.38	205.92
赣榆区	120.30	1514	519.21	245.56	197.10
淮安市					
淮安区	118.45	1452	448.61	172.62	211.56
淮阴区	93.36	1307	435.72	182.39	184.28
清江浦区	55.99	310	400.30	94.27	295.78
洪泽区	37.88	1273	255.31	103.71	117.97

表 14-5 续表 2　　　　　　　　　　　　　　　(2016 年)

市辖区	年末户籍人口(万人)	土地面积(平方公里)	地区生产总值(亿元)	#第二产业	#第三产业
盐城市					
亭湖区	70.66	800	392.71	141.40	218.07
盐都区	71.49	1015	443.62	214.13	185.84
大丰区	71.65	3008	579.07	223.77	277.61
扬州市					
广陵区	49.46	335	657.27	301.26	346.64
邗江区	60.06	553	743.01	295.44	426.54
江都区	105.94	1330	939.63	453.94	426.03
镇江市					
京口区	31.40	125	449.24	121.70	326.19
润州区	24.41	124	369.00	131.76	235.68
丹徒区	29.11	617	371.22	194.42	158.27
泰州市					
海陵区	42.91	237	516.80	240.25	268.96
高港区	26.29	287	423.06	245.74	165.32
姜堰区	78.66	928	583.19	264.44	278.65
宿迁市					
宿城区	94.81	917	286.20	109.98	154.26
宿豫区	66.54	1237	252.13	146.23	79.17

表 14-5 续表 5

(2016 年)

市辖区	一般公共预算收入(亿元)	固定资产投资(亿元)	#房地产开发	社会消费品零售总额(亿元)	进出口总额(亿美元)	#出口	实际使用外资(万美元)
盐城市							
亭湖区	35.31	392.50	49.01	251.14	5.60	5.11	3404
盐都区	38.13	354.81	25.58	208.79	6.29	3.32	6835
大丰区	59.26	453.80	38.98	172.77	16.21	8.74	14456
扬州市							
广陵区	40.03	443.71	94.14	288.35	13.12	12.18	10060
邗江区	63.97	592.53	148.92	287.09	19.57	16.81	20784
江都区	55.15	709.43	51.86	252.44	13.95	10.55	11024
镇江市							
京口区	18.06	434.74	58.52	288.83	13.33	10.13	6937
润州区	20.66	427.57	122.43	177.85	5.29	4.41	6180
丹徒区	25.70	354.53	15.52	68.42	5.64	5.18	10728
泰州市							
海陵区	39.05	273.61	51.34	243.08	12.99	10.73	10470
高港区	40.44	380.16	12.30	49.33	14.56	6.79	26651
姜堰区	35.60	494.82	30.72	172.41	9.55	8.26	13702
宿迁市							
宿城区	23.02	228.49	52.52	178.64	4.03	2.66	5237
宿豫区	23.82	252.94	19.66	53.69	3.50	3.26	4294

表 14-5 续表 6　　（2016 年）　　单位:个

市辖区	合 计	企 业	事业单位	机 关	社会团体	民办非企业单位	其他组织机构
南京市							
玄武区	19012	17686	318	122	399	326	161
秦淮区	31050	29434	364	105	275	558	314
建邺区	15165	14139	223	111	208	241	243
鼓楼区	34116	31817	658	240	697	359	345
浦口区	18864	17416	272	87	107	297	685
栖霞区	20349	18970	201	92	122	635	329
雨花台区	9992	9408	141	66	82	193	102
江宁区	32726	30289	374	86	108	675	1194
六合区	16766	15272	341	97	83	93	880
溧水区	11206	9762	305	75	75	57	932
高淳区	8435	7217	252	102	129	76	659
无锡市							
锡山区	18757	17917	199	76	125	88	352
惠山区	23975	22807	312	73	172	153	458
滨湖区	26369	24892	488	150	195	258	386
梁溪区	42037	40103	587	172	405	477	293
新吴区	22233	21753	151	16	33	70	210
徐州市							
鼓楼区	12321	11742	142	55	45	223	114
云龙区	17059	15683	330	160	249	326	311
贾汪区	5743	4598	218	60	123	123	621
泉山区	17886	16630	306	95	290	324	241
铜山区	13641	11022	412	105	250	242	1610

表 14-5 续表 7　　(2016 年)　　单位:个

市辖区	合计	企业	事业单位	机关	社会团体	民办非企业单位	其他组织机构
常州市							
天宁区	22051	20390	269	52	741	196	403
钟楼区	19528	18011	312	67	639	260	239
新北区	34672	32717	277	124	730	167	657
武进区	44623	40885	574	163	1440	221	1340
金坛区	11370	9645	351	74	195	161	944
苏州市							
虎丘区	27021	26066	250	54	100	256	295
吴中区	47380	45860	370	108	198	96	748
相城区	25708	24820	197	66	92	56	477
姑苏区	53058	50842	475	141	577	497	526
吴江区	50539	48613	488	101	312	120	905
南通市							
崇川区	27678	25821	407	152	535	516	247
港闸区	6990	6305	153	54	59	284	135
通州区	18852	16729	483	107	227	149	1157
连云港市							
连云区	3778	3368	144	63	35	70	98
海州区	21244	19778	366	122	190	180	608
赣榆区	9791	7922	352	66	187	85	1179
淮安市							
淮安区	10658	8248	527	134	188	167	1394
淮阴区	10243	8155	495	117	222	142	1112
清江浦区	19635	17177	693	289	599	238	639
洪泽区	7234	5477	347	103	141	107	1059

表 14-5 续表 8　　(2016 年)　　单位:个

市辖区	合计	企业	事业单位	机关	社会团体	民办非企业单位	其他组织机构
盐城市							
亭湖区	18158	16886	453	117	124	204	374
盐都区	13840	12478	386	155	60	66	695
大丰区	12480	10757	404	82	255	349	633
扬州市							
广陵区	17282	15664	364	156	280	314	504
邗江区	18456	16555	534	187	301	254	625
江都区	17252	14513	666	91	273	215	1494
镇江市							
京口区	11238	9990	330	63	504	196	155
润州区	9705	8460	318	125	391	194	217
丹徒区	7955	6651	273	72	252	110	597
泰州市							
海陵区	13800	11725	604	148	502	311	510
高港区	7711	6693	228	64	156	127	443
姜堰区	12557	10094	418	75	190	340	1440
宿迁市							
宿城区	12447	10191	495	181	603	253	724
宿豫区	7070	5464	329	113	167	119	878

市 县 主 要 指 标

表 14-6 (2016 年)

市　县	年末户籍人口Θ(万人)	#女	年末常住人口Θ(万人)	出生人数(人)	死亡人数(人)	人口密度(人/平方公里)
南京市	**662.79**	**331.93**	**827.00**	**80332**	**37156**	**1256**
无锡市	**486.20**	**246.18**	**652.90**	**44836**	**31253**	**1411**
江阴市	124.80	62.85	164.15	11617	8079	1663
宜兴市	108.34	54.93	125.44	9218	8108	628
徐州市	**1042.40**	**502.39**	**871.00**	**94163**	**27713**	**740**
丰　县	121.43	57.99	94.89	11506	4734	654
沛　县	124.93	62.73	111.68	11055	6129	618
睢宁县	144.16	69.05	102.59	8827	6363	580
新沂市	113.56	54.79	91.09	7363	1303	572
邳州市	193.87	93.11	143.86	22632	2541	690
常州市	**374.90**	**189.68**	**470.83**	**36984**	**22573**	**1077**
溧阳市	79.95	39.65	76.16	7999	3509	496
苏州市	**678.20**	**345.67**	**1064.74**	**75303**	**42685**	**1230**
常熟市	106.87	55.04	151.26	8025	8167	1185
张家港市	92.66	47.26	125.55	8895	6077	1272
昆山市	82.35	41.63	165.70	11313	4097	1778
太仓市	48.30	24.94	71.20	3813	3590	879
南通市	**766.66**	**389.37**	**730.20**	**57103**	**59429**	**692**
海安县	93.83	47.42	86.60	6985	7865	731
如东县	103.54	52.60	98.18	6125	9544	352
启东市	111.95	57.13	95.20	7427	8088	555
如皋市	143.68	72.10	125.00	12209	10750	794
海门市	100.10	50.89	90.50	6870	6915	791
连云港市	**533.99**	**255.24**	**449.64**	**61852**	**15114**	**590**
东海县	123.45	59.12	96.84	15623	6315	475
灌云县	105.21	49.88	80.51	11233	1504	523
灌南县	82.64	38.93	63.51	9539	1475	618

表 14-6 续表 1　　　　　　　　　　（2016 年）

市　　县	年末户籍人口Θ(万人)	#女	年末常住人口Θ(万人)	出生人数(人)	死亡人数(人)	人口密度(人/平方公里)
淮安市	**567.56**	**276.31**	**489.00**	**64090**	**23097**	**488**
涟水县	115.38	55.46	84.80	14114	5269	505
盱眙县	80.47	39.38	65.35	9084	3323	262
金湖县	35.96	17.95	33.18	3594	2370	241
盐城市	**830.53**	**402.03**	**723.50**	**91500**	**50039**	**427**
响水县	62.49	29.55	50.10	7451	4037	340
滨海县	123.00	58.28	93.45	16920	8604	479
阜宁县	112.95	53.80	83.17	15450	4241	578
射阳县	96.23	46.86	88.45	9554	5646	339
建湖县	80.06	38.72	73.07	7485	4789	632
东台市	112.46	55.74	98.04	8723	7289	309
扬州市	**461.67**	**231.12**	**449.14**	**40003**	**31112**	**681**
宝应县	91.25	44.99	75.68	7954	3945	518
仪征市	59.62	28.07	56.57	5294	3842	627
高邮市	81.48	40.92	74.14	6714	6210	386
镇江市	**271.98**	**137.46**	**318.13**	**21686**	**16869**	**828**
丹阳市	81.15	41.06	98.16	5948	5756	938
扬中市	28.20	14.40	34.26	2341	2142	1048
句容市	59.21	29.87	62.58	5071	3244	454
泰州市	**508.21**	**249.25**	**464.58**	**46618**	**36734**	**803**
兴化市	158.25	75.15	125.53	15847	9777	524
靖江市	66.67	33.71	68.71	5114	4273	1049
泰兴市	119.31	58.56	107.74	9810	9624	921
宿迁市	**591.60**	**284.65**	**487.94**	**88802**	**24165**	**572**
沭阳县	197.06	94.16	154.88	31344	9755	674
泗阳县	107.34	51.24	84.09	14085	5447	610
泗洪县	111.06	53.75	89.23	15706	2619	331

表 14-6 续表 2　　　　　　　　　　(2016 年)

市　　县	年末总户数(万户)	#乡村户数	土地面积(平方公里)	建成区面积(平方公里)	建成区绿化覆盖面积(公顷)
南 京 市	**229.95**	**63.25**	**6587**	**774**	**34625**
无 锡 市	163.87	59.91	4627	538	23115
江 阴 市	37.32	18.43	987	125	5358
宜 兴 市	37.60	20.66	1997	81	3487
徐 州 市	**278.54**	**175.79**	**11765**	**455**	**19453**
丰　　县	32.62	23.48	1450	31	1248
沛　　县	36.92	23.84	1806	47	1923
睢 宁 县	33.41	25.18	1769	34	1357
新 沂 市	31.71	21.37	1592	36	1515
邳 州 市	45.92	33.65	2085	46	1975
常 州 市	**131.45**	**72.68**	**4373**	**290**	**12502**
溧 阳 市	26.26	19.99	1535	29	1246
苏 州 市	**222.44**	**87.50**	**8657**	**733**	**31289**
常 熟 市	32.63	17.75	1276	98	4487
张家港市	32.95	18.47	987	51	2068
昆 山 市	27.85	10.29	932	72	3160
太 仓 市	15.09	6.70	810	51	2190
南 通 市	**281.88**	**198.67**	**10549**	**370**	**15662**
海 安 县	33.98	24.88	1184	32	1314
如 东 县	36.78	30.50	2791	25	1046
启 东 市	45.37	38.55	1715	30	1245
如 皋 市	44.99	35.40	1575	39	1629
海 门 市	37.74	29.85	1144	28	1096
连云港市	**142.10**	**93.07**	**7615**	**297**	**11979**
东 海 县	29.02	22.23	2037	29	1180
灌 云 县	26.39	19.57	1538	28	1114
灌 南 县	20.88	14.42	1028	27	1076

表 14-6 续表 3　　　　　　　　　　(2016 年)

市　县	年末总户数(万户)	#乡村户数	土地面积(平方公里)	建成区面积(平方公里)	建成区绿化覆盖面积(公顷)
淮安市	**164.82**	**99.50**	**10030**	**275**	**11494**
涟水县	29.92	22.21	1679	36	1458
盱眙县	21.65	15.30	2497	37	1531
金湖县	12.73	8.17	1378	24	999
盐城市	**271.20**	**183.00**	**16931**	**336**	**13898**
响水县	16.86	11.71	1474	22	912
滨海县	34.14	24.82	1950	34	1390
阜宁县	35.77	21.79	1439	45	1842
射阳县	31.47	21.08	2606	25	1005
建湖县	29.45	18.96	1157	27	1100
东台市	39.11	32.16	3176	36	1508
扬州市	**148.63**	**100.85**	**6591**	**248**	**10641**
宝应县	27.72	20.86	1462	33	1358
仪征市	18.64	11.90	902	39	1642
高邮市	25.51	19.19	1922	27	1113
镇江市	**101.24**	**57.57**	**3840**	**214**	**9046**
丹阳市	27.80	19.48	1047	34	1381
扬中市	10.54	7.81	327	14	575
句容市	22.70	15.65	1378	27	1115
泰州市	**167.66**	**119.19**	**5787**	**216**	**9048**
兴化市	51.84	37.21	2395	38	1635
靖江市	21.19	14.43	655	34	1422
泰兴市	39.16	30.96	1170	29	1182
宿迁市	**150.12**	**108.46**	**8524**	**224**	**9546**
沭阳县	49.44	37.57	2299	65	2709
泗阳县	26.91	20.16	1378	37	1547
泗洪县	29.55	19.15	2694	36	1504

表 14-6 续表 4　　(2016 年)　　单位:个

市　　县	合 计	企 业	事业单位	机 关	社会团体	民 办 非企业单位	其他组织机 构
南 京 市	217681	201410	3449	1183	2285	3510	5844
无 锡 市	216409	204239	3049	762	1566	1579	5214
江 阴 市	46372	43503	642	139	347	231	1510
宜 兴 市	36666	33264	670	136	289	302	2005
徐 州 市	137809	117453	3661	1005	1695	1913	12082
丰　　县	10562	8313	507	112	212	141	1277
沛　　县	10307	7838	423	100	132	103	1711
睢 宁 县	11865	9668	379	80	121	171	1446
新 沂 市	13825	11600	342	90	119	85	1589
邳 州 市	17981	14289	508	138	140	94	2812
常 州 市	145469	132065	2226	581	4374	1124	5099
溧 阳 市	13225	10417	443	101	629	119	1516
苏 州 市	456803	439290	3972	941	3093	2384	7123
常 熟 市	39307	36964	533	99	407	251	1053
张家港市	38359	36021	491	137	446	288	976
昆 山 市	94599	92074	612	113	436	438	926
太 仓 市	23117	21394	383	86	286	127	841
南 通 市	143824	126582	3677	898	2316	2945	7406
海 安 县	18571	16203	602	108	264	534	860
如 东 县	13868	11860	586	105	283	307	727
启 东 市	14864	12258	395	125	306	403	1377
如 皋 市	19665	16972	531	118	191	242	1611
海 门 市	13703	11172	472	116	239	487	1217
连云港市	63057	51938	2295	614	1074	1003	6133
东 海 县	10452	8279	470	111	114	155	1323
灌 云 县	7916	5606	417	89	141	139	1524
灌 南 县	6475	3934	442	97	358	344	1300

表 14-6 续表 5　　(2016 年)　　单位:个

市　　县	合 计	企 业	事业单位	机 关	社会团体	民 办 非企业单位	其他组织机 构
淮 安 市	**83325**	**66766**	**3697**	**1124**	**1802**	**1055**	**8881**
涟 水 县	10551	7409	652	141	176	234	1939
盱 眙 县	8755	6429	493	195	298	92	1248
金 湖 县	7772	5881	356	98	155	42	1240
盐 城 市	**114796**	**99620**	**3426**	**899**	**1810**	**1701**	**7340**
响 水 县	7625	5975	301	75	420	152	702
滨 海 县	8298	6609	372	71	289	92	865
阜 宁 县	12784	11274	230	81	66	143	990
射 阳 县	12802	11203	377	110	69	241	802
建 湖 县	12453	10931	399	107	174	91	751
东 台 市	14350	11651	459	81	344	342	1473
扬 州 市	**90993**	**77781**	**3164**	**810**	**1472**	**1140**	**6626**
宝 应 县	10387	7890	519	85	149	112	1632
仪 征 市	11059	9097	530	147	276	91	918
高 邮 市	11646	9403	472	132	160	121	1358
镇 江 市	**80882**	**70868**	**2237**	**541**	**2096**	**1024**	**4116**
丹 阳 市	21128	18753	477	104	329	197	1268
扬 中 市	11780	10653	321	74	160	131	441
句 容 市	11610	9437	393	84	321	139	1236
泰 州 市	**84747**	**70662**	**2925**	**579**	**1504**	**1565**	**7512**
兴 化 市	13160	9232	568	103	264	421	2572
靖 江 市	15042	13045	441	80	187	176	1113
泰 兴 市	15433	13219	526	84	170	115	1319
宿 迁 市	**71928**	**58461**	**2045**	**681**	**1634**	**2126**	**6981**
沭 阳 县	23984	21058	483	132	105	444	1762
泗 阳 县	11370	8329	270	104	508	460	1699
泗 洪 县	11366	7968	423	142	233	802	1798

表 14-6 续表 6 (2016 年) 单位:万人

市 县	就业人员	第一产业	第二产业	第三产业	私营企业就业人员	个体就业人员
南京市	**456.00**	**46.00**	**148.90**	**261.10**	**371.68**	**94.60**
无锡市	387.00	17.10	214.90	155.00	262.45	60.24
江阴市	98.99	4.86	61.03	33.10	67.13	16.22
宜兴市	73.92	8.62	40.36	24.94	57.59	7.82
徐州市	**483.40**	**144.30**	**159.90**	**179.20**	**136.89**	**68.54**
丰县	55.78	19.58	5.87	17.18	11.16	5.99
沛县	64.77	22.09	19.02	20.60	14.76	4.62
睢宁县	62.89	22.33	22.09	19.31	16.82	6.97
新沂市	55.35	17.82	21.26	18.65	18.28	6.67
邳州市	87.79	29.14	18.87	28.88	17.30	13.23
常州市	**281.40**	**30.00**	**142.20**	**109.20**	**168.48**	**56.75**
溧阳市	49.84	11.56	25.47	12.81	22.25	7.74
苏州市	**691.30**	**23.50**	**412.10**	**255.70**	**440.87**	**126.95**
常熟市	104.55	3.95	64.17	36.43	50.25	17.14
张家港市	77.27	4.41	46.51	26.35	57.81	14.31
昆山市	116.27	1.73	74.40	40.14	67.68	22.97
太仓市	45.80	2.60	26.81	16.39	25.15	6.28
南通市	**458.00**	**96.00**	**213.00**	**149.00**	**211.26**	**76.03**
海安县	54.20	11.30	28.55	14.35	32.40	8.76
如东县	62.00	13.35	30.70	17.95	26.38	7.24
启东市	67.00	18.30	29.20	19.50	20.80	5.99
如皋市	74.30	19.30	34.60	20.40	32.58	10.60
海门市	64.70	16.50	31.20	17.00	23.56	9.03
连云港市	**250.50**	**78.60**	**80.70**	**91.20**	**50.19**	**28.63**
东海县	56.59	18.63	17.81	20.15	7.97	6.50
灌云县	47.87	18.49	12.92	16.46	5.22	4.59
灌南县	36.44	15.09	10.96	10.39	4.51	3.48

表 14-6 续表 7 （2016 年） 单位：万人

市 县	就业人员	第一产业	第二产业	第三产业	私营企业就业人员	个体就业人员
淮安市	**283.60**	**78.30**	**89.60**	**115.70**	**79.26**	**45.33**
涟水县	48.92	17.17	11.86	19.89	10.41	5.89
盱眙县	38.48	11.72	12.86	13.90	9.21	5.46
金湖县	19.27	5.53	6.65	7.09	7.19	3.25
盐城市	**446.00**	**110.20**	**159.80**	**176.00**	**145.28**	**55.53**
响水县	28.74	8.21	9.97	10.56	5.78	3.58
滨海县	56.40	16.85	18.77	20.78	12.43	5.20
阜宁县	51.42	15.46	17.33	18.63	20.21	6.58
射阳县	57.01	16.04	19.55	21.42	11.21	5.98
建湖县	44.18	10.86	17.04	16.28	14.24	5.40
东台市	65.17	16.32	23.13	25.72	25.91	6.76
扬州市	**263.40**	**46.20**	**116.40**	**100.80**	**133.53**	**49.71**
宝应县	41.56	12.12	17.24	12.20	15.81	6.40
仪征市	39.18	8.62	18.02	12.54	13.43	6.08
高邮市	45.52	12.29	19.11	14.12	22.56	7.24
镇江市	**194.30**	**22.20**	**88.10**	**84.00**	**98.25**	**39.79**
丹阳市	63.56	5.80	33.76	24.00	34.55	12.10
扬中市	21.72	1.33	11.73	8.66	16.80	2.82
句容市	39.30	9.58	15.60	14.12	11.54	7.06
泰州市	**278.10**	**60.10**	**112.80**	**105.20**	**115.93**	**50.42**
兴化市	75.10	22.80	26.10	26.20	18.42	11.98
靖江市	41.10	6.90	20.60	13.60	19.88	6.74
泰兴市	64.40	16.10	26.40	21.90	23.10	12.69
宿迁市	**283.20**	**89.30**	**106.80**	**87.10**	**98.18**	**49.38**
沭阳县	93.80	28.44	37.73	27.63	48.78	10.80
泗阳县	49.49	18.90	16.91	13.68	12.73	9.07
泗洪县	48.46	17.34	16.72	14.40	10.69	8.62

表 14-6 续表 8　　(2016 年)　　单位:万人

市　县	乡村就业人员	#农林牧渔业	#工业	#建筑业	#交通运输、仓储及邮政业	#批发和零售业
南京市	**116.97**	**23.21**	**36.65**	23.81	**7.14**	**7.99**
无锡市	**109.81**	**16.30**	**67.21**	**6.39**	**3.34**	**5.85**
江阴市	35.20	4.93	21.75	1.76	1.30	2.23
宜兴市	35.15	7.97	18.66	3.21	1.03	1.55
徐州市	**358.55**	**130.56**	**104.30**	**51.80**	**15.63**	**22.39**
丰县	53.11	22.98	15.30	7.32	1.64	2.67
沛县	49.57	16.91	14.16	9.70	1.80	2.40
睢宁县	59.72	23.00	17.43	8.65	1.44	2.90
新沂市	44.42	17.89	10.01	8.57	1.24	2.54
邳州市	65.49	20.61	21.25	6.51	4.18	5.65
常州市	**128.05**	**23.22**	**59.45**	**17.36**	**5.18**	**6.65**
溧阳市	31.73	7.82	8.82	9.08	1.78	1.82
苏州市	**171.89**	**21.83**	**103.57**	**9.66**	**5.48**	**10.24**
常熟市	38.42	3.58	23.87	1.98	1.17	2.30
张家港市	30.42	3.05	19.81	1.45	1.29	1.69
昆山市	20.78	1.67	12.89	1.09	0.62	1.36
太仓市	15.52	2.87	9.92	0.59	0.37	0.35
南通市	**299.48**	**63.55**	**86.19**	**62.50**	**15.58**	**27.65**
海安县	37.32	6.87	11.33	8.55	2.88	3.13
如东县	47.59	8.11	17.79	9.82	2.50	2.78
启东市	49.22	12.05	12.22	10.32	2.24	4.93
如皋市	60.00	13.20	18.10	10.50	2.10	3.50
海门市	48.88	11.57	11.40	11.36	2.30	6.70
连云港市	**177.97**	**80.84**	**31.00**	**31.30**	**8.08**	**8.50**
东海县	43.84	19.05	7.80	8.62	2.26	2.00
灌云县	38.91	20.17	5.53	4.19	1.13	1.40
灌南县	29.88	15.18	4.39	4.34	1.96	1.59

表 14-6 续表 9　　　　(2016 年)　　　　单位:万人

市　　县	乡　村 就业人员	#农林牧渔业	#工业	#建筑业	#交通运输、仓储及邮政业	#批发和零售业
淮 安 市	**211.79**	**86.13**	**42.36**	**31.91**	**6.79**	**9.03**
涟 水 县	49.48	20.38	5.93	5.56	1.19	1.56
盱 眙 县	33.90	13.34	7.10	4.13	1.11	1.26
金 湖 县	13.45	4.60	3.90	2.67	0.44	0.58
盐 城 市	**299.92**	**107.93**	**60.76**	**36.68**	**13.71**	**14.00**
响 水 县	21.57	8.88	5.60	1.37	0.74	0.85
滨 海 县	44.09	16.12	5.89	4.81	2.49	1.87
阜 宁 县	36.76	14.75	4.88	5.43	1.49	1.48
射 阳 县	34.64	12.50	5.36	3.79	1.69	1.94
建 湖 县	30.31	9.21	9.32	3.59	1.35	1.68
东 台 市	48.23	19.01	10.22	6.64	2.04	2.24
扬 州 市	**181.49**	**33.22**	**64.44**	**34.69**	**7.61**	**12.13**
宝 应 县	41.78	10.30	11.65	10.10	1.94	3.01
仪 征 市	23.02	3.18	7.76	5.22	0.93	1.25
高 邮 市	36.52	8.98	13.92	6.79	1.32	1.96
镇 江 市	**101.27**	**21.68**	**50.14**	**11.64**	**3.65**	**3.54**
丹 阳 市	36.48	7.12	21.28	3.06	1.09	1.17
扬 中 市	13.66	2.01	8.71	0.69	0.38	0.53
句 容 市	25.97	7.58	7.91	5.70	1.10	0.84
泰 州 市	**212.34**	**42.93**	**63.08**	**36.42**	**13.34**	**17.24**
兴 化 市	60.97	19.85	10.37	5.99	4.31	5.64
靖 江 市	26.96	5.19	13.19	2.50	1.59	1.58
泰 兴 市	56.73	8.53	16.56	11.62	3.50	5.82
宿 迁 市	**225.25**	**84.72**	**63.12**	**28.94**	**8.41**	13.31
沭 阳 县	82.01	28.30	27.60	8.50	3.29	4.42
泗 阳 县	40.81	14.95	11.86	4.82	1.24	2.20
泗 洪 县	38.32	20.36	6.30	4.61	1.12	2.10

表 14-6 续表 10　　(2016 年)　　单位:亿元

市　县	地　区 生产总值	第一产业	第二产业	第三产业	#工　业	人均地区生 产总值(元)
南 京 市	**10503.02**	**252.54**	**4117.32**	**6133.16**	**3581.72**	**127264**
无 锡 市	**9210.02**	**135.19**	**4346.78**	**4728.05**	**3977.58**	**141258**
江 阴 市	3083.26	44.34	1680.99	1357.93	1612.25	188101
宜 兴 市	1377.74	48.74	709.51	619.49	608.05	109881
徐 州 市	**5808.52**	**542.88**	**2513.85**	**2751.79**	**2122.58**	**66845**
丰　县	405.19	74.81	171.60	158.78	132.52	42739
沛　县	665.03	91.29	305.05	268.69	234.93	59604
睢 宁 县	497.38	84.09	207.65	205.64	163.98	48556
新 沂 市	562.06	64.91	232.17	264.98	198.89	61765
邳 州 市	804.14	111.92	347.27	344.95	303.07	55960
常 州 市	**5773.86**	**152.67**	**2682.46**	**2938.73**	**2428.84**	**122721**
溧 阳 市	801.26	48.29	392.29	360.68	334.26	105256
苏 州 市	**15475.09**	**221.81**	**7277.46**	**7975.82**	**6709.02**	**145556**
常 熟 市	2112.39	42.76	1082.43	987.20	1026.16	139768
张家港市	2317.24	31.34	1214.70	1071.21	1155.30	184744
昆 山 市	3160.29	30.07	1708.82	1421.40	1608.39	191058
太 仓 市	1155.13	36.76	583.87	534.50	547.67	162523
南 通 市	**6768.20**	**366.66**	**3170.30**	**3231.24**	**2633.06**	**92702**
海 安 县	755.29	55.97	354.15	345.17	290.67	87201
如 东 县	746.69	67.87	340.57	338.25	286.80	76045
启 东 市	881.85	66.58	422.85	392.42	336.94	92534
如 皋 市	904.27	62.99	434.36	406.92	364.30	72255
海 门 市	1005.06	53.28	504.53	447.25	420.99	111099
连云港市	**2376.48**	**301.56**	**1049.90**	**1025.02**	**851.82**	**52987**
东 海 县	433.43	67.28	186.57	179.58	163.08	44871
灌 云 县	328.66	64.10	143.12	121.44	109.30	40926
灌 南 县	306.80	51.51	144.78	110.51	125.92	48429

注:本页数据为 R&D 支出未纳入地区生产总值核算前数据(下同)。

表 14-6 续表 11　　(2016 年)　　单位:亿元

市　　县	地　区 生产总值	第一产业	第二产业	第三产业	#工　业	人均地区生 产总值(元)
淮 安 市	**3048.00**	**324.61**	**1268.15**	**1455.24**	**1071.99**	**62446**
涟 水 县	387.09	56.64	147.51	182.94	121.88	45680
盱 眙 县	356.70	54.20	140.30	162.20	113.46	54625
金 湖 县	241.88	33.11	90.31	118.46	79.90	72987
盐 城 市	**4576.08**	**533.91**	**2050.02**	**1992.15**	**1771.68**	**63278**
响 水 县	270.64	41.42	126.77	102.45	113.66	53971
滨 海 县	391.61	57.99	156.72	176.90	132.74	41761
阜 宁 县	394.40	54.60	169.15	170.65	126.96	47236
射 阳 县	441.65	81.01	155.78	204.86	142.01	49749
建 湖 县	466.13	46.73	197.59	221.81	168.82	63514
东 台 市	727.01	91.47	292.03	343.51	255.73	73902
扬 州 市	**4449.38**	**251.39**	**2197.63**	**2000.36**	**1925.92**	**99151**
宝 应 县	506.30	66.44	226.31	213.55	187.64	66962
仪 征 市	557.05	23.36	294.27	239.42	262.33	98558
高 邮 市	537.50	69.59	237.86	230.05	194.85	72562
镇 江 市	**3833.84**	**137.78**	**1870.40**	**1825.66**	**1728.00**	**120603**
丹 阳 市	1136.04	52.31	567.57	516.16	544.57	115816
扬 中 市	504.73	12.96	261.44	230.33	250.74	147431
句 容 市	493.20	43.11	231.90	218.19	206.81	78862
泰 州 市	**4101.78**	**240.00**	**1933.89**	**1927.89**	**1679.83**	**88330**
兴 化 市	748.85	102.59	289.85	356.41	251.07	59662
靖 江 市	801.75	22.51	391.95	387.29	351.39	116703
泰 兴 市	832.91	53.95	388.52	390.44	340.07	77315
宿 迁 市	**2351.12**	**275.23**	**1139.97**	**935.92**	**976.89**	**48311**
沭 阳 县	697.31	91.27	317.95	288.09	284.04	45107
泗 阳 县	402.75	57.85	199.21	145.69	166.95	48006
泗 洪 县	401.14	61.13	168.93	171.08	142.09	45039

表 14-6 续表 12 (2016 年)

市 县	地区生产总值指数(上年=100)	三次产业占 GDP 比重(%)			一般公共预算收入占 GDP 比重(%)	外贸依存度(%)
		第一产业	第二产业	第三产业		
南京市	**108.0**	**2.4**	**39.2**	**58.4**	**10.9**	**31.8**
无锡市	**107.5**	**1.5**	**47.2**	**51.3**	**9.5**	**50.3**
江阴市	107.4	1.4	54.5	44.0	7.5	42.8
宜兴市	106.7	3.5	51.5	45.0	7.9	17.8
徐州市	**108.2**	**9.3**	**43.3**	**47.4**	**8.9**	**7.1**
丰县	107.9	18.5	42.4	39.2	8.6	2.4
沛县	109.1	13.7	45.9	40.4	8.7	3.1
睢宁县	108.5	16.9	41.7	41.3	8.5	10.0
新沂市	109.4	11.5	41.3	47.1	8.9	5.4
邳州市	108.7	13.9	43.2	42.9	7.8	8.5
常州市	**108.5**	**2.6**	**46.5**	**50.9**	**8.3**	**31.7**
溧阳市	108.6	6.0	49.0	45.0	7.4	6.9
苏州市	**107.5**	**1.5**	**47.0**	**51.5**	**11.2**	**117.5**
常熟市	107.5	2.0	51.3	46.7	8.2	62.4
张家港市	107.0	1.4	52.4	46.2	8.2	78.6
昆山市	107.4	0.9	54.1	45.0	10.1	151.9
太仓市	107.3	3.2	50.5	46.3	11.1	63.0
南通市	**109.3**	**5.4**	**46.8**	**47.7**	**8.7**	**30.3**
海安县	109.6	7.4	46.9	45.7	7.6	14.6
如东县	109.2	9.1	45.6	45.3	7.3	22.3
启东市	109.5	7.6	48.0	44.5	8.1	22.8
如皋市	109.6	7.0	48.0	45.0	7.9	18.6
海门市	109.4	5.3	50.2	44.5	7.2	25.9
连云港市	**107.8**	**12.7**	**44.2**	**43.1**	**8.9**	**19.7**
东海县	108.3	15.5	43.0	41.4	5.2	7.0
灌云县	108.2	19.5	43.5	37.0	6.5	4.7
灌南县	107.5	16.8	47.2	36.0	7.3	4.9

表 14-6 续表 13 （2016 年）

市　县	地区生产总值指数(上年=100)	三次产业占 GDP 比重(%)			一般公共预算收入占 GDP 比重(%)	外贸依存度(%)
		第一产业	第二产业	第三产业		
淮 安 市	**109.0**	**10.6**	**41.6**	**47.7**	**10.4**	**7.6**
涟 水 县	109.4	14.6	38.1	47.3	7.5	6.4
盱 眙 县	108.9	15.2	39.3	45.5	8.6	3.5
金 湖 县	109.7	13.7	37.3	49.0	9.1	9.5
盐 城 市	**108.9**	**11.7**	**44.8**	**43.5**	**9.1**	**11.5**
响 水 县	109.8	15.3	46.8	37.9	10.9	11.9
滨 海 县	108.9	14.8	40.0	45.2	8.7	6.4
阜 宁 县	108.9	13.8	42.9	43.3	9.2	4.7
射 阳 县	108.9	18.3	35.3	46.4	4.9	4.3
建 湖 县	108.7	10.0	42.4	47.6	7.5	4.3
东 台 市	108.9	12.6	40.2	47.2	8.3	6.7
扬 州 市	**109.4**	**5.7**	**49.4**	**45.0**	**7.8**	**14.4**
宝 应 县	109.4	13.1	44.7	42.2	6.1	13.9
仪 征 市	109.4	4.2	52.8	43.0	8.0	12.9
高 邮 市	109.5	12.9	44.3	42.8	6.3	5.9
镇 江 市	**109.3**	**3.6**	**48.8**	**47.6**	**7.6**	**17.9**
丹 阳 市	109.1	4.6	50.0	45.4	5.8	14.9
扬 中 市	109.5	2.6	51.8	45.6	6.4	7.5
句 容 市	109.3	8.7	47.0	44.2	8.2	8.0
泰 州 市	**109.5**	**5.9**	**47.1**	**47.0**	**7.8**	**16.8**
兴 化 市	110.6	13.7	38.7	47.6	4.9	4.6
靖 江 市	105.7	2.8	48.9	48.3	7.4	22.5
泰 兴 市	110.8	6.5	46.6	46.9	6.9	20.5
宿 迁 市	**109.1**	**11.7**	**48.5**	**39.8**	**10.1**	**6.8**
沭 阳 县	109.0	13.1	45.6	41.3	10.3	6.1
泗 阳 县	109.3	14.4	49.5	36.2	8.3	5.8
泗 洪 县	109.0	15.2	42.1	42.6	7.9	2.7

表 14-6 续表 14　　　　(2016 年)　　　　单位:亿元

市　县	农林牧渔业总产值	农　业	林　业	畜牧业	渔　业	农林牧渔服务业
南京市	**451.16**	**258.75**	**24.26**	**46.83**	**99.36**	**21.97**
无锡市	249.98	140.30	18.53	27.46	35.36	28.32
江阴市	87.83	41.06	8.18	16.56	9.77	12.26
宜兴市	86.58	50.68	3.50	7.16	17.86	7.37
徐州市	**1046.76**	**650.95**	**18.47**	**301.90**	**43.22**	**32.21**
丰　县	147.91	105.49	1.16	35.30	1.19	4.78
沛　县	173.84	107.50	0.98	49.99	6.75	8.62
睢宁县	158.62	93.82	2.67	52.00	5.22	4.91
新沂市	136.09	67.18	4.65	41.49	17.71	5.06
邳州市	223.30	143.75	3.90	57.52	8.63	9.50
常州市	**283.97**	**152.43**	**1.97**	**39.43**	**72.98**	**17.18**
溧阳市	89.72	49.07	1.14	6.55	29.09	3.88
苏州市	**424.67**	**178.81**	**24.76**	**37.39**	**136.08**	**47.62**
常熟市	79.80	47.53	3.14	5.32	14.39	9.43
张家港市	61.14	34.49	7.29	5.17	6.09	8.10
昆山市	54.51	15.32	4.80	2.77	28.42	3.20
太仓市	69.48	29.95	3.47	13.43	15.56	7.08
南通市	**691.55**	**294.61**	**4.60**	**159.06**	**163.99**	**69.29**
海安县	113.29	44.34	0.33	48.60	9.74	10.28
如东县	139.88	46.52	1.03	33.35	50.08	8.91
启东市	131.73	43.07	0.76	13.73	59.96	14.21
如皋市	108.88	59.63	0.25	35.45	6.25	7.30
海门市	94.12	46.93	1.05	12.57	21.80	11.77
连云港市	**589.42**	**275.56**	**16.54**	**119.01**	**143.24**	**35.07**
东海县	130.31	74.42	4.55	26.52	12.27	12.57
灌云县	128.00	62.47	2.84	35.46	16.43	10.79
灌南县	97.07	60.11	2.11	23.11	7.54	4.21

表 14-6 续表 15　　(2016 年)　　单位:亿元

市　县	农林牧渔业总产值	农　业	林　业	畜牧业	渔　业	农林牧渔服务业
淮安市	**602.72**	**373.23**	**13.59**	**139.93**	**64.63**	**11.34**
涟水县	109.49	75.67	3.12	25.30	3.00	2.40
盱眙县	100.75	60.03	1.67	19.01	18.30	1.73
金湖县	62.56	35.89	1.88	7.36	15.64	1.80
盐城市	**1104.93**	**480.98**	**27.95**	**303.65**	**214.72**	**77.64**
响水县	75.13	35.16	1.41	23.35	8.54	6.68
滨海县	110.69	56.14	4.59	24.60	22.00	3.35
阜宁县	110.41	41.61	3.86	37.32	18.17	9.44
射阳县	181.07	70.42	4.75	42.42	48.71	14.77
建湖县	92.99	34.77	1.59	26.21	22.24	8.18
东台市	203.11	93.90	4.40	59.08	30.56	15.17
扬州市	**477.95**	**221.18**	**12.02**	**78.05**	**140.97**	**25.73**
宝应县	124.99	47.50	2.22	18.68	50.78	5.82
仪征市	45.84	27.46	2.30	10.16	1.98	3.94
高邮市	135.64	50.24	2.08	21.97	54.08	7.27
镇江市	**240.71**	**134.13**	9.08	**31.52**	**34.91**	**31.07**
丹阳市	86.64	50.31	2.02	10.71	12.20	11.41
扬中市	25.53	12.46	0.97	3.37	4.08	4.65
句容市	73.32	43.08	5.01	8.08	8.04	9.10
泰州市	**415.96**	**228.85**	**3.60**	**78.94**	**83.30**	**21.27**
兴化市	179.94	85.10	1.56	18.70	64.68	9.89
靖江市	39.81	22.53	0.50	9.77	3.33	3.68
泰兴市	91.76	56.05	1.01	26.91	4.91	2.88
宿迁市	**517.24**	**298.51**	**18.09**	**102.14**	**84.90**	**13.61**
沭阳县	172.56	129.89	5.27	31.65	3.10	2.65
泗阳县	106.53	54.72	7.43	18.72	21.69	3.96
泗洪县	121.89	51.02	1.54	22.13	44.52	2.67

表 14-6 续表 16　　　　　　　　　　　　(2016 年)

市　　县	农作物总播种面积(千公顷)	#粮食作物	农业机械总动力(万千瓦)	农用化肥施用量(万吨)	农村用电量(亿千瓦小时)
南京市	**289.25**	**153.05**	**227.61**	**7.39**	**32.08**
无锡市	**160.31**	**94.06**	**99.22**	**5.18**	**394.38**
江阴市	40.15	22.72	25.63	1.31	170.16
宜兴市	87.17	59.54	52.15	2.42	84.26
徐州市	**1154.55**	**737.77**	**712.33**	**60.46**	**66.11**
丰　县	143.77	87.26	82.84	8.36	4.95
沛　县	150.88	90.98	102.08	7.23	7.01
睢宁县	189.57	148.77	122.05	12.16	8.22
新沂市	188.92	101.30	115.86	7.69	3.99
邳州市	230.21	124.86	118.52	11.85	15.70
常州市	**209.20**	**132.79**	**146.25**	**6.04**	**156.59**
溧阳市	90.98	66.54	55.86	2.17	50.66
苏州市	**241.40**	**145.01**	**163.89**	**7.11**	**609.78**
常熟市	68.40	41.24	32.03	2.44	78.52
张家港市	51.67	33.87	29.99	1.11	150.53
昆山市	21.46	15.37	18.00	0.75	104.55
太仓市	44.21	24.26	20.85	0.96	54.70
南通市	**824.10**	**518.87**	**398.28**	**22.24**	**170.31**
海安县	102.30	78.69	65.55	4.37	24.30
如东县	166.65	133.00	92.43	4.09	22.61
启东市	138.71	70.98	59.28	3.23	11.21
如皋市	152.26	107.17	81.12	3.13	38.12
海门市	112.57	39.94	38.19	4.40	26.94
连云港市	**631.90**	**501.53**	**588.06**	**34.57**	**34.28**
东海县	205.49	159.80	151.66	6.84	10.20
灌云县	135.95	112.67	126.49	10.28	6.37
灌南县	109.87	87.03	124.14	4.51	2.35

表 14-6 续表 17　　　　　　　　　　　　　(2016 年)

市　　县	农作物总播种面积（千公顷）	#粮食作物	农业机械总动力（万千瓦）	农用化肥施用量（万吨）	农村用电量（亿千瓦小时）
淮 安 市	**797.17**	**659.99**	**622.60**	**38.85**	**16.00**
涟 水 县	167.88	132.93	119.12	6.29	2.01
盱 眙 县	162.74	143.58	123.57	5.31	2.76
金 湖 县	82.43	74.35	87.07	2.59	2.50
盐 城 市	**1399.86**	**981.57**	**679.12**	**50.56**	**80.30**
响 水 县	113.44	78.97	75.48	4.70	2.94
滨 海 县	170.63	130.08	84.52	6.89	9.55
阜 宁 县	168.24	125.54	84.02	3.91	6.80
射 阳 县	200.27	158.47	102.03	9.32	9.90
建 湖 县	115.77	99.71	61.84	3.32	9.53
东 台 市	243.88	146.57	94.00	5.09	16.11
扬 州 市	**507.16**	**418.85**	**270.19**	**20.03**	**61.14**
宝 应 县	138.48	120.25	58.36	3.62	11.77
仪 征 市	58.11	46.12	40.22	1.21	6.28
高 邮 市	139.94	117.76	71.36	4.93	11.52
镇 江 市	**233.75**	**174.02**	**145.72**	**5.36**	**77.44**
丹 阳 市	84.59	71.39	37.35	1.50	50.32
扬 中 市	17.85	12.70	13.65	0.35	10.52
句 容 市	77.01	49.68	56.26	2.11	6.67
泰 州 市	**575.18**	**435.05**	**275.52**	**16.12**	**124.44**
兴 化 市	223.43	185.52	119.76	6.32	39.08
靖 江 市	53.88	44.60	28.39	1.98	15.97
泰 兴 市	139.55	95.90	62.57	2.84	37.53
宿 迁 市	**718.03**	**579.41**	**577.77**	**38.59**	**46.42**
沭 阳 县	251.39	185.40	207.95	14.97	24.62
泗 阳 县	115.38	92.93	99.08	3.66	5.60
泗 洪 县	189.06	166.91	148.45	10.16	3.97

表 14-6 续表 18　　　　(2016 年)　　　　单位:万吨

市　县	粮食产量	油料产量	棉花产量(吨)	肉类总产量	#猪牛羊肉	水产品产量
南京市	**108.04**	**7.43**	**3071**	**9.81**	**5.66**	**22.31**
无锡市	**59.16**	**0.81**		**7.35**	**5.20**	**12.67**
江阴市	14.49	0.27		3.96	2.77	2.70
宜兴市	37.05	0.51		2.46	1.71	8.19
徐州市	**469.16**	**13.45**	**20653**	**90.77**	**44.91**	**18.88**
丰县	52.54	0.44	10157	13.86	6.68	0.30
沛县	60.27	0.24	3976	17.55	5.90	1.72
睢宁县	92.78	3.07	850	12.15	7.21	2.25
新沂市	66.06	7.54		11.68	7.39	5.90
邳州市	80.75	1.40	703	19.94	7.48	3.08
常州市	**93.74**	**3.41**	**371**	**13.52**	**6.88**	**16.64**
溧阳市	48.66	2.55	359	2.25	1.29	5.46
苏州市	**97.68**	**1.34**	**500**	**9.76**	**6.38**	**25.49**
常熟市	27.76	0.35	288	1.06	0.96	3.68
张家港市	22.17	0.38	27	0.76	0.58	1.61
昆山市	10.13	0.16	22	0.63	0.58	4.10
太仓市	16.53	0.36	163	4.24	1.56	2.16
南通市	**325.20**	**35.82**	**23797**	**45.73**	**28.32**	**89.03**
海安县	60.12	1.51		8.03	5.79	4.86
如东县	90.90	4.02	4505	9.99	6.17	30.49
启东市	26.14	8.37	6310	5.67	2.68	36.55
如皋市	70.95	3.78	82	11.13	7.37	2.76
海门市	19.16	8.58	10593	4.09	1.59	7.22
连云港市	**360.80**	**11.40**	**549**	**29.50**	**23.75**	**75.30**
东海县	114.53	4.80		7.39	6.11	6.81
灌云县	81.88	0.09		5.24	4.68	5.77
灌南县	63.34	0.16		5.33	4.91	3.73

表 14-6 续表 19　　　　(2016 年)　　　　单位:万吨

市　县	粮食产量	油料产量	棉花产量(吨)	肉类总产量	#猪牛羊肉	水产品产量
淮 安 市	**458.55**	**8.80**	**84**	**30.39**	**19.45**	**26.10**
涟 水 县	88.44	3.73		6.34	4.74	1.86
盱 眙 县	97.86	1.20	84	7.30	3.12	5.87
金 湖 县	53.56	0.84		1.39	0.79	4.71
盐 城 市	**687.31**	**24.30**	**11262**	**81.40**	**54.60**	**119.43**
响 水 县	53.51	2.06		5.86	4.29	6.81
滨 海 县	95.62	3.14	252	9.92	6.74	10.10
阜 宁 县	91.50	1.70	74	16.20	11.37	7.57
射 阳 县	111.90	1.33	2244	8.26	5.37	21.28
建 湖 县	72.86	1.88	87	6.49	4.24	10.22
东 台 市	97.28	6.12	636	13.73	8.63	18.50
扬 州 市	**300.30**	**6.87**	**1144**	**18.01**	**10.12**	**40.12**
宝 应 县	90.04	1.61		4.72	3.13	15.06
仪 征 市	31.14	0.93	26	2.13	1.24	0.77
高 邮 市	85.98	2.00	51	4.93	2.66	16.23
镇 江 市	**118.74**	**5.83**	**910**	**7.95**	**5.04**	**9.85**
丹 阳 市	49.33	0.85		2.45	1.82	4.09
扬 中 市	9.19	0.16		0.88	0.66	0.78
句 容 市	33.18	3.71	898	1.66	1.13	2.70
泰 州 市	**313.03**	**12.20**	**1770**	**26.65**	**21.57**	**39.64**
兴 化 市	137.91	3.45	1496	5.99	4.35	30.33
靖 江 市	30.98	0.56		3.13	2.74	1.02
泰 兴 市	68.47	4.17		8.56	7.69	2.50
宿 迁 市	**384.54**	**4.65**	**637**	**32.86**	**19.58**	**27.11**
沭 阳 县	127.49	1.51		9.02	6.82	1.83
泗 阳 县	60.37	0.88	12	4.93	3.47	8.77
泗 洪 县	105.55	1.82	558	7.18	4.71	10.17

表 14-6 续表 20　　(2016 年)　　单位:亿元

市　　县	工业总产值	内资企业	外商港澳台商投资企业	# 国有控股企业	#大中型企　业	# 轻工业
南 京 市	**12945.02**	**7554.24**	**5390.78**	**4920.80**	**8824.62**	**2958.57**
无 锡 市	**14352.96**	**9108.05**	**5244.91**	**784.92**	**9734.20**	**3642.34**
江 阴 市	5376.01	4169.01	1207.00	128.51	4080.44	1655.16
宜 兴 市	2588.86	2133.81	455.05	118.46	1384.28	306.24
徐 州 市	**13644.36**	**12442.52**	**1201.85**	**917.50**	**7983.71**	**4610.40**
丰　　县	715.31	664.90	50.41	35.66	117.83	336.06
沛　　县	1738.40	1715.17	23.23	1.37	1237.84	697.21
睢 宁 县	1084.38	953.12	131.26		418.92	576.46
新 沂 市	1812.43	1709.27	103.16	0.23	583.40	581.97
邳 州 市	2592.57	2400.59	191.98	19.81	1339.24	726.92
常 州 市	**12096.82**	**8050.37**	**4046.45**	**444.07**	**7703.92**	**2769.91**
溧 阳 市	1363.42	923.08	440.34	43.46	1004.09	130.26
苏 州 市	**30713.99**	**10845.61**	**19868.37**	**783.36**	**22961.02**	**7695.83**
常 熟 市	3684.89	1893.21	1791.69	38.86	2634.37	1499.50
张家港市	4571.66	3046.22	1525.44	188.33	3618.93	1067.57
昆 山 市	8383.24	1294.31	7088.93	119.96	6828.77	1057.15
太 仓 市	2027.67	968.31	1059.36	131.68	1092.95	702.61
南 通 市	**14525.72**	**10167.43**	**4573.17**	**632.12**	**7692.30**	**4585.27**
海 安 县	2204.77	1827.10	377.67	1.06	1098.72	786.84
如 东 县	1896.41	1348.16	548.25	65.34	791.59	839.75
启 东 市	1829.18	1300.61	528.57	63.23	702.30	324.37
如 皋 市	1985.12	1680.32	304.80	29.96	1251.12	570.43
海 门 市	2053.24	1291.91	761.32	35.41	1082.19	492.09
连云港市	**5974.81**	**4855.40**	**1366.39**	**356.03**	**3502.70**	**2042.27**
东 海 县	1124.94	1007.90	117.04	4.71	143.65	424.24
灌 云 县	762.14	741.68	20.46	10.37	228.42	283.71
灌 南 县	671.18	651.86	19.32	0.80	536.22	49.59

注:统计范围为年主营业务收入 2000 万元以上工业企业(下同)。

市　　县	工业总产值	内资企业	外商港澳台商投资企业	# 国有控股企业	#大中型企　业	# 轻工业
淮　安　市	**6951.32**	**5758.55**	**1192.77**	**375.56**	**2536.24**	**2964.07**
涟　水　县	808.17	733.53	74.64	35.94	336.34	479.49
盱　眙　县	1038.08	986.35	51.74	7.54	248.97	403.16
金　湖　县	547.97	516.53	31.44	0.90	143.02	243.21
盐　城　市	**9180.84**	**7104.34**	**2076.03**	**365.87**	**4282.24**	**3143.41**
响　水　县	924.82	830.30	94.51	35.09	540.30	278.71
滨　海　县	705.15	675.32	29.84	5.68	287.89	389.66
阜　宁　县	804.18	741.63	62.55	14.79	157.40	271.65
射　阳　县	751.19	664.46	86.73	47.95	137.69	506.57
建　湖　县	876.09	733.13	142.96		358.28	322.73
东　台　市	1186.59	1008.90	177.69	84.19	330.71	461.65
扬　州　市	**9661.65**	**7043.23**	**2786.24**	**1634.89**	**6205.37**	**2540.76**
宝　应　县	1075.78	979.50	96.27	253.55	732.32	219.11
仪　征　市	1616.84	802.59	814.25	824.21	1041.10	346.93
高　邮　市	1218.35	1067.15	151.21	5.17	495.73	445.16
镇　江　市	**8722.84**	**5925.14**	**2797.70**	**509.50**	**6176.79**	**1535.87**
丹　阳　市	2529.31	1845.89	683.42	7.53	1901.26	492.59
扬　中　市	1372.66	1222.70	149.96	0.75	1064.72	61.22
句　容　市	1399.25	986.99	412.25	39.76	703.81	435.91
泰　州　市	**12170.80**	**9775.98**	**2394.82**	**680.64**	**6138.34**	**3407.52**
兴　化　市	1790.42	1669.90	120.52	6.76	237.65	438.80
靖　江　市	1888.79	1365.00	523.79	173.42	1375.97	249.36
泰　兴　市	3002.02	2419.32	582.70	55.20	1508.49	733.46
宿　迁　市	**4096.70**	**3679.11**	**417.58**	**105.45**	**1343.12**	**2147.38**
沭　阳　县	1375.83	1259.77	116.06	1.93	293.30	638.53
泗　阳　县	708.99	682.46	26.53	2.16	168.34	347.33
泗　洪　县	744.10	705.49	38.61	36.32	145.31	426.05

表 14-6 续表 24　　　　(2016 年)

市　　县	公路里程（公里）	#等级公路	公路客运量（万人）	公路货运量（万吨）	民用汽车拥有量(万辆)	#私人汽车
南京市	**11211**	**10991**	**8490**	**12463**	**221.68**	**192.71**
无锡市	**7695**	**7695**	**5785**	**13225**	**160.01**	**134.08**
江阴市	2373	2373	420	2947	40.40	35.49
宜兴市	2388	2388	564	1683	24.96	21.84
徐州市	**16277**	**15405**	**13217**	**17586**	**101.61**	**92.64**
丰　县	1834	1834	554	1408	8.92	8.46
沛　县	2328	2328	862	1527	8.96	8.24
睢宁县	2396	2281	1074	1763	9.92	9.24
新沂市	2719	2358	889	1510	7.32	6.70
邳州市	3118	2806	744	1954	11.71	11.07
常州市	**9031**	**9031**	**5423**	**11095**	**109.80**	**93.93**
溧阳市	2557	2557	946	2029	13.24	11.89
苏州市	**12681**	**12681**	**31589**	**12287**	**312.60**	**267.03**
常熟市	3120	3120	3528	1275	39.14	34.52
张家港市	1617	1617	3129	1599	33.65	29.20
昆山市	1893	1893	4048	1339	49.88	41.60
太仓市	1304	1304	2796	1302	19.66	16.73
南通市	**18427**	**18427**	**8204**	**11535**	**134.95**	**120.41**
海安县	2374	2374	544	1794	12.89	11.75
如东县	2691	2691	679	1335	15.03	14.07
启东市	3595	3595	1198	548	16.03	15.01
如皋市	3270	3270	548	2137	20.78	19.41
海门市	2521	2521	482	780	16.39	15.21
连云港市	**12027**	**12027**	**4654**	**8378**	**47.85**	**43.16**
东海县	2999	2999	497	1805	10.98	10.37
灌云县	2649	2649	439	873	7.29	6.85
灌南县	1921	1921	359	694	4.97	4.66

表 14-6 续表 25　　　　　　　　　　　　　　（2016 年）

市　　县	公路里程（公里）	#等级公路	公路客运量（万人）	公路货运量（万吨）	民用汽车拥有量（万辆）	#私人汽车
淮 安 市	**13351**	**12589**	**7226**	**5663**	**45.27**	**40.31**
涟 水 县	2554	2307	1510	1531	6.61	6.51
盱 眙 县	2724	2724	1157	1438	3.85	3.80
金 湖 县	1499	1334	686	228	2.31	2.29
盐 城 市	**19568**	**19303**	**8283**	**5076**	**75.57**	**67.55**
响 水 县	1806	1806	426	359	4.08	3.68
滨 海 县	2158	2145	900	1052	7.67	6.88
阜 宁 县	1932	1925	636	225	6.53	6.06
射 阳 县	2498	2298	796	672	8.06	7.54
建 湖 县	1805	1791	811	250	5.55	4.97
东 台 市	3264	3264	890	868	9.64	8.91
扬 州 市	**9546**	**9166**	**3840**	**6546**	**63.53**	**56.27**
宝 应 县	1932	1819	601	542	4.90	4.20
仪 征 市	1510	1510	451	914	7.80	7.14
高 邮 市	2134	2092	820	830	7.68	6.80
镇 江 市	**7354**	**7354**	**3574**	**6950**	**49.20**	**43.68**
丹 阳 市	2189	2189	761	1583	16.05	14.49
扬 中 市	1031	1031	360	423	5.70	5.14
句 容 市	2498	2498	637	1043	4.51	3.96
泰 州 市	9635	9628	7300	2577	61.91	55.54
兴 化 市	2753	2747	1623	441	10.92	10.20
靖 江 市	1327	1327	1046	342	12.00	10.76
泰 兴 市	2191	2191	1716	496	12.48	11.37
宿 迁 市	10500	10110	5909	3785	48.67	44.88
沭 阳 县	3299	219	1649	1981	14.53	13.29
泗 阳 县	1647	136	1085	472	7.54	7.06
泗 洪 县	2300	194	2007	459	6.63	6.12

表 14-6 续表 26

(2016 年)

市县	邮电业务总量(亿元)	固定电话用户⊖(万户)	移动电话用户⊖(万户)	国际互联网用户(万户)	全年用电量(亿千瓦时)	#工业用电
南京市	**525.27**	**243.50**	**1114.72**	**373.66**	**524.79**	**310.81**
无锡市	**368.86**	**168.09**	**799.86**	**269.95**	**638.67**	**493.73**
江阴市	35.26	33.53	201.45	65.05	244.93	214.41
宜兴市	22.11	26.17	144.97	49.15	92.25	70.35
徐州市	**246.69**	**115.78**	**762.01**	**223.61**	**353.91**	**250.22**
丰县	19.39	7.90	83.24	17.93	21.27	12.31
沛县	22.26	9.96	98.12	21.63	35.85	25.85
睢宁县	26.96	11.51	82.43	22.13	25.04	14.61
新沂市	24.94	9.17	75.11	21.32	39.27	30.97
邳州市	29.92	11.35	121.87	26.48	28.40	15.88
常州市	**231.95**	**123.49**	**539.94**	**195.15**	**429.93**	**334.78**
溧阳市	8.34	18.80	73.62	29.47	72.75	60.36
苏州市	**789.21**	**314.20**	**1447.59**	**471.80**	**1382.58**	**1116.30**
常熟市	67.71	33.05	202.59	63.03	172.33	144.18
张家港市	26.71	24.32	171.70	50.99	288.81	264.91
昆山市	63.96	40.08	299.55	87.66	217.51	171.12
太仓市	17.26	15.30	99.99	31.15	96.93	81.30
南通市	**261.92**	**179.98**	**678.69**	**225.34**	**374.79**	**265.65**
海安县	24.60	22.86	82.59	92.00	46.72	5.30
如东县	21.27	19.40	86.48	91.45	49.12	6.29
启东市	26.32	24.59	97.19	105.29	31.02	6.79
如皋市	27.93	25.46	127.15	130.76	50.31	8.86
海门市	27.05	23.59	94.18	108.28	38.60	6.48
连云港市	**119.96**	**71.20**	**368.05**	**114.94**	**166.15**	**110.00**
东海县	10.01	10.81	82.21	24.37	23.22	13.69
灌云县	7.00	8.88	62.84	15.87	12.83	6.05
灌南县	4.37	6.80	49.85	12.44	31.48	24.87

表 14-6 续表 27　　　　　　　　　　　　（2016 年）

市　　县	邮电业务总量（亿元）	固定电话用户Θ（万户）	移动电话用户Θ（万户）	国际互联网用户（万户）	全年用电量（亿千瓦时）	#工业用电
淮安市	**126.06**	**57.06**	**383.34**	**111.15**	**163.20**	**106.70**
涟水县	5.17	10.48	169.00	27.88	16.69	8.94
盱眙县	4.35	9.82	56.50	13.64	17.51	10.26
金湖县	2.83	3.51	23.70	7.55	10.78	6.86
盐城市	**173.17**	**98.80**	**584.97**	**174.43**	**289.29**	**201.37**
响水县	3.43	4.84	41.39	10.19	42.08	36.08
滨海县	6.66	10.40	66.19	15.87	26.26	17.22
阜宁县	6.18	8.21	68.66	15.98	29.06	20.65
射阳县	6.54	9.35	79.99	17.37	21.64	12.42
建湖县	6.24	7.63	65.59	15.67	22.13	14.32
东台市	8.55	15.92	88.33	22.02	41.10	30.12
扬州市	**155.88**	**108.59**	**437.36**	**146.95**	**225.37**	**156.60**
宝应县	29.43	12.18	22.92	9.07	19.76	11.70
仪征市	27.03	13.50	23.26	9.87	41.10	34.40
高邮市	31.52	15.18	28.54	11.73	31.78	22.38
镇江市	**109.87**	**75.79**	**305.89**	**107.69**	**232.41**	**173.77**
丹阳市	27.76	21.00	89.32	29.81	71.50	55.67
扬中市	10.31	9.15	34.16	12.70	18.26	12.96
句容市	14.36	12.11	50.22	18.21	26.09	15.93
泰州市	**131.20**	**104.85**	**404.76**	**134.75**	**239.55**	**176.20**
兴化市	20.27	20.09	98.12	26.78	63.38	50.46
靖江市	20.14	18.00	73.87	21.80	37.47	26.43
泰兴市	25.53	24.58	96.95	28.62	54.57	42.46
宿迁市	**130.21**	**47.00**	**371.56**	**105.72**	**168.83**	**115.81**
沭阳县	26.89	15.35	130.09	33.71	47.97	32.62
泗阳县	8.47	8.40	71.16	18.22	24.53	15.30
泗洪县	7.76	6.06	77.91	19.12	17.97	8.82

表 14-6 续表 28　　(2016 年)　　单位:亿元

市　县	固定资产投资	房地产开发投资	#住宅	新增固定资产	商品房屋销售建筑面积(万平方米)	#住宅
南京市	**5533.56**	**1845.60**	**1392.76**	**3019.53**	**1558.18**	**1406.29**
无锡市	**4793.69**	**1033.62**	**684.42**	**3730.42**	**1276.41**	**1168.43**
江阴市	1133.03	281.10	202.75	655.31	233.05	214.81
宜兴市	537.31	88.70	62.38	522.59	135.13	117.16
徐州市	**4797.33**	**549.13**	**415.04**	**3321.67**	**1071.43**	**917.89**
丰县	251.10	32.62	27.44	174.92	98.33	93.05
沛县	560.35	24.68	19.12	510.16	92.78	83.51
睢宁县	320.49	43.53	31.32	203.09	119.52	103.80
新沂市	550.05	49.08	41.07	298.07	134.35	101.69
邳州市	763.12	72.83	63.42	562.24	142.49	130.32
常州市	**3605.08**	**446.70**	**316.48**	**2645.73**	**933.20**	**810.80**
溧阳市	486.55	44.06	35.51	335.53	75.55	71.49
苏州市	**5648.49**	**2163.24**	**1655.24**	**3682.31**	**2494.05**	**2258.60**
常熟市	544.91	143.71	109.33	365.22	213.15	192.80
张家港市	724.77	163.81	130.62	488.41	196.62	171.75
昆山市	757.42	379.80	285.38	686.93	633.43	575.97
太仓市	465.00	94.73	69.70	357.52	178.09	170.42
南通市	**4811.95**	**584.14**	**425.88**	**3240.33**	**1200.80**	**1115.64**
海安县	584.46	52.44	40.01	147.71	101.25	97.00
如东县	545.42	22.24	15.55	411.67	39.78	36.63
启东市	614.84	55.63	48.01	416.77	155.93	151.87
如皋市	575.25	52.68	36.34	326.78	120.26	109.97
海门市	613.19	49.77	42.56	375.69	107.02	98.22
连云港市	**2385.16**	**235.41**	**192.92**	**1541.93**	**524.44**	**503.30**
东海县	330.59	19.77	17.64	245.76	88.42	83.22
灌云县	272.19	27.26	24.25	233.37	47.78	46.59
灌南县	218.06	22.51	21.11	155.37	43.61	41.50

表 14-6 续表 29　　(2016 年)　　单位:亿元

市　　县	固定资产投资	房地产开发投资	#住　宅	新增固定资　　产	商品房屋销售建筑面积(万平方米)	#住　宅
淮 安 市	**2535.19**	**321.41**	**222.99**	**1612.42**	**869.80**	**749.08**
涟 水 县	335.29	23.83	20.22	214.30	118.43	96.32
盱 眙 县	350.65	45.66	20.11	190.51	108.17	77.08
金 湖 县	195.54	11.88	9.43	146.84	39.98	31.90
盐 城 市	**3882.83**	**358.57**	**273.02**	**2960.76**	**842.55**	**751.32**
响 水 县	287.25	11.07	9.00	198.37	42.83	36.95
滨 海 县	377.87	21.34	16.62	246.26	67.76	60.33
阜 宁 县	320.52	28.29	20.91	265.85	72.21	65.83
射 阳 县	300.16	26.21	23.44	212.45	56.55	54.24
建 湖 县	357.70	13.61	10.45	275.84	52.41	43.81
东 台 市	581.03	48.68	35.34	540.90	114.96	103.43
扬 州 市	**3288.68**	**410.18**	**289.28**	**2263.68**	**734.76**	**682.21**
宝 应 县	372.72	40.58	38.35	288.67	98.67	96.18
仪 征 市	471.00	22.11	18.83	380.87	87.52	85.20
高 邮 市	455.62	31.64	23.94	346.10	99.50	90.88
镇 江 市	**2873.43**	**448.64**	**341.45**	**1794.13**	**996.50**	**947.93**
丹 阳 市	514.01	71.73	60.88	380.04	150.23	134.33
扬 中 市	305.10	24.86	21.43	122.08	54.94	50.45
句 容 市	360.81	112.46	89.47	139.13	461.40	450.77
泰 州 市	**3155.87**	**249.96**	**194.91**	**2680.51**	**694.87**	**645.44**
兴 化 市	419.66	22.49	15.25	383.18	93.01	81.76
靖 江 市	500.00	35.08	29.91	453.64	80.99	73.94
泰 兴 市	687.46	67.69	51.36	577.07	146.47	134.22
宿 迁 市	**2059.58**	**309.76**	**225.10**	**1470.29**	**765.10**	**704.42**
沭 阳 县	515.03	74.81	43.87	352.34	182.22	164.71
泗 阳 县	379.23	64.29	55.63	289.13	138.20	130.42
泗 洪 县	380.41	49.86	39.64	307.81	158.00	148.00

表 14-6 续表 30　　　　　　　　　　　　　　　　（2016 年）

市　　县	社会消费品零售总额（亿元）	#批发和零售业	进出口总额（亿美元）	出　口	进　口	实际使用外资（亿美元）
南京市	**5088.20**	**4638.45**	**502.14**	**295.94**	**206.20**	**34.79**
无锡市	**3119.56**	**2880.94**	**698.05**	**429.10**	**268.95**	**34.13**
江阴市	776.05	730.46	198.77	119.22	79.55	10.55
宜兴市	556.37	530.87	37.00	30.17	6.82	1.58
徐州市	**2659.39**	**2433.52**	**62.42**	**52.48**	**9.94**	**15.06**
丰　县	151.04	139.32	1.46	1.26	0.20	0.41
沛　县	245.59	220.70	3.09	2.94	0.15	1.30
睢宁县	179.58	166.04	7.52	6.35	1.17	1.11
新沂市	174.56	157.84	4.58	2.98	1.60	1.00
邳州市	253.41	231.56	10.32	9.16	1.16	1.83
常州市	**2202.83**	**2016.06**	**275.84**	**208.60**	**67.25**	**25.00**
溧阳市	303.03	276.51	8.30	7.46	0.85	3.36
苏州市	**4936.79**	**4343.02**	**2737.58**	**1639.41**	**1098.18**	**60.03**
常熟市	740.78	678.32	198.53	133.56	64.97	6.30
张家港市	535.16	457.54	274.17	142.02	132.14	6.04
昆山市	815.04	663.93	722.66	463.21	259.44	8.96
太仓市	287.31	247.05	109.64	54.30	55.34	5.61
南通市	**2632.87**	**2406.78**	**308.59**	**230.11**	**78.48**	**23.87**
海安县	273.74	236.65	16.55	14.05	2.50	2.96
如东县	318.62	301.31	25.10	14.51	10.59	2.94
启东市	324.57	295.57	30.22	26.51	3.71	2.84
如皋市	342.21	304.74	25.29	20.15	5.13	2.77
海门市	344.60	317.46	39.14	35.79	3.36	2.40
连云港市	**933.31**	**829.64**	**70.40**	**36.84**	**33.56**	**5.50**
东海县	175.89	154.06	4.58	3.68	0.90	0.94
灌云县	119.45	103.80	2.33	2.03	0.30	0.24
灌南县	93.52	85.23	2.25	1.70	0.55	0.03

表 14-6 续表 31　　　　　　　　　　　　（2016 年）

市　　县	社会消费品零售总额（亿元）	#批发和零售业	进出口总额（亿美元）	出　口	进　口	实际使用外资（亿美元）
淮 安 市	**1083.83**	**978.30**	**35.04**	**26.98**	**8.06**	**11.61**
涟 水 县	130.03	119.90	3.71	3.30	0.41	1.41
盱 眙 县	123.89	109.89	1.88	1.34	0.54	1.20
金 湖 县	90.76	81.35	3.47	3.42	0.06	1.20
盐 城 市	**1630.88**	**1465.26**	**79.51**	**47.38**	**32.12**	**7.07**
响 水 县	66.52	60.92	4.86	4.70	0.17	0.29
滨 海 县	110.46	99.56	3.77	3.08	0.70	0.53
阜 宁 县	130.29	122.73	2.77	2.22	0.55	0.12
射 阳 县	167.90	149.09	2.84	1.95	0.89	0.45
建 湖 县	171.98	144.77	3.03	2.92	0.11	0.55
东 台 市	253.53	227.36	7.37	7.07	0.30	0.62
扬 州 市	**1358.80**	**1201.39**	**96.25**	**72.59**	**23.66**	**12.04**
宝 应 县	150.34	135.96	10.59	8.43	2.16	0.50
仪 征 市	109.75	97.09	10.83	4.64	6.19	1.29
高 邮 市	170.10	145.60	4.75	4.33	0.42	0.50
镇 江 市	**1236.78**	**1086.95**	**103.17**	**69.52**	**33.65**	**13.51**
丹 阳 市	315.61	279.39	25.44	21.40	4.04	3.22
扬 中 市	140.92	114.88	5.73	4.54	1.19	1.18
句 容 市	142.02	126.33	5.93	4.71	1.22	2.21
泰 州 市	**1118.34**	**964.94**	**103.81**	**66.74**	**37.07**	**13.44**
兴 化 市	171.24	145.74	5.24	4.90	0.34	1.83
靖 江 市	176.24	148.23	27.18	19.36	7.82	0.23
泰 兴 市	213.95	173.32	25.75	12.33	13.42	3.53
宿 迁 市	**705.54**	**614.55**	**24.22**	**18.71**	**5.51**	**4.50**
沭 阳 县	197.68	161.96	6.39	5.12	1.26	0.80
泗 阳 县	100.47	86.93	3.53	3.43	0.10	0.51
泗 洪 县	105.40	98.28	1.66	1.34	0.32	0.33

表 14-6 续表 32　　(2016 年)　　单位:亿元

市　县	一般公共预算收入	#税收收入	一般公共预算支出	年末金融机构存款余额	#住户存款	年末金融机构贷款余额
南京市	**1142.60**	**956.62**	**1173.84**	**27633.55**	**5894.47**	**21681.28**
无锡市	**875.00**	**706.04**	**867.36**	**14101.40**	**4867.43**	**10382.93**
江阴市	229.91	191.20	226.26	3509.40	1079.72	2689.91
宜兴市	108.65	91.21	117.42	1903.25	958.60	1392.03
徐州市	**516.06**	**390.30**	**797.99**	**5495.31**	**3090.21**	**3620.21**
丰　县	35.00	25.03	70.90	354.14	251.75	177.31
沛　县	57.68	45.08	94.86	454.10	324.35	222.60
睢宁县	42.52	32.97	80.21	401.90	285.67	224.39
新沂市	49.91	37.71	91.82	386.97	217.87	246.38
邳州市	62.40	48.10	110.08	525.34	361.35	366.13
常州市	**480.29**	**383.19**	**508.11**	**8540.82**	**3366.85**	**6043.16**
溧阳市	59.00	46.74	69.44	994.82	478.51	798.94
苏州市	**1730.04**	**1505.82**	**1617.11**	**25864.26**	**7913.85**	**21924.44**
常熟市	173.58	145.54	158.74	2692.88	1192.75	2139.49
张家港市	190.00	160.11	184.81	2508.27	1018.23	1994.40
昆山市	318.92	284.07	269.00	3562.27	1155.13	2552.22
太仓市	127.71	110.52	115.84	1395.41	522.74	1245.07
南通市	**590.18**	**456.77**	**749.22**	**11097.74**	**5554.89**	**6835.46**
海安县	57.58	48.16	81.35	1286.53	696.77	798.77
如东县	54.41	44.44	102.16	1010.55	601.62	494.56
启东市	71.03	54.95	89.03	1232.03	767.24	705.13
如皋市	71.21	54.26	96.38	1135.62	716.86	709.99
海门市	72.41	53.23	85.75	1368.55	766.55	824.32
连云港市	211.47	170.80	373.12	2501.84	1168.71	2046.93
东海县	22.61	18.59	58.09	317.38	161.78	248.71
灌云县	21.52	17.64	49.64	260.88	82.62	183.80
灌南县	22.43	19.33	48.04	179.88	77.90	134.05

表 14-6 续表 33　　（2016 年）　　单位：亿元

市　县	一般公共预算收入	#税收收入	一般公共预算支出	年末金融机构存款余额	#住户存款	年末金融机构贷款余额
淮安市	**315.51**	**235.15**	**483.47**	**3066.00**	**1360.51**	**2304.22**
涟水县	28.98	23.49	64.11	330.06	187.51	197.10
盱眙县	30.78	23.02	54.65	278.07	161.88	222.34
金湖县	22.00	19.19	41.84	221.07	129.57	171.67
盐城市	**415.18**	**324.67**	**730.33**	**5255.06**	**2682.46**	**3699.32**
响水县	29.60	20.39	50.13	178.13	93.58	139.77
滨海县	34.07	25.08	70.89	308.75	176.66	249.46
阜宁县	36.24	26.87	76.55	392.18	266.81	240.78
射阳县	21.58	17.40	64.60	413.98	277.99	264.42
建湖县	35.01	27.30	73.22	409.79	284.50	301.49
东台市	60.26	50.70	95.58	715.99	510.70	394.75
扬州市	**345.30**	**267.16**	**478.97**	**5361.55**	**2560.98**	**3508.13**
宝应县	30.81	26.60	64.38	478.68	286.71	294.60
仪征市	44.74	38.57	50.95	606.06	295.73	343.07
高邮市	34.12	28.54	56.93	552.73	345.62	322.23
镇江市	**293.01**	**231.40**	**362.94**	**4705.99**	**1879.10**	**3444.36**
丹阳市	65.55	54.23	79.01	1040.33	566.31	964.49
扬中市	32.50	26.72	38.66	578.31	276.78	431.43
句容市	40.48	36.38	53.54	629.87	287.82	561.03
泰州市	**321.18**	**257.62**	**448.93**	**5275.62**	**2474.71**	**3656.79**
兴化市	37.06	30.07	85.00	681.08	483.63	428.41
靖江市	58.93	48.08	64.15	940.16	472.16	694.02
泰兴市	57.20	47.16	76.38	912.30	465.34	581.39
宿迁市	**238.08**	**186.27**	**424.57**	**2207.43**	**1086.33**	**1960.37**
沭阳县	71.75	54.48	117.29	461.62	323.19	403.49
泗阳县	33.34	25.46	70.29	320.87	194.68	314.93
泗洪县	31.75	25.43	66.59	299.28	192.89	288.55

表 14-6 续表 34　　　　（2016 年）

市　县	专利申请受理量（件）	专利申请授权量（件）	普通中学在校学生（万人）	小学在校学生（万人）	普通中学专任教师（人）	小学专任教师（人）
南 京 市	**65198**	**28782**	**22.45**	**37.54**	**22982**	**23644**
无 锡 市	**71673**	**29865**	**21.54**	**36.13**	**19991**	**20119**
江 阴 市	**18537**	**4912**	**5.63**	**9.33**	**5545**	**4670**
宜 兴 市	7354	3305	4.13	6.04	4181	3647
徐 州 市	**21511**	**11458**	**36.10**	**90.54**	**33695**	**42716**
丰　县	1053	687	4.27	8.93	4760	4470
沛　县	1520	982	3.74	10.76	3689	5138
睢 宁 县	1715	843	4.72	10.26	4849	5951
新 沂 市	1321	704	3.58	12.21	3175	4347
邳 州 市	1263	728	7.49	19.18	5707	9551
常 州 市	**43860**	**17790**	**16.53**	**28.11**	**14060**	**14173**
溧 阳 市	1435	764	2.62	3.86	2733	2471
苏 州 市	**106700**	**53528**	**30.98**	**69.37**	**27726**	**35770**
常 熟 市	6571	3078	4.45	8.15	3697	4611
张家港市	8889	4162	4.23	8.01	3525	4083
昆 山 市	18159	9833	4.76	13.02	3589	6094
太 仓 市	8226	3632	2.11	4.42	1813	2256
南 通 市	**45557**	**24337**	**23.59**	**32.71**	**24493**	**19636**
海 安 县	6125	3413	2.68	3.21	3356	2262
如 东 县	3399	1424	2.52	2.92	2839	2195
启 东 市	6127	2598	2.82	3.72	3250	2599
如 皋 市	5132	2422	4.78	6.14	4489	3430
海 门 市	6673	3019	3.30	4.74	3644	2683
连云港市	**8780**	**4599**	**23.01**	**43.20**	**19959**	**23614**
东 海 县	954	504	5.25	11.82	4512	6086
灌 云 县	1100	95	4.14	7.01	3086	3333
灌 南 县	685	680	3.33	6.25	2753	3806

表 14-6 续表 35　　　　　　　　　　　　　　　　　　（2016 年）

市　　县	专利申请受理量（件）	专利申请授权量（件）	普通中学在校学生（万人）	小学在校学　生（万人）	普通中学专任教师（人）	小学专任教　师（人）
淮 安 市	**17293**	**8081**	**21.52**	**35.05**	**19454**	**21067**
涟 水 县	2299	901	4.45	8.10	3982	4841
盱 眙 县	1555	627	3.03	5.63	2924	3155
金 湖 县	1622	921	0.94	1.29	937	926
盐 城 市	**28509**	**8076**	**27.00**	**45.02**	**26634**	**26548**
响 水 县	1161	432	2.24	4.87	1915	2791
滨 海 县	2018	257	3.49	8.47	3279	4631
阜 宁 县	3061	392	3.47	6.49	3262	3828
射 阳 县	1976	672	3.13	4.85	3072	3046
建 湖 县	3044	942	2.71	4.01	2790	2547
东 台 市	3638	1032	3.01	3.45	3645	2370
扬 州 市	**27043**	**13253**	**17.56**	**21.26**	**16467**	**13593**
宝 应 县	3807	1156	3.21	3.63	2951	2319
仪 征 市	3472	1190	1.90	2.35	1825	1600
高 邮 市	3962	2750	2.65	2.68	2801	1938
镇 江 市	**34260**	**13836**	**9.52**	**14.38**	**10088**	**9632**
丹 阳 市	8415	3006	3.25	4.91	3452	3381
扬 中 市	4510	1208	0.97	1.43	1041	962
句 容 市	5341	3061	1.67	2.47	1992	1733
泰 州 市	**31598**	**12489**	**17.08**	**22.00**	**19014**	**14108**
兴 化 市	4524	2751	3.99	6.41	4251	4116
靖 江 市	5391	2453	2.38	2.83	2934	2012
泰 兴 市	5117	1041	4.24	4.89	5102	3067
宿 迁 市	**10522**	**4910**	**23.20**	**46.90**	**17104**	**24582**
沭 阳 县	3706	1862	7.58	16.34	5533	8684
泗 阳 县	2004	1064	5.04	9.02	3168	4469
泗 洪 县	816	229	4.41	9.02	3263	4686

表 14-6 续表 36　　　　(2016 年)

市　　县	公共图书馆(个)	公共图书馆图书藏量(千册)	卫生机构数(个)	卫生机构床位数(张)	卫　生技术人员(人)	#执业(助理)医　　师
南 京 市	**14**	**6240**	**2383**	**49857**	**70687**	**25272**
无 锡 市	**8**	**7100**	**2308**	**39732**	**47549**	**18107**
江 阴 市	1	2528	584	8080	9405	3702
宜 兴 市	1	815	443	5320	7887	2996
徐 州 市	**8**	**3300**	**4584**	**52247**	**55523**	**21836**
丰　　县	1	220	554	4053	4635	2076
沛　　县	1	353	612	4876	5398	2481
睢 宁 县	1	412	596	4540	4900	2050
新 沂 市	1	190	483	3549	4848	2192
邳 州 市	1	493	768	5678	7203	2560
常 州 市	**5**	**4520**	**1267**	**25370**	**31194**	**12447**
溧 阳 市	1	415	252	2956	4189	1879
苏 州 市	**11**	**18780**	**3175**	**63241**	**72166**	**27667**
常 熟 市	1	2533	481	7882	9114	3834
张家港市	1	2170	429	9601	9288	3814
昆 山 市	1	2433	504	7148	11070	4312
太 仓 市	1	1150	247	3853	4520	1778
南 通 市	**10**	**5000**	**3131**	**39147**	**43570**	**17967**
海 安 县	1	467	395	4974	4815	2183
如 东 县	1	431	461	3599	4311	1981
启 东 市	1	493	385	4094	4185	1667
如 皋 市	2	960	522	5988	6181	2820
海 门 市	1	564	377	3694	4154	1712
连云港市	**8**	**2650**	**2726**	**23281**	**26152**	**10979**
东 海 县	1	748	549	3902	4054	1883
灌 云 县	1	249	415	3368	3350	1471
灌 南 县	1	183	367	3400	3562	1535

表14-6续表37　　　　　　　　　　　　　　　　(2016年)

市　　县	公共图书馆(个)	公共图书馆图书藏量(千册)	卫生机构数(个)	卫生机构床位数(张)	卫生技术人员(人)	#执业(助理)医师
淮安市	**9**	**2860**	**2237**	**27529**	**31524**	**12385**
涟水县	1	133	477	4110	4539	1926
盱眙县	1	316	355	3607	3600	1455
金湖县	1	238	144	1557	1855	739
盐城市	**11**	**3350**	**3233**	**38663**	**39472**	**18124**
响水县	1	89	226	2616	2871	1339
滨海县	1	208	413	4940	4293	1904
阜宁县	2	304	382	4203	3828	1990
射阳县	1	256	340	3941	4314	2208
建湖县	1	263	358	3638	3503	1751
东台市	1	284	470	5109	4649	2211
扬州市	**7**	**3540**	**1787**	**20683**	**25273**	**10405**
宝应县	1	182	342	2313	3125	1386
仪征市	1	389	154	2376	2840	1158
高邮市	1	254	246	2646	3292	1488
镇江市	**9**	**3150**	**976**	**14585**	**19449**	**7884**
丹阳市	2	629	255	3232	4622	1938
扬中市	1	337	94	1100	1733	756
句容市	1	254	207	1759	2698	1140
泰州市	**7**	**2710**	**1963**	**23324**	**26094**	**11287**
兴化市	1	251	669	4783	5730	2850
靖江市	1	606	289	4275	4484	1934
泰兴市	1	325	365	4371	4628	2066
宿迁市	**6**	**1440**	**2365**	**25441**	**28412**	**10327**
沭阳县	1	167	753	7318	10276	3279
泗阳县	1	313	438	4770	6898	1658
泗洪县	1	100	503	4591	7140	2076

表 14-6 续表 38

(2016 年)

市县	居民人均可支配收入(元)	居民人均生活消费支出(元)	#食品烟酒	居民恩格尔系数(%)	居民人均住房建筑面积(平方米)
南京市	**44009**	**26802**	**7027**	**26.2**	**40.8**
无锡市	**42757**	**27932**	**7922**	**28.4**	**49.7**
江阴市	46337	25562	7516	29.4	51.6
宜兴市	37326	23968	7067	29.5	56.9
徐州市	**22348**	**14321**	**4374**	**30.5**	**46.4**
丰县	18056	12551	3925	31.3	45.0
沛县	21221	13552	3836	28.3	45.5
睢宁县	18127	10867	3557	32.7	50.4
新沂市	18786	12594	4166	33.1	47.7
邳州市	20675	12072	3684	30.5	66.1
常州市	**38435**	**23980**	**6751**	**28.2**	**50.6**
溧阳市	31833	19116	6540	34.2	47.3
苏州市	**46595**	**28983**	**7674**	**26.5**	**51.1**
常熟市	45061	27337	7807	28.6	58.4
张家港市	44977	26837	7648	28.5	62.6
昆山市	46339	28161	8006	28.4	40.2
太仓市	43867	28120	8502	30.2	68.8
南通市	**30084**	**19827**	**5715**	**28.8**	**53.1**
海安县	27230	18780	5599	29.8	56.1
如东县	26683	17119	5578	32.6	57.2
启东市	28446	21794	6889	31.6	52.2
如皋市	26695	17043	5075	29.8	57.9
海门市	30092	19853	5817	29.3	54.0
连云港市	**21230**	**14333**	**4645**	**32.4**	**47.2**
东海县	20128	13779	4782	34.7	51.0
灌云县	17565	11301	3925	35.0	42.1
灌南县	17446	11701	4198	35.9	53.1

表 14-6 续表 38

(2016 年)

市　　县	居民人均可支配收入(元)	居民人均生活消费支出(元)	#食品烟酒	居民恩格尔系数(%)	居民人均住房建筑面积(平方米)
淮安市	**22762**	**13381**	**4044**	**30.2**	**46.3**
涟水县	18302	11310	3620	32.0	58.0
盱眙县	21923	11635	3680	31.6	51.0
金湖县	22542	16225	5079	31.3	51.0
盐城市	**24463**	**15503**	**4913**	**31.7**	**46.4**
响水县	19629	10360	3240	31.3	40.2
滨海县	20257	13319	4254	31.9	37.8
阜宁县	20262	14005	4826	34.5	39.1
射阳县	21710	15119	5018	33.2	39.2
建湖县	22993	13300	4306	32.4	44.6
东台市	26565	15269	4940	32.4	57.8
扬州市	**28633**	**18054**	**5581**	**30.9**	**49.5**
宝应县	21396	13975	4642	33.2	46.0
仪征市	26952	18493	5816	31.4	56.6
高邮市	23854	16708	5241	31.4	45.5
镇江市	**34064**	**21167**	**6029**	**28.5**	**50.5**
丹阳市	33089	20843	6831	32.8	50.4
扬中市	35729	20552	6071	29.5	58.0
句容市	28994	18564	5591	30.3	46.9
泰州市	**28259**	**18218**	**5340**	**29.3**	**54.0**
兴化市	24602	14989	4670	31.3	42.9
靖江市	29544	21600	6537	30.3	61.9
泰兴市	27806	17672	4597	26.0	59.0
宿迁市	**18957**	**12315**	**4327**	**35.1**	**47.2**
沭阳县	19132	12743	4819	37.8	47.9
泗阳县	18510	12728	4430	34.8	48.5
泗洪县	17726	11522	4169	36.2	45.9

表 14-6 续表 40 （2016 年）

市　县	城镇常住居民人均可支配收入（元）	城镇常住居民人均生活消费支出（元）	#食品烟酒	城镇常住居民恩格尔系数（%）	城镇常住居民人均住房建筑面积（平方米）
南京市	**49997**	**29772**	**7642**	**25.7**	**36.7**
无锡市	**48628**	**31438**	**8818**	**28.0**	**46.7**
江阴市	54631	28775	8402	29.2	54.0
宜兴市	46092	28767	8409	29.2	47.5
徐州市	**28421**	**17255**	**5182**	**30.0**	**41.4**
丰　县	22971	16711	5080	30.4	40.9
沛　县	27277	17050	4756	27.9	42.8
睢宁县	23403	13185	4195	31.8	46.5
新沂市	24928	16382	5351	32.7	46.0
邳州市	28546	15765	4812	30.5	64.3
常州市	**46058**	**27080**	**7357**	**27.2**	**44.3**
溧阳市	42063	21550	7180	33.3	39.0
苏州市	**54341**	**33305**	**8882**	**26.7**	**43.3**
常熟市	54411	31520	9087	28.8	50.0
张家港市	54602	31590	9025	28.6	60.1
昆山市	54728	32578	9194	28.2	36.2
太仓市	54099	33721	10148	30.1	57.7
南通市	**39247**	**25217**	**7227**	**28.7**	**47.8**
海安县	37297	22949	6593	28.7	51.6
如东县	37133	21470	7386	34.4	54.0
启东市	37390	29629	9161	30.9	45.4
如皋市	36590	21810	6347	29.1	55.4
海门市	40509	25928	7597	29.3	47.5
连云港市	**27853**	**18344**	**5924**	**32.3**	**46.1**
东海县	27391	18633	6423	34.5	45.5
灌云县	22979	13980	4865	34.8	42.5
灌南县	24494	15734	5475	34.8	51.8

表 14-6 续表 41

（2016 年）

市　县	城镇常住居民人均可支配收入（元）	城镇常住居民人均生活消费支出（元）	#食品烟酒	城镇常住居民恩格尔系数（%）	城镇常住居民人均住房建筑面积（平方米）
淮安市	30335	16912	5054	29.9	44.2
涟水县	25230	15768	5109	32.4	52.1
盱眙县	30684	16234	5099	31.4	49.2
金湖县	30799	19833	6047	30.5	41.9
盐城市	30496	17546	5532	31.5	43.1
响水县	25564	11190	3499	31.3	36.2
滨海县	26543	15922	5160	32.4	31.8
阜宁县	25543	20603	7268	35.3	34.8
射阳县	26509	21882	7077	32.3	41.4
建湖县	29637	16084	4976	30.9	43.7
东台市	32686	17641	5684	32.2	57.6
扬州市	35659	21064	6551	31.1	46.4
宝应县	26842	16263	5501	33.8	40.3
仪征市	36523	20710	6723	32.5	46.3
高邮市	31430	20610	6455	31.3	45.3
镇江市	41794	24388	6939	28.5	44.7
丹阳市	41653	22452	7642	34.0	44.8
扬中市	45842	24103	7111	29.5	54.7
句容市	40582	22893	6970	30.4	42.3
泰州市	36828	22480	6470	28.8	49.0
兴化市	33614	19029	5675	29.8	37.4
靖江市	39713	26570	7955	29.9	56.7
泰兴市	36521	22891	6539	28.6	50.0
宿迁市	24086	15521	5390	34.7	46.7
沭阳县	23933	15802	6035	38.2	45.8
泗阳县	23535	15028	5176	34.4	50.7
泗洪县	22953	15146	5427	35.8	46.1

表 14-6 续表 42

（2016 年）

市　　县	农村常住居民人均可支配收入（元）	农村常住居民人均生活消费支出（元）	#食品烟酒	农村常住居民恩格尔系数（%）	农村常住居民人均住房建筑面积（平方米）
南 京 市	**21156**	**15773**	**4745**	**30.1**	**56.6**
无 锡 市	**26158**	**18463**	**5502**	**29.8**	**56.4**
江 阴 市	28181	18791	5648	30.1	47.8
宜 兴 市	23709	16771	5055	30.1	71.5
徐 州 市	**15274**	**11059**	**3475**	**31.4**	**53.3**
丰　　县	14026	9277	2966	32.0	48.5
沛　　县	15791	10573	3051	28.9	47.9
睢 宁 县	13822	9064	2923	32.2	54.4
新 沂 市	14526	10101	3386	33.5	49.1
邳 州 市	15321	9699	2960	30.5	67.3
常 州 市	**23780**	**16567**	**5102**	**30.8**	**64.7**
溧 阳 市	21899	16895	5840	34.6	58.3
苏 州 市	**27691**	**18820**	**4832**	**25.7**	**65.6**
常 熟 市	27956	21024	5876	28.0	72.6
张家港市	27849	18687	5286	28.3	66.4
昆 山 市	28178	18890	5511	29.2	44.8
太 仓 市	27766	19589	5994	30.6	77.5
南 通 市	**18741**	**13440**	**3923**	**29.2**	**61.5**
海 安 县	17978	15120	4728	31.3	60.7
如 东 县	17119	13314	3994	30.0	60.5
启 东 市	19875	14615	4712	32.2	64.1
如 皋 市	16883	12526	3871	30.9	62.1
海 门 市	20608	14570	4269	29.3	63.0
连云港市	**13932**	**10113**	**3299**	**32.6**	**48.7**
东 海 县	14487	10194	3571	35.0	56.9
灌 云 县	12969	9140	3127	34.2	41.9
灌 南 县	12430	8978	3335	37.1	54.3

(2016 年)

市　　县	农村常住居民人均可支配收入(元)	农村常住居民人均生活消费支出(元)	#食品烟酒	农村常住居民恩格尔系数(%)	农村常住居民人均住房建筑面积(平方米)
淮 安 市	**14319**	**9633**	**3055**	**31.7**	**51.2**
涟 水 县	13372	8324	2622	31.5	62.0
盱 眙 县	14495	7938	2540	32.0	53.2
金 湖 县	15683	13385	4210	31.5	60.6
盐 城 市	**17172**	**13145**	**4159**	**31.6**	**50.9**
响 水 县	14299	9651	2987	30.9	48.1
滨 海 县	14931	11225	3525	31.4	43.7
阜 宁 县	15439	8275	2786	33.7	43.8
射 阳 县	16536	8161	2897	35.5	36.9
建 湖 县	17083	10989	3750	34.1	45.8
东 台 市	19727	12771	4157	32.6	58.0
扬 州 市	**18057**	**13722**	**4185**	**30.5**	**54.2**
宝 应 县	16856	12145	3955	32.6	50.7
仪 征 市	17516	16390	5002	30.5	66.7
高 邮 市	16952	13280	4175	31.4	45.8
镇 江 市	**20922**	**15925**	**4547**	**28.6**	**57.7**
丹 阳 市	21706	18791	5795	30.8	55.6
扬 中 市	23855	16574	4906	29.6	61.2
句 容 市	18893	14484	4604	31.8	49.3
泰 州 市	**17861**	**13250**	**4025**	**30.4**	**64.0**
兴 化 市	16915	11691	3849	32.9	51.9
靖 江 市	19605	16958	5213	30.7	74.1
泰 兴 市	17842	11935	2485	20.8	69.0
宿 迁 市	**13929**	**9395**	**3358**	**35.7**	**47.8**
沭 阳 县	14107	10044	3769	37.5	49.9
泗 阳 县	13952	10599	3705	35.0	46.2
泗 洪 县	13625	7777	2875	37.0	45.7

15

区 域 经 济

首批沿海开放城市主要经济指标

表 15-1

(2016 年)

城市	地区生产总值		# 第一产业		第二产业	
	亿元	%	亿元	%	亿元	%
上海	27466.15	6.8	109.47	-6.6	7994.34	1.2
天津	17885.39	9.0	220.22	3.0	8003.87	8.0
大连	6730.00	6.5	462.80	4.2	2793.70	6.7
秦皇岛	1339.54	7.0	195.95	5.3	461.62	5.5
烟台	6925.66	8.1	467.51	4.0	3461.66	8.2
青岛	10011.29	7.9	371.01	2.9	4160.67	6.7
连云港	2376.48	7.8	301.56	1.6	1049.90	7.8
南通	6768.20	9.3	366.08	0.7	3170.30	9.0
宁波	8541.10	7.1	304.60	2.1	4239.60	6.5
温州	5045.40	8.4	138.81	4.1	2112.68	6.3
福州	6197.77	8.5	492.65	4.1	2598.31	7.0
广州	19610.94	8.2	240.04	-0.2	5925.87	6.0
湛江	2584.78	7.9	507.28	4.0	984.74	10.6
威海	3212.20	8.0	229.34	4.1	1463.35	6.9
北海	1007.28	8.6				

表 15-1 续表 1

(2016 年)

城市	第三产业		规模以上工业总产值		规模以上工业增加值	
	亿元	%	亿元	%	亿元	%
上海	19362.34	9.5	31082.72	0.8		1.1
天津	9661.30	10.0	29443.0	5.7		8.4
大连	3473.90	6.6				7.6
秦皇岛	681.98	8.5			334.87	5.2
烟台	2996.49	8.6	16747.0	8.6		9.0
青岛	5479.61	9.2	18280.0	7.1		7.5
连云港	1025.02	9.8	6255.8	12.2	1302.48	9.3
南通	3231.82	10.7	14952.8	8.9	3330.36	9.8
宁波	3996.90	8.1	14440.2	4.4	2799.10	7.3
温州	2793.91	10.4	5333.9	8.2	1149.76	7.9
福州	3106.81	10.7			1983.02	7.7
广州	13445.03	9.4	19556.3	6.5	4877.85	6.5
湛江	1092.77	7.3	2553.3	14.6	766.52	11.5
威海	1519.51	9.7				7.3
北海					448.59	10.3

表 15-1 续表 2　　　　　　　　　　　　（2016 年）

城　　市	港口货物吞吐量		港口集装箱吞吐量		固定资产投资额	
	万吨	%	万标箱	%	亿元	%
上　　海	70177	−2.2	3713	1.6	6755.88	6.3
天　　津	55056	1.9	1452	2.9	14629.22	12.0
大　　连	43660	5.3	958	1.4	1436.36	−68.5
秦 皇 岛	18684	26.2	52	2.9	874.66	0.1
烟　　台	35407	7.4	260	6.1	5297.22	13.5
青　　岛	51463	3.4	1805	3.5	7454.70	13.7
连 云 港	22135	5.0			2385.16	14.8
南　　通	22614	3.6	83	9.0	4811.95	10.0
宁　　波	92209	3.7	2156	4.5	4961.40	10.1
温　　州	8406	1.2	56	0.3	3905.74	13.0
福　　州	11812	4.0	261	9.9	5184.36	6.8
广　　州	54356	4.3	1885	7.0	5703.59	8.0
湛　　江	25633	16.4	72	20.5	1531.60	16.6
威　　海	7554	3.1	106	0.3	2879.35	13.2
北　　海	2750	11.4			1011.10	9.9

表 15-1 续表 3

(2016 年)

城市	房地产开发投资额		工业投资		社会消费品零售总额	
	亿元	%	亿元	%	亿元	%
上海	3709.03	6.9	979.56	2.3	10946.57	8.0
天津	2300.01	22.9	3827.57	5.0	5635.81	7.2
大连	535.17	−40.4	373.01	−74.0	3410.12	10.4
秦皇岛	251.69	−2.2	567.10	--	699.80	10.4
烟台	551.02	9.2	2273.36	28.3	2976.07	11.1
青岛	1369.10	22.0	3512.00	11.6	4104.90	10.5
连云港	235.41	14.6	1487.34	17.5	933.31	12.4
南通	584.14	−15.5	2406.36	8.2	2632.87	10.7
宁波	1270.30	3.4	1469.90	−2.0	3667.60	10.3
温州	902.01	17.7	959.55	8.2	3006.90	12.3
福州	1679.44	21.6	1397.55	13.0	3763.14	11.6
广州	2540.85	18.9	713.92	−5.4	8706.49	9.0
湛江	223.21	24.7	566.46	−0.8	1432.96	9.5
威海	215.07	31.3			1456.73	11.1
北海					225.34	11.0

表 15-1 续表 4

(2015 年)

城市	进出口总额		进出口总额		出口总额		进出口总额	
	亿美元	%	亿元	%	亿元	%	亿元	%
上　海	4338.05	-3.4	28664.37	2.7	12105.45	-0.5	16558.92	5.2
天　津	1026.51	-10.2	6775.93	-4.5	2918.08	-8.1	3857.85	-1.6
大　连	514.70	-6.6						
秦皇岛	41.77	1.5	289.77	1.5	194.91	5.6	94.86	
烟　台	418.32	-5.4	2901.88	-5.4	1641.19	-5.9	1260.69	-4.8
青　岛	627.17	-0.2	4350.67	-0.2	2821.91	0.2	1528.76	-0.8
连云港	70.40	-12.5	464.32		242.65		221.67	
南　通	308.59	-2.3	2035.32	3.8	1516.72	7.0	518.60	-4.5
宁　波	948.70	-5.1	6262.10	0.9	4359.40	1.4	1902.70	6.5
温　州	171.95	-1.3	1192.83	-1.3	1060.40	-0.1	132.42	-9.5
福　州	300.16	1.8	2082.20	1.8	1406.80	8.9	675.40	-10.2
广　州	1297.06	-3.1	8566.92	3.1	5187.05	3.0	3379.87	3.3
湛　江	271.39	-5.2	271.39	-5.2	171.15	14.0	100.24	-26.3
威　海	171.62	13.0	1190.50	13.0	786.10	0.0	404.40	51.1
北　海	204.75	-13.3						

表 15-1 续表 5　　　　　　　　　　　　（2016 年）

城　　市	外商直接投资实际到位金额		一般公共预算收入		一般公共预算支出	
	亿美元	%	亿元	%	亿元	%
上　　海	185.14	0.3	6406.13	16.1	6918.94	11.7
天　　津	101.00	12.2	2723.46	10.0	3700.68	6.3
大　　连	30.02	11.1	611.90	5.5	870.3	-4.4
秦 皇 岛	6.59	25.3	116.01	1.4	245.64	7.6
烟　　台	215.43	21.6	577.11	8.6	679.26	5.6
青　　岛	70.02	11.3	1100.00	10.3	1352.8	10.6
连 云 港	5.50	-31.3	211.47	-27.5	374.78	-12.8
南　　通	23.87	3.1	590.18	-5.7	750.05	0.2
宁　　波	45.10	6.6	1114.50	10.5	1289.3	2.8
温　　州	2.43	-19.2	439.87	7.7	666.75	16.9
福　　州	18.14	8.1	598.91	6.9	831.24	14.5
广　　州	57.01	5.3	1393.85	5.2	1943.68	12.5
湛　　江	0.55	-53.8	112.97	-4.8	383.48	-8.5
威　　海	79.92	15.0	260.50	10.2	338.6	0.1
北　　海			50.07	5.2	150.06	15.3

表 15-1 续表 6　　　　(2016 年)

城市	金融机构存款余额(本外币)		金融机构贷款余额(本外币)		金融机构存款余额(人民币)	
	亿元	%	亿元	%	亿元	%
上　海	110510.96	6.5	59982.25	12.4	103163.94	5.0
天　津	30067.03	6.8	28754.04	10.6		
大　连	14701.70	7.0	11803.50	2.3	14179.48	7.3
秦皇岛	2621.81	7.8	1556.70	-0.7		
烟　台	7580.07	7.8	4736.75	6.0	7161.22	
青　岛	14674.00	11.5	12955.00	11.9	14007.00	
连云港	2555.48	18.1	2093.90	14.6	2501.84	17.6
南　通	11330.57	15.1	6896.58	13.4	11098.17	14.9
宁　波	16989.30	5.0	16622.90	5.5	16196.00	5.2
温　州	10625.49	10.9	8071.87	5.7	10213.31	
福　州	12432.31	10.3	12538.24	12.8	12076.50	11.0
广　州	47530.20	10.9	29669.82	8.7	45937.34	10.5
湛　江	2847.29	6.1	1633.77	4.1	2834.50	6.0
威　海	3112.83	11.6	1902.40	3.3	2965.23	11.4
北　海						

淮海经济区主要经济指标

表 15-2　　　　　　　　　　　　　　　　　(2016 年)

指标名称	土地面积	地区生产总值		第一产业增加值	
	(平方公里)	亿元	%	亿元	%
江　苏　省					
徐　州　市	11765	5808.52	8.2	542.88	2.0
连云港市	7615	2376.48	7.8	301.56	1.6
淮　安　市	10072	3048.00	9.0	324.61	1.7
盐　城　市	16931	4576.08	8.9	533.91	0.9
宿　迁　市	8524	2351.12	9.1	275.23	2.0
山　东　省					
菏　泽　市	12239	2560.24	8.5	280.62	3.1
聊　城　市	8628	2859.18	7.3	338.11	4.4
枣　庄　市	4564	2142.63	7.2	162.06	4.2
济　宁　市	11187	4301.82	8.0	480.45	4.0
泰　安　市	7761	3316.79	7.2	280.93	3.5
日　照　市	5359	1802.49	8.1	146.97	4.3
莱　芜　市	2246	702.76	7.2	55.12	4.1
临　沂　市	17191	4026.75	7.6	358.95	4.0
德　州　市	10358	2932.99	7.2	296.23	3.7
安　徽　省					
亳　州　市	8521	1046.10	8.9	206.30	3.1
淮　南　市	5532	963.80	6.6	118.40	2.4
蚌　埠　市	5951	1385.82	9.4	200.01	3.7
淮　北　市	2741	799.00	5.0	61.60	3.2
阜　阳　市	9776	1401.90	9.0	302.30	3.1
宿　州　市	9939	1351.82	9.1	260.18	2.6
滁　州　市	13398	1422.80	9.2	225.50	3.1
六　安　市	15451	1108.10	7.2	203.20	3.0
河　南　省					
周　口　市	11959	2260.02	8.5	457.63	4.3
商　丘　市	10704	1974.02	8.6	386.26	4.4
信　阳　市	18925	2034.25	8.3	446.05	4.3

表 15-2 续表 1　　　　　　　　　　　　(2016 年)

指标名称	第二产业增加值		第三产业增加值	
	亿元	%	亿元	%
江　苏　省				
徐　州　市	2513.85	8.7	2751.79	9.1
连 云 港 市	1049.90	7.8	1025.02	9.8
淮　安　市	1268.15	9.1	1455.24	10.6
盐　城　市	2050.02	9.2	1992.15	10.8
宿　迁　市	1140.37	10.1	935.52	10.2
山　东　省				
菏　泽　市	1312.55	8.7	967.07	9.8
聊　城　市	1414.66	6.2	1106.41	9.6
枣　庄　市	1097.91	6.0	882.66	9.2
济　宁　市	1949.67	6.2	1871.70	11.0
泰　安　市	1485.50	6.3	1550.36	8.7
日　照　市	851.94	8.0	803.58	8.9
莱　芜　市	352.36	8.5	295.28	6.2
临　沂　市	1736.25	6.6	1931.55	9.2
德　州　市	1403.17	6.2	1233.59	9.2
安　徽　省				
亳　州　市	404.90	9.2	434.90	11.5
淮　南　市	454.60	7.0	390.80	7.4
蚌　埠　市	609.12	9.3	576.69	11.5
淮　北　市	450.20	3.3	287.30	8.1
阜　阳　市	557.70	9.4	541.80	12.0
宿　州　市	512.83	9.2	578.80	12.3
滁　州　市	707.20	9.7	490.00	11.5
六　安　市	490.60	6.7	414.30	9.9
河　南　省				
周　口　市	1038.00	9.2	764.40	10.2
商　丘　市	814.64	8.6	773.12	11.0
信　阳　市	805.26	8.4	782.93	10.9

表 15-2 续表 2　　　　　　　　　　　　(2016 年)

指标名称	人均地区生产总值	粮食总产量		油料总产量	
	元	万　吨	%	万　吨	%
江苏省					
徐州市	66845	469.16	-0.4	13.45	20.0
连云港市	52986	360.80	-0.4	11.40	-0.2
淮安市	62446	458.55	-1.9		
盐城市	63278	687.31	-2.9	24.30	-13.7
宿迁市	48309	384.54	-0.5	4.65	1.6
山东省					
菏泽市	29904	766.51	3.4	23.17	-9.3
聊城市	47624	495.90	-1.8	9.89	-3.2
枣庄市	54984	163.25	-2.8	9.19	-4.1
济宁市	51662	587.00	0.2	17.10	1.1
泰安市	59027	262.10	-5.3	22.70	-2.8
日照市	62357	88.48	-5.1	23.90	4.0
莱芜市	51533	22.99	-11.4	2.36	20.3
临沂市	38803	412.40	-3.6	84.99	4.2
德州市	50856	896.51	2.8	1.86	-22.2
安徽省					
亳州市	20611	473.90	-2.3	5.10	-2.8
淮南市	27990	284.80	-3.2	3.20	-17.6
蚌埠市	41855	280.50	-2.1	38.19	-4.6
淮北市	36427	126.88	-2.2	0.44	-8.6
阜阳市	17642	557.20	-2.3	7.30	-5.6
宿州市	24270	403.19	-2.2	23.72	-5.9
滁州市	35301	427.00	-4.1	19.40	-1.4
六安市	23298	314.20	-4.2	15.40	0.2
河南省					
周口市	25638	805.79	-2.9	48.17	3.4
商丘市	27122	540.30	-3.2	34.60	-4.0
信阳市	31570	576.73	-3.4	67.91	-1.6

表 15-2 续表 3　　　　　　　　　　　　　(2016 年)

指标名称	棉花总产量		肉类总产量		水产品产量	
	万　吨	%	万　吨	%	万　吨	%
江　苏　省						
徐　州　市	2.07	-20.4	44.91	-10.3	18.88	0.5
连云港市	0.05	-66.7				
淮　安　市					26.10	-1.0
盐　城　市	1.13	-62.6	85.00	-5.2	119.43	2.3
宿　迁　市	0.06	-1.5	32.86	-2.3	27.11	1.9
山　东　省						
菏　泽　市	13.15	-21.5	72.17	3.8	13.20	0.8
聊　城　市	2.35	-41.9	58.10	1.0	8.87	5.4
枣　庄　市	0.32	-34.0	25.40	-3.8	9.60	5.5
济　宁　市	6.60	-22.7	60.70	-16.2	33.00	4.6
泰　安　市	0.65	-21.0	46.20	-3.3	9.30	0.2
日　照　市	0.13	-50.2	30.52	16.8	60.74	2.0
莱　芜　市	0.31	97.3	6.33	1.0	0.36	1.5
临　沂　市	0.94	-1.1	78.20	1.9	15.80	3.8
德　州　市	4.32	-34.8	67.89	0.0	7.28	-14.9
安　徽　省						
亳　州　市	0.90	-53.3	32.70	0.6	5.80	2.0
淮　南　市	0.32	-23.7	24.40	1.7	18.50	2.4
蚌　埠　市	0.65	-32.7	36.57	5.8	12.79	3.1
淮　北　市	0.07	-19.3	9.76	3.0	2.97	2.5
阜　阳　市	0.90	-5.1	66.60	2.2	10.80	2.9
宿　州　市	2.11	-18.4	50.34	-4.8	4.72	5.0
滁　州　市	0.91	-4.7	40.20	1.4	36.20	4.0
六　安　市	1.43	2.3	41.048	1.0	22.20	4.9
河　南　省						
周　口　市	1.29	-43.4	73.57			
商　丘　市	1.50	-14.6	42.90	-3.9		
信　阳　市					27.74	3.2

表 15-2 续表 4　　　　　　　　　　(2016 年)

指标名称	规模以上工业企业个数	规模以上工业增加值		规模以上工业主营业务收入	
	个	亿 元	%	亿 元	%
江 苏 省					
徐 州 市	2992	3010.33	9.8	13947.04	15.9
连云港市	1694	1302.48	9.3	6051.58	12.4
淮 安 市	2609	1626.18	9.8	6522.90	11.5
盐 城 市	3185	2173.89	9.7	8809.61	10.2
宿 迁 市	2549	1090.04	11.4	4077.11	11.0
山 东 省					
菏 泽 市	3261		10.0	7785.71	8.8
聊 城 市	2814		6.7	8888.75	0.5
枣 庄 市	1406	—	6.2	3842.08	5.8
济 宁 市	2624		6.3	5515.66	-0.8
泰 安 市	1906	1261.80	6.9	5885.40	-6.2
日 照 市	646	604.70	8.6	2752.60	10.9
莱 芜 市	585	286.81	9.5	1919.63	6.3
临 沂 市	4047		7.5	10482.30	4.3
德 州 市	3022	1528.90	6.7	10628.88	10.5
安 徽 省					
亳 州 市	931	272.00	10.0	972.00	12.2
淮 南 市	621	347.80	7.2	924.90	0.9
蚌 埠 市	1162		9.9	2553.95	15.3
淮 北 市	838	463.70	3.2	2376.50	2.3
阜 阳 市	1623	550.40	10.0	2055.80	13.6
宿 州 市	1294	405.60	9.3	1772.05	11.9
滁 州 市	1515	642.30	9.8	2456.00	11.1
六 安 市	958	381.20	6.8	1422.90	4.5
河 南 省					
周 口 市	1299	1000.49	9.8	4483.47	11.2
商 丘 市	1168		9.2	2671.60	12.8
信 阳 市	1081	610.20	8.8	2671.69	8.9

表 15-2 续表 5　　　　　　(2016 年)

指标名称	规模以上工业利税		规模以上工业利润		高新技术产业产值	
	亿 元	%	亿 元	%	亿 元	%
江苏省						
徐州市	1871.50	7.3	1108.89	13.3	5177.46	36.7
连云港市	730.64	8.4	465.17	10.0	2178.43	35.0
淮安市			401.53	8.7	978.46	14.1
盐城市			458.36	-3.0	3044.15	33.1
宿迁市			403.28	11.6	949.61	22.0
山东省						
菏泽市	900.16	6.3	580.10	4.0		32.7
聊城市	832.42	0.7	597.20	-0.4		28.1
枣庄市	280.81	-6.3	174.81	1.3	780.32	22.6
济宁市	601.16	7.0	367.33	7.7		29.9
泰安市	543.40	-11.8	368.50	-11.6		28.3
日照市	131.01	38.1	84.80	39.8	652.01	23.3
莱芜市	74.99	70.8	45.44	183.6	386.11	21.4
临沂市	775.80	3.1	522.40	1.3		28.5
德州市	827.37	-5.1	585.99	4.4	3132.87	29.4
安徽省						
亳州市	95.70	17.8	61.10	22.9	363.92	33.5
淮南市	92.48	26.7	33.50	70.6	105.70	
蚌埠市	170.67	11.3	84.42	38.2	1235.07	27.8
淮北市	150.60	45.8	73.80	122.6	477.93	1.8
阜阳市	199.91	14.7	104.40	28.5	461.30	20.3
宿州市	99.31	-1.1	69.46	-1.6	233.31	12.6
滁州市	328.40	8.0	229.20	11.5	1424.90	50.4
六安市	95.10	10.0	64.68	12.4		
河南省						
周口市			482.57	10.6		
商丘市			148.39	13.3		
信阳市	236.45	2.7	172.08	9.3		

表 15-2 续表 6　　　　　　　　　　　　　　(2016 年)

指标名称	规模以上固定资产投资		房地产开发投资		社会消费品零售总额		居民消费价格总指数(以上年为 100)
	亿 元	%	亿 元	%	亿 元	%	
江 苏 省							
徐 州 市	4797.33	12.5	549.13	16.8	2659.39	12.8	102.3
连云港市	2385.16	14.8	235.41	14.6	933.31	12.4	102.1
淮 安 市	2535.19	15.1	321.41	13.3	1083.83	11.7	102.2
盐 城 市	3882.83	15.2	358.57	−2.5	1630.88	11.1	102.1
宿 迁 市	2059.58	12.0	309.76	−14.6	705.54	12.6	102.0
山 东 省							
菏 泽 市	1218.21	13.5	282.61	9.3	1503.00	11.2	101.9
聊 城 市	2357.57	12.2	248.51	30.5	1173.13	10.7	102.2
枣 庄 市	1788.51	10.0	158.92	−14.9	892.28	10.8	101.7
济 宁 市	3279.0	13.4	363.9	18.0	2071.89	8.4	102.2
泰 安 市	2899.60	10.7	181.10	24.8	1462.80	9.9	102.0
日 照 市	1597.78	13.5	158.50	45.6	660.09	9.3	101.9
莱 芜 市	635.67	2.7	47.17	48.1	347.80	8.4	101.8
临 沂 市	3603.30	11.9	374.50	−4.7	2488.00	11.3	101.7
德 州 市	2537.78	13.4	220.38	2.7	1394.97	10.9	101.8
安 徽 省							
亳 州 市	874.90	14.0	231.40	12.8	492.10	12.8	101.6
淮 南 市	955.00	3.8	121.90	5.2	512.50	11.6	101.2
蚌 埠 市	1666.43	14.3	388.58	−9.3	643.99	12.9	101.6
淮 北 市	958.90	3.6	92.10	−37.7	315.90	11.5	101.3
阜 阳 市	1292.60	28.6	350.50	32.4	759.40	12.5	101.5
宿 州 市	1269.98	12.1	235.78	7.3	476.92	12.3	101.4
滁 州 市	1699.20	16.6	336.20	0.5	515.20	12.7	101.7
六 安 市	1075.00	8.2	236.60	29.8	541.50	11.7	102.1
河 南 省							
周 口 市	1862.15	15.9	219.22	14.0	1094.09	12.2	101.5
商 丘 市	1636.29	16.0	245.88	12.9	754.00	12.9	101.1
信 阳 市	2217.70	9.6	358.48	22.6	981.47	11.5	101.6

表 15-2 续表 7　　　　　　　　　　(2016 年)

指标名称	进出口总额		进口总额		出口总额	
	亿美元	%	亿美元	%	亿美元	%
江苏省						
徐州市	62.48	15.4	9.94	-2.9	52.54	19.7
连云港市	70.40	-12.5	33.56	-15.8	36.84	-9.3
淮安市	35.04	-15.1	8.06	-28.1	26.98	-10.3
盐城市	79.50	-2.1	32.12	7.2	47.38	-7.5
宿迁市	24.22	-6.8	5.51	-26.5	18.71	1.2
山东省						
菏泽市	351.08	30.0	186.93	39.9	164.15	20.2
聊城市	375.40	19.5	177.60	13.5	197.80	25.4
枣庄市	89.85	-9.4	8.64	-27.5	81.21	-7.0
济宁市	359.80	6.5	135.5	9.1	224.3	5.0
泰安市	134.60	-5.1	25.80	-21.9	108.80	0.0
日照市	820.30	-12.7	541.30	-20.8	279.00	8.8
莱芜市	112.57	1.9	47.78	-14.8	64.80	19.1
临沂市	580.20	6.5	178.30	6.3	401.90	6.6
德州市	211.23	7.3	61.20	2.4	150.02	9.4
安徽省						
亳州市	5.20	3.7	0.58	13.6	4.61	2.6
淮南市	2.75	-20.8	0.36	-22.8	2.39	-20.5
蚌埠市	17.60	-23.6	5.70	-17.2	11.90	-26.3
淮北市	6.13	6.3	0.43	32.2	5.70	4.5
阜阳市	11.23	-24.9	1.18	-17.5	10.05	-25.7
宿州市	4.70	-36.7	0.82	-14.7	3.87	-40.0
滁州市	23.34	14.2	6.46	7.4	16.88	17.1
六安市	5.27	-12.2	0.27	-68.2	5.00	-2.8
河南省						
周口市	7.85	13.1	1.85	14.1	6.00	12.8
商丘市	2.46	-18.1	0.18	-47.0	2.28	-14.4
信阳市	4.81	-25.2	2.38	-6.2	2.43	-37.6

表 15-2 续表 8　　　　（2016 年）

指标名称	实际利用外资		邮电业务总量		年末固定电话用户	年末移动电话用户
	亿美元	%	亿 元	%	万 户	万 户
江 苏 省						
徐 州 市	15.06	5.5	246.69	27.6	115.78	762.01
连 云 港 市	5.50	-31.3	49.83	15.5	68.67	426.30
淮 安 市	11.61	-4.3	47.15	22.2	51.00	429.00
盐 城 市	7.07	-11.1	70.46	12.9	98.00	695.95
宿 迁 市	5.00	67.5	42.22	-35.7	45.47	432.70
山 东 省						
菏 泽 市	17.14	18.1	68.15	20.5	17.00	707.00
聊 城 市	4.42	26.8	25.67	14.3	32.00	435.86
枣 庄 市	6.94	11.0	71.18	13.6	26.31	349.27
济 宁 市	34.02	-40.6			51.51	826.00
泰 安 市	34.13	10.6	41.10		70.00	592.20
日 照 市	38.51	7.0	29.46	22.2	23.24	291.62
莱 芜 市	10.33	25.2	8.50	3.5	15.80	131.47
临 沂 市	5.10	27.6				
德 州 市	1.21	1.9	69.77	26.5	34.21	477.57
安 徽 省						
亳 州 市	7.20	10.1	52.30	53.4	24.70	276.10
淮 南 市	2.23	3.0	36.00	48.1	29.10	216.10
蚌 埠 市	15.04	8.0	23.69	-11.2	34.10	246.06
淮 北 市	6.48	8.0	14.15	5.6	22.18	161.86
阜 阳 市	2.03	10.0	65.80	28.9	41.00	491.70
宿 州 市	7.30	8.0	29.25	-7.0	35.02	416.38
滁 州 市	11.40	8.0	58.70	35.4	41.00	318.60
六 安 市	3.80	10.3	27.40		36.20	298.20
河 南 省						
周 口 市	5.22	6.4	119.56			
商 丘 市	3.26	5.4	129.77	55.5	38.59	591.45
信 阳 市	4.96	5.8	60.15	26.3	38.08	441.47

表 15-2 续表 9 （2016 年）

指标名称	一般公共预算收入		一般公共预算支出		金融机构年末存款余额	住户存款	金融机构年末贷款余额
	亿元	%	亿元	%	亿元	亿元	亿元
江苏省							
徐州市	516.06	−2.8	798.89	6.2	5495.31	3090.21	3620.21
连云港市	211.47	−27.5	374.78	−12.8	2555.48	1179.91	2093.90
淮安市	315.51	−9.9	483.45	−5.8	3066.00	1360.51	2304.22
盐城市	415.18	−2.7	732.53	−1.8	5469.91	2693.14	3718.40
宿迁市	238.08	10.3	425.05	4.7	2207.43	1086.33	1960.37
山东省							
菏泽市	185.04	8.8	429.65	7.3	3024.71	2216.64	1805.06
聊城市	187.50	8.6	357.81	3.2	3032.48	1936.04	2130.41
枣庄市	147.40	3.8	246.87	4.4	1672.73	1104.46	1100.32
济宁市	391.50	9.0	555.95	7.9	4612.11	2803.91	2879.27
泰安市	206.70	3.6	330.60	1.1	3056.19	1946.54	1936.68
日照市	128.73	10.6	205.05	10.6	2080.62	1114.31	2274.15
莱芜市	53.00	7.1	86.58	3.3	914.00	541.76	672.20
临沂市	293.90	11.7	574.30	7.6	5333.75	3322.60	3960.59
德州市	183.51	7.1	332.09	−1.7	2868.63	1943.30	1659.79
安徽省							
亳州市	87.02	7.0	278.60	0.3	1589.89	1006.40	1036.51
淮南市	97.45	13.5	218.00	9.6	1771.80	993.40	1172.95
蚌埠市	133.88	11.9	268.18	9.6	1855.14	867.32	1400.14
淮北市	59.18	−1.8	142.66	8.5	1321.81	654.90	795.50
阜阳市	133.44	11.2	440.10	2.0	2999.01	1902.30	1569.82
宿州市	95.62	11.2	311.35	5.7	1747.19	1143.96	979.35
滁州市	167.31	16.4	334.90	10.7	1975.25	1099.50	1428.03
六安市	98.26	3.6	342.10	8.3	2073.96	1170.70	1192.81
河南省							
周口市	103.86	7.7	475.50	9.5	2396.73	1952.17	976.40
商丘市	117.43	9.0	421.88	9.9	2287.21	1682.65	1288.55
信阳市	94.65	9.8	404.87	7.5	2692.33	1906.05	1442.69

表 15-2 续表 10　　　　　　　　　　(2016 年)

指标名称	各级各类学校数	各级各类学校在校学生数	卫生机构数	卫生技术人员数	卫生机构床位数
	所	万人	个	人	张
江苏省					
徐州市	1307	150.77	4584	55523	52247
连云港市	655	75.39	2726	26152	23281
淮安市	474	70.65	2237	31524	27529
盐城市	627	83.60	3233	39472	38663
宿迁市	793	99.42	2365	37205	25441
山东省					
菏泽市	1798	156.60	4276	50480	40597
聊城市	1424	111.41	695	30566	29315
枣庄市	666	62.13	2529	22877	20689
济宁市	1378	124.35	6721	53716	45018
泰安市	726	78.70	4213	35880	30716
日照市	415	43.69	603	15503	13863
莱芜市	188	15.64	326	7918	6737
临沂市					
德州市	1083	81.24	4864	28681	23202
安徽省					
亳州市	1444	86.71	1625	15690	17000
淮南市	1024	62.22	1568	16890	17000
蚌埠市	1273	50.32	1413	23487	17800
淮北市	448	30.44	712	10845	12204
阜阳市	2904	168.30	2633	35010	35582
宿州市	1833	100.63	1833	22200	20700
滁州市	1107	59.10	1629	16320	17314
六安市	1081	66.83	2310	18372	17460
河南省					
周口市	6956	222.30	7892	40029	38179
商丘市	2637	138.99	6325	37878	42534
信阳市	2059	114.25	4064	25029	6797

表 15-2 续表 11　　　　　　　　　　（2016 年）

指标名称	年末户籍人口数	年末常住人口数	常住人口占全国人口比重	人口出生率	人口自然增长率	城镇化率
	万人	万人		‰	‰	%
江苏省						
徐州市	1042.40	871.00	0.63	17.81	14.02	62.44
连云港市	533.99	449.64	0.33	12.32	8.75	60.20
淮安市	567.56	489.00	0.35	10.93	3.49	59.68
盐城市	830.53	723.50	0.52	11.02	4.99	61.60
宿迁市	591.06	487.94	0.35	14.12	6.83	57.35
山东省						
菏泽市	1014.57	862.26	0.62			47.36
聊城市	632.52	603.68	0.44	21.80	17.38	48.50
枣庄市	413.23	391.56	0.28	15.66	10.33	55.47
济宁市		835.44	0.60			55.25
泰安市		563.74	0.41			59.06
日照市	299.72	290.11	0.21	16.53	11.99	56.86
莱芜市	129.05	137.58	0.10	14.10	8.38	61.12
临沂市	1140.80	1044.30	0.76			55.84
德州市	592.98	579.23	0.42	17.00	11.84	53.77
安徽省						
亳州市	646.80	510.40	0.37	17.40	13.30	38.30
淮南市	389.10	345.60	0.25	12.72	6.82	62.05
蚌埠市	379.52	333.10	0.24	15.35	9.40	53.74
淮北市	216.50	220.80	0.16	12.83	8.39	62.10
阜阳市	1061.50	799.10	0.58	18.10	11.02	40.24
宿州市	654.05	559.93	0.40	15.48	9.94	40.03
滁州市	454.00	404.40	0.29	11.32	6.26	50.40
六安市	587.40	477.20	0.35	16.94	13.54	43.99
河南省						
周口市	1149.00	882.07	0.64	13.05	6.16	39.51
商丘市	915.12	728.17	0.53	13.18	6.37	40.00
信阳市	875.17	644.36	0.47	12.14	6.20	44.42

表 15-2 续表 12 (2016 年)

指标名称	全体居民人均可支配收入		城镇居民人均可支配收入		农村居民人均可支配收入	
	元	%	元	%	元	%
江苏省						
徐州市	22348	9.4	28421	8.4	15274	9.2
连云港市	21230	9.3	27853	8.3	13932	9.0
淮安市	22762	9.2	30335	7.9	14319	9.1
盐城市	24463	9.1	30496	8.1	17172	9.0
宿迁市	18957	9.3	24086	8.3	13929	9.1
山东省						
菏泽市	15661	9.7	22122	8.6	10705	9.2
聊城市	16607	8.9	23277	7.9	11387	8.3
枣庄市	20644	8.2	27708	7.4	13018	8.1
济宁市	21854	8.6	29987	7.5	13615	8.3
泰安市	23194	8.5	30299	7.7	14428	8.3
日照市	21291	8.9	28340	8.1	13379	8.6
莱芜市	24759	8.0	32364	7.1	14852	8.3
临沂市	21602	8.5	30859	7.8	11646	7.6
德州市	17467	9.0	22760	8.2	12248	8.7
安徽省						
亳州市	15514	9.2	25053	8.4	10576	8.6
淮南市	20795	7.5	28098	6.8	10848	7.0
蚌埠市	20479	9.4	28653	8.7	12591	9.0
淮北市	20238	6.9	27248	6.1	10653	7.8
阜阳市	15415	9.4	25483	8.5	9776	8.6
宿州市	15511	9.1	25533	8.1	9917	8.5
滁州市	17995	9.4	26286	8.8	10956	8.8
六安市	15837	8.7	24728	8.3	9960	8.3
河南省						
周口市	13822	8.1	22471	6.9	9279	8.2
商丘市	15027	8.2	25217	7.0	9605	8.1
信阳市	15853	7.8	23959	6.8	10651	8.2

中国统计出版社最新图书简目

（仅供参考，以实际出版为准）

统计资料

中国统计年鉴　中国统计摘要　中国发展报告
中国经济普查年鉴　国际统计年鉴　金砖国家联合统计手册
中国-东盟国家统计手册　中国农村统计年鉴　中国县域统计年鉴
中国城市统计年鉴　中国对外直接投资统计公报　中国地区经济监测报告
中国贸易外经统计年鉴　中国零售和餐饮连锁企业统计年鉴　中国商品交易市场统计年鉴
大中型批发零售和住宿餐饮企业统计年鉴　中国农产品价格调查年鉴　中国住户调查年鉴
中国价格统计年鉴　中国能源统计年鉴　全国农产品成本收益资料汇编
中国环境统计年鉴　中国建筑业统计年鉴　国外资源、能源和环境统计资料汇编
中国工业统计年鉴　中国城乡建设统计年鉴　中国县城建设统计年鉴
中国城市建设统计年鉴　中国科技统计年鉴　中国房地产统计年鉴
中国证券期货统计年鉴　中国劳动统计年鉴　中国第三产业统计年鉴
工业企业科技活动资料　中国社会统计年鉴　中国高技术产业统计年鉴
中国人才资源统计报告　中国教育统计年鉴　中国人口和就业统计年鉴
文化及相关产业统计概览　中国文化及相关产业统计年鉴　中国教育经费统计年鉴
中国民族统计年鉴　中国残疾人事业统计年鉴　中国民政统计年鉴
中国乡镇街道行政区域简册　中国基本单位统计年鉴　中国妇女儿童状况统计资料（英）

省级综合统计年鉴系列

北京 天津 河北 山西 内蒙古 辽宁 吉林 黑龙江 上海 江苏 浙江 安徽 福建 江西 山东 河南 湖北 湖南 广东 广西 海南 重庆 四川 贵州 云南 西藏 陕西 甘肃 青海 宁夏 新疆 新疆生产建设兵团

市(县)级综合统计年鉴系列

滨海新区 石家庄 唐山 邯郸 保定 沧州 邢台 廊坊 承德 衡水 秦皇岛 张家口 太原 大同 阳泉 长治 晋城 朔州 晋中 运城 忻州 临汾 吕梁 呼和浩特 呼和浩特新城区 鄂尔多斯 包头 沈阳 大连 长春 吉林 延吉 四平 通化 松原 哈尔滨 齐齐哈尔 黑龙江垦区 上海浦东新区 南京 无锡 徐州 常州 苏州 南通 连云港 淮安 盐城 扬州 镇江 泰州 宿迁 江阴 丹阳 海门 杭州 宁波 温州 嘉兴 湖州 绍兴 金华 衢州 舟山 台州 丽水 合肥 安庆 马鞍山 福州 厦门 宁德 漳州 龙岩 南昌 九江 上饶 新余 抚州 萍乡 赣州 吉安 景德镇 济南 青岛 潍坊 枣庄 日照 滕州 郑州 洛阳 平顶山 三门峡 商丘 信阳 济源 汝州 武汉 十堰 荆州 宜昌 荆门 咸宁 长沙 广州 深圳 惠州 东莞 汕尾 南宁 柳州 桂林 来宾 河池 防城港 海口 三亚 成都 贵阳 黔南 毕节 昆明 西安 咸阳 延安 宝鸡 安康 铜川 汉中 榆林 兰州 庆阳 银川 乌鲁木齐 兵团一师 兵团十师

调查年鉴系列

天津 山西 内蒙古 辽宁 吉林 上海　福建 江西 河南 湖北 湖南 广西　重庆 四川 云南 甘肃 宁夏 新疆

统计方法应用/实用手册

实用SAS统计分析教程　马克威统计分析与数据挖掘应用案例　统计公文知识问答
乡镇统计人员岗位知识培训系列教材：辅助调查员岗位基础知识　乡镇统计人员岗位基础知识
县级统计人员岗位知识培训系列教材：Excel在统计工作中的应用　简明统计分析
地市级统计人员岗位知识培训系列教材：统计报告与演示　Excel在统计工作中的应用

统计通俗读物/统计科普图书

国家统计局核心统计指标变迁　货架上的统计　账本里的统计

重点图书

砥砺奋进的五年——从十八大到十九大　新编英汉汉英统计大词典　中华医学统计百科全书
新常态下的中国服务业：理论与实践　新动能新产业发展报告-2017
挑大学选专业2018—考研择校指南　挑大学选专业2018—高考志愿填报指南